2022

COORDENADORES
Marcelo Barbosa **Sacramone**
Marcelo Guedes **Nunes**

Direito Societário *e* Recuperação *de* Empresas

Estudos *de* Jurimetria

AUTORES

Felipe Frota de Almeida **Koury** • Fernanda Costa Neves do **Amaral** • Gustavo Deucher **Brollo**
Hugo Cavalcanti Vaz **Mendes** • Ivo **Waisberg** • João Leandro Pereira **Chaves** • Julio **Trecenti**
Lucila Prazeres da **Silva** • Lutfe Mohamed **Yunes** • Marcelo Barbosa **Sacramone**
Marcelo Guedes **Nunes** • Marcelo Moraes **Santiago** • Melina Martins Merlo **Fernandes**
Rafael Medeiros **Mimica** • Tatiana **Adoglio** • Thales Janguiê Silva **Diniz** • Vitor Maimone **Saldanha**

2022 © Editora Foco

Coordenadores: Marcelo Barbosa Sacramone e Marcelo Guedes Nunes
Autores: Felipe Frota de Almeida Koury, Fernanda Costa Neves do Amaral, Gustavo Deucher Brollo,
Hugo Cavalcanti Vaz Mendes, Ivo Waisberg, João Leandro Pereira Chaves, Julio Trecenti, Lucila Prazeres da Silva,
Lutfe Mohamed Yunes, Marcelo Barbosa Sacramone, Marcelo Guedes Nunes, Marcelo Moraes Santiago,
Melina Martins Merlo Fernandes, Rafael Medeiros Mimica, Tatiana Adoglio,
Thales Janguiê Silva Diniz e Vitor Maimone Saldanha
Diretor Acadêmico: Leonardo Pereira
Editor: Roberta Densa
Assistente Editorial: Paula Morishita
Revisora Sênior: Georgia Renata Dias
Capa Criação: Leonardo Hermano
Diagramação: Ladislau Lima e Aparecida Lima
Impressão miolo e capa: FORMA CERTA

Dados Internacionais de Catalogação na Publicação (CIP) de acordo com ISBD

D598   Direito societário e recuperação de empresas: estudos de jurimetria / Felipe Frota de Almeida
Koury ... [et al.] ; coordenado por Marcelo Barbosa Sacramone, Marcelo Guedes Nunes. -
Indaiatuba, SP : Editora Foco, 2021.
320 p. ; 17cm x 24cm.

Inclui bibliografia e índice.

ISBN: 978-65-5515-362-0

1. Direito. 2. Direito empresarial. 3. Direito societário. I. Koury, Felipe Frota de Almeida.
II. Amaral, Fernanda Costa Neves do. III. Brollo, Gustavo Deucher. IV. Mendes, Hugo
Cavalcanti Vaz. V. Waisberg, Ivo. VI. Chaves, João Leandro Pereira. VII. Trecenti, Julio. VII.
Silva, Lucila Prazeres da. VIII. Yunes, Lutfe Mohamed. IX. Sacramone, Marcelo Barbosa. X.
Nunes, Marcelo Guedes. XI. Santiago, Marcelo Moraes. XII. Fernandes, Melina Martins Merlo.
XIII. Mimica, Rafael Medeiros. XIV. Adoglio, Tatiana. XV. Diniz, Thales Janguiê Silva. XVI.
Saldanha, Vitor Maimone. XVII. Título.

2021-3301   CDD 346.07   CDU 347.7

Elaborado por Vagner Rodolfo da Silva - CRB-8/9410

Índices para Catálogo Sistemático:

1. Direito empresarial 346.07   2. Direito empresarial 347.7

DIREITOS AUTORAIS: É proibida a reprodução parcial ou total desta publicação, por qualquer forma ou meio, sem a prévia autorização da Editora FOCO, com exceção do teor das questões de concursos públicos que, por serem atos oficiais, não são protegidas como Direitos Autorais, na forma do Artigo 8º, IV, da Lei 9.610/1998. Referida vedação se estende às características gráficas da obra e sua editoração. A punição para a violação dos Direitos Autorais é crime previsto no Artigo 184 do Código Penal e as sanções civis às violações dos Direitos Autorais estão previstas nos Artigos 101 a 110 da Lei 9.610/1998. Os comentários das questões são de responsabilidade dos autores.

NOTAS DA EDITORA:

Atualizações e erratas: A presente obra é vendida como está, atualizada até a data do seu fechamento, informação que consta na página II do livro. Havendo a publicação de legislação de suma relevância, a editora, de forma discricionária, se empenhará em disponibilizar atualização futura.

Erratas: A Editora se compromete a disponibilizar no site www.editorafoco.com.br, na seção Atualizações, eventuais erratas por razões de erros técnicos ou de conteúdo. Solicitamos, outrossim, que o leitor faça a gentileza de colaborar com a perfeição da obra, comunicando eventual erro encontrado por meio de mensagem para contato@editorafoco.com.br. O acesso será disponibilizado durante a vigência da edição da obra.

Impresso no Brasil (09.2021) – Data de Fechamento (09.2021)

2022
Todos os direitos reservados à
Editora Foco Jurídico Ltda.
Avenida Itororó, 348 – Sala 05 – Cidade Nova
CEP 13334-050 – Indaiatuba – SP

E-mail: contato@editorafoco.com.br
www.editorafoco.com.br

APRESENTAÇÃO

A ideia da presente obra surgiu a partir da necessidade de inserção da jurimetria no âmbito do programa de pós-graduação em direito comercial da Pontifícia Universidade Católica de São Paulo.

Além da dogmática tradicional, a compreensão da realidade existente dos conflitos envolvendo matéria empresarial compele o pesquisador a, mais do que simplesmente interpretar a norma legal, avaliar a construção dos institutos como instrumentos para a efetivação dos objetivos pretendidos e os efeitos que seriam deles decorrentes não apenas para o processo judicial, como também para o comportamento dos diversos agentes econômicos.

Na disciplina sobre direito da insolvência: da teoria à realidade, os diversos pesquisadores confrontaram os fundamentos do direito da empresa em crise e a importância da insolvência como política pública com a adequação dos institutos disponibilizados pela Lei 11.101/05 para a obtenção dos objetivos pretendidos.

A partir do levantamento pela Associação Brasileira de Jurimetria de todos os processos de recuperação judicial do Estado de São Paulo e da atualização da 2ª Fase do Observatório de Insolvência, as principais controvérsias do procedimento recuperacional foram apreciadas.

Foram abordados a crise da empresa e a possibilidade de identificação de um momento ideal para o pedido de recuperação judicial; a limitação da Lei ao conceito de empresário ou a necessária expansão dos sujeitos à recuperação judicial diante de sua finalidade; o litisconsórcio ativo e a consolidação substancial; a condução da sociedade em recuperação judicial pelo devedor; a forma de nomeação do administrador judicial e suas consequências ao procedimento; a governança da sociedade e sua alteração pelos planos de recuperação judicial; a conversão de dívida em participação societária e, por fim, os efeitos da satisfação das garantias pessoais no âmbito da recuperação judicial.

No âmbito da disciplina de direito societário, foram analisadas a aquisição de participações acionistas pela preferência; a relação de poder e as ações de responsabilidade do controlador nas sociedades anônimas; os fundos "quant" e a responsabilidade civil do gestor de recursos; a obrigatoriedade de publicação de demonstrações financeiras de sociedades limitadas de grande porte; a exclusão de acionistas e sanções alternativas para quotistas e se avaliou a evolução histórica da apuração de haveres.

Os textos apresentados pelos diversos pesquisadores refletem essa busca incessante por se compreender o direito como um fenômeno social e as normas legais como instrumentos de política pública voltados a assegurar a liberdade dos diversos agentes econômicos.

Boa leitura a todos.

Os coordenadores.

SUMÁRIO

APRESENTAÇÃO III

TEMAS DE RECUPERAÇÃO JUDICIAL

ATUALIZAÇÃO DA 2ª FASE DO OBSERVATÓRIO DE INSOLVÊNCIA – RECUPE-
RAÇÃO JUDICIAL NO ESTADO DE SÃO PAULO

Ivo Waisberg, Marcelo Barbosa Sacramone, Marcelo Guedes Nunes e Julio Trecenti 3

POR UMA (TENTATIVA DE) PROPOSTA DE IDENTIFICAÇÃO DO MOMENTO
IDEAL DO PEDIDO DE RECUPERAÇÃO JUDICIAL: COMO A INTELIGÊNCIA AR-
TIFICIAL PODE(RÁ) MAXIMIZAR O PRINCÍPIO DA PRESERVAÇÃO DA EMPRESA

Vitor Maimone Saldanha 43

A EXPANSÃO DO UNIVERSO DE SUJEITOS DA RECUPERAÇÃO JUDICIAL CON-
SIDERANDO A FINALIDADE E PRINCÍPIOS DO INSTITUTO

Hugo Cavalcanti Vaz Mendes 55

LITISCONSÓRCIO ATIVO NECESSÁRIO E A CONSOLIDAÇÃO SUBSTANCIAL
EM RECUPERAÇÃO JUDICIAL

Fernanda Costa Neves do Amaral 85

A CONDUÇÃO DA SOCIEDADE EM RECUPERAÇÃO JUDICIAL

Rafael Medeiros Mimica.. 105

PROCESSO DE NOMEAÇÃO DO ADMINISTRADOR JUDICIAL E SUAS CONSE-
QUÊNCIAS NO SISTEMA DE INSOLVÊNCIA BRASILEIRO

Marcelo Moraes Santiago 125

A GOVERNANÇA NA SOCIEDADE EM RECUPERAÇÃO JUDICIAL: UMA ANÁ-
LISE EMPÍRICA DA IMPLEMENTAÇÃO DE REARRANJOS COMO MEIO DE RE-
CUPERAÇÃO

Gustavo Deucher Brollo e João Leandro Pereira Chaves 143

A CONVERSÃO DE DÍVIDA EM *EQUITY* NA RECUPERAÇÃO JUDICIAL

Thales Janguiê Silva Diniz 163

OS EFEITOS DA QUITAÇÃO DAS OBRIGAÇÕES PELO FIADOR, AVALISTA E SE-
GURADORAS NAS RECUPERAÇÕES JUDICIAIS – QUESTÕES DOUTRINÁRIAS
E A DIVERGÊNCIA JURISPRUDENCIAL

Lutfe Mohamed Yunes.. 175

TEMAS DE DIREITO SOCIETÁRIO

A AQUISIÇÃO DE PARTICIPAÇÕES ACIONÁRIAS PELA PREFERÊNCIA: BREVES
CONSIDERAÇÕES

Rafael Medeiros Mimica.. 199

A RELAÇÃO DE PODER E AS AÇÕES DE RESPONSABILIDADE DO CONTROLA-
DOR NAS SOCIEDADES ANÔNIMAS

Thales Janguiê Silva Diniz 219

OS FUNDOS "QUANT" E A RESPONSABILIDADE CIVIL DO GESTOR DE RECURSOS

Lucila Prazeres da Silva 235

OBRIGATORIEDADE (OU NÃO) DE PUBLICAÇÃO DE DEMONSTRAÇÕES FI-
NANCEIRAS DE SOCIEDADES LIMITADAS DE GRANDE PORTE

Felipe Frota de Almeida Koury 267

EXCLUSÃO DE ACIONISTAS E SANÇÕES ALTERNATIVAS PARA QUOTISTAS

Melina Martins Merlo Fernandes 281

EVOLUÇÃO HISTÓRICA DA APURAÇÃO DE HAVERES – DO VALOR CONTÁBIL
AO VALOR ECONÔMICO

Tatiana Adoglio 293

TEMAS DE
RECUPERAÇÃO JUDICIAL

ATUALIZAÇÃO DA 2ª FASE DO OBSERVATÓRIO DE INSOLVÊNCIA – RECUPERAÇÃO JUDICIAL NO ESTADO DE SÃO PAULO

Ivo Waisberg

Livre Docente em Direito Comercial. Doutor em Direito das Relações Econômicas Internacionais e Mestre em Direito Comercial pela Pontifícia Universidade Católica de São Paulo. Professor da Pontifícia Universidade Católica de São Paulo. LLM *in trade regulation* pela NYU. Advogado em São Paulo.

Marcelo Barbosa Sacramone

Doutor e Mestre em direito comercial pela Universidade de São Paulo. Professor da Pontifícia Universidade Católica de São Paulo. Juiz de direito em exercício na 2ª Vara de Falência e Recuperação Judicial do Foro Central da Comarca de São Paulo.

Marcelo Guedes Nunes

Professor da Pontifícia Universidade Católica de São Paulo. Doutor e Mestre em Direito Comercial pela Pontifícia Universidade Católica de São Paulo. Advogado em São Paulo. Presidente da Associação Brasileira de Jurimetria.

Julio Trecenti

Doutorando em Estatística pelo IME-USP. Professor-auxiliar de ciência de dados e decisão no Insper. Professor convidado de Jurimetria na PUC-SP. Secretário-geral da Associação Brasileira de Jurimetria (ABJ).

Sumário: 1. Introdução – 2. Estratégia de análise – 3. Perfil dos requerentes; 3.1 Procedimento especial para micro e pequenas empresas; 3.2 Faturamento; 3.3 Atividade exercida – 4. Análise da crise; 4.1 Passivo; 4.2 Ativos x passivos; 4.3 Passivo x Faturamento anual – 5. Distribuição dos pedidos de recuperação judicial no tempo – 6. Deferimento do processamento da recuperação judicial; 6.1 Emendas à petição inicial; 6.2 Perícia prévia; 6.3 Tempo até deferimento – 7. Do deferimento até a aprovação do plano; 7.1 Administrador judicial; 7.2 Consolidação processual e substancial; 7.3 *Stay period;* 7.4 Índices de aprovação do plano; 7.5 Aprovação por *cram down* – 8. Planos aprovados; 8.1 Venda de unidades produtivas isoladas; 8.2 Renúncia de cobrança dos coobrigados – 8.3 Formas de pagamento; 8.3.1 Dívidas trabalhistas; 8.3.2 Dívidas com garantias reais; 8.3.3 Dívidas quirografárias – 9. Período de cumprimento ou fiscalização

---

1. INTRODUÇÃO

O Observatório da Insolvência é uma iniciativa do Núcleo de Estudos de Processos de Insolvência – NEPI da PUCSP e da Associação Brasileira de Jurimetria – ABJ e tem o objetivo de levantar e analisar dados a respeito das empresas em crise que se dirigem ao Poder Judiciário para viabilizar meios de recuperação ou, em último caso, para serem liquidadas.

O Observatório da Insolvência é um projeto incremental, que se iniciou com o estudo dos processos em trâmite perante as duas varas especializadas em falência e recuperação judicial da comarca de São Paulo, Capital, e que, nessa segunda fase, expandiu seu escopo para todos os processos de recuperação judicial do Estado de São Paulo.

O levantamento e a análise de dados promovidos pelo Observatório da Insolvência não são uma iniciativa inerte ou um fim em si mesmo. Além de permitir uma avaliação concreta dos resultados obtidos pela aplicação da lei de falência e recuperação de empresas LRE, a obtenção de dados é uma descrição minimamente acurada da realidade e uma providência preliminar indispensável para subsidiar os debates acadêmicos e legislativos em torno da necessidade e da melhor abordagem para a reforma da LRE.

Na primeira etapa, levantamos informações relativas às recuperações judiciais que tramitaram nas varas especializadas da cidade de São Paulo entre setembro de 2013 e junho de 2016. Na segunda etapa, objeto do presente relatório, ampliamos o escopo para o estado de São Paulo inteiro.

Além da expansão territorial dos dados, a coleta, realizada entre fevereiro e junho de 2018, analisou todos os processos de recuperação judicial distribuídos entre janeiro de 2010 a julho de 2017, o que permitiu a atualização dos dados anteriormente coletados e a inserção de novos detalhes às análises.

Os dados de processos com planos aprovados foram atualizados entre outubro e dezembro de 2019, e revisados entre maio e setembro de 2020. O objetivo da atualização foi obter uma visão mais detalhada sobre o desfecho das recuperações judiciais.

2. ESTRATÉGIA DE ANÁLISE

Este relatório investiga sistematicamente a interação entre um conjunto delimitado de desfechos das recuperações judiciais e algumas características específicas das requerentes. Nossas análises buscam identificar qual é a direção e o tamanho da influência de um conjunto de características das requerentes sobre o processo de recuperação como um todo.

As variáveis escolhidas para análise objetivam captar os marcos principais das recuperações judiciais. As características selecionadas representam informações importantes, que de alguma forma podem impactar os desfechos da recuperação judicial. Na análise de alguns desfechos específicos, relacionados à primeira etapa da recuperação judicial, por exemplo, outras análises podem ser realizadas.

Os desfechos da recuperação judicial, considerados aqui como as variáveis resposta da investigação, dividem-se em duas categorias. Desfechos qualitativos, tais como a extinção da recuperação judicial em virtude de falência, e desfechos quantitativos, que consistem nos tempos até a ocorrência de determinados eventos, como o deferimento da recuperação, ou as características dos planos de recuperação aprovados.

No decorrer das análises, vamos estudar o comportamento da resposta às seguintes questões:

- O processamento foi deferido?
- Qual foi o tempo decorrido até o deferimento ou indeferimento da recuperação?
- Após o deferimento, houve falência antes do final das negociações? Se sim, em qual momento e quanto tempo após o deferimento?
- A negociação resultou exitosa?
- Qual foi o tempo decorrido até o término das negociações?
- A recuperação judicial acabou? Se sim, qual o tempo transcorrido entre o ajuizamento e a finalização?

As possíveis causas dos achados jurimétricos desta pesquisa serão objeto de estudos por parte de acadêmicos e operadores do direito da insolvência.

Cabem esclarecimentos sobre as questões sobre faturamento e setores econômicos. A demonstração de resultados é um requisito formal previsto no artigo 51 da Lei 11.101/05. No entanto, em muitas situações esse documento não foi apresentado, o que ocasionou emendas à petição inicial ou até mesmo indeferimentos da recuperação judicial.

Nesse caso, a variável correspondente ao faturamento assumiu o valor "Sem informação." O setor econômico da empresa ou grupo, por sua vez, foi reclassificado a partir do CNAE das requerentes registrado na base de CNPJs da Receita Federal do Brasil (RFB). Essa reclassificação foi necessária, pois o alto número de objetos sociais distintos impossibilitaria uma análise sistemática do efeito do setor econômico das requerentes nas variáveis resposta supramencionadas.

Nas subseções seguintes, analisamos inicialmente o perfil das requerentes nos processos observados e, em seguida, os desfechos da recuperação judicial separando as etapas da recuperação judicial: da distribuição ao deferimento, do deferimento ao fim das negociações, e do fim das negociações ao fim da recuperação judicial.

3. PERFIL DOS REQUERENTES

Foram coletados 1194 processos de recuperações judiciais distribuídas nas Comarcas do Estado de São Paulo entre janeiro de 2010 e julho de 2017. As informações foram coletadas através do preenchimento de questionários em um período de 4 meses, compreendido entre fevereiro a junho de 2018. Posteriormente, os processos com planos aprovados foram analisados novamente, entre outubro e dezembro de 2019.

Do total de 1194 processos, 145 (12,1%) recuperações judiciais foram requeridas exclusivamente por Microempresas (ME), 148 (12,4%) recuperações judiciais foram requeridas exclusivamente por Empresas de Pequeno Porte (EPP), 270 (22,6%) por grupos societários, ainda que envolvessem EPP e ME, e 629 (52,7%) exclusivamente por sociedades isoladas não classificadas como EPP ou ME. Também foram encontrados 2 casos envolvendo produtores rurais que acabaram não formando uma empresa e, por isso não puderam ser classificados em nenhuma categoria.

Tabela 3.1: Distribuição das empresas requerentes de acordo com o porte.

Tamanho da empresa	Frequência	%
Médias, grandes e grupos	629	52,7%
Litisconsórcios ativos	270	22,6%
Pequeno Porte (EPP)	148	12,4%
Microempresa (ME)	145	12,1%
Outro	2	0,2%
Total	1194	100,0%

No total, temos que 270 (22,6%) recuperações são requeridas por grupos de empresas em litisconsórcio ativo. Nas varas especializadas, a quantidade observada foi de 73 (20,4%). Nas varas comuns a taxa foi similar, com 197 (23,6%) casos.

Tabela 3.2: Presença de litisconsórcios ativos nas varas comuns e especializadas.

Tipo de vara	Uma requerente	Litisconsórcio ativo
Vara comum	639 (76,4%)	197 (23,6%)
Vara especializada	285 (79,6%)	73 (20,4%)
Total	924 (77,4%)	270 (22,6%)

3.1 Procedimento especial para micro e pequenas empresas

Se avaliarmos os tipos de pessoas jurídicas, verifica-se que existe uma desproporção entre a distribuição geral das pessoas jurídicas registradas na Receita Federal do Brasil (RFB) e a distribuição das pessoas jurídicas que requerem a recuperação judicial.

No registro da RFB preponderam as microempresas, enquanto nos processos de recuperação há maior concentração de empresas de médio e grande porte.

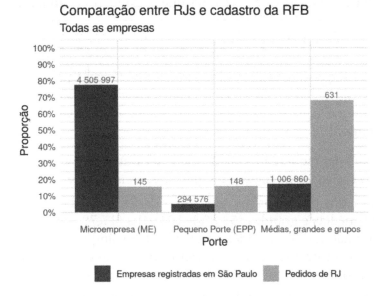

Figura 3.1: Comparação das proporções de tipo de empresa no cadastro da Receita Federal do Brasil e da base de dados analisada. A base da RFB considera apenas as empresas registradas no estado de São Paulo. Fonte dos dados da RFB: Brasil.io

A desproporção pode ser explicada de algumas formas. Uma é que as maiores sociedades estariam mais sujeitas a crises financeiras do que as micro e pequenas. A explicação é contraintuitiva porque a suspeita é a contrária: de que quanto menor a empresa mais exposta às crises ela está.

Outra possível explicação, mais plausível, reside na existência de um viés de seleção das sociedades que requerem recuperação em favor de empresas de maior porte. A suspeita é de que, mesmo entrando em crise, as micro e pequenas empresas não fariam uso da recuperação judicial por conta do custo do processo, tanto em relação às despesas diretas com custas, advogados, assessores e administrador judicial, como pelo custo reputacional e possível dificuldade de acesso a crédito.

Com relação ao número de empresas que usaram o procedimento especial e tiveram o plano de recuperação judicial aprovado, concluímos que a adesão a este estatuto é praticamente nula, já que somente 7 EPPs ou MEs adotaram esta modalidade de recuperação judicial. Frente ao total de planos de recuperação, essa taxa é ainda menor. Pela baixa utilização do procedimento especial, com ampla preferência das MEs e EPPs pelo procedimento comum, verificam-se que as limitações existentes no procedimento especial têm afastado os requerentes.

Tabela 3.3: Distribuição de MEs e EPPs que pediram procedimento especial.

As EPPs e MEs pediram procedimento especial?	Frequência	%
Não	286	97,6%
Sim	7	2,4%
Total	293	100,0%

3.2 Faturamento

O tamanho das requerentes foi aferido conforme o faturamento bruto operacional total da sociedade ou sociedades que figurassem no polo ativo da demanda.

Em 49,5% dos processos, ou seja, em 591 casos [89 litisconsórcios ativos (15,1%), 311 médias e grandes (52,8%), 104 MEs (17,7%), 85 EPPs (14,4%)], o faturamento não foi localizado/apresentado. Para simplificar as comparações, omitimos esse contingente de casos nas situações em que não houve ganho analítico em incluí-los.

Dos processos restantes, 101 dos autores tinham o faturamento até R$ 1 milhão, 119 entre R$ 1 e R$ 5 milhões, 54 entre R$ 5 e R$ 10 milhões, 186 entre R$ 10 e R$ 50 milhões, 54 entre R$ 50 e R$ 100 milhões e 89 acima de R$ 100 milhões.

Tabela 3.4: Distribuição das requerentes de acordo com faixa de faturamento (receita operacional bruta).

Faixa de faturamento	Frequência	%	% desconsiderando os sem faturamento
Até R$ 1MM	101	8,5%	16,7%
Entre R$ 1MM e R$ 5MM	119	10,0%	19,7%
Entre R$ 5MM e R$ 10MM	54	4,5%	9,0%
Entre R$ 10MM e R$ 50MM	186	15,6%	30,8%
Entre R$ 50MM e R$ 100MM	54	4,5%	9,0%
Acima de R$ 100MM	89	7,5%	14,8%
Sem informação	591	49,5%	
Total	1194	100,0%	100,0%

3.3 Atividade exercida

Quanto às atividades das recuperandas, a distribuição apresentou as seguintes proporções.

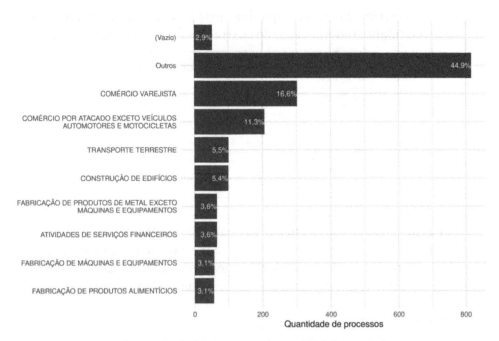

Figura 3.2: Distribuição das recuperandas por atividade desempenhada.

O comércio varejista respondeu por 302 pedidos (16,6%), comércio por atacado exceto veículos automotores e motocicletas por 206 pedidos (11,3%), transporte terrestre por 100 pedidos (5,5%), construção de edifícios por 99 pedidos (5,4%), atividades de serviços financeiros por 65 pedidos (3,6%), fabricação de produtos de metal exceto máquinas e equipamentos por 65 pedidos (3,6%), fabricação de máquinas e equipamentos por 57 pedidos (3,1%) e fabricação de produtos alimentícios por 56 pedidos (3,1%).

4. ANÁLISE DA CRISE

Muito se diz na doutrina brasileira que a recuperação judicial encontra maior dificuldade de ser efetiva na superação da crise econômico financeira por qual passa o devedor em razão de os pedidos de recuperação judicial serem tardios ou somente realizados quando a crise econômico financeira da devedora já se acentuou.

4.1 Passivo

Por ocasião do pedido de recuperação judicial, o passivo das recuperandas era de até R$ 1 milhão em 88 casos (7,4%), entre R$ 1 milhão e R$ 5 milhões em 124 (10,4%), entre R$ 5 milhões e R$ 10 milhões em 79 (6,6%), entre R$ 10 milhões e R$ 50 milhões em 190 (15,9%), entre R$ 50 milhões e R$ 100 milhões em 48 (4,0%) e acima de R$ 100 milhões em 113 (9,5%).

Esse é o montante de passivo considerado pelo balanço apresentado pela devedora por ocasião de seu pedido de recuperação judicial.

Tabela 4.1: Distribuição das companhias pela faixa de passivo circulante e não circulante (conforme dados extraídos do balanço contábil).

Faixa de passivo	Frequência	%
Até R$ 1MM	88	7,4%
Entre R$ 1MM e R$ 5MM	124	10,4%
Entre R$ 5MM e R$ 10MM	79	6,6%
Entre R$ 10MM e R$ 50MM	190	15,9%
Entre R$ 50MM e R$ 100MM	48	4,0%
Acima de R$ 100MM	113	9,5%
Sem informação	552	46,2%
Total	1194	100,0%

No entanto, os resultados indicam que não há variação percentual nas faixas até R$ 10 milhões e, de forma contraintuitiva, a faixa de maior incidência está em empresas com passivo entre R$ 10 e R$ 50 milhões. Nas faixas seguintes (até R$ 100 milhões e acima deste valor) o percentual cai de maneira significativa.

4.2 Ativos x passivos

A relação entre ativo e passivo das empresas em recuperação obedece a uma correlação linear positiva nos logaritmos muito forte, próxima de 1. Passivo e ativo das empresas nessa situação apresentam valores globais muito próximos em números absolutos, de tal forma que o seu patrimônio líquido tende a zero.

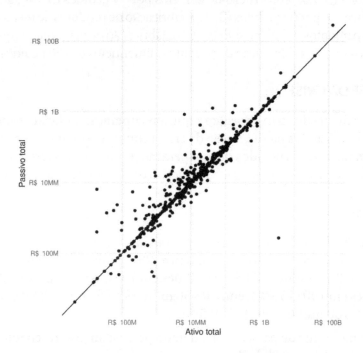

Figura 4.1: Relação entre o ativo e o passivo declarados pelas recuperandas no momento da propositura.

Na mensuração, compararam-se o total de ativo circulante e não circulante no balanço do último ano fiscal completo antes do pedido de recuperação judicial com o passivo sujeito e não sujeito à recuperação judicial, desconsiderando o valor do patrimônio líquido. Da comparação, verificou-se uma equiparação entre os dois valores na maior parte dos casos. Entretanto, existe uma quantidade expressiva de casos em que o passivo declarado foi maior do que o ativo.

Ressaltamos que o dado levantado corresponde à uma declaração contábil e que eventualmente (i) não leva em consideração o valor de mercado dos ativos e (ii) não leva em conta contingências. Além disso, o dado de passivo levantado não leva em conta o patrimônio líquido das recuperandas.

Pelos dados coletados, verifica-se que a medida do ingresso do pedido de recuperação pelos empresários em crise está na constatação de que a deterioração econômica da empresa a partir daquele ponto a colocará em uma situação na qual todo o ativo da sociedade não seria suficiente para pagar seus credores.

4.3 Passivo x Faturamento anual

Dentre os processos pesquisados, a correlação entre o logaritmo do montante do passivo e o logaritmo do faturamento bruto dos empresários também se mostrou linear. A partir de um faturamento anual de R$ 10 milhões, constatou-se tendência do passivo acompanhar o faturamento na mesma proporção, embora a mediana do passivo tenha ficado ligeiramente abaixo do montante do faturamento.

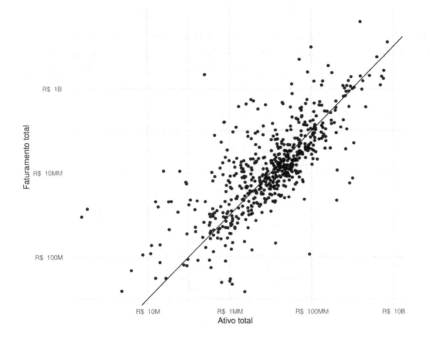

Figura 4.2: Comparação entre o faturamento total e o passivo das recuperandas no momento do pedido de recuperação.

5. DISTRIBUIÇÃO DOS PEDIDOS DE RECUPERAÇÃO JUDICIAL NO TEMPO

Antes de tratar das questões de pesquisa levantadas, nossa primeira investigação diz respeito ao impacto da crise nacional de 2014 e 2015 e de outras variáveis de interesse no número de recuperações requeridas que compõem o escopo do nosso estudo.

A Figura 5.1 ilustra uma tendência temporal distinta nas varas comuns e especializadas. Houve estabilização nas entre 2013 e 2014 e, após isso, um aumento de pedidos até 2016. Nas varas especializadas, os números flutuaram a partir dos anos seguintes a 2013.

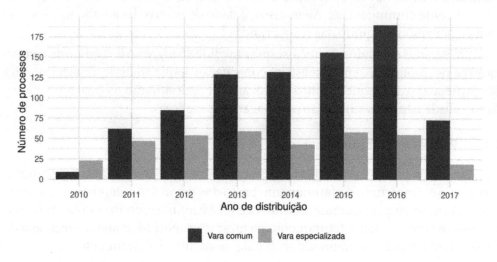

Figura 5.1: Volume de processos distribuídos nas varas especializadas e nas varas comuns.

Na comparação com os dados das varas comuns, o que chama a atenção é aumento dos processos fora da capital em 2013. Isso pode ser fruto da má qualidade da gestão de informação do tribunal e consequente impossibilidade de captar as recuperações distribuídas nesse período nas varas comuns.

O crescimento tardio das recuperações no interior poderia ser explicado pela menor especialização dos operadores locais. Há indícios de que na capital os empresários reagiram de maneira mais imediata à crise de 2008 e já ainda entre 2010 e 2012 suas distribuições superaram às do interior.

Em 2013, no entanto, houve um ajuste e o interior se fixou em um patamar superior ao da capital a partir de então. Na amostra completa de processos, 836 (70,0%) foram requeridos em varas comuns, sendo assim a maioria dos casos.

Tabela 5.1: Distribuição dos processos de acordo com o local de tramitação.

Local de tramitação	Frequência	%
Vara comum	836	70,0%
Vara especializada	358	30,0%
Total	1194	100,0%

Outra explicação é que a maior taxa de deferimento do processamento observada nas varas comuns possa induzir um maior uso da recuperação judicial.

6. DEFERIMENTO DO PROCESSAMENTO DA RECUPERAÇÃO JUDICIAL

Da análise dos dados, as varas comuns deferiram 626 recuperações judiciais e indeferiram 210. Nas especializadas, foram deferidas 196 recuperações judiciais e indeferidas 162. Em termos relativos, a taxa total de deferimento, considerando varas comuns e especializadas, foi de 68,8%, enquanto nas especializadas e nas comuns as taxas foram de 74,9% e 54,7%, respectivamente.

O aumento do percentual de deferimentos ocorre diante da presença de vários fatores, sendo os principais a presença de litisconsórcio, o foro no qual tramita a recuperação (especializado contra comum) e o faturamento das requerentes.

Caso não haja litisconsórcio, a média de deferimentos totais da vara especializada e da comum é de 63,0% (582 processos). Se houver litisconsórcio no polo ativo, a taxa de deferimento é de 88,9% (240 processos).

Tabela 6.1: Taxa de deferimento dos processos separados de acordo com a presença de litisconsórcio ativo.

Litisconsórcio	Indeferidas	Deferidas	Taxa de deferimento
Não	342	582	63,0%
Sim	30	240	88,9%

Os referidos percentuais variam em relação às varas especializadas e não especializadas. Para pedidos de recuperação feitos por um grupo de empresas, a taxa de deferimento na comum é de 91,9% e na especializada de 80,8%.

Ainda que nas varas comuns a taxa seja maior, a diferença responsável pela distorção nas taxas globais está nos pedidos feitos por uma única empresa requerente. Enquanto na especializada a taxa de deferimento para requerentes únicas é de 48,1%, na comum ela é de 69,6%. Ou seja, na comum o fato de não ser um litisconsórcio aumenta a chance de deferir o processamento.

Tabela 6.2: Taxas de deferimento e indeferimento separados por local de tramitação (especializada e comum) e presença de litisconsórcio ativo.

Litisconsórcio	Especializada	Indeferidas	Deferidas	Taxa de deferimento
Não	Não	194	445	69,6%
Não	Sim	148	137	48,1%
Sim	Não	16	181	91,9%
Sim	Sim	14	59	80,8%

Conforme já mencionado, outro fator muito significativo para a possibilidade de deferimento das recuperações é o tamanho das requerentes, nesta pesquisa baseado no faturamento. Conforme ilustram a Figura 6.1 e a Tabela 6.3, os processos em que as requerentes são maiores apresentam uma maior taxa de deferimento, chegando a 88,8% acima de R$ 10 milhões, e de 79,8% entre R$ 1 e R$ 10 milhões.

Tabela 6.3: Taxa de deferimento separada por faixa de faturamento.

Faixa de faturamento	Indeferidas	Deferidas	Taxa de deferimento
Até R$ 1MM	27	74	73,3%
Entre R$ 1MM e R$ 5MM	24	95	79,8%
Entre R$ 5MM e R$ 10MM	14	40	74,1%
Entre R$ 10MM e R$ 50MM	21	165	88,7%
Entre R$ 50MM e R$ 100MM	4	50	92,6%
Acima de R$ 100MM	12	77	86,5%
Sem informação	270	321	54,3%

Essa diferença é constante tanto nas varas especializadas quanto nas comuns. Entretanto, existe um desnível significativo entre as taxas de deferimento das varas especializadas e comuns quando a comparação é feita dentro de cada faixa de faturamento. Nas empresas grandes, não há diferença significativa, mas para empresas com faturamento até R$ 1 milhão ou sem faturamento identificado na documentação disponível, as varas especializadas deferem os processamentos com menor frequência.

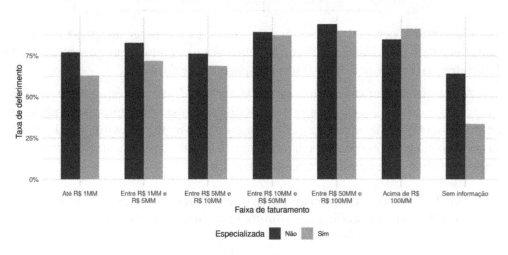

Figura 6.1: Taxa de deferimento separada por faixa de faturamento.

6.1 Emendas à petição inicial

Pelos dados coletados, as varas especializadas determinam maior número de emendas à petição inicial. Do total de processos da especializada, 69,8% sofrem emendas à petição inicial. Na comum, esses números são de apenas 52,3%.

Tabela 6.4: Presença de emenda na petição inicial na especializada e na comum.

Especializada?	Nº de emendas requeridas	Nº de PIs sem emenda	Taxa emenda
Não	437	399	52,3%
Sim	250	108	69,8%

A determinação de emendas depende pouco do faturamento. O destaque é da faixa de faturamento entre R$ 5 e R$ 10 milhões, onde a taxa de emendas sobe para 72,2%.

Tabela 6.5: Taxa de emendas à petição inicial separada por faixa de faturamento.

Faixa de faturamento?	Nº de emendas requeridas	Nº de PIs sem emenda	Taxa emenda
Sem informação	319	272	54,0%
Até R$ 1MM	59	42	58,4%
Entre R$ 1MM e R$ 5MM	76	43	63,9%
Entre R$ 5MM e R$ 10MM	39	15	72,2%
Entre R$ 10MM e R$ 50MM	104	82	55,9%
Entre R$ 50MM e R$ 100MM	32	22	59,3%
Acima de R$ 100MM	58	31	65,2%

Nas varas especializadas, a presença de determinação de emenda está associada a uma maior probabilidade de deferimento da recuperação judicial. Nas varas comuns, a presença de emendas o efeito é contrário.

Essa situação pode ser explicada por uma maior propensão dos magistrados das varas especializadas a indeferir imediatamente petições iniciais de requerentes em situação que não condiz com o deferimento de uma recuperação judicial, o que razoavelmente pode coincidir com documentação fora dos padrões estipulados pelo artigo 51. Seguindo essa lógica, nos processos da vara comum as emendas seriam requeridas independentemente de outros juízos feitos sobre as petições iniciais, o que implicaria indeferimentos que acontecem apenas após todos os requisitos formais encontrarem-se contemplados.

Tabela 6.6: Taxas de deferimento separadas por especialização de justiça e pela presença de emendas à petição inicial.

Tipo de vara	Houve emenda?	Nº de RJs deferidas	Nº de RJs indeferidas	Taxa def.
Varas comuns	Não	330	69	82,7%
Varas comuns	Sim	296	141	67,7%
Varas especializadas	Não	55	53	50,9%
Varas especializadas	Sim	141	109	56,4%

Nas varas comuns, do total de processos em que não houve emenda à petição inicial, 399 casos, o percentual de deferimento da recuperação judicial foi de 82,7%, o que representa 330 processos. A presença da emenda, por seu turno, faz com que o índice de deferimentos do processamento reduza para 67,7%, num montante de 296 processos de um total de 437.

Nas especializadas, por outro lado, do total de processos em que não houve emenda à petição, 250 casos, o percentual de deferimento da recuperação foi de 56,4%. A presença da emenda faz com que esse índice suba para 56,4%, 141 casos sobre um total de 250 processos.

6.2 Perícia prévia

Nas varas especializadas, a perícia prévia foi realizada em 12,0% dos processos (43 casos), enquanto nas comuns em 9,4% dos processos (79 casos). É de se observar, no entanto, que a utilização da perícia prévia só teve início em 2014 em parte das varas especializadas, então o baixo número do resultado se explica pela amostragem ter grande parte anterior a esta data.

De forma geral, sem perícia prévia, a taxa de deferimento das recuperações judiciais é de 67,3% (721 processos) e 32,7% de indeferimentos (351 processos). Com perícia prévia, a taxa de deferimento dos processos é de 82,8% (101 processos) e de 17,2% de indeferimentos (21 processos).

Nas varas especializadas, a realização de perícia prévia implica taxa de deferimento de 79,1% (34 dos 43 processos em que ela foi feita), enquanto que sem perícia prévia o deferimento foi de apenas 51,4% (162 processos de 315).

Nas varas comuns, a realização de perícia prévia implicou processamento de 84,8% (67 de 79 processos), enquanto a taxa de deferimento sem perícia prévia foi de 73,8% (559 de 757).

Tabela 6.7: Taxa de deferimento separada por presença
de perícia prévia e pela localidade de tramitação.

Tipo de vara	Houve perícia prévia?	Nº de RJs deferidas	Nº de RJs indeferidas	Taxa def.
Varas comuns	Não	559	198	73,8%
Varas comuns	Sim	67	12	84,8%
Varas especializadas	Não	162	153	51,4%
Varas especializadas	Sim	34	9	79,1%

Quanto à perícia prévia, identifica-se maior propensão ao deferimento do processamento nos casos em que o instituto é aplicado e de forma ainda mais eficiente do que a emenda aos processos isoladamente. A presença de perícia aumenta a taxa de deferimento tanto na presença quanto na ausência de emendas à petição inicial. Cabe ressaltar que o aumento é ainda maior nas varas especializadas. Enquanto nas varas comuns as perícias aumentam as taxas de deferimento de processos com e sem emenda de 65,4% e 82,8%, respectivamente, para 87,2% e 81,2%, nas varas especializadas o aumento é de 52,6% e 49,0% para 80,0% e 75,0%. Ou seja, enquanto o aumento pequeno ou inexistente nas comuns, nas especializadas esse aumento é significativo.

Tabela 6.8: Taxa de deferimento separado por localidade, presença de emenda à petição inicial e presença de perícia prévia.

Em síntese, a perícia prévia é a variável, seguida da presença de litisconsórcio, que mais se associa ao deferimento do processamento, principalmente se comparada à própria emenda à inicial isolada. A título de comparação, enquanto a perícia prévia acompanhada de emenda gera 84,1% de taxa de deferimentos da recuperação judicial, a emenda desacompanhada de perícia prévia gera apenas 60,8% de aprovação.

Tipo de vara	Houve perícia prévia?	Houve emenda?	Nº de RJs deferidas	Nº de RJs indeferidas	Taxa def.
Varas comuns	Sem perícia prévia	Não	304	63	82,8%
Varas comuns	Sem perícia prévia	Sim	255	135	65,4%
Varas comuns	Com perícia prévia	Não	26	6	81,2%
Varas comuns	Com perícia prévia	Sim	41	6	87,2%
Varas especializadas	Sem perícia prévia	Não	49	51	49,0%
Varas especializadas	Sem perícia prévia	Sim	113	102	52,6%
Varas especializadas	Com perícia prévia	Não	6	2	75,0%
Varas especializadas	Com perícia prévia	Sim	28	7	80,0%

6.3   Tempo até deferimento

A mediana de tempo total até o deferimento do processamento da recuperação judicial não variou nas varas comuns com as especializadas. Embora as médias sejam muito diversas, as medianas para o deferimento foram de 58 e 54 dias nas comuns e nas especializadas, respectivamente.

Tabela 6.9: Medidas resumo do tempo (em dias) até o deferimento nas varas comuns e nas especializadas.

Vara	N	Média	Mediana	Máximo
Comum	818	132,9	58	1794
Especializada	354	79,0	54	879

Em relação ao faturamento das recuperandas, o tempo para a decisão de processamento variou, de modo que as recuperandas com maior faturamento tiveram decisões de processamento mais rápidas.

Tabela 6.10: Medidas resumo do tempo até o deferimento separados por faixa de faturamento.

Faturamento	N	Média	Mediana	Máximo
Até R$ 1MM	74	63,2	42,0	388
Entre R$ 1MM e R$ 5MM	95	101,4	63,0	879
Entre R$ 5MM e R$ 10MM	40	86,1	73,0	336
Entre R$ 10MM e R$ 50MM	163	87,4	43,0	1570
Entre R$ 50MM e R$ 100MM	50	46,3	34,0	187
Acima de R$ 100MM	75	52,9	35,0	360
Sem informação	311	74,6	44,0	1183

Essa correlação se manteve se diferenciarmos os processos das varas especializadas com os processos das varas comuns.

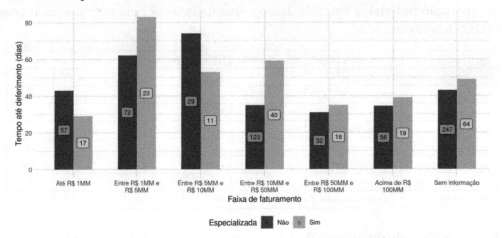

Figura 6.2: Tempo mediano até o deferimento separado por faixa de faturamento e pela localidade.

O tempo mediano do deferimento da recuperação judicial é alterado se há emenda em todos os tamanhos de recuperanda medidos pelo faturamento.

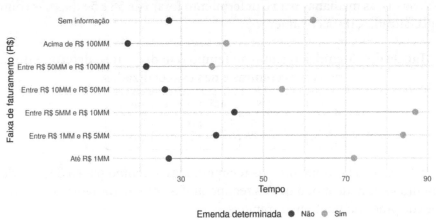

Figura 6.3: Tempo mediano até o deferimento separado por faturamento e pela presença de emenda à petição inicial.

Somando os processos das varas comuns e das especializadas, o tempo mediano até a determinação de emendas à petição inicial foi de 20 dias, enquanto a mediana para o mesmo prazo para perícias prévias foi de 33 dias[1].

Tabela 6.11: Tempos médios, medianos e máximos até determinação de emendas e perícias.

Evento	N	Média	Mediana	Máximo
Emenda	682	38,0	20	770
Perícia	120	82,8	33	758

Nos processos em que não houve nem emenda e nem perícia prévia, o prazo mediano até deferimento foi de 26 dias. Nos processos em que houve perícia prévia, mas não houve emenda, a mediana foi de 28 dias. Nos em que houve emenda, mas não houve perícia prévia, a mediana foi de 60 dias. Nas em que houve emenda e perícia prévia, a decisão de processamento demorou 63 dias.

Tabela 6.12: Tempos médios, medianos e máximos até o deferimento separados por presença e ausência de emendas e perícia prévias.

Emenda	Perícia	N	Média	Mediana	Máximo
Não	Não	345	58,2	26	1570
Não	Sim	32	53,7	28	574
Sim	Não	362	89,5	60	1183
Sim	Sim	69	105,4	63	1012

7. DO DEFERIMENTO ATÉ A APROVAÇÃO DO PLANO

7.1 Administrador judicial

Um dos interesses desta pesquisa é obter métricas relativas ao trabalho do administrador judicial. Coletamos dados dos processos de recuperação judicial estudados para caracterizar a atuação do administrador judicial e o seu impacto nos indicadores chave da recuperação, tais como o tempo até o final da negociação, o sucesso da negociação, os índices dos planos etc.

Com relação à apresentação de lista de credores, os dados apurados revelaram que 86,0% dos administradores judiciais apresentaram lista de credores. Desconsiderando aqueles casos em que os planos ainda estão em negociação e uma lista de credores possivelmente ainda está sendo elaborada, esse índice é ainda maior: 87,8% dos casos.

---

1. Em alguns casos, a data coletada foi da realização da emenda ou juntada do laudo pericial, e não a determinação de tais atividades. Por isso, os tempos podem estar superestimados.

Tabela 7.1: Tabela resumo da apresentação de lista de credores pelo Administrador Judicial

O AJ apresentou lista de credores?	N	%
Sim	707	86,0%
Não	73	8,9%
Sem informação	42	5,1%
Total	822	100,0%

Tabela 7.2: Tabela resumo da apresentação de lista de credores pelo Administrador Judicial considerando apenas os casos em que o plano já foi votado.

O AJ apresentou lista de credores?	N	%
Sim	642	87,8%
Não	53	7,3%
Sem informação	36	4,9%
Total	731	100,0%

Em 31,4% das recuperações não foi possível auferir o valor da remuneração do administrador judicial. Em 48,9% dos casos observados, os administradores recebem um valor fixo. As remunerações foram fixadas em percentuais do passivo em recuperação em 51,1% dos casos em que o tipo de remuneração é observado.

Tabela 7.3: Contagem dos tipos de remuneração dos Administradores Judiciais.

Tipo de remuneração do AJ	N	%
Fixo	276	48,9%
Percentual	288	51,1%
Total	564	100,0%

Abrindo a informação por tipo de vara, observamos que nas varas comuns a proporção de casos com tipo de remuneração percentual é maior. Já nas varas especializadas, a proporção de remuneração fixa é maior.

Tabela 7.4: Contagem dos tipos de remuneração dos Administradores Judiciais.

Tipo de vara	Tipo de remuneração do AJ	N	%
Varas comuns	Fixo	199	47,4%
Varas comuns	Percentual	221	52,6%
Varas especializadas	Fixo	77	53,5%
Varas especializadas	Percentual	67	46,5%

Independentemente do valor da forma de fixação, as remunerações dos administradores judiciais seguem padrões claros relativos ao faturamento das recuperandas. Analisando a Figura 7.1, primeiro percebe-se que em grande parte das recuperações fixa-se a remuneração do administrador judicial próximo do limite máximo estabelecido por lei. Existe, de fato, uma nuvem de pontos com remunerações consistentemente menores do que as máximas, mas em menor proporção.

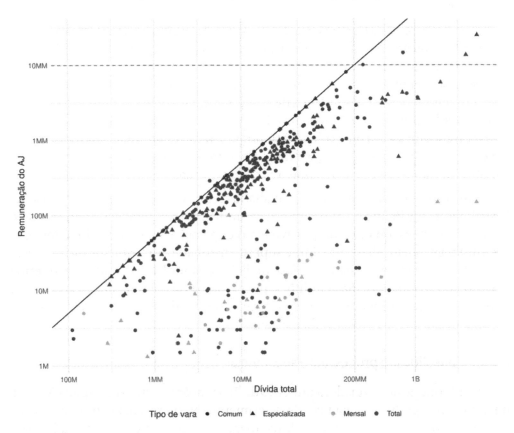

Figura 7.1: Remuneração do administrador judicial contra a dívida total apresentada na lista do Administrador Judicial. A linha contínua preta marca o limite de 5% do passivo. A linha tracejada vermelha marca 10 milhões de reais no eixo da remuneração dos Administradores Judiciais.

Outro ponto importante que também se destaca é o descolamento entre os dados observados e o máximo possível. Seria possível esperar que conforme aumenta o valor da dívida, a remuneração do administrador judicial também aumentasse, sem limites. Este não é o caso, entretanto. Tipicamente, em recuperações com passivos acima de R$ 200 milhões, as remunerações dos administradores poderiam ultrapassar os R$ 10 milhões, mas o que se identifica é justamente uma limitação neste último valor. Mesmo nas recuperações bilionárias, a dificilmente ultrapassa R$ 10 milhões, contrariando a expectativa.

A explicação para este fenômeno pode ser uma racionalidade econômica envolvida no processo de negociação e fixação da remuneração do administrador judicial. Se, por um lado, as dívidas podem crescer indefinidamente de acordo com a capacidade de crédito dos devedores, características das operações etc., o trabalho do administrador judicial está sujeito a restrições bem menos abstratas. O esforço despendido para administrar uma recuperação de R$ 100 milhões ou de R$ 1 bilhão, no que diz respeito ao valor da remuneração do administrador judicial, é similar.

Entretanto, esses dados não necessariamente precisam ser analisados de maneira literal. Eles indicam, na verdade, que até um certo patamar, a remuneração do administrador judicial é aproximadamente 5% do valor em recuperação judicial, mas para recuperações maiores o percentual deixa de seguir essa regra. Os processos analisados aqui apontaram para uma mudança de comportamento quando a remuneração do administrador judicial ultrapassa aproximadamente R$ 5 milhões, mas esse valor é apenas a tendência geral dos dados capturados. Citamos, como exemplo de exceção, a recuperação do grupo OAS[2], que fixou a remuneração do administrador judicial em R$ 15 milhões, ou 0,2% do passivo em recuperação.

Em consonância com os dados avaliados, entretanto, é ilustrativo o caso da Distribuidora Big Benn SA[3]. Sugeriram aos administradores judiciais a remuneração em R$ 10 milhões, ou 0,9% do passivo em recuperação, que foram alterados para R$ 4 milhões e meio, abaixo do limite supramencionado. Mencionando outro caso, mais ilustrativo, temos o caso da Biofast Medicina e Saúde LTDA[4], onde foi requerida a remuneração em quase R$ 3 milhões, ou 4% do passivo em recuperação, que foi impugnado pelas devedoras. O montante final destinado à remuneração do administrador judicial foi de R$ 1 milhão e meio.

7.2   Consolidação processual e substancial

Conforme já mencionado, a presença de litisconsórcios ativos é responsável por um aumento significativo na taxa de deferimento. Nesta seção, analisamos outros aspectos da tramitação do processo de recuperação judicial que são impactados pelo fato de o pedido ser feito em grupo.

No que diz respeito à forma de negociação dos planos de recuperação, um aspecto importante que foi captado pela pesquisa foi a expressiva presença de consolidação substancial. Identificamos uma taxa de 74,6% de planos únicos votados em assembleia unificada para todas as recuperandas, sendo que esse número variou significativamente de acordo com o nível de especialização. Nas varas especializadas o percentual de consolidação substancial é de aproximadamente 89,1%, enquanto nas varas comuns essa taxa ficou em torno de 79,7%.

---

2. Processo 1030812-77.2015.8.26.0100.
3. Processo 1000990-38.2018.8.26.0100.
4. Processo 1074027-35.2017.8.26.0100.

Tabela 7.5: Consolidação substancial nas varas comuns e nas especializadas. A análise considera apenas casos de litisconsórcio ativo que já tiveram alguma AGC.

Tipo de vara	Consolidação substancial	N	%
Comum	Não	30	20,3%
Comum	Sim	118	79,7%
Especializada	Não	6	10,9%
Especializada	Sim	49	89,1%

A admissão do litisconsórcio é muito mais incontroversa, a ponto de ser quase unânime. Em 95,8% dos pedidos formulados por mais de um autor, o litisconsórcio foi admitido, sendo que este índice não variou significativamente das varas comuns para as especializadas. Associado ao resultado anterior, isto significa que a admissão do litisconsórcio é praticamente uma regra, tanto nos meios mais especializados quanto na justiça geral, de tal forma que apenas a consolidação substancial é um ponto de negociação ou disputa por parte dos credores.

Tabela 7.6: Taxas de litisconsórcios admitidos separadas pela especialização. A análise considera apenas casos de litisconsórcio ativo.

Tipo de vara	Litisconsórcios admitidos	N	%
Comum	Não	7	3,9%
Comum	Sim	174	96,1%
Especializada	Não	3	5,1%
Especializada	Sim	56	94,9%

Partindo para um maior nível de detalhamento acerca das consolidações substanciais, identificamos aquelas situações em que a consolidação substancial foi apreciada em uma decisão judicial. Conforme já observado, existe uma menor taxa de consolidações substanciais nas varas comuns, mas, além disso, na especializada existe um maior percentual de consolidações substanciais que ocorreram sem a presença de decisão. Considerando apenas os casos em que houve consolidação substancial nas varas especializadas, houve uma decisão apreciando o ponto em apenas 8,0% dos casos (4 de 50). Já na comum, essa mesma taxa resulta em 12,4% (16 de 129).

Tabela 7.7: Consolidação substancial e presença de decisão determinando a consolidação substancial.

Tipo de vara	Tipo de consolidação	N	%
Comum	Consolidação substancial com decisão	16	12,4%
Comum	Consolidação substancial sem decisão	113	87,6%
Especializada	Consolidação substancial com decisão	4	8,0%
Especializada	Consolidação substancial sem decisão	46	92,0%

7.3 Stay period

O artigo 6º da Lei 11.101/05 disciplina o *stay period*. Para evitar comportamentos oportunistas dos credores e assegurar que o devedor possa negociar o plano de recuperação judicial sem o risco iminente de constrição dos ativos indispensáveis à manutenção de sua atividade, determinou a LRE um período de respiro.

A partir da decisão de deferimento do processamento da recuperação judicial, o curso de todas as ações e execuções de créditos sujeitos à recuperação judicial em face do devedor será suspenso pelo prazo improrrogável de 180 dias. Somente após o decurso do referido prazo, os credores poderão, independentemente de pronunciamento judicial, iniciar ou prosseguir com suas ações e execuções.

A despeito da determinação legal da improrrogabilidade do prazo de suspensão, a jurisprudência consolidou o entendimento de que a prorrogação do prazo deveria ocorrer sempre que a deliberação assemblear dos credores não tenha ocorrido até o término do prazo e desde que essa mora não possa ser imputável ao devedor.[5]

Essa construção jurisprudencial permitiu que a dilação do prazo para a realização da Assembleia Geral de Credores – AGC fosse, não apenas a exceção, mas a regra. Por outro lado, os números demonstram que o prazo de 180 dias não é razoável para a negociação de um plano, que via de regra leva o dobro disso.

Para introduzir a questão, observamos que o tempo da primeira AGC, no desfecho mediano, ocorreu 327 dias após o deferimento da recuperação nas varas especializadas, ou seja, o dobro do prazo legal. Nas varas comuns, a dilatação é ainda maior, com mediana de 456 dias até a realização da primeira AGC.

**Tabela 7.8: Tempo mediano até a primeira AGC
separado pela localidade de tramitação.**

Tipo de vara	Frequência	Tempo mediano até 1ª AGC
Comum	412	456
Especializada	164	327

Pela pesquisa coletada, o tempo mediano até a deliberação definitiva sobre o plano de recuperação judicial foi de 506 dias. O tempo mediano até a deliberação definitiva sobre o plano de recuperação judicial é, nas varas especializadas, menor do que o tempo mediano nas varas comuns. Na especializada, o prazo mediano é de 384 dias, enquanto na comum a mediana é de 553.

---

5. STJ, 4ª Turma, AGInt no Agravo em REsp 443.665/RS, rel. Min. Marco Buzzi, DJ 15-9-2016; STJ, 4ª Turma, AgInt no Agravo em REsp 887.860/SE, rel. Min. Raul Araújo, DJ 23.08.2016; TJSP, 1ª Câmara Reservada de Direito Empresarial, AI 20000601-16.2016, rel. Des. Francisco Loureiro, DJ 10.03.2016; TJSP, 2ª Câmara Reservada de Direito Empresarial, Ag Reg 2165078-56.2016, rel. Des. Fábio Tabosa, DJ 28.11.2016; TJSP, 1ª Câmara Reservada de Direito Empresarial, AI 2148981-15.2015, rel. Des. Pereira Calças, DJ 03.02.2016.

Tabela 7.9: Tempo mediano até a última sessão da AGC que deliberou sobre o plano separado por localidade.

Tipo de vara	Frequência	Tempo mediano até AGC
Comum	405	553
Especializada	158	384

Um fator relacionado a alta duração dos processos é a presença de inúmeras suspensões da AGC ao longo do processo de negociação. Ainda que a AGC seja una, ela poderá ser suspensa para que os credores possam continuar negociando deliberar sobre o plano de recuperação judicial em outro momento mais maduro. Tipicamente, caso haja AGC, há ao menos uma suspensão assemblear até que ocorra a deliberação sobre o plano de recuperação judicial.

Tabela 7.10: Distribuição do número de sessões assembleares até a votação do plano. A tabela desconsidera casos que faliram antes da primeira AGC, faliram durante a negociação ou que ainda estão em negociação.

Número de AGCs	Frequência	%
0	39	6,5%
1	102	16,9%
2	223	37,0%
3	91	15,1%
4	70	11,6%
5 ou mais	77	12,8%
Total	602	100,0%

Esse número, entretanto, aumenta sensivelmente conforme aumenta o faturamento das requerentes.

Tabela 7.11: Número típico de sessões assembleares até a votação do plano, separado por faturamento. A tabela desconsidera casos que faliram antes da primeira AGC, faliram durante a negociação ou que ainda estão em negociação.

Faixa de faturamento	Frequência	Número de AGCs
Até R$ 1MM	52	Entre 3 e 4
Entre R$ 1MM e R$ 5MM	62	Entre 2 e 3
Entre R$ 5MM e R$ 10MM	27	Entre 2 e 3
Entre R$ 10MM e R$ 50MM	128	Aprox. 3
Entre R$ 50MM e R$ 100MM	44	Entre 2 e 3
Acima de R$ 100MM	71	Entre 3 e 4
Sem informação	218	Entre 2 e 3

O número de sessões assembleares até a votação do plano é o principal fator para dilatar o prazo até a votação. Desconsiderando os casos ainda em negociação, temos que a cada suspensão de AGC, aumenta mais o tempo de negociação, indo de 451 dias até cerca de 734, quando acontecem 5 ou mais sessões de assembleia. Conforme se notará nas análises seguintes, outros fatores, tais como o faturamento ou a presença de litisconsórcio, não impactam a duração tanto quanto o número de sessões da AGC.

O tempo também varia em função do porte da empresa. Os dados apontam alta variabilidade nos resultados, de tal forma que esta queda não pode ser considerada significativa.

Tabela 7.12: Tempo mediano da fase de negociação separado por faixa de faturamento das recuperandas. A análise desconsidera casos que faliram durante a negociação ou antes da primeira AGC, mas considera casos ainda em negociação.

Faixa de faturamento	Frequência	Tempo mediano
Até R$ 1MM	56	695
Entre R$ 1MM e R$ 5MM	78	639
Entre R$ 5MM e R$ 10MM	35	610
Entre R$ 10MM e R$ 50MM	144	543
Entre R$ 50MM e R$ 100MM	49	454
Acima de R$ 100MM	76	454
Sem informação	255	621

A presença de litisconsórcio ativo também foi responsável por uma alteração no tempo total da recuperação. A alteração, de redução de aproximadamente 89 dias, representa 14,8% da duração total da fase.

Tabela 7.13: Tempo mediano da fase de negociação separado pela presença de litisconsórcio.

Litisconsórcio	Frequência	Tempo mediano
Não	479	603
Sim	214	514

De maneira similar ao que foi observado com relação ao faturamento das empresas, a presença de perícia prévia para o deferimento da recuperação judicial também provocou uma mudança significativa no tempo mediano da fase de negociação.

Tabela 7.14: Tempo mediano da fase de negociação separado pela presença de perícia prévia.

Perícia prévia	Frequência	Tempo mediano
Não	599	583
Sim	94	477

Concluindo as análises acerca do tempo de duração da etapa de negociação, não há correlação entre planos com formas mais dilatadas de pagamento e o tempo de duração da negociação. Ainda que o resultado possa parecer contraintuitivo, a etapa de negociação não é influenciada por circunstâncias relativas aos planos, pelo menos no que diz respeito ao prazo de pagamento.

Como uma possível explicação para este fenômeno, observamos que o prazo possivelmente é calculado tendo em vista a viabilidade do pagamento, o que pode impossibilitar grandes negociações com relação a esse ponto do plano. O tempo da negociação varia possivelmente pela complexidade e necessidade de compor interesses diversos.

Tabela 7.15: Tempo mediano da fase de negociação separado pelo prazo de pagamento da classe 3, credores quirografários. Nesta tabela foram considerados apenas os planos aprovados.

Prazo de pagamento da classe 3	Frequência	Tempo mediano
Menos de 1 ano	25	540
Entre 1 e 2 anos	11	420
Entre 2 e 5 anos	29	520
Entre 5 e 10 anos	114	513
Entre 10 e 15 anos	142	469
15 anos ou mais	57	517

Contudo, embora o prazo extrapole o período de suspensão legal e o prosseguimento das ações e execuções contra o devedor ocorra automaticamente após o seu decurso, a menos que haja decisões prorrogando o *stay period*, essa prorrogação sequer tem sido submetida à decisão judicial na maioria dos casos.

Pelos dados coletados, das 822 recuperações em que o referido dado pôde ser medido, houve decisão de prorrogação em 316 desses processos, o que equivale a 38,4% dos processos. Esses números, entretanto, variam nas varas especializadas e nas varas comuns. Enquanto na especializada as prorrogações são menos frequentes, 26,5% dos casos, na comum esse número é de aproximadamente 42,2%.

Tabela 7.16: Presença de prorrogação do *stay period* separada por localidade de tramitação.

Tipo de vara	Stay period prorrogado	Frequência	%
Comum	Não	362	57,8%
Comum	Sim	264	42,2%
Especializada	Não	144	73,5%
Especializada	Sim	52	26,5%

7.4 Índices de aprovação do plano

A Lei 11.101/05 concebeu o instituto da recuperação judicial como uma forma de composição entre devedor e a maioria qualificada dos credores para que ambos pudessem concordar com uma solução comum para a superação da crise econômico-financeira que acometia o devedor. Pela LRE, cumpre ao credor a verificação da viabilidade econômica da empresa e da possibilidade de obtenção da satisfação do seu crédito conforme previsão no plano de recuperação judicial em comparação à alternativa de liquidação forçada falimentar.

Pelos dados coletados, demonstrou-se a ampla aprovação dos planos de recuperação judicial. Do total de recuperações judiciais analisadas na pesquisa, 14,0% tiveram a falência decretada antes da realização da primeira AGC.

Das que submeteram os seus planos de recuperação judicial à deliberação assemblear dos credores, 509 (ou 88,4%), tiveram seus planos de recuperação judicial aprovados.

Nas varas não especializadas, a aprovação dos planos de recuperação judicial foi maior, tanto nas hipóteses de deliberação dos credores, quanto nas hipóteses em que sequer houve objeção.

Tabela 7.17: Resultados das recuperações judiciais separadas por tipo de desfecho e por localidade.

Tipo de vara	Resultado final	Frequência	%
Comum	Aprovação do plano	370	68,5%
Comum	Aprovação do Plano sem AGC	22	4,1%
Comum	Faliu antes da primeira AGC	100	18,5%
Comum	Faliu durante a negociação	8	1,5%
Comum	Plano foi reprovado	40	7,4%
Especializada	Aprovação do plano	145	75,9%
Especializada	Aprovação do Plano sem AGC	11	5,8%
Especializada	Faliu antes da primeira AGC	14	7,3%
Especializada	Faliu durante a negociação	7	3,7%
Especializada	Plano foi reprovado	14	7,3%

Nas varas especializadas, o plano de recuperação judicial foi aprovado por deliberação dos credores em assembleia em 75,9% dos processos, enquanto nas comuns o percentual foi de 68,5%. Por seu turno, nas especializadas houve aprovação sem AGC em apenas 5,8% dos processos, enquanto nas comuns esse número foi de 4,1%.

Houve reprovação do plano pelos credores em apenas 7,3% dos processos das varas comuns e em 68,5% dos processos das especializadas. Por seu turno, a decretação de falência antes da primeira AGC ocorreu em 18,5% nos processos das comuns enquanto isso ocorreu em apenas 7,3% dos processos nas varas especializadas.

Os resultados das negociações são pouco influenciados pelas características das recuperandas. A presença de convolações em falência antes da primeira AGC, por outro lado, é mais frequente nas faixas de menor faturamento. Conforme aumenta o faturamento, esse desfecho desaparece. Desconsiderando essa classe, não há variação significativa nas taxas de aprovação do plano, que flutuam em torno dos 88,8%.

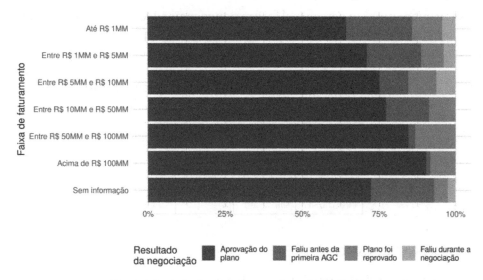

Figura 7.2: Resultados da negociação separados por faixa de faturamento.

O número de deliberações em AGC não tem impacto relevante sobre o desfecho final da negociação, ao contrário do efeito sobre a duração.

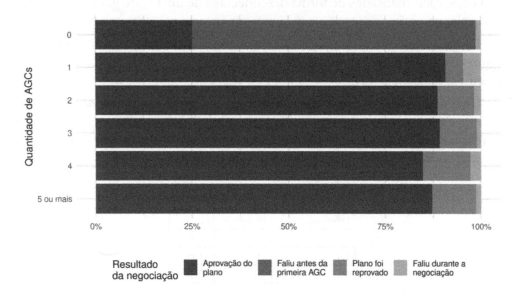

Figura 7.3: Resultados da negociação separados pela quantidade de deliberações em AGC.

7.5 Aprovação por *cram down*

Nas especializadas, de um total de 156 processos, apenas em 8 processos a aprovação do plano de recuperação judicial foi por   down, ou seja, mediante aprovação por meio do quórum alternativo de deliberação sobre o plano de recuperação judicial previsto no artigo 58, parágrafo primeiro, da Lei 11.101/05.

Nas varas comuns, o percentual foi um pouco maior. De um total de 392 recuperações judiciais aprovadas, em 28 os planos de recuperação judicial foram aprovados por *cram down*.

Tabela 7.18: Homologações do plano de recuperação por *cram down* separadas por localidade.

Tipo de Vara	Cram Down	Frequência	%
Comum	Não	364	92,9%
Comum	Sim	28	7,1%
Especializada	Não	148	94,9%
Especializada	Sim	8	5,1%

8. PLANOS APROVADOS

8.1 Venda de unidades produtivas isoladas

O exame do conteúdo dos planos aprovados, por um lado, revela características marcantes da recuperação judicial, como a venda de ativos, e, de outro, pode levar a equívocos, caso analisados de forma desconectada de uma visão geral da estrutura de tais planos.

Foram avaliados os principais vetores econômicos dos planos, como prazo, taxa de juros, índice de correção monetária, venda de ativos em geral e venda de Unidades Produtivas Isoladas (UPI).

No que diz respeito a liquidação de ativos, mensuramos a presença de vendas de UPI e a venda de bens em geral pela forma de leilão. É preciso ressaltar que em muitos planos a existência de parcelamento convive com opções de pagamentos com base em venda de ativos ou outras estruturas alternativas.

Tabela 8.1: Previsão de leilão no plano de recuperação judicial.

Previsão de leilão	Frequência	%
Não	487	88,9%
Sim	61	11,1%
Total	548	100,0%

O estudo aponta que ao menos 11,1% dos planos contam com leilões. O uso desse instituto, entretanto, vem caindo ao longo dos anos, sendo bem maior nas varas comuns antes de 2015.

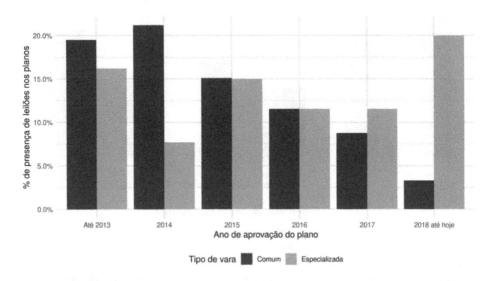

Figura 8.1: Presença de leilões nos planos de recuperação judicial separada pelo ano de aprovação do plano.

O estudo aponta que ao menos 18,8% dos planos têm a previsão de venda de UPIs, nos termos do artigo 60 da Lei 11.101/2005. Este dado foi obtido através da busca pela sigla "UPI" nos planos de recuperação e movimentações dos processos. Nos processos físicos, nem sempre foi possível obter essa informação.

Tabela 8.2: Previsão de venda de UPI no plano de recuperação judicial.

Previsão de venda de UPI	Frequência	%	% (dos casos com informação)
Não	402	73,4%	81,2%
Sim	93	17,0%	18,8%
Sem informação	53	9,7%	-
Total	548	100,0%	100,0%

O uso desse instituto, não foi constante ao longo do tempo. Nos anos mais recentes, o uso foi crescendo lentamente nas varas especializadas, até atingir o patamar de aproximadamente 35,0%, enquanto nas varas comuns o uso do instituto foi caido ao longo dos anos.

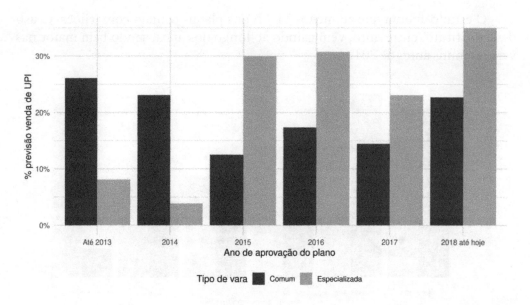

Figura 8.2: Percentual de previsão de venda UPI separada por local de tramitação e ano de aprovação do plano.

A despeito do uso crescente do instituto, o índice de venda efetiva da UPI durante o plano foi relativamente baixo, visto que muitos planos ainda encontram-se em fase de execução. Com base no que foi observado, em apenas 6,6% dos processos de recuperação a venda de UPI efetivamente foi realizada durante o período de cumprimento do plano de recuperação judicial sob a fiscalização do Juízo. Relativamente apenas aos planos que previram venda de UPI, apenas 38,7% (36 de 93) efetivamente venderam a UPI até o momento do estudo.

Tabela 8.3: Percentual de venda de UPI calculado
sobre aqueles processos que previram venda de UPI.

Vendeu UPI	Frequência	%
Não	57	61,3%
Sim	36	38,7%
Total	93	100,0%

8.2 Renúncia de cobrança dos coobrigados

A análise sobre renúncia de cobrança coobrigados só pode ser realizada nos processos digitais, já que é necessário ter acesso aos autos do processo para obter as características dos planos. Apenas 11,1% dos planos apresentou a previsão de liberação de terceiros garantidores. Tal número é baixo frente ao esperado, mas se deve possivelmente à fixação da jurisprudência sobre a ineficácia de tal disposição nos últimos anos frente aos credores que não concordarem expressamente com a cláusula.

Tabela 8.4: Presença de renúncia de liberação de terceiros garantidores.

Renúncia	Frequência	%
Não	345	88,9%
Sim	43	11,1%
Total	388	100,0%

8.3 Formas de pagamento

A análise das formas de pagamento só pode ser realizada nos processos digitais, já que é necessário ter acesso aos autos do processo para obter as características dos planos. Dentre os 548 processos, apenas 388 são digitais. As análises dessa subseção consideram apenas esses processos.

8.3.1 Dívidas trabalhistas

Dentre todas as condições de pagamento avaliadas, as de menor duração são as dívidas trabalhistas. As dívidas desta classe estão presentes em 86,6% dos planos e demoram em média 1 ano para serem liquidadas. É incomum que essas dívidas recebam descontos de qualquer montante, já que em apenas 12,4% dos casos houve algum deságio. Nesses casos, entretanto, o desconto praticado foi de 38,4%, em média.

Um cenário parecido com o deságio foi identificado nas taxas de juros, onde aproximadamente 51,5% dos planos previram o pagamento de juros. Considerando apenas os casos com previsão de juros, o valor médio é de 2,8%.

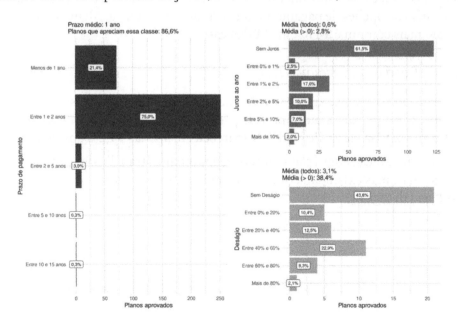

Figura 8.3: Prazo de pagamento, taxa de juros e de deságio das dívidas dos credores da classe 1, credores trabalhistas e com créditos decorrentes de acidente de trabalho.

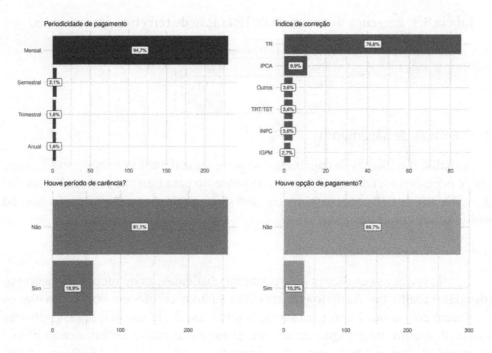

Figura 8.4: Periodicidade do pagamento, índice de correção monetária, presença de período de carência e opção de pagamento para credores da classe 1, credores trabalhistas e titulares de créditos decorrentes de acidentes de trabalho.

Corroborando com o cenário de baixa complexidade na forma de pagamento, nos demais índices de cumprimento do plano não se identificou uma presença muito significativa de opções de pagamento ou períodos de carência. Além disso, a taxa de correção mais comum é a TR, em NA dos casos.

8.3.2 Dívidas com garantias reais

Partindo para a classe 2, referente aos credores com créditos com garantias reais, identificamos um maior prazo de pagamento e a presença de deságios e juros significativos. Essa classe de credores apareceu em apenas 55,2% dos planos.

Em comparação com a classe anterior, dos créditos trabalhistas, as taxas médias são parecidas, mas existe uma diferença significativa nos índices de processos sem juros e sem deságios.

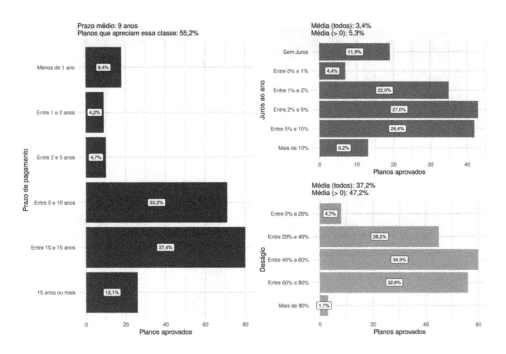

Figura 8.5: Índices básicos do plano separados para os credores da classe 2, credores titulares de créditos com garantia real.

Na referida classe, foram previstos pagamentos com deságio em 44,3% dos casos. Em média, porém, os planos de recuperação judicial contaram com taxas de deságio médio de 47,2% para os credores titulares de créditos com garantias reais.

Para a classe dos credores titulares de créditos com garantia real, a mediana dos planos de recuperação judicial estabeleceu prazo de 9 anos para o pagamento dos referidos créditos.

Foram previstos juros para a satisfação desses créditos em 41,0% dos processos. Na média dos processos, os juros foram de aproximadamente 5,3%, desconsiderando os casos sem juros.

O período de carência para este tipo de dívida é praticamente uma constante. A TR foi o índice de correção mais comum, previsto em NA dos processos e o pagamento não parcelado foi o mais comum. Além disso, a proporção de planos com opções de pagamento diversificadas foi maior.

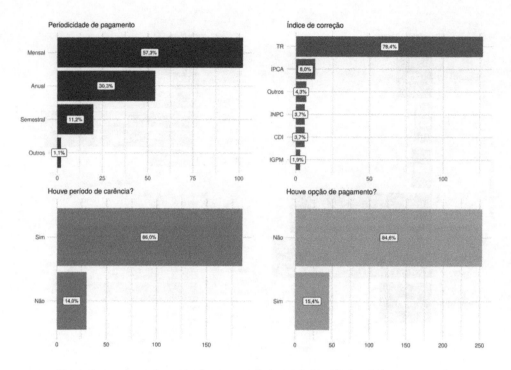

Figura 8.6: Periodicidade do pagamento, índice de correção monetária, presença de período de carência e opção de pagamento para credores da classe 2, titulares de créditos com garantia real.

8.3.3 Dívidas quirografárias

Partindo agora para as dívidas da terceira classe, credores quirografários, privilegiados, subquirografários e subordinados, identificamos a classe com maior proporção de previsões em planos de recuperação.

O estudo apontou um prazo médio de 9 anos para o pagamento dos credores quirografários, com deságio médio de 70,8%. Diferentemente da classe anterior, em 82,7% dos processos o pagamento da dívida teve a presença de deságios. Desconsiderando esses planos sem deságio, o deságio médio foi de 70,8%.

Considerando apenas os 78,6% de casos com previsão de juros, foi observada taxa média de juros de 4,0% para credores quirografários. A TR foi novamente o índice de correção mais utilizado.

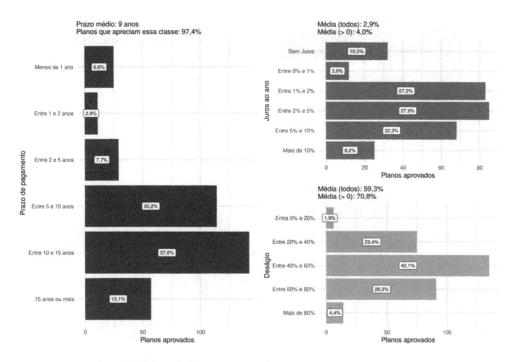

Figura 8.7: Índices básicos do plano separados para os credores da classe 3, credores quirografários, privilegiados, subquirografários e subordinados.

Com relação às outras características do pagamento das dívidas quirografárias, existe mais uma diferença importante com relação a forma de pagamento das dívidas. Os credores quirografários na maior parte dos casos pagam as dívidas anualmente, enquanto nos credores com garantias reais é comum que os pagamentos sejam feitos sem previsão de periodicidade.

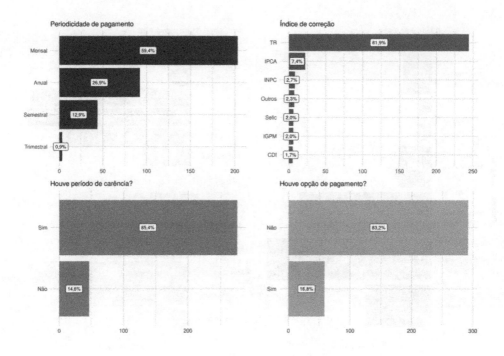

Figura 8.8: Periodicidade do pagamento, índice de correção monetária, presença de período de carência e opção de pagamento para credores da classe 3.

Para a consideração dos diversos indicadores referentes às formas de pagamento dos credores é preciso atentar que esses números não podem ser analisados fora de contexto. Muitos planos possuem opções de pagamento, como, por exemplo, o pagamento à vista com desconto com base nos valores obtidos com a venda de ativos. Neste caso, a distribuição pode ser diversa e a opção de pagamento a prazo analisada na pesquisa não pode ser tida como determinante no exame da recuperação de crédito ou da diferenciação entre quirografários e garantidos.

Se confrontarmos o montante do débito presente na lista do administrador judicial com o prazo de pagamento previsto nos planos de recuperação judicial, o que se nota é que, conforme aumenta a dívida, aumentam também os prazos de pagamento.

Para dívidas até R$ 1 milhão ou sem informação, os prazos raramente ultrapassam 15 anos, sendo que em 21,1% dos casos há pagamento em até 5 anos. Na faixa de dívida entre R$ 1 e R$ 5 milhões, 52,8% dos casos apresentam prazos entre 2 e 5 anos. Já nas faixas de dívida que vão de R$ 5 a R$ 50 milhões, 41,8% das dívidas são pagas entre 10 e 15 anos. Para as dívidas acima de R$ 50 milhões, 62,7% dos planos prevê prazos de pagamento de 10 anos ou mais.

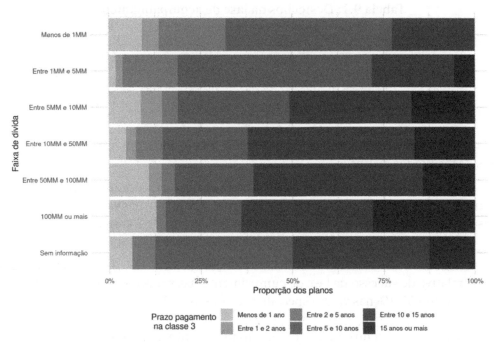

Figura 8.9: Distribuição do prazo de pagamento dos credores da classe 3 separado pelo montante do passivo sujeito à recuperação (lista do AJ).

9. PERÍODO DE CUMPRIMENTO OU FISCALIZAÇÃO

Nas análises que seguem, buscamos caracterizar o desfecho da fase de cumprimento das recuperações judiciais.

Tendo em vista o período de 2 anos de acompanhamento judicial fixado por lei, restringimos as análises que seguem aos planos de recuperação com data de homologação do plano distantes de pelo menos 2 anos da data de coleta das informações do processo. Isso foi feito de modo a evitar que os planos de recuperação ainda no período legal de supervisão pudessem contaminar os resultados obtidos.

Feitas essas considerações, o quadro geral identificado nos dados é de duração do período de acompanhamento superior a 2 anos. Dos 332 planos que fazem parte do recorte, 183 (55,1%) ainda encontram-se ativos.

Outra observação importante diz respeito ao desfecho dos processos durante o período de fiscalização. A frequência relativa de períodos de acompanhamento de recuperações judiciais encerrados sem convolação em falência é de 54,4% (81 encerramentos sem falência de 149 recuperações judiciais encerradas no período de acompanhamento).

Tabela 9.1: Desfechos da fase de acompanhamento do plano de recuperação judicial.

Desfecho da recuperação	Frequência	%	% (apenas recuperações finalizadas)
Ainda em curso	183	55,1%	
Encerramento sem falência	81	24,4%	54,4%
Falência	68	20,5%	45,6%

Esse raciocínio, se replicado para as varas comuns e especializadas, todavia, nos dá resultados distintos.

Primeiro, nota-se uma diferente proporção de recuperações ainda não finalizadas entre as varas especializadas e não especializadas. Enquanto nas varas comuns 65,9% das recuperações judiciais que já ultrapassaram o prazo de 2 anos ainda continuam em curso, nas varas especializadas essa taxa é de apenas 36,4%.

Além disso, desconsiderando as recuperações judiciais não finalizadas, a frequência relativa de sucesso na fase de cumprimento nas varas comuns é de 51,4% (37 de 72) contra 57,1% nas varas especializadas (44 de 77).

Tabela 9.2: Desfechos da fase de acompanhamento do plano de recuperação judicial separados pelo local de tramitação.

Tipo de vara	Desfecho da recuperação	Frequência	%	% (apenas recuperações finalizadas)
Comum	Ainda em curso	139	65,9%	
Comum	Encerramento sem falência	37	17,5%	51,4%
Comum	Falência	35	16,6%	48,6%
Especializada	Ainda em curso	44	36,4%	
Especializada	Encerramento sem falência	44	36,4%	57,1%
Especializada	Falência	33	27,3%	42,9%

Um fato que pode sensibilizar a taxa relativa de sucesso das recuperações judiciais, isso é, períodos de acompanhamento que não desembocam em convolações em falência, é o desfecho ainda não conhecido dos períodos de acompanhamento ainda em curso. Para investigar essa possibilidade, analisamos o tempo total até o desfecho da recuperação, em cada uma das hipóteses observadas.

Tanto nas varas comuns quanto nas especializadas, o tempo até o encerramento da recuperação judicial sem a falência de nenhuma recuperanda é de aproximadamente 2 anos e 11 meses a contar da distribuição do pedido de recuperação judicial. Já o tempo até a falência de alguma recuperanda é de aproximadamente 2 anos.

Tabela 9.3: Tempos medianos até os desfechos da fase de acompanhamento (encerramento da recuperação judicial ou convolação em falência durante a fase de acompanhamento).

Tipo de vara	Desfecho da recuperação	Tempo mediano
Comum	Encerramento sem falência	3 anos e 3 meses
Comum	Falência	2 anos e 1 mês
Especializada	Encerramento sem falência	2 anos e 10 meses
Especializada	Falência	1 ano e 7 meses

POR UMA (TENTATIVA DE) PROPOSTA DE IDENTIFICAÇÃO DO MOMENTO IDEAL DO PEDIDO DE RECUPERAÇÃO JUDICIAL: COMO A INTELIGÊNCIA ARTIFICIAL PODE(RÁ) MAXIMIZAR O PRINCÍPIO DA PRESERVAÇÃO DA EMPRESA

Vitor Maimone Saldanha

Mestrando em Direito Comercial pela PUC-SP. Membro do Conselho da Associação Brasileira de Inteligência Artificial – ABRIA. Associado da Associação Brasileira de Jurimetria – ABJ. Advogado.

O palheiro não esconde mais a agulha
John Nockleby

Sumário: 1. Introdução – 2. O atual cenário do poder judiciário: a falência sistêmica e o uso de ia para melhoria do universo jurídico – 3. Maximização do princípio da preservação da empresa: como identificar os parâmetros da crise por meio da análise automatizada e a proposição do pedido ideal de recuperação judicial – 4. Conclusão – 5. Referências

1. INTRODUÇÃO

Sabe-se que o atual modelo recuperacional, apesar das evoluções legislativas, pouco recupera em termos absolutos[1]. Estima-se, hoje, que existam pouco mais de 07 (sete) mil empresas em processo de recuperação judicial no Brasil. Historicamente, o percentual de soerguimento é baixo; pondera-se que apenas 1% (um por cento) das empresas que iniciaram o processo de reorganização obtiveram êxito na árdua tarefa de se reestruturarem em meio à crise[2.] Tal cenário decorre de inúmeros fatores, já que qualquer processo de reorganização judicial de empresas envolve inúmeros fatores complexos (corporativos e sociais), bem como uma análise interdisciplinar, não adstrita ao campo meramente jurídico ou econômico.

Independentemente dos números – *mesmo que trágicos do ponto de vista da eficácia do processo de reorganização* –, desequilíbrios operacionais-financeiros de Companhias se iniciam (i) com fatores econômicos, como, por exemplo, a variação

---

1. *Só 1% das empresas sai da recuperação judicial.* Disponível em: https://www.oabrj.org.br/noticias/so-1-das--empresas-sai-recuperacao-judicial-brasil. Acesso em: 22 set. 2020.
2. Disponível em: https://www.oabrj.org.br/noticias/so-1-das-empresas-sai-recuperacao-judicial-brasil. Acesso em: 22 set. 2020.

da taxa de câmbio, taxa de juros, retração do PIB e/ou (ii) questões relacionadas à gestão do *business*[3], como, por exemplo, uma nova tecnologia que tornou obsoleto determinado modelo de negócio[4] ou a escassez de uma determinada matéria prima fundamental para a produção do produto.

A saída do período de declínio operacional-financeiro passa por (i) uma administração impecável dos envolvidos no processo de reorganização aliada a (ii) um sistema judicial-financeiro que possa apresentar soluções tempestivas e eficazes, a fim de garantir que empresas que se encontrem em um processo de reorganização possam encontrar uma resposta segura para o momento de instabilidade.

Assim sendo, tanto o Poder Judiciário quanto o Sistema Financeiro possuem papel fundamental no processo de reestruturação das empresas, seja do ponto de vista da segurança jurídica, analisando de forma equânime as demandas que lhe são apresentadas, além de julgá-las de forma tempestiva, impingindo um fluxo adequado ao desiderato da norma recuperacional – até pela questão da maximização do ativo da *recuperanda* –, seja sob a ótica da eficiência no apoio creditício às Companhias em dificuldade financeira.

Contudo, de nada adiantará um Poder Judiciário eficiente e coeso, e, ainda, um Sistema Financeiro hábil e "justo", se o pedido de recuperação judicial, por parte da empresa, ocorrer:

(i) de forma *prematura*, ou seja, sem a real existência de uma crise que realmente reclame a instauração de um processo recuperacional no judiciário, objetivando, grosso modo, somente aplicação de deságios financeiros propostos no Plano de Recuperação Judicial e/ou o aumento no fluxo de caixa por meio do *automatic stay*; ou

(ii) de forma *extemporânea*, quando já não há mais possibilidade realista de soerguimento frente ao declínio financeiro-operacional da recuperanda, muito embora a prática denote que grande parte dos planos de recuperação judicial são aprovados sem análise crítica por parte dos credores, prejudicando, sobremaneira, o funcionamento monetário para as demais empresas, pois, nestes casos, percebe-se um aumento na taxa de juros e a indisponibilidade de crédito no mercado.

Neste cenário que emerge a necessidade da criação de metodologias que possam identificar *parâmetros da crise interna*, a fim de otimizar os recursos alocados na resolução das demandas recuperacionais, possibilitando/maximizando, assim, o ideário da preservação da empresa contido na Lei n. 11.101/05 e permitindo o funcionamento mais saudável dos envolvidos no mercado.

---

3. LOPUCKI, Lynn M. The debtor in full control – systems failure under chapter 11 of the bankruptcy code. *American Bankruptcy Law Journal*, v. 57, 1983, p. 110. "defending a failure of the bankruptcy process on the basis that the economy was bad when it occurred seems somewhat analogous to defending a roof on the basis that it only leaks when it rains".

4. Como exemplo, cita-se os casos da locadora Blockbuster que teve seu modelo de negócio devastado pelo início da era do streaming; e o caso da Kodak que não suportou a inovação dos aparelhos de telefonia móvel que embutiram câmeras e armazenamento das fotos.

Assim, procurar-se-á demonstrar a importância da alocação dos recursos públicos na análise recuperacional somente daqueles negócios considerados viáveis, desprezando, quanto logo, aqueles negócios inviáveis, pois há uma correlação entre a maximização do princípio da preservação da empresa com o intento da manutenção somente das empresas viáveis.

Diante do exposto, pretende-se apresentar uma proposição de aferição de empresas – *exceto*[5] *empresas enquadradas nos regimes da Microempreendedor Individual – MEI, Microempresa – ME, Empresa de Pequeno Porte – EPP* – consideradas *em crise* do ponto de vista contábil-financeiro, por meio do uso de tecnologia, a fim de antecipar o *pedido saudável* ("momento ideal") da Recuperação Judicial, ampliando as chances de êxito ao processo de reorganização.

Faz-se necessário esclarecer que não se objetiva, pelo presente artigo, esgotar ou até mesmo apresentar uma visão final dos critérios que pode(ria)m identificar quais empresas deve(ria)m requerer a sua reestruturação mediante análise das demonstrações financeiras.

Intentar-se-á, no entanto, demonstrar como o uso de técnicas computacionais, baseadas em Inteligência Artificial, podem auxiliar na identificação de empresas num cenário pré-crise, ou seja, quais são os parâmetros da crise que conduzem os negócios à crise.

2. O ATUAL CENÁRIO DO PODER JUDICIÁRIO: A FALÊNCIA SISTÊMICA E O USO DE IA PARA MELHORIA DO UNIVERSO JURÍDICO

O Poder Judiciário brasileiro encontra-se insolvente. É notório o seu desfalecimento frente ao número inimaginável de demandas judiciais que lhe são apresentadas diariamente. Tal situação assola o sistema que existe para, dentre outras funções, garantir a estabilidade das relações humanas e mercantis.

Ocorre que grande parte das discussões levadas ao Judiciário – de todas as matérias, do societário ao familiar e do tributário ao consumidor –, sequer precisariam ter sido distribuídas, ou seja, a resolução da lide comportaria solução alternativa[6]. Em decorrência do uso excessivo do Judiciário, temos, hoje, uma babel estrutural onerosa.

A tragédia do Judiciário[7], representada em números, esclarece que o Poder Judiciário brasileiro administra (considerando o "estoque" herdado dos demais anos),

---

5. Apesar de tais empresas – Pequeno Porte (PP) e Microempresa (ME) – representarem o volume representativo, o custo operacional para divulgação das informações contábeis-financeiras pode representar um entrave (WAISBERG, Ivo, SACRAMONE, Marcelo, NUNES, Marcelo Guedes, CORRÊA, Fernando. *Recuperação Judicial no Estado de São Paulo* – 2 Fase do Observatório de Insolvência. ABJ. 2018).

6. Faz-se menção ao termo *Alternative Dispute Resolution – ADR* ou *Online Dispute Resolution – ODR*.

7. Derivada da expressão *Tragédia dos Comuns*, cunhada pelo biólogo Garrett Hardin, em seu artigo na revista *Science*, em 1968, a ideia da *Tragédia do Judiciário* foi utilizada pelo juiz Erik Navarro Wolkart para retratar a ineficiência do Poder Judiciário, bem como traduzir o esgotamento do sistema judicial (WOLKART, Erik

de acordo com o relatório produzido pelo Conselho Nacional de Justiça – CNJ, no ano de 2019, referente ao ano de 2018, mais de 100.000.000 (cem milhões) de ações judiciais[8]. Não há paralelo em nenhum outro local do mundo, inclusive se compararmo-nos com países em desenvolvimento, como é nosso caso.

Além disso, o custo do Judiciário brasileiro ultrapassou o montante de R$ 100.000.000.000,00 (cem bilhões de reais), representando mais de 2% (dois por cento) do PIB nacional[9], totalmente contrastante com a média dos países da Organização para a Cooperação e Desenvolvimento Econômico (OCDE), que é 0,5% (zero vírgula cinco por cento)[10].

Não bastasse este episódio tenebroso que a sociedade brasileira está imersa, o mundo contemporâneo atravessa um período pandêmico que devasta, dia após dia, toda e qualquer economia, gerando instabilidade nos mercados e retração ao crescimento econômico.

A crise originada pelo vírus SARS-CoV-2 ("coronavírus")[11], impactou (e continuará impactando) de forma negativa o PIB brasileiro em aproximadamente 5 (cinco) pontos percentuais, ocasionando um abalo sistêmico na economia nacional.

De maneira direita e indireta, tal impacto promoverá um possível aumento de 2,5 (dois vírgula cinco) mil novas ações de recuperação judicial[12]-[13].

Assim, o cenário futuro que se avizinha demandará iniciativas que possam amenizar os impactos da crise e promover uma (nova) forma de atuação de todos os *players* envolvidos no mercado e no processo de reorganização de empresa em crise.

Em paralelo à discussão sobre o congestionamento do Judiciário e a crise sanitária, a sociedade contemporânea encontra-se imersa em um período de transformação social-tecnológica. A sociedade com a qual fomos habituados, estabelecemos vínculos matrimoniais, realizamos nossas atividades comerciais e geramos renda, não mais existe.

Com as modificações ocasionadas pela atual revolução digital em curso, já é possível afirmar que a tecnologia permeará todos os setores da economia, desde o ambiente agrícola, passando pela manufatura, área da saúde, setor financeiro e tantos outros quantos existentes terão algum impacto em decorrência do uso da tecnologia.

Navarro. *Análise econômica do processo civil*: como a economia e a psicologia podem vencer a tragédia da justiça. São Paulo: Thomson Reuters Brasil, 2019. p. 29-93).

8. BRASIL. Conselho Nacional de Justiça. Relatório Justiça em Números 2019: ano-base 2018. *Sumário Executivo*. Brasília: CNJ, 2019. p. 04.

9. BRASIL. Conselho Nacional de Justiça. Relatório Justiça em Números 2020: ano-base 2019. *Sumário Executivo*. Brasília: CNJ, 2020. p. 46.

10. Disponível em: https://www.conjur.com.br/2020-jun-06/opiniao-debate-qualificado-custos-justica#_edn1.

11. *Coronavirus disease (COVID-19) pandemic*. Disponível em: https://www.who.int/emergencies/diseases/novel-coronavirus-2019?gclid=EAIaIQobChMIu675-u6C7AIVEgWRCh3U_Av0EAAYASAAEgIVWPD_BwE.

12. ANGELO, Tiago. Cresce o número de decisões favoráveis a empresas em recuperação judicial. Disponível em: https://www.conjur.com.br/2020-mai-30/cresce-numero-decisoes-favoraveis-empresas-recuperacao.

13. BRASIL. Conselho Nacional de Justiça. Recomendação n. 63.

O ambiente jurídico não foge à regra. O processo tecnológico, aplicado ao direito, pode (e deve) ir muito além da singela digitalização dos processos judiciais ("processos eletrônicos") e da forma pela qual os operadores do direito pesquisam decisões passadas – jurisprudências. Parece que o potencial tecnológico aplicado direito possui inúmeras maneiras de prover uma melhoria estrutural no Poder Judiciário, a fim de torná-lo, talvez, mais efetivo.

A tecnologia, principalmente após a possibilidade do processamento de dados em grandes volumes (Big Data)[14] e do advento da *cloud computing*, tem se demonstrado uma verdadeira aliada na metamorfose forense, incluindo, nas suas potencialidades, a aplicação de modelos de Machine Learning[15] e Deep Learning para otimização da rotina dos operadores do direito.

É justamente neste cenário que a modernização pode (e irá) auxiliar no processo de estabilização do Judiciário e, por via de consequência, e viabilizar uma maximização do desenvolvimento mercatório.

Isso porque é indispensável, para o crescimento econômico-social das empresas, que ocorra o fenômeno da previsibilidade acerca das decisões judiciais – ao menos das demandas mais corriqueiras –, bem como da celeridade, para que Companhias em geral possam aplicar seus recursos, antes empenhados para garantia de processos judiciais, em melhorias operacionais e geração de empregos e renda.

Além da previsibilidade, resultado da segurança jurídica, o uso de modelos de Inteligência Artificial pode e deve ser incentivado/empregado para predição de empresas em crise[16], possibilitando, desta forma, uma (possível) diminuição no número de demandas *natimortas*; ou seja, demandas que são levadas ao judiciário, ocasionando um aumento no número de ações judiciais em trâmite e no custo de operação do Poder Judiciário, pois não possuem plausibilidade, além de comprometerem o sistema como um todo, já que retiram a capacidade de execução do Judiciário para as ações que realmente poderiam proporcionar algum benefício à Sociedade.

Além da análise financeira prévia, por meio do uso de IA, a fim de identificar quais empresas "deveriam" requerer reorganização judicial, em decorrência dos números contábeis-financeiros preocupantes, a verificação dos critérios objetivos para o deferimento do processamento de uma recuperação judicial também pode ser delegada à máquina.

---

14. O termo Big Data refere-se a: "todas as informações geradas por quem usa dispositivos eletrônicos. Não são os dados que são grandes, mas sim o volume de dados criados." (TURING, Dermot. *A história da computação*: do Ábaco à Inteligência Artificial. São Paulo: M. Books do Brasil Editora Ltda, 2019. p. 202).

15. Como conceito inicial, para fins do presente pré-projeto, entende-se por Aprendizado de Máquina ("Machine Learning"): "quando os programas de computador mudam de comportamento com base na experiência anterior" (TURING, Dermot. *A história da computação*: do Ábaco à Inteligência Artificial. São Paulo: M. Books do Brasil Editora Ltda, 2019. p. 202).

16. MATTOS, Eduardo da Silva. In: MATTOS, Eduardo da Silva; PROENÇA, José Marcelo Martins. *Recuperação de empresas*: (in)utilidade de métricas financeiras e estratégias jurídicas. Rio de Janeiro: Lumen Juris, 2019. p. 92-98.

Há, hoje, inúmeras formas de utilização de conceitos baseados no aprendizado de máquina ("*Machine Learning*") que podem, direta ou indiretamente, conduzir o decisor não só na escolha das demandas que possuem condições de serem analisadas, como podem ajudá-lo no processo de automação[17] de tarefas repetitivas e apoiá-lo na elaboração de despachos e sentenças, além de assessoramento em pesquisas doutrinárias e jurisprudenciais, com o foco de colocá-lo no centro da discussão, pensando única e exclusivamente no deslinde da controvérsia.

Não há razões, assim, para que, mesmo diante do atual panorama tecnológico, os operadores do direito não se utilizem de ferramentas tecnológicas que possibilitem ganho de eficiência operacional, além de garantir mais segurança jurídica.

3. MAXIMIZAÇÃO DO PRINCÍPIO DA PRESERVAÇÃO DA EMPRESA: COMO IDENTIFICAR OS PARÂMETROS DA CRISE POR MEIO DA ANÁLISE AUTOMATIZADA E A PROPOSIÇÃO DO PEDIDO IDEAL DE RECUPERAÇÃO JUDICIAL

Durante a vigência da antiga lei falimentar (Decreto-Lei 7.661/1945), predominava um modelo de proteção excessiva ao devedor. Com o advento da Lei n. 11.101/05, gerou-se uma alteração da sistemática protecionista, aportando-se aos credores algumas benesses.

Isso porque o cenário pré Lei 11.101 desestimulava, de certa forma, o investimento empresarial, além de tornar, por via de consequência, a concessão de crédito mais onerosa que o habitual, em decorrência das possíveis dificuldades na recuperação do crédito de devedores.

Em outras palavras, o regramento antigo não prezava de forma positiva pelo saneamento da atividade empresarial. Tornou-se necessário, assim, que o legislador infraconstitucional focasse – ou ao menos tentasse pensar – na reorganização atividades viáveis, propiciando, desta forma, um ambiente de maior cooperação entre os atores envolvidos.

O art. 47, da Lei 11.101/2005 apresenta, como um dos objetivos centrais da Recuperação Judicial, a concepção da preservação da empresa:

> Art. 47. A recuperação judicial tem por objetivo viabilizar a superação da situação de crise econômico-financeira do devedor, a fim de permitir a manutenção da fonte produtora, do emprego dos trabalhadores e dos interesses dos credores, promovendo, assim, *a preservação da empresa*, sua função social e o estímulo à atividade econômica.

Quando se fala na "*superação da situação de crise econômico-financeira do devedor*", não podemos colocar no mesmo "cesto" todo e qualquer *devedor*. Isso porque

---

17. A presente nota se faz necessária para o leitor entender, de forma superficial, o conceito de *Robotic Process Automation* – RPA é uma técnica computacional que automatiza partes ou atividades inteiras de processos de negócio; no caso do Judiciário, essa tecnologia pode auxiliar na elaboração de decisões judiciais "padrões", e. g., o despacho que defere o processamento da Recuperação Judicial.

há negócios viáveis e negócios inviáveis. O esforço em recuperar negócios inviáveis encarece o sistema como um todo.

Assim, para que possamos realmente pensar em uma forma de maximização do princípio da preservação da empresa, faz-se necessário pensarmos em formas de retirar do mercado os negócios considerados inviáveis. O sistema precisa absorver os negócios que possuem condições de superar o momento de crise. O Poder Judiciário não pode (e não deve) "escancarar a porta" e aceitar todo e qualquer pedido recuperacional, sob pena de aumentar o custo de transação do processo de Recuperação Judicial. O Judiciário precisa analisar de forma célere as ações. Há um paradoxo no recebimento de inúmeros casos e processamento de demandas não factíveis.

Diz-se isso, pois, quanto mais demandas, menor será a capacidade humana de análise do conjunto de processos. Menor a capacidade de deslinde das demandas, mais tempo pendurará os processos de reorganização e, via de regra, menor será o percentual de recuperação e, consequentemente, menor a chance de preservação da empresa.

Hoje, no ordenamento jurídico vigente, não há, direta ou indiretamente, nenhuma diretriz quanto ao momento/*timing* da solicitação do pedido por parte da empresa que se encontra em crise financeira.

Pensando em uma concepção meramente financista, poder-se-ia conceber um modelo de alerta ao risco de insolvência; ou seja, via análise dos relatórios financeiros, seria possível estabelecer e traçar um padrão, a fim de que houvesse uma obrigatoriedade para o pedido de recuperação e/ou penalização dos administradores no caso de inobservância do preceito legal.

Tomando por exemplo, a Lei 6.404/76 – legislação que versa sobre as Sociedades por ações – obriga as empresas a realizar a publicação das demonstrações financeiras[18].

Com base nas informações prestadas – ou retiradas de obrigações já existentes, e. g., SPED, ECF – e considerando a capacidade de processamento de dados hoje

---

18. Art. 133. Os administradores devem comunicar, até 1 (um) mês antes da data marcada para a realização da assembleia geral ordinária, por anúncios publicados na forma prevista no artigo 124, que se acham à disposição dos acionistas: I – o relatório da administração sobre os negócios sociais e os principais fatos administrativos do exercício findo; II – a cópia das demonstrações financeiras; III – o parecer dos auditores independentes, se houver. IV – o parecer do conselho fiscal, inclusive votos dissidentes, se houver; e (Incluído pela Lei 10.303, de 2001) V – demais documentos pertinentes a assuntos incluídos na ordem do dia. (Incluído pela Lei 10.303, de 2001) § 1º Os anúncios indicarão o local ou locais onde os acionistas poderão obter cópias desses documentos. § 2º A companhia remeterá cópia desses documentos aos acionistas que o pedirem por escrito, nas condições previstas no § 3º do artigo 124. § 3º Os documentos referidos neste artigo, à exceção dos constantes dos incisos IV e V, serão publicados até 5 (cinco) dias, pelo menos, antes da data marcada para a realização da assembleia geral. (Redação dada pela Lei nº 10.303, de 2001) § 4º A assembleia geral que reunir a totalidade dos acionistas poderá considerar sanada a falta de publicação dos anúncios ou a inobservância dos prazos referidos neste artigo; mas é obrigatória a publicação dos documentos antes da realização da assembleia. § 5º A publicação dos anúncios é dispensada quando os documentos a que se refere este artigo são publicados até 1 (um) mês antes da data marcada para a realização da assembleia-geral ordinária.

existente, conforme mencionado no Item 2 do presente artigo, as máquinas, uma vez "treinadas" para análise, podem realizar o diagnóstico da condição de insolvência, por meio da análise dos números contábeis-financeiros, incluindo os índices de liquidez, na sua formatação seca, geral e imediata, além de informações sobre estoque, alavancagem, desempenho projetado, por exemplo, a fim de anteciparem o pedido ideal/racional da reorganização, a depender do resultado – mesmo que indicativo e não cogente – obtido pela máquina.

Historicamente, o envolvimento interdisciplinar de economistas, contadores, estatísticos e profissionais do direito, destinado à construção de modelos – até então somente estatísticos – que pudessem prever o risco de falência – *prediction of corporate bankruptcy* –, com certo nível de certeza, não é recente[19]. No século passado, alguns autores se dedicaram à elaboração de métricas estatísticas-financeiras que antevissem, por meio da análise financeira-contábil, quais eram as chances de um determinado negócio derrocar no tempo futuro, aprendendo com o histórico.

A doutrina apresenta Beaver[20] e Altman[21] como os precursores das análises contábeis-financeiras, sob a ótica da verificação do risco futuro de falência. A partir da concepção da necessária segregação dos negócios inviáveis, é de suma importância que, conforme mencionado, o sistema em geral atue nos casos de negócios viáveis, protegendo as balizas mercadológicas e, assim, homenageando o princípio da preservação da empresa.

O resultado obtido por Beaver, em princípio, apresentou a resultante do fluxo de caixa como um dos fatores primordiais para prever quais empresas possuem características saudáveis, discriminando-as daquelas que se encontram em (atual ou futura) crise financeira.

Por outro lado, Altman elaborou um modelo multivalorado, que ficou conhecido como "Z-Score", aplicando outras condicionantes ao processo de análise de risco de insolvência, ou seja, o autor aplicou o conceito de liquidez, lucratividade, desempenho atual, estrutura de capital, e. g., como indicadores para prever a derrocada de negócios.

Além dos autores citados, James Olshon também obrou no campo da preditividade analítica; utilizando-se de outras métricas, o autor elaborou o modelo conhecido como *O-score*, cujo resultado, baseado na probabilística de falência, orientado por um modelo de regressão, utiliza-se do *logit* para identificação de negócios sujeitos à falência.

---

19. MATTOS, Eduardo da Silva. Recuperação de empresas: (in)utilidade de métricas financeiras e estratégias jurídicas / Eduardo da Silva Mattos, José Marcelo Martins Proença. Rio de Janeiro: Lumen Juris, 2019. p. 92.
20. BEAVER, William H. Financial ratios as predictors of failure. *Journal of Accounting Research*, p. 71-111, 1966.
21. ALTMAN, Edward I. Financial ratios, discriminant analysis and the prediction of corporate bankruptcy. *The Journal of Finance*, v 23, n. 4, p. 589-609, 1968.

PROPOSTA DE IDENTIFICAÇÃO DO MOMENTO IDEAL DO PEDIDO DE RECUPERAÇÃO JUDICIAL **51**

Dentre os resultados obtidos, houve um consenso entre os pesquisadores, qual seja: insuficiência de dados e subjetividade na montagem das variáveis a serem analisadas pelos modelos.

Porém, quando se pensa no uso de sistemas baseados Inteligência Artificial, principalmente modelos de *Machine Learning* (*modelos supervisionados, não supervisionados e aprendizado por reforço*) há um aumento exponencial na análise das métricas colocadas pelos seres-humanos[22]. Além disso, a capacidade de processamento das informações, principalmente após o advento do *Big Data* e da *Cloud Computing*, é (i) infinitamente mais célere e, ainda, (ii) menos suscetível a erros humanos.

Pensando na automação da análise de insolvência, é possível traçar uma linha análoga entre a obrigação e análise da publicação das demonstrações financeiras e o contido na legislação atinente ao processo licitatório, pois percebe-se a existência de norma destinada à seleção de possíveis licitantes que possuam capacidade econômico-financeira suficiente para assegurar a execução do Contrato firmado com a administração direta ou indireta.

Veja, por exemplo, a Lei n. 8.666/93, no seu art. 31, inciso I, que estabelece a necessidade de comprovação da qualificação econômico-financeira para participação de certames:

Art. 31. A documentação relativa à qualificação econômico-financeira limitar-se-á a:

I – *balanço patrimonial e demonstrações contábeis do último exercício social*, já exigíveis e apresentados na forma da lei, que comprovem a boa situação financeira da empresa, vedada a sua substituição por balancetes ou balanços provisórios, podendo ser atualizados por índices oficiais quando encerrado há mais de 3 (três) meses da data de apresentação da proposta.

Diante do cenário exposto, faz-se necessário que o universo recuperacional crie ferramenta similar, no sentido de orientação e vinculação, apresentando, de forma positivada, os parâmetros da crise, como forma de antecipação ao pedido de Recuperação Judicial. Com isso, além de garantir a diminuição do custo de transação, o percentual de êxito do processo de recuperação tende a aumentar, pois procurará apoiar negócios viáveis de forma tempestiva.

4. CONCLUSÃO

A partir da análise quantitativa e documental apresentada, denota-se que o Poder Judiciário se encontra em uma situação complexa, diante (i) do volume de demandas existentes (e a crescente evolução da quantidade de processos judiciais em decorrência da crise originada pela COVID-19), (ii) dos seus baixos índices de produtividade e, ainda, (iii) do custo orçamentário – o maior do mundo, que repre-

---

22. A presente nota faz-se necessária: Contudo, não pode se olvidar do principal desafio existente hoje: o dado. Além do dado, consumir esse dado de forma estruturada, ou seja, após um processo de higienização e parametrização, é uma das principais barreiras, não só deste possível modelo de antecipação da crise, mas de todo o processo de aprendizado de máquina.

senta mais de 2% (dois por cento) do PIB nacional, equivalente a mais de 100 (cem) bilhões de reais. Além disso, procurou-se demonstrar que o uso de tecnologia na rotina dos operadores do direito possui o condão de otimizar as tarefas, gerando, assim, uma eficiência operacional na análise de processos, bem como na identificação, no caso das demandas de (re)organizacionais, das demandas que (deveriam) receber alocação de recursos por parte do Poder Judiciário.

Isso porque hoje o sistema encontra-se pouco eficiente e pouco consegue auxiliar as empresas no processo de soerguimento. O mercado já procurou realizar a análise de métricas contábeis-financeiras para prever a possível derrocada dos negócios. Porém, com as limitações existentes no processo manual de análise. Com a "invasão das máquinas" e notório aumento da capacidade de processamento de dados, tornou-se possível o emprego do conceito do aprendizado de máquina para atingimento dos resultados preditivos.

Há sistemática similar em outros modelos, justificando, assim, a incorporação de regramentos destinados à análise prévia e, portanto, discriminação dos negócios viáveis daqueles que empiricamente não se demonstram viáveis. A persistência legislativa conduzirá à alocação ineficiente, causando um aumento no custo de transação, fabricando um aumento justificado no valor do crédito, além da ausência de parâmetros seguros para empresas que pretendem se utilizar do instituto da Recuperação Judicial.

Portanto, para o fim de maximizar o princípio da preservação da empresa, um dos pilares da Recuperação Judicial, inclusive estatuído na legislação de regramento da temática, é necessário que haja um racional mais efetivo daqueles negócios que fazem jus ao processamento, não só o preenchimento dos requisitos apresentados na Lei 11.101/05, o que passa pelo uso de IA na análise dos números das empresas.

5. REFERÊNCIAS

ALTMAN, Edward I. Financial ratios, discriminant analysis and the prediction of corporate bankruptcy. *The Journal of Finance*, v. 23, n. 4, 1968.

ANGELO, Tiago. *Cresce o número de decisões favoráveis a empresas em recuperação judicial*. Disponível em: https://www.conjur.com.br/2020-mai-30/cresce-numero-decisoes-favoraveis-empresas-recuperacao. Acesso em 29 set. 2020.

BEAVER, William H. Financial ratios as predictors of failure. *Journal of Accounting Research*, 1966.

BRASIL. Conselho Nacional de Justiça. Relatório Justiça em Números 2019: ano-base 2018. Sumário Executivo. Brasília: CNJ, 2019.

BRASIL. Relatório Justiça em Números 2020: ano-base 2019. Sumário Executivo. Brasília: CNJ, 2020.

BRASIL. Relatório Justiça em Números 2009: ano-base 2008. Resumo. Brasília: CNJ, 2009.

BRASIL. Relatório Justiça em Números 2018: ano-base 2017. Brasília: CNJ, 2018.

BRASIL. Inteligência Artificial na Justiça. Coord. José Antonio Dias Tofolli; Bráulio Gabriel Gusmão. Brasília: CNJ, 2019.

BRASIL. Recomendação 63. Brasília: CNJ, 2020.

LOPUCKI, Lynn M. The debtor in full control – systems failure under chapter 11 of the bankruptcy code. *American Bankruptcy Law Journal*, v. 57, 1983.

MATTOS, Eduardo da Silva. In: MATTOS, Eduardo da Silva; PROENÇA, José Marcelo Martins. *Recuperação de empresas*: (in)utilidade de métricas financeiras e estratégias jurídicas / Rio de Janeiro: Lumen Juris, 2019.

ORDEM DOS ADVOGADO DO BRASIL, subseção do Estado do Rio de Janeiro. *Só 1% das empresas sai da recuperação judicial*. Disponível em: https://www.oabrj.org.br/noticias/so-1-das-empresas-sai--recuperacao-judicial-brasil. Acesso em 22 set. 2020.

TURING, Dermot. *A história da computação*: do Ábaco à Inteligência Artificial. São Paulo: M. Books do Brasil Editora Ltda, 2019.

WAISBERG, Ivo, SACRAMONE, Marcelo, NUNES, Marcelo Guedes, CORRÊA, Fernando. *Recuperação Judicial no Estado de São Paulo* – 2 Fase do Observatório de Insolvência. ABJ. 2018.

WOLKART, Erik Navarro. *Análise econômica do processo civil*: como a economia e a psicologia podem vencer a tragédia da justiça. São Paulo: Thomson Reuters Brasil, 2019.

MENDES, Fernando, MALTA, Alberto, ALMEIDA, Lazarini de. *Um debate qualificado sobre os custos do Judiciário* - Parte 1. Disponível em: https://www.conjur.com.br/2020-jun-06/opiniao-debate-qualificado-custos-justica#_edn1. Acesso em: 23 set. 2020.

WHO – Coronavirus disease (COVID-19) pandemic. Disponível em: https://www.who.int/emergencies/diseases/novel-coronavirus 2019?gclid=EAIaIQobChMIu675-u6C7AIVEgWRCh3U_Av0EAAYASAAEgIVWPD_BwE. Acesso em 01 de outubro de 2020.

A EXPANSÃO DO UNIVERSO DE SUJEITOS DA RECUPERAÇÃO JUDICIAL CONSIDERANDO A FINALIDADE E PRINCÍPIOS DO INSTITUTO

Hugo Cavalcanti Vaz Mendes

Graduado em Direito pela Pontifícia Universidade Católica de Campinas, com LL.M em Direito Empresarial Internacional pela Central European University, Hungria e mestrando em Direito Comercial na Pontifícia Universidade Católica de São Paulo. Advogado.

Sumário: 1. Introdução – 2. O modelo norte-americano; 2.1 Breve histórico da evolução legislativa; 2.2 Debates acerca da política pública do Chapter 11 – 3. Objetivos e princípios da recuperação judicial de acordo com a Lei 11.101/2005 – 4. Agentes abrangidos pela Lei 11.101/2005; 4.1 Conceito de empresário e sociedade empresária; 4.2 Agentes excluídos da Lei 11.101/2005; 4.2.1 Agentes excluídos expressamente pela Lei 11.101/2005; 4.2.2 Agentes excluídos por não se enquadrarem no conceito de empresário ou sociedade empresária do Código Civil – 5. Expansão da acessibilidade ao instituto da recuperação judicial pelo legislador – 6. Conclusão – 7. Referências

1. INTRODUÇÃO

A Lei 11.101/2005, que, além da falência, regula os institutos da recuperação judicial e extrajudicial, foi elaborada objetivando-se a instauração de um sistema concursal que possibilitasse a manutenção da atividade de empresas viáveis, fomentando, assim, o desenvolvimento econômico e social do país. Entretanto, tal lei, por meio do seu Art. 1º, restringiu o acesso aos benefícios trazidos por ela apenas ao empresário e sociedade empresária. Dessa forma, diante do atual cenário econômico, composto por uma grande diversidade de agentes que, independente de sua natureza jurídica, conduzem atividades econômicas, movimentam recursos, geram receitas e empregam pessoas, cabe uma análise aprofundada quanto ao rol de agentes sujeitos à recuperação judicial vis-à-vis os princípios e finalidades da legislação concursal brasileira.

O presente artigo avaliará os recentes movimentos de expansão do acesso ao instituto da recuperação judicial brasileira a agentes distintos dos delimitados pelo Art. 1º da Lei. 11.101/2005, quais sejam: o empresário e a sociedade empresária. No primeiro momento, analisaremos o modelo norte-americano, que influenciou outras legislações no final do século XX, incluindo a brasileira. Para tanto, será feita uma breve revisão da evolução do instituto de reorganization nos Estados Unidos, desde as crises das *railroads* até a construção do atual Chapter 11. Na sequência, serão levantas as principais correntes filosóficas, procedimentalista e tradicionalista, deste país, que buscam orientar a aplicação mais adequada do Chapter 11, considerando sua finalidade e política pública.

Superada a análise do sistema norte-americano, bem como de suas correntes filosóficas, passaremos ao estudo da legislação nacional. Nesta parte do artigo, mediante análise do parecer do senador Ramez Tebet do PLC 71, serão levantados os princípios norteadores da elaboração da Lei 11.101/2005, buscando-se traçar um paralelo com as correntes estadunidenses.

Após levantamento dos princípios e objetivos da lei, passa-se à delimitação do universo de agentes econômicos. Primeiramente, será aprofundado o conceito de empresário e sociedade empresária que foram adotados pela lei concursal com base no Código Civil. Em seguida, o rol de agentes excluídos pela lei será analisado considerando-se o disposto em seu Art. 2º e as pessoas não abrangidas pelo conceito de empresário e sociedade empresária. Neste momento, também será feita uma análise de recentes julgados e acórdãos que, adotando uma interpretação teleológica da lei, flexibilizaram o acesso de modo a incluir os agentes no escopo legal. Por fim, o estudo fará uma breve análise dos principais projetos legais que visam a dirimir debates legais quanto à expansão do universo de devedores sujeitos à recuperação judicial.

2. O MODELO NORTE-AMERICANO

O sistema concursal norte-americano, regulado pelo Chapter 11, tem suas raízes no modelo capitalista do país, que fomenta o empreendedorismo e o crédito pessoal. Tal origem, justifica sua estrutura mais permissiva que possibilita a reestruturação empresarial a fim de suportar o crescimento econômico[1]. Muitos países buscaram adotar um sistema concursal similar à do Chapter 11, de modo a possibilitar a manutenção da atual administração do devedor, e com isso, possibilitar a recuperação empresarial através da manutenção de suas atividades[2]. Dentre os países que tomara o modelo norte-americano como inspiração, temos o Brasil.

Assim, para uma análise mais assertiva dos princípios e objetivos da Lei 11.101 de 2005, vale compreender a construção e princípios da legislação concursal norte-americana[3].

2.1 Breve histórico da evolução legislativa

A origem do instituto da recuperação judicial norte-americano remonta ao século XIX, quando houve a expansão da indústria ferroviária (*railroads*). Apenas na década de 1880, a malha ferroviária construída no país correspondeu à 112.000 km[4]. Em que pese a distinção histórica quanto às políticas públicas de transporte, a título comparativo, o Brasil, que é um país essencialmente rodoviário, possuía, em

---

1. MARTIN N., 2005, p. 3.
2. Ibidem, p. 4.
3. BORGES FILHO, 2015, p. 240.
4. BAIRD; RASMUSSEN, 2001, p. 925.

2015, uma malha ferroviária com extensão de cerca de 30.000 km[5]. Isso demonstra a relevância e impacto econômico e social que a indústria ferroviária teve nos Estados Unidos no século XIX.

Em razão de fatores como aumento da concorrência, cujas linhas muitas vezes conectavam cidades já atendidas, e crescente regulação estatal, mais da metade das empresas ferroviárias entraram em crise durante o final do século XIX. Até este momento histórico, a insolvência implicava no afastamento dos administradores da sociedade empresária e na liquidação do patrimônio corporativo em partes[6]. A demanda social na manutenção da atividade ferroviária aliada à peculiaridade dos ativos dessa indústria demandou o desenvolvimento de um modelo jurídico específico alternativo à falência (*liquidation*), que, por sua vez, lançou as bases da moderna lei concursal norte-americana, que traz consigo o instituto da recuperação judicial (*Corporate reorganization*).

Diferente de uma indústria ou estabelecimento comercial cujos ativos (maquinário, computadores, impressoras etc.), mesmo após instalação e uso, podem ser vendidos com valores significativos e, em alguns casos, próximos aos de compra, em uma ferrovia os principais bens que compõe o patrimônio empresarial (trilhos, pontes e dormentes/travessas) só possuem valor enquanto forem empregados na estrutura original. Assim, diante da crise de muitas *railroads*, percebeu-se que a liquidação imediata e a venda dos ativos em partes, não era interessante aos credores já que estas mantinham seu valor apenas enquanto funcionassem, ainda que as dívidas superassem o patrimônio[7].

A definição de uma resolução à crise das *railroads* era ainda dificultada pelo fato das ferrovias cruzarem diversos estados, o que impedia a atuação de uma legislação estatal específica[8], e pela complexidade do portifólio de créditos e diversidade dos credores, que eram, comumente, investidores estrangeiros, principalmente, europeus e que, apesar de deterem garantias, não podiam executá-las considerando a ausência de critérios de prevalência entre credores e a expressiva perda de valor se o bem fosse vendido em partes[9]. Ainda, dada a então inexistência de precedentes envolvendo negócios tão expressivos, os contratos de investimento não traziam qualquer previsão sobre a continuidade do negócio insolvente nem quanto aos poderes e direitos detidos nessa situação[10].

É nesse contexto que, diante da então omissão legislativa, os credores passaram a se coordenar de modo a requerer judicialmente a nomeação de um *receiver*, que geralmente eram administradores ou sócios da empresa ferroviária e elaboravam os termos da recuperação. Em paralelo, eram organizados comitês dos credores

---

5. AGÊNCIA NACIONAL DE TRANSPORTES TERRESTRES, 2015.
6. SKEEL, 1998, p. 1339.
7. BAIRD & RASMUSSEN, 2001, p. 926.
8. SKEEL, 1998, p. 1335.
9. Ibidem, p. 1356; Ibidem, p. 927.
10. BAIRD & RASMUSSEN, 2001, p. 927.

portadores de títulos que eram responsáveis por reunir as garantias de modo a possibilitar a execução do plano de recuperação. O plano de recuperação gerado por esse processo, denominado *equity receivership*, acabava sendo aprovado pelos juízes e possibilitava a venda das ferrovias ao próprio comitê de credores com a extinção dos antigos créditos e manutenção de seu funcionamento[11].

A adoção do processo de *equity receivership* com manutenção dos administradores na condução da reorganização (*manager-driven reorganization*) por outras empresas além das ferroviárias passou a ser questionado pois as *railroads* detinham uma natureza pública em função da atividade exercida e só mantinham valor enquanto estivessem em operação. Com isso, na década de 1920 a Suprema Corte passou a limitar a aplicação do *equity receivership* às *railroads* dada sua especificidade[12].

A fim de regulamentar o processo, em 1933, o legislador norte-americano introduziu a recuperação judicial das *railroads* no Bankruptcy Act através da Section 77. Em 1934, foi incluída a Section 77 B, que tratou das empresas não ferroviárias, encerrando-se, portanto, a prática extralegal dos *equity receiverships*. Os ajustes regulatórios continuaram, e, em 1938, o Chandler Act alterou o Chapter X, que trata da recuperação das empresas de capital aberto, de modo a garantir maior poder aos credores em detrimento dos administradores que, substituídos por um *trustee* imparcial, deixavam de controlar a empresa durante a fase da recuperação. Também foi criado o Chapter XI, destinado a pequenas empresas e que, em contraste ao Chapter X, mantinha o controle dos administradores da companhia insolvente.

Em 1978, o Congresso dos Estados Unidos promulgou o Bankruptcy Code em substituição ao Bankruptcy Act e, dentre as principais mudanças, unificou o procedimento de recuperação judicial (*reorganization*) dos Chapter X e Chapter XI no novo Chapter 11, adotando a presunção de que os atuais administradores da empresa insolvente são os competentes para condução da recuperação.

Assim, a história norte-americana demonstra que a recuperação judicial surge como um mecanismo para garantir a manutenção do negócio de empresas que, se liquidadas em partes, não arrecadariam valores expressivos e, portanto, seriam insuficientes para pagamento dos seus credores. Sob o Chapter 11, são aprofundados os debates quanto à política pública que deve ser perseguida pelo instituto e de qual forma este deve ser utilizado.

2.2 Debates acerca da política pública do Chapter 11

Desde sua promulgação, o Bankruptcy Code, em especial o Chapter 11, tem sido alvo de intensos debates nos Estados Unidos, principalmente com relação ao modo de sua aplicação e aos interesses que devem ser perseguidos pelo juízo concursal. Fruto destes debates, desenvolveram-se diversas correntes teóricas das quais, neste

---

11. SKEEL, 1998, p. 1357; BAIRD & RASMUSSEN, 2001, p. 933.
12. SKEEL, 1998, p. 1360.

artigo, damos destaque às duas mais proeminentes: a dos procedimentalistas (*contractarian*) e a dos tradicionalistas (*traditionalists*).

A corrente predominante[13] é a dos procedimentalistas, capitaneada pela "*Creditor's bargain theory*" dos professores Thomas Jackson e Douglas Baird. Essa teoria, essencialmente econômica, entende que a recuperação judicial deve sintetizar um acordo que os credores e devedores teriam se pudessem negociar *ex-ante*. Neste sentido, a lei concursal deve ser aplicada de modo a coletivizar o pagamento dos débitos e maximizar os ativos[14] para pagamento dos credores detentores de títulos formais, que, fora do juízo concursal, teriam preferência na cobrança de seus créditos, inclusive sobre créditos trabalhistas.

Esta corrente reconhece a necessidade de um juízo e uma legislação concursal em razão da eficiência econômica obtida com a concentração processual e pela existência de múltiplos credores que, se buscassem a execução de seus títulos de forma independente, entrariam numa corrida resultando na liquidação do negócio em partes[15]. Entretanto, defende que o juízo concursal deve ter sua discricionariedade limitada devendo atentar e respeitar as prioridades estabelecidas pela legislação de execução de dívidas não concursal, de modo a manter o privilégio dos credores titulares de títulos formais e não tornar a recuperação em uma ferramenta para redistribuição dos ativos[16]. Assim, para essa linha teórica, a política da recuperação judicial deve respeitar os direitos materiais de execução de crédito existentes fora dela e se ater a garantir um foro adequado para condução da insolvência com múltiplos credores, sob pena de ter-se a criação de incentivos para que alguns credores optem pelo juízo concursal em razão dos novos privilégios por ele garantidos (*Forum Shopping*).

Assim como os procedimentalistas, a corrente tradicionalista também defende a existência de um juízo alternativo para condução da recuperação judicial das empresas insolventes de modo a evitar a execução dos títulos e créditos de forma desordenada. Ela também concorda que uma das principais funções da lei concursal é a de aumentar o valor do empresário insolvente, o que reduziria os custos dos agentes envolvidos[17]. Entretanto, estas correntes diferem na definição da política que a recuperação deve perseguir e de como ela deve construída[18].

A corrente tradicionalista tem como um de seus expoentes a professora e atual senadora Elizabeth Warren. Diferente dos princípios da "*Creditor's Bargain theory*", Warren defende que, sendo inviável a execução dos acordos e títulos por cada um dos credores, considerando a limitação patrimonial e que alguns créditos não serão integralmente pagos, o instituto da recuperação deve assumir o papel de distribuição das perdas entre diversos agentes e privilegiar a manutenção do negócio a fim de

---

13. FROST, 1995, p. 82.
14. MARTIN N. D., 1998, p. 435.
15. FROST, 1995, p. 82.
16. Ibidem, p. 83.
17. WARREN, 1993, p. 344.
18. Idem, 1987, p. 778.

beneficiar a coletividade[19]. Endossando a mesma corrente, Donald Korobkin defende que, ao invés de ser apenas um meio para maximização econômica dos credores, a lei concursal visa a criar um ambiente no qual valores econômicos e não econômicos de todos os afetados pela insolvência sejam considerados mediante estabelecimento de um processo para que as decisões tomadas sejam melhores informadas e contemplem todos os interessados[20].

Ainda, em contraposição aos contratualistas, que acreditam que a manutenção da atividade não deve ser encarada como um fim mas como um dos possíveis meios para maximização dos ativos, para os tradicionalistas, ao dar uma oportunidade para que o devedor se reorganize, a lei concursal reconhece que as perdas são assumidas pelos que sempre dependeram do negócio e, por isso, possibilita a distribuição dos riscos derivados da insolvência ao determinar que, mesmo que a falência seja inevitável, seja buscado seu atraso de modo a permitir que as pessoas afetadas se adaptem à mudança[21]. Neste sentido, ao comparar seu posicionamento com o de Baird, Warren salienta que, além de ser uma segunda chance, a manutenção da empresa pela recuperação judicial estabelece um equilíbrio entre os interesses do devedor, seus credores e todos os outros que possam ser afetados pelo fechamento do negócio[22].

Nessa mesma linha de ampliação dos interesses que devem ser considerados quando da aplicação da lei de recuperação, Nathalie Martin afirma que as empresas possuem responsabilidades sociais, além de puramente econômicas, e que estas não se extinguem com a abertura do processo de recuperação judicial[23]. Segundo esta teórica, o reconhecimento das responsabilidades não econômicas (*fiduciary responsibilities*) é consistente com a legislação concursal e incluiria, por exemplo, a proteção de empregos e de recursos comunitários[24]. Entretanto, tal posicionamento, como a própria Martin reconhece, não prevalece na jurisprudência norte-americana que é inclinada a privilegiar os interesses do devedor e de seus credores econômicos.

3. OBJETIVOS E PRINCÍPIOS DA RECUPERAÇÃO JUDICIAL DE ACORDO COM A LEI 11.101/2005

A introdução do procedimento da recuperação judicial no ordenamento brasileiro deu-se através da Lei 11.101 de 2005 que, tomando como uma de suas inspirações o texto norte-americano, adotou um mecanismo para viabilizar a manutenção das atividades do devedor como alternativa à sua liquidação. É importante avaliar os princípios e objetivos norteadores dessa modificação legislativa para, posteriormente, delimitar os alcances de sua acessibilidade. Para tanto, faremos uma breve análise do

---

19. Ibidem, p. 787.
20. KOROBKIN, 1992, p. 335.
21. WARREN, 1987, p. 788.
22. Ibidem, p. 788.
23. MARTIN N. D., 1998, p. 444.
24. MARTIN N. D., 1998, p. 444.

relatório do Projeto de Lei Complementar 71 de 2003, elaborado pelo então senador e relator Ramez Tebet.

Em sua análise, o senador justificou o PLC 71 de 2003 como uma resposta à obsolescência do Decreto Lei 7.661 de 1945 ("Lei de Falências"), que foi promulgado no pós-guerra, período de grande estabilidade e rigidez regulatória. Além do cenário macroeconômico, que passou a ser caracterizado pela flutuação dos câmbios monetários, redução das barreiras internacionais para fluxo monetário e redução do poder intervencionista do FMI, o relatório destacou ainda as mudanças microeconômicas que incluíram: o aumento da complexidade dos arranjos societários, a flexibilidade das relações contratuais regendo as relações produtivas através da adoção, por exemplo, da alienação fiduciária e do arrendamento mercantil, e a mudança das formas de garantia. Por fim, ainda se salientou a mudança nas relações de emprego que, segundo o senador, colocou a classe trabalhadora na posição de detentora do interesse social mais frágil.

É nesse cenário que o PLC 71 de 2003 é construído como um mecanismo para instituir um novo regime falimentar, que, segundo o relatório, deveria "ser capaz de permitir a eficiência econômica em ambiente de respeito direto aos mais fracos" e, por isso, a nova lei proposta traria instrumentos (recuperação extrajudicial e judicial) que permitiriam às empresas recuperáveis a superação da insolvência, evitando o desemprego causado pelas falências. Aqui, o legislador indica a inclinação social da lei, que é desenvolvida com base em interesses não limitados aos do devedor e credores.

O foco no desenvolvimento social e econômico do país fica ainda mais evidente na descrição dos princípios adotados na análise do PLC 71 de 2003:

a) Prioridade na preservação da empresa em razão de sua função social, por gerar riqueza econômica, emprego e renda;

b) Separação dos conceitos de empresa e sociedade empresária, de modo que a primeira, sendo o conjunto de capital e trabalho, pode ser preservada mesmo em caso de falência;

c) Compromisso do Estado em prover instrumentos para possibilitar a manutenção da empresa sempre que possível a recuperação das sociedades empresárias;

d) Retirada do mercado de sociedades ou empresários não recuperáveis para evitar agravamento da crise;

e) Proteção dos trabalhadores através da preservação da empresa e não apenas pela prioridade no recebimento dos créditos na falência e recuperação judicial;

f) Redução do custo do crédito no Brasil e consequente estímulo do crescimento econômico, ao garantir maior segurança jurídica aos credores;

g) Garantia de celeridade e eficiência dos processos judiciais;

h) Garantia de segurança jurídica aos institutos por meio da clareza e precisão das normas;

i) Participação ativa dos credores nos processos de falência e recuperação para defesa de seus direitos e recebimento dos créditos;

j) Maximização do valor dos ativos do falido, ao evitar a demora processual e priorização da venda em bloco;

k) Desburocratização da recuperação de microempresas e empresas de pequeno porte, que não podem ser prejudicadas pela onerosidade do procedimento;

l) Rigor nas penalidades relacionadas às infrações concursais.

A leitura dos princípios trazidos pelo legislador permite que seja traçado um paralelo com a legislação norte-americana e suas principais correntes filosóficas. Similar ao instituto presente na lei dos Estados Unidos, o legislador brasileiro buscou estabelecer um mecanismo que possibilitasse a manutenção da empresa, sempre que viável, como alternativa à falência e visando ao desenvolvimento social e econômico.

No que tange aos meios para consolidação dessa finalidade, os argumentos do legislador presentes na análise do PLC 71 de 2003 trazem elementos que, por não serem puramente econômicos, aproximam o espírito da lei mais da corrente tradicionalista do que procedimentalista, dentre eles destacam-se a reiterada proteção aos interesses dos empregados e a indicação da função social da empresa cuja manutenção deve ser buscada para gerar riqueza e renda e não apenas para maximização do patrimônio para exclusiva satisfação dos credores, como defende a *"Creditors' Bargain Theory"*. A recuperação judicial e falência, portanto, representam benefícios legais já que promovem a socialização das perdas a fim de incentivar o empresário a continuar empreendendo e arriscando seu capital[25].

No que tange às prioridades conferidas dentro e fora do regime concursal, no Brasil, o debate é limitado já que sua legislação e jurisprudência reconhecem a prevalência dos créditos trabalhistas sobre todos os demais, incluindo fiscais e direito real de garantia não apenas nos processos de recuperação judicial e falência. Neste sentido, decidiu o Superior Tribunal de Justiça no julgamento do Recurso Especial 1.454.257. Assim, seguindo a lógica da corrente procedimentalista estado-unidense, a lei concursal brasileira estaria em consonância com as regras e preferências não concursais e, portanto, não criaria um fórum no qual certa categoria de credores teria privilégios não gozados fora dele.

Diferente do Chapter 11 norte-americano, que não traz de forma expressa o objetivo social da recuperação deixando espaço para doutrina e jurisprudência guiarem sua forma de aplicação, na legislação brasileira, a finalidade social e não puramente econômica ficou traduzida no Art. 47º da Lei 11.101 de 2005 que dispõe que "a recuperação judicial tem por objetivo viabilizar a superação da situação de crise econômico-financeira do devedor, a fim de permitir a manutenção da fonte produtora, do emprego dos trabalhadores e dos interesses dos credores, promo-

---

25. SACRAMONE, 2018, p. 47.

vendo, assim, a preservação da empresa, sua função social e o estímulo à atividade econômica". Avaliaremos agora quais agentes poderiam acessar este instituto e de qual forma a expansão do acesso estaria alinhada com os princípios e objetivo da legislação concursal brasileira.

4. AGENTES ABRANGIDOS PELA LEI 11.101/2005

A Lei 11.101/2005 é taxativa ao definir em seu Art. 1º e Art. 2º o universo de agentes que podem acessar os institutos da recuperação judicial, extrajudicial e falência:

> Art. 1º Esta Lei disciplina a recuperação judicial, a recuperação extrajudicial e a falência do empresário e da sociedade empresária, doravante referidos simplesmente como devedor.
>
> Art. 2º Esta Lei não se aplica a:
>
> I – empresa pública e sociedade de economia mista;
>
> II – instituição financeira pública ou privada, cooperativa de crédito, consórcio, entidade de previdência complementar, sociedade operadora de plano de assistência à saúde, sociedade seguradora, sociedade de capitalização e outras entidades legalmente equiparadas às anteriores.

Como esclarecido, a restrição dos regimes concursais aos empresários e às sociedades empresárias deu-se de modo a alinhar o texto legal com a definição presente no Código Civil e evitar interpretações equivocadas[26]. Entretanto, a delimitação dos agentes abrangidos pela lei foi alvo de debates desde a aprovação na Câmara dos Deputados.

O Projeto de Lei 4.376 de 1993, encaminhado pelo Executivo ao Congresso Nacional, estabelecia, originalmente, em seu Art. 2º, que estariam sujeitos aos institutos da lei a pessoa jurídica de natureza civil que explorasse atividade econômica e o devedor individual que exercesse tal atividade, de forma organizada e em nome próprio, com o objetivo de produzir bens e serviços ao mercado mediante apuração de lucro. O projeto incluía ainda no rol de agentes a empresa pública e de economia mista e excluía pequenos comerciantes, cultivadores diretos da propriedade rural, quem exercesse atividade de subsistência, artesãos e profissionais liberais e suas sociedades civis de trabalho.

Após dez anos de tramitação na Câmara dos Deputados, foram apresentadas 484 emendas de Plenário, sendo que algumas discutiram o rol de agentes passíveis do processo de recuperação judicial e falência. No parecer do deputado relator Osvaldo Biolchi, de setembro de 2003, foram apreciadas todas as emendas para encaminhamento do substitutivo ao Senado Federal. Neste parecer, dentre os temas abordados, o relator discorre sobre as empresas que serão atingidas pela recuperação judicial e falência. Optou-se por garantir acesso à recuperação judicial e à falência as sociedades empresarias, as simples, os empresários individuais e pessoas físicas que atuassem em escala empresarial, ao passo em que ficaram excluídas a sociedade cooperativa, o

---

26. TEBET, 2004, p. 22.

agricultor e artesão que exerçam suas atividades apenas para subsistência familiar, o profissional liberal e sua sociedade civil, as empresas públicas e sociedades de economia mista, devendo estas duas últimas serem reguladas por legislação específica. Em segunda reformulação do projeto, antes do seu envio ao Senado, revisou-se a redação do art. 1 para, nos termos utilizados no parecer de outubro do mesmo ano, "compatibilizar com a nova terminologia de empresário introduzida pelo Novo Código Civil". Cabe destacar que esse posicionamento de restringir o acesso ao instituto somente às pessoas jurídicas e físicas que exerçam atividade econômica, em nome próprio, de forma organizada e com intenção de lucro acompanhou grande parte dos projetos, conforme pode atestar no Parecer da Comissão Especial de dezembro de 1999.

No Senado, conforme relatório do senador Ramez Tebet, foi mantida apenas a exclusão expressa aos agentes econômicos listados nos incisos I e II do art. 2. Ainda, retirou-se a menção às sociedades simples do caput do Art. 1º argumentando-se que grande parte delas estavam excluídas conforme incisos do Art. 2º.

Com relação à exclusão das cooperativas, por sua vez, entendeu-se que estas, sendo classificadas como sociedades simples, já não se encontram abrangidas pelo conceito de sociedade empresária, conforme Art. 982º caput e parágrafo único do Código Civil. Mesmo racional de enquadramento na categoria de sociedade simples foi utilizado para a exclusão da menção ao agricultor, artesão e profissionais que realizem atividades para fins de subsistência familiar e profissional liberal e sociedade civil de trabalho no Art. 2º.

Ao limitar o acesso aos benefícios da recuperação judicial, extrajudicial e falência ao empresário e sociedade empresária, nos termos do Código Civil, o legislador acabou por excluir uma série de agentes financeiros, ainda que estes gerem receita e exerçam atividade econômica de forma organizada e profissional, conforme avaliaremos a seguir.

4.1 Conceito de empresário e sociedade empresária

O Código Civil define empresário em seu Art. 996º como sendo aquele que "exerce profissionalmente atividade econômica organizada para a produção ou a circulação de bens ou serviços". Caso admita o ingresso de sócios, o empresário deixa a espécie individual passa a ser considerado uma sociedade empresária (espécie coletiva), nos termos do Art. 968º, § 3º da mesma lei. A figura do empresário, portanto "não se identifica juridicamente com o sócio de uma pessoa jurídica ou com o administrador empresário" já que "é o próprio agente que realiza os atos", podendo ser pessoa natural ou jurídica[27].

Em paralelo, a legislação não traz uma definição de empresa, que pode abranger tanto a atividade empresarial (perfil funcional), o estabelecimento composto pelo

---

27. SACRAMONE, 2018, p. 48.

patrimônio e bens móveis e imóveis necessários para exercício da atividade (perfil objetivo ou patrimonial) e o conjunto organizado de pessoas, incluindo empresário e colaboradores (perfil organizacional)[28].

Analisando o conceito de empresário, aspecto subjetivo da empresa, cabe a delimitação de seus elementos constituintes. Conforme esclarece Marcelo Sacramone, primeiramente, deve haver a prestação de uma atividade econômica (empresa) sendo que os atos praticados devem visar a produção de novos bens ou serviços e não apenas o esgotamento de bens já existentes. Ainda, o produto da atividade exercida deve ser destinado ao mercado e não para subsistência, ou seja, deve ser patrimonialmente valorável. Aqui, o resultado não precisa ser destinado ao mercado em geral, podendo ser reservado a apenas um adquirente.

Como terceiro elemento, Sacramone destaca a necessidade de que haja a busca pelo lucro, ainda que este resultado seja investido na própria atividade, para suprir uma demanda econômica. Sobre esse aspecto, Fábio Ulhoa Coelho destaca que o lucro "pode ser o objetivo da produção ou circulação de bens ou serviços, ou apenas o instrumento para alcançar outras finalidades", ou seja, o lucro não precisa ser o fim da atividade econômica podendo ser obtido para reinvestimento no negócio[29].

A atividade deve ainda ser profissional, ou seja, deve haver habitualidade na sua execução e o empresário deve deter as informações técnicas necessárias para sua execução. Neste sentido, aquele que se organizar de forma episódica, ainda que para venda de mercadoria, não deve ser considerado um empresário já que está fazendo apenas um teste ou se socorrendo da atividade em razão de uma demanda emergencial.

Por fim, a atividade deve ser organizada, devendo seu empresário aplicar os bens necessários para sua execução, sendo que, aqui, não é imprescindível o concurso de empregados quando o produto puder ser executado por outros meios, exemplo máquinas, software etc.[30] De forma diversa, entende Fábio Ulhoa Coelho que o empresário deve contratar empregados, que é quem materialmente produz e faz circular os bens em nome do empregador, que, por sua vez, é o empresário[31]. Este último doutrinador destaca ainda que o principal elemento do profissionalismo do empresário reside no fato deste deter o monopólio das informações relacionadas à produção e distribuição de seus bens e serviços[32].

O Código Civil admite ainda, através de seu Art. 970°, a figura do empresário rural e do pequeno empresário, sendo que o primeiro, para fins de equiparação à figura de empresário, deverá exercer a atividade rural como sua principal função, cumprir as formalidades de inscrição do empresário estabelecidas no Art. 968° e requerer inscrição no Registro Público de Empresas Mercantis.

---

28. NEGRÃO, 2017, p. 75.
29. COELHO, 2007, p. 13.
30. SACRAMONE, 2020, p. 47-49.
31. COELHO, 2007, p. 11.
32. Ibidem, p. 12.

Outra espécie de empresário foi trazida pela Lei n. 12.411/2011, que é a Empresa Individual de Responsabilidade Limitada (EIRELI). Esta modalidade é constituída por uma única pessoa titular da totalidade do capital. Ainda, não há restrições quanto a natureza dos serviços prestados, conforme estabelecido pelo Art. 980-A, § 5º, que podem inclusive ser atividades intelectuais, de natureza artística, literária ou científica. À EIRELI, aplica-se, no que couber, o regime das empresas limitadas, estando, portanto, sujeita aos benefícios da recuperação e falência da Lei n. 11.101/2005.

Por fim, outra possível espécie de empresário constitui-se na figura do sócio ostensivo da sociedade em conta de participação disciplinada pelo Art. 991º do Código Civil. Nesta modalidade de sociedade, a atividade é exercida pelo sócio ostensivo, em seu nome e sob sua exclusiva responsabilidade, ainda que haja a repartição dos resultados com os demais sócios. Assim, na hipótese de ser verificado os elementos da atividade empresarial, elencados acima, o sócio ostensivo poderia ser enquadrado como empresário e, portanto, estar sujeito aos benefícios da Lei 11.101/2005.[33]

4.2 Agentes excluídos da Lei 11.101/2005

O modelo recuperacional brasileiro é considerado um dos mais restritivos do mundo, comparando-se com outros países mais liberais como Alemanha, Estados Unidos, França, Inglaterra, Portugal e Itália[34]. Como exemplo, nos Estados Unidos, é aceitável que sociedades sem fins lucrativos sejam submetidas ao procedimento de recuperação judicial (*reorganization*) regulado pelo Chapter 11.

No Brasil, a exclusão de agentes aos benefícios da Lei n. 11.101/2005 dá-se de duas formas: (i) expressamente por esta Lei e (ii) pelo não enquadramento nos conceitos de empresário e sociedade empresária nos termos do Código Civil. Abaixo, analisaremos cada uma dessas exclusões e o racional adotado pelo legislador.

4.2.1 Agentes excluídos expressamente pela Lei 11.101/2005

O Art. 2º da Lei n. 11.101/2005 elenca, expressamente, os agentes que não estão cobertos pelos benefícios normativos, ainda que estes conduzam atividades empresariais:

Art. 2º Esta Lei não se aplica a:

I – empresa pública e sociedade de economia mista;

II – instituição financeira pública ou privada, cooperativa de crédito, consórcio, entidade de previdência complementar, sociedade operadora de plano de assistência à saúde, sociedade seguradora, sociedade de capitalização e outras entidades legalmente equiparadas às anteriores.

Conforme esclarecemos anteriormente, a empresa pública e a sociedade de economia mista foram excluídas do escopo da Lei pelo fato do legislador entender

---

33. SACRAMONE, 2018, p. 54.
34. ESTEVEZ & ESTEVEZ, 2019.

que estas deveriam estar sujeitas à regulação própria. Ambas são criadas por força de autorização legal como instrumento de ação do Estado, dotadas de personalidade de Direito Privado, submetida a regras especiais decorrentes de serem coadjuvantes da ação governamental[35]. Entretanto, a empresa pública possui capital constituído exclusivamente por recursos de pessoas de Direito Público interno ou de pessoas de suas Administrações indiretas enquanto a sociedade de economia mista possui a maioria de suas ações com direito a voto pertencentes à União ou entidade de sua Administração indireta e a minoria das ações sob controle de particulares[36].

Por meio das empresas públicas e sociedades de economia mista, o Estado visa a explorar atividades econômicas que, originalmente, competem às empresas privadas ou prestar serviços públicos ou coordenar a execução de obras públicas. Pela leitura do Art. 2°, I, é possível concluir que, em ambos os casos, as empresas públicas e sociedades de economia mista não podem se valer dos benefícios da Lei n. 11.101/2005 para se reestruturarem. Neste sentido, parte da doutrina entende que tal exclusão se justifica pela essencialidade da atividade desenvolvida por essas empresas, que não autorizaria sua interrupção em razão do interesse público, e pela responsabilidade subsidiária do Estado que deve responder de forma objetiva perante os credores particulares[37].

Outra corrente entende de forma diversa, pois, com relação às empresas públicas e sociedades de economia mista que explorem atividades econômicas, a Constituição Federal determina em seu Art. 171°, § 1°, II que estas estão sujeitas ao regime jurídico próprio das empresas privadas, inclusive quanto aos direitos e obrigações comerciais. Neste sentido, Celso Antônio Bandeira de Mello conclui que, sob pena de incidir em inconstitucionalidade, a exclusão do Art. 2°, I da Lei de Recuperação e Falências deve ser aplicado com ressalva e atingir apenas as prestadoras de serviço público, obra pública ou atividades públicas em geral[38]. Neste último caso fica o Estado como responsável subsidiário pelos débitos.

Recentemente, no Recurso Extraordinário 1.249.945 MG, o STF reconheceu repercussão geral da questão. Segundo acórdão recorrido do Tribunal de Justiça do Estado de Minas Gerais, a Lei 11.101/2005 atenta-se apenas à proteção da empresa (atividade organizada) e não do empresário em si e, em razão disso, a recuperação judicial pode trazer dois resultados: o cumprimento do plano ou a convolação em falência. Como a empresa pública é criada por meio de lei, visando ao atendimento de um interesse público, o referido Tribunal entendeu que a extinção forçada por meio de legislação empresarial poderia comprometer o interesse público. Assim, entendeu-se pela incompatibilidade do diploma concursal à natureza pública da empresa.

---

35. DE MELLO, 2015, p. 91-95.
36. Ibidem, p. 91-95.
37. SACRAMONE, 2018, p. 57.
38. DE MELLO, 2015, p. 210.

Notemos que, no acórdão do STF que reconheceu a repercussão pública do tema, não entrou-se no mérito da atividade prestada, entretanto, o relator Ministro Barroso, indicou as três correntes doutrinárias sobre a matéria: (i) a que defende inconstitucionalidade do art. 2º, II da Lei 11.101/2005, (ii) a que entende que há a exclusão apenas das empresas públicas prestadoras de serviços públicos e (iii) a que entende que a extinção das empresas públicas e sociedades de economia mista deveria ocorrer apenas mediante lei justificando, portanto, sua exclusão do escopo da lei concursal independente da natureza do serviço prestado. Importante considerar que a forma de constituição e propósito das empresas públicas de fato impedem que o regime das empresas privadas seja integralmente aplicado, de modo a afetar o interesse público que norteia a existência de tais entidades. Ainda, assim como observaremos para os demais agentes, antes da definição do STF quanto à constitucionalidade ou não do dispositivo em tela, a ampliação do acesso à Lei 11.101/2005 por essas entidades, mesmo diante de uma exclusão legal expressa, pode trazer insegurança jurídica, principalmente, aos investidores.

Com relação às instituições listadas no Art. 2º, II da Lei 11.101, estas, conforme esclarece Marcelo Sacramone, não podem requerer a recuperação judicial mas podem falir desde que respeitado um procedimento administrativo pelo qual o liquidante ou interventor, conforme legislação aplicável, poderá requerer a decretação da autofalência da sociedade empresária, sujeito à autorização da Agência Reguladora e dispensando o contraditório e citação dos antigos administradores[39]. A exclusão dessas instituições do regime falimentar deve-se ao alto interesse social e relevância inerentes as atividades por elas executadas, o que demanda a observância de normas específicas.

Cabe, no entanto, ressaltar que, do rol estabelecido neste artigo, ficam totalmente excluídas dos benefícios da Lei apenas as entidades fechadas de previdência complementar, conforme vedação constante no Art. 47º da Lei Complementar n. 109/2001. Diferente das entidades abertas, que podem ofertar planos para qualquer interessado, as entidades fechadas de previdência complementar disponibilizam apenas para os empregados de uma sociedade, servidores de entes públicos e/ou associados ou membros de pessoas jurídicas de caráter profissional, classista ou setorial.

4.2.2 Agentes excluídos por não se enquadrarem no conceito de empresário ou sociedade empresária do Código Civil

Ainda que exerçam uma atividade econômica, de forma organizada e habitual, alguns agentes não são considerados empresários nem sociedades empresárias pelo Código Civil e, como consequência, não estariam cobertos pelos benefícios da recuperação e falência da Lei 11.101/2005. Assim, por não poderem recorrer à recuperação judicial, quando não forem regulados por legislação específica, são sujeitos

---

39. SACRAMONE, 2018, p. 55-56.

à insolvência civil, regulada pelo Livro II, Título IV da Lei 5.869/1973, conforme mantido pelo Art. 1.052º do Código de Processo Civil. Diferentemente do regime concursal, o procedimento de insolvência civil não visa a manutenção da atividade, mas, tão somente, a execução das dívidas e liquidação total da massa.

(i) Profissionais intelectuais, de natureza científica, literária ou artística

O parágrafo único do Art. 966º do Código Civil exclui, expressamente, da categoria de empresário "quem exerce profissão intelectual, de natureza científica, literária ou artística, ainda com o concurso de auxiliares ou colaboradores, salvo se o exercício da profissão constituir elemento de empresa". Aqui, estão abrangidos os profissionais liberais que fornecem serviços ou bens de forma pessoal e independente de fatores externos como, por exemplo, o advogado, médico, cantor, pintor, etc.

O Projeto de Lei 4.375-B/1993, remetido para aprovação pelo Senado em 2003, incluía no rol de agentes econômicos não englobados pela lei a categoria de profissionais liberais e de artesão, que prestasse serviços ou exercesse atividade profissional organizada para subsistência própria ou de sua família. No Senado, como esclarecido anteriormente, optou-se pela exclusão da referência por entender que:

Muito embora o Art. 1º do PLC 71, de 2003, preveja a aplicação do regime de falência e de recuperação para as sociedades simples, seu parágrafo único exclui a grande maioria delas, especialmente quando menciona os profissionais liberais e suas sociedades. Dessa forma, parece mais adequado, a fim de evitar interpretações equivocadas, aproveitar a definição do Código Civil, que é mais precisa, para restringir os regimes disciplinados na lei aos empresários e às sociedades empresárias. (Tebet, 2004, p. 17)

Entretanto, conforme autorizado pelo Código Civil, é possível ocorrer a equiparação do profissional intelectual, de natureza científica, literária ou artística ao empresário ou sociedade empresária se o exercício da sua profissão constituir elemento de empresa, ou seja, for exercida de forma organizada, profissional, direcionado ao mercado e, portanto, buscando-se lucro. Assim, uma sociedade de um profissional liberal, por exemplo, uma clínica composta por diversos médicos, que preencha os elementos da atividade econômica para prestação de serviços poderia ser equiparada à uma sociedade empresária nos termos do Art. 966º do Código Civil.

Dessa forma, a equiparação dos profissionais listados no Art. 966º, parágrafo único, ao empresário ou sociedade empresária, deverá ocorrer sempre que "se, organizados os meios de produção, como capital, equipamentos e, inclusive, a prestação de terceiros, a atividade perder o seu caráter pessoal"[40]. Neste caso, em razão da equiparação, esta espécie de sociedade também estaria coberta pela abrangência da lei concursal.

---

40. SACRAMONE, 2020, p. 51.

(ii) Produtores Rurais

A economia brasileira é, principalmente, apoiada no setor agropecuário, sendo que, em 2019, o faturamento dos bens e serviços gerados no agronegócio representaram uma receita de R$ 1,55 trilhão, que, por sua vez, correspondeu à 21,4% do PIB nacional[41]. Ainda, segundo o último censo agropecuário, de 2017, conduzido pelo Instituto Brasileiro de Geografia e Estatística (IBGE), o Brasil contava com 5.073.324 estabelecimentos agropecuários empregando 15.105.125 pessoas[42]. Dessa forma, é indiscutível a relevância da atividade rural para o desenvolvimento econômico e social do país justificando, portanto, o tratamento diferenciado conferido pela legislação.

Entendendo a diversidade e grande quantidade de produtores rurais do país, o legislador, através do Art. 971º do Código Civil, deu ao produtor rural que exerça uma atividade econômica habitual e organizada o direito de optar pelo enquadramento de sua atividade como empresária mediante inscrição no Registro Público de Empresas Mercantis. Assim, para este agente econômico, a sua inscrição possui natureza facultativa e constitutiva já que, somente após sua conclusão, este é transferido do regime civil para o empresarial.

Ocorre que não é uníssono o entendimento doutrinário e jurisprudencial sobre a natureza dos efeitos do registro: se *ex tunc* ou *ex nunc*, que, por sua vez, implicam na admissibilidade ou não do pedido de recuperação judicial do produtor. Tal impasse, deve-se pelo fato da Lei 11.101/2005 exigir em seu Art. 48º que o devedor requerente, no momento do pedido, exerça suas atividades há, pelo menos, dois anos. O Art. 48º, § 2º estabelece ainda que, para produtores rurais, a comprovação de tal prazo pode ser feita por meio da Declaração de Informações Econômico-fiscais da Pessoa Jurídica – DIPJ.

Entendendo-se que o registro possui efeitos *ex nunc*, o prazo de dois anos passa a contar após a inscrição, ainda que o enquadramento na categoria de empresário ocorra de forma imediata, nos termos do Art. 971º do Código Civil. Por outro lado, se for conferido o efeito *ex tunc* ao registro, além da equiparação ao regime empresarial, o produtor, se cumprido o prazo mínimo de dois anos no momento de sua inscrição, poderá, de forma imediata, requerer o benefício da recuperação judicial consoante Lei n. 11.101/2005.

Em novembro de 2019, o Superior Tribunal de Justiça julgou o Recurso Especial 1.800.032-MT (2019/0050498) que tratou, justamente, sobre a exigência do registro para fins de equiparação do empresário rural ao empresário comum. Segundo o Ministro Raul Araújo, relator do voto vencedor:

> O Art. 971 dispensa o empresário rural daquela inscrição que é obrigatória para o empresário comum, estabelecendo que aquele (o rural) 'pode requerer inscrição' nos termos do Art. 968. Ora, se pode ele requerer inscrição, significa que o empreendedor rural, diferentemente do em-

---

41. CNA, 2020.
42. IBGE, 2020.

preendedor econômico comum, não está obrigado a requerer inscrição antes de empreender. Desse modo, o empreendedor rural, inscrito ou não, está sempre em situação regular; não existe situação irregular para este, mesmo ao exercer atividade econômica agrícola antes de sua inscrição, por ser esta facultativa[43].

Ainda, entendeu o ministro que, frente a sua não obrigatoriedade e, portanto, regularidade da atividade do empresário rural mesmo em caso de sua inexistência, o registro possui efeito *ex tunc* haja vista que "a qualidade de empresário rural regular já se fazia presente desde o início do exercício profissional de sua atividade, sendo irrelevante, para fins de regularização, a efetivação da inscrição na Junta Comercial, pois não estava sujeito a registro"[44]. Por fim, com fulcro no Art. 970º do Código Civil, que garante ao empresário rural tratamento favorecido, diferenciado e simplificado, entendeu-se que o empresário rural pode requerer recuperação judicial desde que comprove o exercício de atividade rural há mais de dois anos, incluindo o prazo anterior ao registro. Assim, segundo este posicionamento, o registro na junta comercial possui função meramente formal para permitir o acesso do produtor ao regime empresarial, enquanto o requisito de exercício de atividade econômica por dois anos trazido pela lei concursal pode ser comprovado por outros elementos anteriores ao registro. Em outubro de 2020, o STJ reiterou este posicionamento no Recurso Especial 1.811.953-MT no qual o Tribunal entendeu que:

> Com esteio na Teoria da Empresa, em tese, qualquer atividade econômica organizada profissionalmente submete-se às regras e princípios do Direito Empresarial, salvo previsão legal específica, como são os casos dos profissionais intelectuais, das sociedades simples, das cooperativas e do exercente de atividade econômica rural, cada qual com tratamento legal próprio. Insere-se na ressalva legal, portanto, o exercente de atividade econômica rural, o qual possui a faculdade, o direito subjetivo de se submeter, ou não, ao regime jurídico empresarial.
>
> A constituição do empresário rural dá-se a partir do exercício profissional da atividade econômica rural organizada para a produção e circulação de bens ou de serviços, sendo irrelevante, à sua caracterização, a efetivação de sua inscrição na Junta Comercial[45].

Entretanto, a adoção desse entendimento não é unânime nos tribunais. No tribunal do Mato Grosso, Estado com maior valor de produção agrícola do país[46], as decisões sobre admissibilidade ou não de produtores rurais registrados há menos de dois anos divergem. No acórdão do processo 1012479-98.2018.8.11.0000, entendeu-se que o prazo de registro é prescindível e que é possível comprovar a atividade rural por outros meios de prova, haja vista que, conforme mesmo argumento trazido pelo STJ, a lei civil não exige a prévia inscrição[47]-[48]. De forma divergente, outras decisões igualmente recentes do mesmo tribunal entenderam que o prazo de dois

---

43. Recurso Especial, 2019, p. 9.
44. Recurso Especial, 2019, p. 9.
45. Recurso Especial, 2020, p. 1.
46. ZAFALON, 2019.
47. Agravo de Instrumento, 2020.
48. Igual entendimento foi adotado nos processos 1012808-13.2018.8.11.0000 de 28/04/2020, 1005613-40.2019.8.11.0000 de 14/07/2020, 1010478-43.2018.8.11.0000 de 28/04/2020.

anos do Art. 48º da Lei 11.101/2005 deve ser contado a partir da data do registro do produtor rural na Junta Comercial[49].

No tribunal de justiça de São Paulo, por sua vez, é pacífico o entendimento de que o período anterior ao registro deve ser computado para fins de recuperação judicial, conforme indicado no acórdão do Agravo de Instrumento 2130432-15.2019.8.26.0000, voto 9846[50]. Nesta linha, houve recente posicionamento no sentido de considerar o período de prestação da atividade econômica antes do registro. No acórdão emitido no julgamento do Agravo de Instrumento 2124769-51.2020.8.26.0000, decidiu-se que o Art. 48º, § 2º, que admite a Declaração de Informações Econômico-fiscais da Pessoa Jurídica como meio de comprovação da atividade rural, "considera que a atividade antecedente ao ato de registro deve ser considerada, também, como 'regular' e viabiliza que o lapso temporal a esta atinente seja considerado e somado para o fim de se ter como preenchido o requisito formal em relevo"[51].

Dado o espaço legal para entendimentos jurisprudenciais diversos e a recente decisão do STJ pela admissibilidade do prazo anterior ao registro na Junta Comercial para fins de concessão do benefício da recuperação judicial, vê-se instalada uma insegurança jurídica, principalmente, para os credores que concederem créditos antes do registro dos produtores rurais. Tal insegurança torna-se agravada pelo aumento no número de pedidos de recuperação judicial, que está estimado em 340 para o ano de 2020, praticamente o dobro dos 169 pedidos de 2019[52].

(iii) Sociedades cooperativas

Conforme Anuário do Cooperativismo Brasileiro de 2019 emitido pelo Sistema da Organização das Cooperativas Brasileiras (Sistema OCB), em 2018 o Brasil possuía 6.828 cooperativas em 13 ramos, tendo 14.618.832 cooperados e empregando 425.318 pessoas[53]. De acordo com o mesmo documento, com relação aos aspectos econômicos, as cooperativas detêm um ativo total e receita bruta de R$ 351,4 bilhões e R$ 259,9 bilhões, respectivamente, tendo recolhido, em 2018, R$ 7 bilhões em impostos e pago mais de R$ 9 bilhões em verbas trabalhistas. Dessa forma, é claro o destacado papel das cooperativas no cenário econômico e social.

O Código Civil trata das cooperativas em seu Art. 982º, que as classifica como sociedade simples e não empresária, e arts. 1.093 a 1.096. O Art. 1.094º, elenca como características das cooperativas: (i) dispensa do capital social; (ii) concurso de sócios em número mínimo necessário a compor a administração da sociedade, sem limitação de número máximo; (iii) limitação do valor de quotas do capital social que cada sócio poderá tomar; (iv) intransferibilidade das quotas do capital a terceiros

---

49. Neste sentido, temos os acórdãos nos processos 1007927-22.2020.8.11.0000 de 12/08/2020, 1009644-69.2020.8.11.0000 de 29/07/2020.
50. Agravo de Instrumento, 2020.
51. Agravo de Instrumento, 2020.
52. WALENDORFF, 2020.
53. Sistema OCB, 2019.

estranhos à sociedade, ainda que por herança; (v) *quorum*, para a assembleia geral com base no número absoluto de sócios presentes; (vi) direito de cada sócio a um só voto nas deliberações, independente do valor de sua participação; (vii) distribuição dos resultados, proporcionalmente ao valor das operações efetuadas pelo sócio com a sociedade; (viii) indivisibilidade do fundo de reserva entre os sócios, ainda que em caso de dissolução da sociedade.

As cooperativas possuem ainda uma legislação específica, a Lei 5.764/1971, cujo Art. 3º as definem como sendo as sociedades de "pessoas que reciprocamente se obrigam a contribuir com bens ou serviços para o exercício de uma atividade econômica, de proveito comum, sem objetivo de lucro", o Art. 4º ressalta ainda, como sendo o principal objetivo dessa espécie societária, a constituição para prestação de serviços aos associados. Assim, é possível concluir numa primeira leitura que, apesar de não visar ao lucro e de buscar a prestação de serviços aos associados, as cooperativas exercem atividades econômicas apresentando, portanto, um dos elementos das sociedades empresárias contidos no Art. 966º do Código Civil. Além disso, conforme atestado acima, as cooperativas também prestam tal atividade de forma organizada, dado elevado número de empregados contratados.

No que tange à cobertura da Lei 11.101/2005, o Art. 4º da Lei 5.764/1971 determina que as cooperativas não estão sujeitas à falência, sem mencionar o instituto da recuperação judicial. Paralelamente, como já mencionado acima, a lei concursal restringe sua cobertura ao empresário e sociedade empresária. Dessa forma, enquadrando-se como uma sociedade simples, as cooperativas estariam excluídas do escopo legal. Neste sentido Fábio Ulhoa Coelho já ponderou que as cooperativas "são sempre sociedades civis (ou 'simples' na linguagem do CC), independentemente da atividade que exploram" complementando ainda que tais sociedades, "normalmente, dedicam-se às mesmas atividades dos empresários e costumam atender aos requisitos legais de caracterização destes (profissionalismo, atividade econômica organizada e produção ou circulação de bens ou serviços), mas por expressa disposição do legislador, que data de 1971, não se submetem ao regime jurídico-empresarial"[54]. Waldirio Bulgarelli, por sua vez, entende que o mais adequado seria entender as cooperativas como sendo uma sociedade com forma jurídica própria, dada as muitas modificações, adaptações e limitações feitas nas regras dos outros tipos societários e que tornaram as cooperativas singulares[55].

Desafiando o afastamento das cooperativas do regime civil, em 2018, e propondo um juízo de ponderabilidade, o juiz Jorge Luiz Martins Alves da 4ª Vara Cível da comarca de Petrópolis julgou procedente o pedido recuperação judicial da Unimed Petrópolis Cooperativa de Trabalho Médico, por entender que esta está inserida no ambiente empresarial e que suas atividades têm natureza econômica. Neste caso, por ser uma operadora de plano de saúde, além da expressa vedação disposta no Art. 2º,

---

54. COELHO, 2007, p. 19.
55. BULGARELLI, 1985, p. 75.

II da Lei 11.101/2005, a requerente também está sujeita à Lei 9.656/1998 que, em seu Art. 23°, determina que tais sociedades não podem requerer concordata e não estão sujeitas a falência ou insolvência civil, mas tão somente ao regime de liquidação extrajudicial. Ainda, segundo o Art. 24° desta lei, em caso de desequilíbrio financeiro que coloque em risco a continuidade do negócio, a Agência Nacional de Saúde (ANS) poderá determinar a alienação da carteira ou a liquidação extrajudicial.

Avaliando o procedimento disposto pela Lei 9.656/1998, o juízo entendeu que este seria lesivo aos contratantes da Unimed, sendo que, por outro lado, a Lei 11.101/2005 oferece segura perspectiva de continuidade do negócio evitando transtornos ao usuário/contratante. Neste caso, entendeu o julgador que a Unimed Petrópolis preenchia os requisitos de "empresabilidade" e "natureza econômica" se afastando da definição e propósitos originais da espécie "cooperativa". Ainda, ao julgar procedente o pedido, ponderou uma série de elementos sociais e atrelados à atividade da requerente, como a reputação na cidade de Petrópolis, exercício de atividades comunitárias e as pessoas diretamente afetadas pelas atividades: médicos, enfermeiros, fornecedores e usuários[56].

Aqui, temos atuação jurisdicional de modo a expandir o acesso à Lei 11.101/2005, fundamentado na relevância social da atividade e de sua natureza empresarial, caracterizada pela sua organização, geração de empregos e receita gerada. Entretanto, tal interpretação, contrária às restrições legais e doutrina, traz aos credores e, em especial, investidores insegurança jurídica já que ficam impossibilitados de antever os riscos atrelados ao seus títulos e créditos.

(iv) Associações e Fundações

Ainda traçando um retrato da relevância dos diversos tipos societários no cenário econômico e social do país, temos a publicação de 2016 feita pelo IBGE sobre as fundações privadas e associações sem fins lucrativos no Brasil. Segundo o levantamento, naquele ano, havia 236.950 unidades de fundações privadas e associações sem fins lucrativos empregando 2.272.131 pessoas em mais de 8 setores, que incluíam habitação, saúde, cultura e recreação, educação e pesquisa, assistência social, religião, meio ambiente e proteção animal e desenvolvimento e defesa de direitos[57].

Conforme elencado no Art. 44° do Código Civil, as associações e fundações não se classificam como sociedades sendo, portanto, espécies de pessoas jurídicas de direito privado independentes, isentas de recolhimento do imposto de renda e Contribuição Social sobre o Lucro Líquido (CSLL). Ambas não possuem fins lucrativos, conforme Art. 53°, que estabelece tal critério para as associações[58] e Art. 62°, parágrafo único, que limita as finalidades das fundações, devendo ser de: assistência social; cultura,

---

56. Decisão, 2018, p. 621-625.
57. IBGE, 2020.
58. Conforme Enunciado Administrativo 534 do CJF/STJ, da VI Jornada de Direito Civil (2013) a expressão fins "não econômicos" deve ser entendido como "fins não lucrativos" haja vista que, de acordo com o enunciado "as associações podem desenvolver atividade econômica, desde que não haja finalidade lucrativa".

defesa e conservação do patrimônio histórico e artístico; educação; saúde; segurança alimentar e nutricional; defesa, preservação e conservação do meio ambiente e promoção do desenvolvimento sustentável; pesquisa científica; promoção da ética, da cidadania, da democracia e dos direitos humanos; e de atividades religiosas. Dentre as associações, apesar de não terem as finalidades predefinidas pela lei, há entidades com fins culturais, religiosos, científicos, empresarial, esportivos etc.

Diferentemente das associações, que são originadas pela união de pessoas, as fundações são criadas por um instituidor mediante dotação especial de bens livres com definição de um fim específico. Por não serem sociedades empresárias, tanto as associações quanto as fundações não estão sujeitas à recuperação judicial e falência da Lei 11.101/2005, entretanto, há precedentes jurisprudenciais que trazem reflexões e entendimentos diversos dada a relevância social de algumas dessas entidades que, muitas vezes, similarmente às sociedades empresárias, geram receita e empregam muitas pessoas.

Dentre as fundações, em 09 de agosto de 2019, a 10ª Vara Cível e de Acidentes de Trabalho da Comarca de Manaus deferiu o pedido de recuperação judicial da Fundação Centro de Análise, Pesquisa e Inovação – FUCAPI. Na decisão, a juíza Mônica Cristina Raposo da Câmara Chaves do Carmo entendeu que a requerente não poderia ser tratada "somente como uma fundação" por desenvolver atividade educacional, captando lucros e gerando empregos. Ainda, ponderou que a fundação em tela possuía muita importância no Amazonas, sendo referência na área de pesquisa em ensino[59].

Dentre as associações, o debate jurisprudencial quanto à legitimidade para requerimento de recuperação judicial também existe. Como exemplo dessas decisões, temos a decisão da apelação cível 5000461-37.2019.8.21.0008/RS pelo Tribunal de Justiça do Rio Grande do Sul, em 13 de dezembro de 2019, que versou sobre a procedência do pedido de recuperação judicial da AELBRA Educação Superior – Graduação e Pós-graduação S.A., antiga Associação Educacional Luterana do Brasil – AELBRA, com endividamento total de R$ 8,2 bilhões. Ocorre que o requerente transformou seu regime social de associação para sociedade anônima 1 mês antes de ingressar com o pedido de recuperação judicial e, em razão disso, discutia-se se o prazo de 2 anos de exercício da atividade econômica exigidos pelo Art. 48º da Lei 11.101/2005, havia sido cumprido. Após decisão em primeira instância pelo indeferimento, o Tribunal reformou a decisão de origem com base numa releitura do Art. 48º e entendo que este prazo seria uma "mera projeção temporal".

Vale pontuar que, apesar da relevância social de tais fundações e associações, seu tratamento como sociedade empresária, para fins de aplicação da lei concursal, deve ser feito com cuidado. A expansão do acesso à lei que, expressamente, exclui tais entidades, pode impactar diretamente no crédito conferido a outras associações e

---

59. Decisão, 2019, pp. 322-323.

fundações haja vista que os credores passariam a não ter qualquer segurança jurídica quanto a execução de seus créditos em caso de eventual insolvência.

Ainda, é natural fazer uma comparação com o caso dos produtores rurais, abordado anteriormente neste artigo e que foi decidido pelo STJ no final de 2019 e, recentemente, em 2020. Entretanto, tal paralelo deve ser feito com cautela, haja vista que, diferentemente das associações, a legislação faculta ao produtor rural o registro como empresa dado o exercício de uma atividade econômica. No caso das associações, estas são criadas para exercício de atividades sem fins lucrativos. Apesar de tal peculiaridade, o Tribunal do Rio Grande do Sul, ao deferir a recuperação judicial da AELBRA entendeu que esta era "uma empresa sólida e em plena atividade há mais de 40 anos, apenas revestida sob uma roupagem jurídica". Além disso, no relatório, entendeu-se que, pelo fato das associações não terem sido expressamente excluídas da aplicação da Lei 11.101/2005 pelo ser Art. 2º, a autora teria direito ao benefício da recuperação judicial mesmo sem a transformação social para sociedade anônima. Ainda, ponderou-se a repercussão social da atividade da requerente que possuía 60.000 alunos, 4.000 professores, 100.000 empregados periféricos e 1.000.000 pessoas beneficiadas pelos serviços sociais, segundo o relator, a AELBRA "sempre teve, senão integralmente, mas em boa dose, a ideia de lucro e a ideia de empresa, com autonomia e gestão, tanto que arregimentou um vultoso patrimônio, com capacidade de gestão e investimento"[60]. Dessa forma, visando a preservação da função social, da fonte produtora e do emprego proveu-se o recurso, deferindo o processamento da recuperação judicial.

Outro caso notório e recente é o do Instituto Candido Mendes e da Associação Sociedade Brasileira de Instrução (ASBI), mantenedora da Universidade Cândido Mendes (UCAM), que ingressaram com pedido de recuperação judicial no processo 0093754-90.2020.8.19.0001. Diferentemente da AELBRA, estas associações não se transformaram em sociedades empresárias antes de ingressar com o pedido. Mesmo na condição de associações, a juíza Maria da Penha Nobre Mauro, da 5ª Vara Empresarial do Rio de Janeiro, julgou procedente o pedido. Conforme sua decisão, primeiramente, entendeu-se que as associações de ensino não estão expressamente excluídas do escopo da lei pelo Art. 2º da Lei 11.101/2005 e que, por isso, deveriam ter acesso ao benefício da recuperação judicial.

Ainda, a juíza ponderou que o conceito de sociedade empresária do Art. 1º deve ser interpretado considerando o de "fonte produtora" do Art. 47º, que é mais amplo, de modo que "a feição empresarial da pessoa jurídica não fica adstrita à mera natureza jurídica do agente econômico"[61]. Neste sentido, entendeu-se que, em que pese não ter finalidade lucrativa, por não distribuir lucros aos associados, a ASBI exerce atividade com finalidade econômica já que possui fluxo de receita mediante produção e circulação de bens de natureza intelectual. Com relação a este ponto, vale ainda

---

60. APELAÇÃO CÍVEL, 2019.
61. Decisão, 2020, p. 7055.

ressaltar que decisão fez referência à decisão do STJ no Recurso Especial 1.800.032-MT, relativa aos produtores rurais, a fim de fortalecer o argumento de que o exercício da atividade empresária bem como sua prova independem do registro mercantil.

Assim como no caso da AELBRA, na interpretação da norma, considerou-se qual a finalidade buscada ponderando a relevância da manutenção das atividades das requerentes *vis-à-vis* seu impacto social. Na decisão da ASBI e Instituto Candido Mendes, foi considerado o montante de contribuição tributária (R$ 9 milhões por ano), o número de postos de trabalho gerados e o número de alunos afetados de modo a ilustrar os impactos sociais que ocorreriam caso as requerentes não pudessem se reorganizar e manter suas atividades. Neste sentido, registrou a magistrada que: "não se afigura minimamente razoável aplicar dura e friamente a lei em detrimento à importância social e econômica das requerentes, sob pena de sepultar-se uma atividade econômica viável, que atende a anseios sociais. Isto significaria o desaparecimento da instituição de ensino e a derrota para os que dela dependem, sobretudo os credores, frustrando-se, assim, uma das próprias finalidades fundamentais da Lei 11.101/2005" (Decisão, 2020, p. 7057).

Assim como no caso da Unimed, da mesma forma, os juízos nos casos acima, expandindo a interpretação da norma, optaram por desconsiderar as restrições expressas da lei, considerando a natureza e relevância da atividade exercida e seu possível traço empresarial. Porém, com tal interpretação, sem critérios objetivos e de forma contrária às previsões legais trazem insegurança aos credores e agentes econômicos que não conseguem prever quando poderão recorrer dos benefícios da lei concursal.

Por fim, vale pontuar a peculiaridade de outra modalidade de associação que tem sido alvo de debates quanto à sua natureza: os clubes de futebol. Conforme Art. 4º, § 2º da Lei 9.615/1998, a liberdade desportiva e fundada na liberdade de associação, entretanto, discute-se de os clubes de futebol deveriam se enquadrar em tal categoria de sociedade empresária considerando os altos faturamentos tidos com negociação de jogadores, premiações, cobrança de ingressos, programas de sócio-torcedor e venda de produtos. Em 2019, por exemplo, o Flamengo faturou R$ 950 milhões, o Palmeiras R$ 642 milhões, e Internacional, Grêmio e Corinthians mais de R$ 400 milhões[62]. Entendendo que os clubes de futebol não devem ser tratados como associações sem fins lucrativos mas sim como sociedades empresárias, a Receita Federal tem inscrito os montantes de tributos não pagos na dívida ativa da União, sendo que, em 2020, o valor total do débito está reconhecido em R$ 5,3 bilhões, sendo que o Corinthians deve R$ 737,7 milhões, Atlético Mineiro R$ 356,6 milhões e Vasco, Botafogo e Flamengo mais de R$ 200 milhões[63].

Adicionalmente ao passivo fiscal, os clubes ainda acumulam dívidas perante outros credores, sendo que o endividamento aumentou R$ 800 milhões apenas no

---

62. CRISTÓFANI, 2020.
63. RIBEIRO & DI CUNTO, 2020.

primeiro semestre de 2020, em razão da pandemia COVID-19. Aqui, os três clubes com maior saldo devedor são Cruzeiro, Corinthians e Flamengo que acumulam dívidas de R$ 983, R$ 902 e R$ 703 milhões, respectivamente[64]. É neste cenário de clara insolvência que se discute, cada vez mais, a natureza dessas associações e seu enquadramento no rol de sociedades empresárias de modo a viabilizar a manutenção de suas atividades e renegociação de suas dívidas.

5. EXPANSÃO DA ACESSIBILIDADE AO INSTITUTO DA RECUPERAÇÃO JUDICIAL PELO LEGISLADOR

Em paralelo à atuação do judiciário que, em alguns casos, tem interpretado e aplicado a norma de forma mais elástica a fim de acomodar outros agentes além das sociedades empresárias no escopo da Lei 11.101/2005, o Legislador também tem elaborado e propostas legais a fim de promover essa ampliação do acesso ao benefício da recuperação judicial.

Em 2009, o Projeto de Lei do Senado 219 proposto pelo Senado Paulo Paim propunha a inclusão do Art. 70º, § 3º para que associações e fundações constituídas há mais de um ano pudessem requerer recuperação judicial aplicável à microempresa e à empresa de pequeno porte. Na sua justificativa, o senador embasava a proposta na finalidade de garantir maior efetividade à função social das atividades não econômicas conduzidas pelos agentes, permitindo o pagamento de suas dívidas e impedindo a decretação de sua falência. Em 07/04/2016, a Comissão de Assuntos Econômicos emitiu parecer, sob relatoria do senador Davi Alcolumbre, entendendo que a inclusão da associação e fundação na Lei 11.101/2005 é inadequada pelo fato desta lei ser destinada aos empresários e sociedades empresárias. O parecer ressaltou ainda que a Lei é tampouco aplicável às sociedades simples, que incluem as cooperativas, e empresários rurais não registrados na Junta Comercial, sendo que a regulação de um regime concursal deveria ser feita mediante inclusão de novas regras no Código de Processo Civil[65]. A proposição foi definitivamente arquivada em 2018.

Conforme explorado anteriormente, a forma de contagem do prazo estabelecido pela lei de recuperação judicial e falências reflete, diretamente, na admissibilidade ou não de produtores rurais que estejam inscritos como empresa há menos de 2 anos. A fim de superar os debates judiciais e garantir maior segurança jurídica aos agentes econômicos, o legislador, através da Lei 14.112/2020 incluiu novas regras relacionadas ao acesso do produtor rural ao processo de recuperação judicial. Neste sentido, inseriu-se a previsão de que o prazo de exercício da atividade rural pode ser comprovado pelas pessoas jurídicas mediante Escrituração Contábil Fiscal – ECF ou por meio de obrigação de registros contábeis que venha a substituí-lo e, pelas pessoas físicas, pelo Livro Caixa Digital do Produtor Rural –

---

64. CAPELO, 2020.
65. ALCOLUMBRE, 2016.

LCDPR. Ou seja, por essa nova lei, o acesso aos benefícios da recuperação judicial não ficam restritos aos produtores registrados como sociedades empresárias nas respectivas Juntas Comerciais.

Outro projeto legislativo, mais recente e motivado pelos efeitos sociais e econômicos gerados pelo estado de calamidade pública em razão da pandemia COVID-19, é o PL 1397/2020, apresentado pelo deputado Hugo Leal, que propõe a implementação de medidas emergenciais e transitórias no escopo da Lei 11.101/2005, com vigência até 31/12/2020 ou enquanto viger o Decreto Legislativo 6, de 20.03.2020. Dentre as medidas, o projeto estabelece a suspensão de ações judiciais de natureza executiva para obrigações vencidas após 20.03.2020, bem como da aplicabilidade do caput Art. 48°, *caput* que exigia o período mínimo de 2 anos de exercício da atividade econômica. Ainda, o texto proposto cria um mecanismo de negociação preventiva, que pode ocorrer após o prazo de suspensão de 60 dias de modo a possibilitar a reestruturação do devedor. Com relação aos agentes econômicos abrangidos pelas medidas do projeto, o Art. 1° do texto original do projeto de lei definia que as medidas implementadas seriam "destinadas a prevenir a crise econômico-financeira do agente econômico, seja ele pessoa natural ou jurídica que exerça ou tenha por objeto o exercício de atividade econômica em nome próprio, independentemente de inscrição ou da natureza empresária de sua atividade" enquanto que o Art. 2° excluía, apenas, os consumidores da abrangência legal. Vale esclarecer que o projeto de lei não altera o critério de elegibilidade para pedido da recuperação judicial, extrajudicial e falência, que permanecem limitados aos empresários e sociedades empresárias.

Na justificativa do projeto, o deputado Hugo Legal explicita o objetivo de abranger todos os agentes econômicos a fim de preservar as atividades econômicas viáveis a fim de garantir a preservação dos empregos. Assim, diferentemente da Lei 11.101/2005, aqui entende-se como relevante, para fins de acesso aos benefícios trazidos pelo corpo normativo, a atividade econômica exercida por outros agentes que não exclusivamente os empresários e sociedades empresárias. Ao justificar o mecanismo de negociação preventiva, este é apresentado como uma alternativa para que pessoas físicas e jurídicas que exerçam atividade econômica em nome próprio tenham um alívio na renegociação de suas obrigações e possam manter a continuidade de suas atividades sem a necessidade de recorrer ao procedimento de insolvência civil ou recuperação judicial e extrajudicial.

Por fim, vale pontuar as movimentações legislativas havidas de modo a sanar as discussões relativas aos clubes de futebol que, apesar de movimentarem expressivos montantes de receita e, atualmente, deterem um alto saldo de dívidas, não estariam sujeitos ao procedimento de recuperação judicial e falência por serem associações civis e não sociedades empresárias. Neste sentido, há o projeto de lei 5516/2019 do Senador Rodrigo Pacheco que propõe a criação da sociedade anônima do futebol, modelo de sociedade empresária alternativo ao de associação que atualmente é adotado pelos clubes de futebol. Dentre as inovações propostas pelo PL 5516/2019, cria-se um modelo regime tributário facultativo de natureza transitória aos clubes que optarem pela transformação para o regime empresarial, ou seja, não haveria a proposta de ampliação do rol de acesso à Lei 11.101/2005 que abrangeria apenas os clubes que se transformassem em sociedade empresária.

É importante que qualquer ampliação do rol de agentes sujeitos aos benefícios da recuperação judicial e falência seja acompanhada de um prévio ajuste legal. Como salientado no parecer do Senador Ramez Tebet quando da aprovação da Lei 11.101/2005, as regras estabelecidas na lei concursal não afetam somente as empresas em dificuldades mas possui impacto "na segurança jurídica de muitos agentes, aí incluídos os trabalhadores, os fornecedores, financiadores, os investidores e os clientes das empresas". A partir do momento em que há a expansão do universo de agentes sujeitos aos benefícios da lei, os financiadores não conseguem antever os riscos inerentes na concessão do crédito e, com isso, por precaução, pode haver uma redução de seu fluxo ou um aumento de seu custo.

6. CONCLUSÃO

A Lei 11.101/2005 foi elaborada visando-se a implementação de um sistema concursal que possibilitasse a recuperação de empresários e sociedades empresárias em estado de insolvência. A priorização da manutenção do negócio, em detrimento de sua liquidação, é baseada na busca de um desenvolvimento social e econômico, haja vista que, em caso de recuperação do negócio, diversos efeitos que seriam causados por uma liquidação antecipada são evitados, incluindo a redução do valor dos ativos vendidos em partes e a geração de desemprego. Tal sistema muito se assemelha ao norte-americano, que é apontado como uma das inspirações do legislador brasileiro quando da elaboração da norma nacional.

A legislação estado-unidense, apesar de também possuir um procedimento que possibilita a reestruturação dos devedores (*reorganization*), quando comparada à brasileira, traz algumas distinções quanto à aplicação e abrangência legal. Com relação à forma de aplicação da legislação concursal, a lei dos Estados Unidos abre espaço para um intenso debate doutrinário liderado por duas principais correntes: procedimentalista e tradicionalista. Enquanto a primeira defende que a lei deve ser aplicada de modo a maximizar os valores dos ativos e pagar os credores detentores de garantias evitando-se o fenômeno do *fórum shopping*, a última encara a recuperação judicial como uma ferramenta para distribuir e reduzir as perdas entre credores e outros agentes sociais afetados pela insolvência do devedor. Ainda, a legislação dos Estado Unidos permite o acesso ao benefício da recuperação a qualquer sociedade empresária (Corporation), incluindo as que não tenha fins-lucrativos. Sendo uma das principais inspirações do legislador brasileiro ao instituir o benefício da recuperação judicial no Brasil, é fundamental compreender a origem, desenvolvimento e, principalmente, debates da lei norte-americana.

Diferente, do Chapter 11, que dá espaço para interpretações e aplicações puramente econômicas, a constituição da lei brasileira já veio fundamentada na busca pela proteção de direitos sociais, em especial, dos trabalhadores afetados pela insolvência. Ainda, tal proteção, que acaba sendo refletida na proteção dos créditos destes sujeitos, também está em consonância com a legislação brasileira e entendimentos jurisprudenciais o que não dão espaço para um debate quanto à criação de privilégios por meio do procedimento concursal.

A lei brasileira, por sua vez, foi criada com base em princípios voltados ao desenvolvimento social e econômico que visavam a, principalmente, manter empregos e fomentar o fluxo de créditos. Além disso, restringiu seu acesso aos empresários e sociedades empresárias, conforme definido pelo Código Civil. Tal restrição acabou excluindo outros agentes econômicos que, apesar de não serem registrados como sociedades empresárias, exercem atividades econômicas de forma organizada, geram receita e mantém empregos. Por serem excluídas do rol de sujeitos da Lei 11.101/2005, tais devedores estariam sujeitos à insolvência civil que, diferente da legislação concursal, não traz benefícios que possibilitem a manutenção ne negócios viáveis.

Diante desta realidade, observa-se uma recente movimentação jurisprudencial no sentido de incluir agentes econômicos no rol de sujeitos da Lei 11.101/2005, com base em uma interpretação teleológica, ao entender a relevância econômica e social da manutenção de suas atividades. Adicionalmente, ainda que de forma mais tímida, o legislador tem elaborado projetos que buscam criar mecanismos para amparar os agentes excluídos pela 11.101/2005 em caso de crise econômico-financeira, sendo que nenhuma das propostas recomenda a alteração da lei concursal de modo a ampliar o rol de devedores com direito ao pedido de recuperação judicial.

Dessa forma, há um descompasso entre parte da jurisprudência e as iniciativas legislativas. Vale ressaltar que a segurança jurídica aos credores foi um dos princípios balizadores da construção da lei 11.101/2005 uma vez que, ao conferir uma maior previsibilidade aos credores no momento da concessão das garantias, essa possibilitaria a redução do custo Brasil. A partir do momento em que se perde tal previsibilidade *ex-ante*, conforme interpretações mais extensivas da lei, os credores detentores de garantias se veem expostos ao procedimento recuperacional apesar de terem negociado seu crédito entendendo que o devedor não estaria enquadrado na lei. Como efeito a tal movimento, pode ocorrer uma redução da concessão de crédito para outros agentes de mesma natureza.

Assim, diante da provada relevância econômica e social de outros agentes que não apenas empresários e sociedade empresárias, é urgente uma reforma legal de modo a ampliar o rol de sujeitos com direito à recuperação judicial a fim de revisar os requisitos necessários para acesso à lei. Até lá, deve-se ver com bastante cautela as decisões que autorizarem o acesso ao benefício da recuperação judicial a devedores não abrangidos pelo Art. 1º e Art. 2º da Lei 11.101/2005 de modo a não prejudicar o fluxo de crédito no país, em especial, a outros agentes de mesma natureza.

7. REFERÊNCIAS

Agência Nacional de Transportes Terrestres. Portal da Agência Nacional de Transportes Terrestres. 2015. http://portal.antt.gov.br/index.php/content/view/4751/Ferroviaria.html.

Agravo de Instrumento. 1012479-98.2018.8.11.0000 (Tribunal de Mato Grosso, 28 de abril de 2020).

Agravo de Instrumento. 2130432-15.2019.8.26.0000 (Tribunal de Justiça de São Paulo, 20 de julho de 2020).

Agravo de Instrumento. 2124769-51.2020.8.26.0000 (Tribunal de Justiça de São Paulo, 18 de agosto de 2020).

ALCOLUMBRE, Davi. *Relatório Legislativo*. Comissão de Assuntos Econômicos, 2016.

APELAÇÃO CÍVEL 5000461-37.2019.8.21.0008/RS (Tribunal de Justiça do Estado do Rio Grande do Sul, 13 de 12 de 2019).

BAIRD, Douglas G., e ROBERT K. Rasmussen. Control rights, priority rights, and the conceptual foundations of corporate reorganizations. *Virginia Law Review*, 2001: 921-960.

BORGES FILHO, DALTRO DE CAMPOS. *A eficiência da lei 11.101 e os enunciado 44, 45 e 46 da 1ª Jornada de Direito Comercial*. Em dez anos da lei n. 11.101/2005: estudos sobre a lei de recuperação e falência, por Sheila C. Neder Cerezetti e Emanuelle Urbano Maffioletti. São Paulo: Almedina, 2015.

BRASIL. Presidência da República. Lei n. 11.101, de 09 de fevereiro de 2005. Disponível em: http://www.planalto.gov.br/ccivil_03/_ato2004-2006/2005/lei/l11101.htm Acesso em: 10 set. 2020.

BRASIL. Presidência da República. Lei n. 10.406, de 10 de janeiro de 2002. Disponível em: http://www.planalto.gov.br/ccivil_03/leis/2002/l10406compilada.htm Acesso em: 10 set. 2020.

BULGARELLI, Waldirio. *Sociedades comerciais*: empresa e estabelecimento. 2. São Paulo: Atlas, 1985.

CAPELO, RODRIGO. *Efeitos da pandemia nas finanças dos clubes: dívidas aumentam em mais de R$ 800 milhões apenas no primeiro semestre de 2020*. 14 de setembro de 2020. Disponível em: https://globoesporte.globo.com/blogs/blog-do-rodrigo-capelo/post/2020/09/14/efeitos-da-pandemia-nas-financas-dos-clubes-dividas-aumentam-em-mais-de-r-800-milhoes-apenas-no-primeiro-semestre-de-2020.ghtml.

CNA. Panorama do Agro. 26 de setembro de 2020. Disponível em: https://www.cnabrasil.org.br/cna/panorama-do-agro#.

COELHO, Fábio Ulhoa. *Manual de direito comercial*. 18. São Paulo: Saraiva, 2007.

COSTA, Daniel Carnio. Novas Teorias sobre processos de insolvência e gestão democrática de processos. In: COSTA, Daniel Carnio. *Comentários completos à Lei de Recuperação de Empresas e Falências*. Curitiba: Juruá, 2015. v. 1.

CRISTÓFANI, Tay. *Ranking: o faturamento dos clubes brasileiros em 2019. 11 de maio de 2020*. Disponível em: https://onefootball.com/pt-br/noticias/ranking-o-faturamento-dos-clubes-brasileiros-em-2019-29897388.

DE MELLO, CELSO ANTÔNIO BANDEIRA. *Curso de direito administrativo*. 32. São Paulo: Malheiros Editores, 2015.

Decisão. 0022156-21.2018.8.19.0042 (Comarca de Petrópolis - 4 Vara Cível, 18 de outubro de 2018).

Decisão. 0618419-67.2019.8.04.0001 (10ª Vara Cível e de Acidentes de Trabalho da Comarca de Manaus, 09 de agosto de 2019).

Decisão. 0093754-90.2020.8.19.0001 (5ª Vara Empresarial do Rio de Janeiro, 13 de maio de 2020).

ESTEVEZ, André Fernandes, e ESTEVEZ, Diego Fernandes. Recuperação judicial da Aelbra (caso Ulbra). *Migalhas*. 16 de dezembro de 2019. Disponível em: https://www.migalhas.com.br/depeso/317131/recuperacao-judicial-da-aelbra-caso-ulbra.

FROST, CHRISTOPHER W. Bankruptcy Redistributive Policies and the Limits of the Limits of the Judicial Process. *North Carolina Law Review*, 1995: 75-140.

IBGE. As Fundações Privadas e Associações sem Fins Lucrativos no Brasil - FASFIL. 27 de setembro de 2020. https://www.ibge.gov.br/estatisticas/economicas/outras-estatisticas-economicas/9023-as-fundacoes-privadas-e-associacoes-sem-fins-lucrativos-no-brasil.html?=&t=sobre.

IBGE. Censo Agro 2017 – Resultados Definitivos. 26 de setembro de 2020. Disponível em: https://censoagro2017.ibge.gov.br/templates/censo_agro/resultadosagro/index.html.

LOPUCKI, M. LYNN. A Team Production Theory of Bankruptcy Reorganization. *Vanderbilt Law Review*, 2004: 741-779.

MACHADO, Edinilson Donisete, e SANTOS, Gustavo Pirenetti dos. A gestão democrática de processos como forma de aplicação do negócio jurídico processual atípico nos procedimentos de insolvência empresarial. *Revista Brasileira de Direito Civil em Perspectiva* 5, n. 1 (2019): 145-164.

MARTIN, Nathalie D. Noneconomic Interests in Bankruptcy: Standing on the Outside Looking In. *Ohio State Law Journal*, 1998: 429-506.

NEGRÃO, Ricardo. *Curso de direito comercial e de empresa*. São Paulo: Saraiva, 2017. v. 1.

Recurso Especial. 1.800.032-MT (2019/0050498-5) (Superior Tribunal de Justiça, 05 de novembro de 2019).

RIBEIRO, Mariana, e CUNTO, Raphael di. *Clubes devem R$ 5,3 bi à União. 20 de fevereiro de 2020*. Disponível em: https://valor.globo.com/empresas/noticia/2020/02/20/clubes-devem-r-53-bi-a-uniao.ghtml.

SACRAMONE, Marcelo Barbosa. *Comentários à lei de recuperação de empresas e falência*. São Paulo: Saraiva Educação, 2018.

SACRAMONE, Marcelo Barbosa. *Manual de direito empresarial*. São Paulo: Saraiva Educação, 2020.

Sistema OCB. *Anuário do Cooperativismo Brasileiro 2019*. 2019.

SKEEL, David A. *An Evolutionary Theory of Corporate Law and Corporate Bankruptcy*. University of Pennsylvania Carey Law School, 1998: 1326-1398.

TEBET, Ramez. *Parecer da Comissão de Assuntos Econômicos do Senado*. 2004.

WALENDORFF, Rafael. *Valor Econômico*. Recuperação judicial de produtor rural pode ser regulamentada na Câmara dos Deputados. 19 de agosto de 2020. Disponível em: https://valor.globo.com/agronegocios/noticia/2020/08/19/recuperacao-judicial-de-produtor-rural-pode-ser-regulamentada-na-camara-dos-deputados.ghtml.

WARREN, Elizabeth. Bankruptcy Policy. *The University of Chicago Law Review*, 1987: 775-814.

WARREN, Elizabeth. Bankruptcy Policymaking in a imperfect world. *Michigan Law Review* 92 (1993): 336-387.

ZAFALON, Mauro. *Folha de São Paulo*. MT desbanca SP pelo segundo ano e concentra maior valor de produção agrícola. 24 de abril de 2019. Disponível em: https://www1.folha.uol.com.br/colunas/vaivem/2020/01/mt-desbanca-sp-pelo-segundo-ano-e-concentra-maior-valor-de-producao-agricola.shtml#:~:text=Devido%20ao%20recuo%20da%20soja,e%20a%20pecu%C3%A1ria%2C%2011%25.

LITISCONSÓRCIO ATIVO NECESSÁRIO E A CONSOLIDAÇÃO SUBSTANCIAL EM RECUPERAÇÃO JUDICIAL

Fernanda Costa Neves do Amaral

Mestranda em Direito Comercial pela PUC-SP. Pós-graduada em Direito Empresarial Econômico pela Fundação Getúlio Vargas em 2005. Graduada pela Pontifícia Universidade Católica de São Paulo (PUC-SP) em 1995. Advogada.

Sumário: 1. Introdução – 2. Análise jurimétrica do litisconsórcio nas recuperações judiciais no Estado de São Paulo – 3. Grupo de sociedades – 4. Litisconsórcio – 5. A legitimidade para o pedido de recuperação judicial – 6. Litisconsórcio ativo facultativo e necessário em grupo de sociedades – consolidação processual e consolidação substancial – 7. Conclusão – 8. Referências

1. INTRODUÇÃO

A Lei 11.101, de 09 de fevereiro de 2005, que disciplina a recuperação judicial, a extrajudicial e a falência do empresário e da sociedade empresária ("LRE"), não tem um tratamento específico para a hipótese em que várias sociedades pretendam requerer, conjuntamente, a sua recuperação judicial.

A formação de grupos de sociedades, de direito ou de fato, é prática consolidada no mundo moderno, não somente no Brasil, mas também em outros países. A atuação conjunta de sociedades, por diversos motivos que serão adiante abordados, propicia situações nas quais a situação de crise de uma sociedade afeta a outra que compõe o seu grupo, e vice-versa. Muitas vezes pode ser conveniente não somente para as devedoras, mas quiçá para os credores, ter o tratamento conjunto da situação de crise para o soerguimento da empresa e pagamento das dívidas. Outras vezes, o tratamento conjunto de um grupo de sociedades, mais do que conveniente para as devedoras, pode se mostrar obrigatório, diante de determinadas situações que impedem a distinção entre as dívidas e o patrimônio individual das sociedades envolvidas.

O tema tem se apresentado com frequência no cenário brasileiro das empresas em crise. Diante da ausência de regramento explícito na LRE, a jurisprudência pátria tem buscado definir o tratamento de situações nas quais empresas que pretendem sua recuperação judicial atuem em litisconsórcio. Os efeitos desse litisconsórcio podem ser de menor complexidade, se as devedoras se utilizam de um único procedimento de recuperação judicial mas apresentam planos de recuperação individuais, situação que se denomina doutrinariamente como consolidação processual, ou podem ensejar uma situação mais complexa, como a que se convencionou chamar de consolidação substancial, na qual os ativos e passivos de sociedades em litisconsórcio ativo em recuperação judicial são tratados de forma englobada, como se fosse um único ente.

Segundo a Professora Sheila Neder Cerezetti, "a simples possibilidade de lidar com a crise em processo único pode gerar maior chance de sucesso e redução de custos.[1]

A afirmação, mais do que um vaticínio, é a constatação decorrente de dados coletados em processos de recuperação judicial no Estado de São Paulo, como será tratado a seguir.

Contudo, e assim também apontam as análises empíricas, a ausência de previsão legal específica recomenda uma análise casuística, pois nem sempre o litisconsórcio ativo ensejará ou deve ensejar, o tratamento unitário de ativos e passivos das sociedades em recuperação judicial.

2. ANÁLISE JURIMÉTRICA DO LITISCONSÓRCIO NAS RECUPERAÇÕES JUDICIAIS NO ESTADO DE SÃO PAULO

Estudo publicado pelo Observatório da Insolvência sobre a recuperação judicial no Estado de São Paulo[2] apresentou dados coletados entre fevereiro e junho de 2018, obtidos a partir da análise de todos os processos de recuperação judicial distribuídos entre janeiro de 2010 a julho de 2017 no Estado de São Paulo, com o objetivo de avaliar os resultados obtidos pela aplicação da LRE. O estudo objetiva ainda analisar empiricamente o processo de insolvência, visando subsidiar os debates acadêmicos e legislativos em torno da necessidade e da melhor abordagem para a reforma da LRE.[3]

O Estudo analisou 138 variáveis referentes a 906 processos de recuperação, distribuídas entre janeiro de 2010 e julho de 2017. As informações foram coletadas através do preenchimento de questionários por pesquisadores em um período de 4 meses, compreendido entre fevereiro e junho de 2018.

Constatou-se que vários fatores influenciam o desfecho e desenvolvimento da recuperação judicial, dentre eles a existência de litisconsórcio ativo.

---

1. CEREZETTI, Sheila C. Neder. Grupo de Sociedades e Recuperação Judicial: O indispensável encontro entre direitos societário, processual e concursal. In: YARSHELL, Flávio Luiz e PEREIRA, Guilherme Setoguti (Coord.). *Processo Societário*, v. II, p. 16.

2. O Observatório da Insolvência é uma iniciativa do Núcleo de Estudos de Processos de Insolvência – NEPI da PUCSP e da Associação Brasileira de Jurimetria – ABJ e tem o objetivo de levantar e analisar dados a respeito das empresas em crise que se dirigem ao Poder Judiciário para viabilizar meios de recuperação. O Estudo mencionado foi elaborado pelos Professores da Pontifícia Universidade de São Paulo Ivo Waisberg, Marcelo Barbosa Sacramone, Marcelo Guedes Nunes e pelo diretor técnico da Associação Brasileira de Jurimetria, Fernando Corrêa.

3. A observação empírica dos processos de insolvência e recuperação é prática adotada pela melhor doutrina estadunidense, com objetivo de subsidiar políticas públicas visando ao aprimoramento do arcabouço regulatório. A Professora Elizabeth Warren, citada por seu acirrado debatedor, Professor Douglas G. Baird, tem esse perfil: "*She writes with insight and wit, and she demands that all analysis be held against the light of empirical data*". In: BAIRD, Douglas G. Loss Distribution, Forum Shopping, And Bankruptcy: A Reply To Warren, U. *Chi. L. Rev.* 54 (1987), p. 815-834.

LITISCONSÓRCIO ATIVO NECESSÁRIO E A CONSOLIDAÇÃO SUBSTANCIAL EM RECUPERAÇÃO JUDICIAL **87**

A partir dos dados coletados, foi possível concluir que as varas comuns deferiram 445 recuperações judiciais e indeferiram 184. Suas conclusões são aqui reproduzidas para ilustrar a relevância do litisconsórcio ativo e a recorrência da consolidação substancial.

Nas varas especializadas foram deferidas 152 recuperações judiciais e indeferidas 131. Em termos relativos, a taxa total de deferimento, considerando varas comuns e especializadas, foi de 65,45%, enquanto nas especializadas e nas comuns as taxas foram de 53,7% e 70,7%, respectivamente.

O aumento do percentual de deferimentos ocorre diante da presença de vários fatores, sendo os principais a presença de litisconsórcio, o foro no qual tramita a recuperação (especializado *versus* comum) e o faturamento das requerentes.

Tanto nas varas comuns quanto nas especializadas, aproximadamente 20% das recuperações são requeridas por grupos de empresas, em litisconsórcio ativo. Enquanto nas varas especializadas a taxa observada foi de 19,9%, nas varas comuns a taxa foi similar, pontuando 20,2%.

Caso não haja litisconsórcio, a média de deferimentos totais da vara especializada e da comum é de 60,2% e de 39,8% de indeferimentos. Se houver litisconsórcio no polo ativo, a taxa de deferimento é de 86,4% (159 processos), enquanto a taxa de indeferimento é de 13,6% (25 processos).

Os referidos percentuais variam em relação às varas especializadas e não especializadas. Para pedidos de recuperação feitos por um grupo de empresas, a taxa de deferimento na comum é de 88% e na especializada de 82,5%. Ainda que nas varas comuns a taxa seja maior, a diferença responsável pela distorção nas taxas globais está nos pedidos feitos por uma única empresa requerente. Enquanto na especializada a taxa de deferimento para requerentes únicas é de 46,46%, na comum ela é de 66,3%. Ou seja, na comum o fato de ser um litisconsórcio aumenta menos a chance de deferir o processamento do que na especializada.

Nota-se que a presença de litisconsórcios ativos é responsável por um aumento significativo na taxa de deferimento das recuperações judiciais.

Analisando-se outros aspectos da tramitação do processo de recuperação judicial que são impactados pelo fato de o pedido ser feito em grupo diz respeito à forma de negociação dos planos de recuperação. Um aspecto importante que foi captado pela pesquisa foi a expressiva presença de consolidação substancial, identificando-se uma taxa de aproximadamente 70% de planos únicos votados em assembleia unificada para todas as recuperandas, sendo que esse número, ao contrário do índice anterior, variou sensivelmente de acordo com o nível de especialização. Nas varas especializadas o percentual de consolidação substancial é de aproximadamente 78,7%, enquanto nas varas comuns essa taxa ficou em torno de 71,1%.

A admissão do litisconsórcio, é muito mais incontroversa, a ponto de ser quase unânime. Em 95% dos pedidos formulados por mais de um autor, o litisconsórcio foi admitido, sendo que este índice não variou significativamente das varas comuns para as especializadas. Contudo, a consolidação substancial mostra-se como um ponto de negociação ou disputa por parte dos credores.

Partindo para um maior nível de detalhamento acerca das consolidações substanciais, o estudo do Observatório da Insolvência analisou as situações em que a consolidação substancial foi apreciada em uma decisão judicial. Observou que existe uma menor taxa de consolidações substanciais nas varas comuns, mas, além disso, na especializada existe um maior percentual de consolidações substanciais que ocorreram sem a presença de decisão. Isso se deu tanto em termos absolutos, quanto relativos. Considerando apenas os casos em que houve consolidação substancial nas varas especializadas, 32 processos, houve uma decisão apreciando o ponto em apenas 5 casos, ou 13,9% (5 de 36). Já na comum, essa mesma taxa resulta em 25% (15 de 60).

Em outro estudo, coordenado pelos Professores Sheila Cerezetti e Francisco Satiro,[4] da Faculdade de Direito da Universidade de São Paulo, foram analisados todos os procedimentos de recuperação judicial em litisconsórcio ativo nas duas varas especializadas da Comarca da Capital do Estado de São Paulo entre setembro de 2013 e outubro de 2015, abrangendo, portanto, parte dos casos compreendidos no estudo promovido pelo Observatório da Insolvência. A análise constatou, em um universo de 41 procedimentos com essa característica (o litisconsórcio ativo), que a consolidação substancial, ainda que reconhecidamente distinta da processual, em geral, por inércia dos envolvidos, decorre daquela de maneira quase automática[5]. Mas também foi constatado que em casos mais recentes, excluídos do corte temporal estabelecido pela pesquisa, essa importante distinção – entre a consolidação processual e a consolidação substancial, tem se mostrado cada vez mais frequente.

3. GRUPO DE SOCIEDADES

A Lei 6.404, de 15 de dezembro de 1976, que regulamenta as sociedades anônimas ("Lei das S.A.") autoriza que seja constituído, entre uma sociedade brasileira controladora e suas controladas, um grupo de sociedades, que por convenção se obriguem a combinar recursos ou esforços para a realização dos respectivos objetos, ou a participar de atividades ou empreendimentos comuns.

O instrumento de constituição do grupo de sociedades deve estabelecer o formato de estrutura administrativa do grupo, as relações de coordenação ou subordinação dos administradores das sociedades filiadas. Trata-se de um grupo de sociedade de

---

4. CEREZETTI, Sheila Neder; SATIRO, Francisco. A silenciosa "consolidação" da consolidação substancial: resultados de pesquisa empírica sobre recuperação judicial de grupos empresariais. *Revista do Advogado*, São Paulo, ano 36, n. 131, p. 216-223, out. 2016.

5. Para se justificar a inércia, o estudo indica ser curiosa a percepção de que a maioria dos pedidos de recuperação analisados (25 de 41) foram acompanhados de relações de credores individualizadas, indicando que de início, as devedoras forneciam a correta informação, mas que esse tratamento individualizado, com o desenrolar do processo, se perdia, devido adoção de práticas usualmente adotadas em processos de autora única.

LITISCONSÓRCIO ATIVO NECESSÁRIO E A CONSOLIDAÇÃO SUBSTANCIAL EM RECUPERAÇÃO JUDICIAL

direito, indicando a Lei das S.A. que essa designação (grupo de sociedades) é exclusiva da agremiação feita por convenção escrita, no qual tenham sido indicadas as condições da coordenação de atividades pretendida.

Segundo Modesto Carvalhosa, ao comentar o artigo 265 da Lei das S.A., que prevê a possibilidade de constituição dos grupos de sociedades[6], a inserção desse dispositivo na Lei das S.A. atendeu à política econômica defendida pelo governo brasileiro à época, que almejava a formação de conglomerados financeiros, industriais e comerciais, pois considerava tal regime concentracionista fundamental para o revigoramento das atividades empresariais do setor privado nacional. O modelo japonês, com o Zaibatsu e o modelo alemão, com os Konzern inspiraram a iniciativa brasileira, não necessariamente pela sua estrutura jurídica, até porque o Zaibatsu não tinha um regramento específico, mas era resultado de privilégios de natureza feudal e o Konzern pode constituir tanto um grupo de direito como um grupo de fato, sujeito à direção única.

No grupo de sociedades da Lei das S.A., a convenção celebrada entre as sociedades convenentes cria um fundo comum de recursos e de resultados visando à realização das atividades pretendidas pelo grupo. Também segundo Carvalhosa[7], o grupo constitui um centro autônomo de relações jurídicas internas (entre as sociedades participantes) e externas, nos limites dos poderes estabelecidos na convenção. A direção do grupo tem poder de agir em nome das sociedades participantes, tem autonomia patrimonial. Essa autonomia patrimonial resulta em um patrimônio separado que, como sói acontecer na espécie, destina-se ao cumprimento de uma determinada finalidade (que é o objetivo do grupo). Como resultado dessa autonomia, os credores da sociedade participante não teriam acesso a esse patrimônio separado.

Nesse ponto, severa é a crítica feita por Modesto Carvalhosa à ventilada manutenção da autonomia patrimonial das sociedades integrantes do grupo de direito, prevista no artigo 266[8] da Lei das S.A., ao lembrar que a integração dos fatores de produção entre as sociedades afeta substancialmente o próprio patrimônio das companhias, na medida em que haja, como é comum, uma integração dos resultados de cada uma, seja a favor da direção do grupo, seja pela partição dos lucros entre elas, seja para a formação de um caixa único, seja para compensar e equalizar os recursos entre companhias prósperas e deficitárias. Nesse cenário, sustenta o doutrinador societário, as sociedades aderentes da convenção do grupo deixam de ser substancialmente independentes como pessoas jurídicas, na medida em que o contrato associativo afeta ambas as esferas (empresarial e societária), de forma relevante, entendendo

---

6. CARVALHOSA, Modesto. *Comentários à Lei de Sociedades Anônimas*. 3. ed. São Paulo: Saraiva, 2009, 4º v., art. 243 a 300, p. 305-338
7. Obra citada, p. 325.
8. Art. 266. As relações entre as sociedades, a estrutura administrativa do grupo e a coordenação ou subordinação dos administradores das sociedades filiadas serão estabelecidas na convenção do grupo, mas cada sociedade conservará personalidade e patrimônios distintos.

que a situação enseja a perda da autonomia social e patrimonial, e, portanto, a sua própria personalidade jurídica.

Mesmo colocando em dúvida a preservação da autonomia patrimonial das sociedades participantes de um grupo de direito, Carvalhosa reconhece que a lei não presume essa solidariedade entre as sociedades, indicando caber à magistratura o encargo de descaracterizar a personalidade jurídica, se for o caso.

Com efeito, não se mostra muito usual a criação de grupo de sociedades de direito. Ao comentar os motivos para a pouca aderência a esse formato legal, Manoel Vargas[9] indica alguns fatores, dentre os quais: i) a ausência de vantagem fiscal; ii) o direito de retirada assegurado aos acionistas dissidentes da deliberação de integrar o grupo, e iii) a necessidade de prévia comunicação e aprovação pelo Conselho Administrativo de Defesa Econômica – CADE. Esses motivos poderiam dificultar ou desincentivar, diante de seus efeitos práticos e financeiros, a adoção do modelo de grupo de sociedade de direito.

Não obstante a pouca utilização dos grupos de sociedade de direito, atualmente não se pode pensar a organização da atividade empresarial, sem que se faça referência aos grupos de sociedades de fato, que será verificado entre sociedades que mantenham entre si relação de coligação e controle.

No sistema de coligação e controle, diferentemente dos grupos convencionais que resultam nas sociedades de direito, as sociedades mantêm as suas próprias direções e autonomia, assim como seus objetivos operacionais – que não são substituídos por um objetivo comum.

A sociedade controladora, a *holding*, tem, como diz Carvalhosa[10], uma posição receptiva de resultados patrimoniais das companhias que controla, sem impor aos seus administradores qualquer política empresarial ou de distribuição de dividendos.

As sociedades de fato não demandam qualquer convenção escrita entre seus participantes, mas devem adotar alguns procedimentos, para dar publicidade a terceiros e ao fisco, tais como fazer constar a situação em notas explicativas em seu relatório anual e publicar balanços anuais consolidados mediante o critério de equivalência patrimonial.

Nos grupos de sociedade de fato a personalidade de cada sociedade é, a princípio, preservada, dada a manutenção de sua autonomia e de administrações próprias.

Em interessante estudo feito para apurar o funcionamento dos grupos de sociedades no Brasil e suas relações com o governo, o Professor Sergio Lazzarini[11] constatou, empiricamente, que "no Brasil, a maior parte dos grandes grupos parece

---

9. VARGAS, Manoel. Grupo de Sociedades. In: LAMY FILHO, Alfredo; PEDREIRA, José Luiz Bulhões (Org.). *Direito das Companhias*. Rio de Janeiro: Forense, 2009, v. II, p. 2058.

10. Obra citada, p. 12.

11. LAZZARINI, Sérgio. *Capitalismo de Laços: os donos do Brasil e suas conexões*. 2 ed. São Paulo. BEI Comunicação, 2018, p. 83.

se expandir em negócios relacionados, ao longo de cadeias verticais de produção ou atividades complementares ao carro-chefe". Ao analisar os efeitos da formação dos grupos de sociedades, elenca aspectos positivos e negativos.

Os grupos de sociedade, sob uma abordagem positiva, podem representar estrutura organizacional eficiente, na medida em que reduzem custos de transação para execução de um nexo de atividades produtivas. Outro efeito positivo, que muito interessa ao tema desse artigo, é a alocação de recursos financeiros dos sócios para diversas sociedades, ou a utilização de sua reputação e seu peso no mercado como forma de conseguir empréstimos mais baratos.

A visão negativa dos grupos seria fornecida, além do potencial efeito anticompetitivo, pois os grupos de sociedades podem ser canais de conluio e criação de poder de mercado, a partir da constatação do aumento da possibilidade de conflitos de interesses, quando existirem sócios minoritários entre as sociedades que componham o grupo de fato. O controlador poderia utilizar o seu maior poder para realizar transações entre partes relacionadas, visando favorecer outras sociedades do grupo em detrimento dos acionistas minoritários. Conclui o Professor Lazzarini que, infelizmente, essas transferências disfuncionais são comuns, inclusive no Brasil.[12]

A existência de um grupo de sociedades, de direito ou de fato, e o desenvolvimento de atividades coordenadas não significa, de imediato, a renúncia das sociedades às suas personalidades e patrimônio próprios.

Situação diversa ocorre quando, no interior do grupo, as diversas personalidades jurídicas não são preservadas como centros de interesses autônomos. A disciplina do grupo societário não é respeitada por quaisquer dos seus integrantes, que atuam conjuntamente com confusão patrimonial, unidade de gestão e de empregados e com o prevalecimento de um interesse comum do grupo em detrimento dos interesses sociais das pessoas jurídicas que integram[13].

4. LITISCONSÓRCIO

Como apontado no estudo elaborado pelo Observatório de Insolvência, frequente é o litisconsórcio entre sociedades em recuperação judicial, de um grupo (de direito ou de fato).

No caso, o litisconsórcio é possível diante do regramento do Código de Processo Civil Brasileiro[14], que permite que duas ou mais pessoas possam demandar

---

12. Obra citada, p. 89.
13. SACRAMONE, Marcelo Barbosa. *Comentários à Lei de Recuperação de Empresas e Falência*. São Paulo: Saraiva, 2018. p. 199.
14. Art. 113. Duas ou mais pessoas podem litigar, no mesmo processo, em conjunto, ativa ou passivamente, quando:
    I – entre elas houver comunhão de direitos ou de obrigações relativamente à lide;
    II – entre as causas houver conexão pelo pedido ou pela causa de pedir;
    III – ocorrer afinidade de questões por ponto comum de fato ou de direito.

conjuntamente, no mesmo processo, se entre elas houver comunhão de direitos ou obrigações e ocorrer afinidade de questões por ponto comum de fato ou de direito. Não é necessário um contrato ou uma relação jurídica formal entre os litisconsortes. A pretensões podem ser conjuntamente deduzidas em juízo, de forma coordenada, pela mera existência de ponto comum de fato.

De Plácido e Silva, em seu clássico vocabulário jurídico,[15] indica que pelo sentido literal das palavras latinas, que compõem o vocábulo (*litis, cum., sors*), obtém-se seu exato conceito: *lis, litis* -processo, pleito; *cum*, preposição que exprime ideia de junção, *sors*: quinhão, resultado, sorte.

A admissibilidade do litisconsórcio tem por premissa a *legitimatio ad causam*, eis que para postular em juízo é necessário ter interesse e legitimidade. É, portanto, indispensável que se trate de sujeitos especificamente legitimados para a demanda porque, se por falta dessa condição uma demanda não poderia ser julgada isoladamente, muito menos poderia sê-lo em processo no qual duas ou mais pessoas figuram lado a lado como autores e como réus. Quem não pode entrar na porta, por lhe faltar ingresso, não pode entrar indo com outrem (Pontes de Miranda).[16]

A possibilidade de litisconsórcio atende e se coaduna aos princípios fundamentais do processo, cuja aplicação é essencial à análise das questões materiais objeto da lide. O litisconsórcio identifica-se, especialmente, com o princípio da economia processual, que recomenda a busca do resultado útil do processo com o dispêndio de um esforço mínimo processual. O princípio da economia processual despreza a prática de atos desnecessários e inúteis durante a tramitação do processo.

O princípio da economia processual é inerente a qualquer atividade humana e escora-se numa máxima de sabedoria que é de, sempre que possível, aumentar a relação custo-benefício e fazer mais com menos. Diminuir custos, diminuir etapas, diminuir esforços, sempre que essas diminuições não implicarem lesão a direitos das partes envolvidas.[17]

Além de ser instrumento de economia processual, o litisconsórcio é também instrumento de segurança jurídica, pois evita decisões jurídicas conflitantes entre

---

§ 1º O juiz poderá limitar o litisconsórcio facultativo quanto ao número de litigantes na fase de conhecimento, na liquidação de sentença ou na execução, quando este comprometer a rápida solução do litígio ou dificultar a defesa ou o cumprimento da sentença.

§ 2º O requerimento de limitação interrompe o prazo para manifestação ou resposta, que recomeçará da intimação da decisão que o solucionar.

15. SILVA, De Plácido e. *Vocabulário Jurídico*. 6. ed. Rio de Janeiro: Forense, 1980. 5v.
16. DINARMARCO, Candido Rangel. *Instituições de Direito Processual Civil*. 6. ed. rev. e atual. São Paulo: Malheiros Editores, 2009, v. II, p. 347. Disponível em: https://edisciplinas.usp.br/pluginfile.php/1714631/mod_resource/content/1/Dinamarco%20-%20Litisconsorcio.pdf. Acesso em 02/10/2020.
17. GONÇALVES FILHO, João Gilberto. *O princípio constitucional da eficiência no Processo Civil*. Tese apresentada ao Departamento de Direito Processual da Faculdade de Direito da Universidade de São Paulo para obtenção do título de doutor, sob orientação do Prof. Titular José Roberto dos Santos Bedaque. São Paulo, 2010

os litigantes, que comungam de direitos e obrigações, sendo razoável que sigam a mesma sorte, que pode, entretanto, nem sempre representar o mesmo resultado.

Isso porque, o litisconsórcio, além de poder ser facultativo ou necessário, poderá ser ou não ser unitário, ou seja, ter uma decisão única, aplicável a todos os litisconsortes.

A distinção entre as modalidades de litisconsórcio e os seus efeitos, quanto a ser ou não unitário, é fundamental ao tema aqui tratado.

Segundo a disponibilidade pelas partes, ou sua indisponibilidade, o litisconsórcio pode ser necessário ou facultativo[18].

Como diz o próprio nome, o litisconsórcio será facultativo se as partes litigantes pudessem obter decisões individuais, litigar individualmente. Ou seja, cada uma das sociedades poderia pedir a sua própria recuperação judicial, mas decidem fazer o pedido em conjunto, visando com isso os benefícios da economia processual.

O litisconsórcio ativo facultativo é possível se todas as sociedades tiverem sua sede, ou local de seu principal estabelecimento no mesmo local, já que a competência estabelecida no artigo 3º da LRE[19] é absoluta, não se podendo prorrogar, sob pena de nulidade.

Por outro lado, o litisconsórcio será necessário em decorrência de disposição de lei ou se, pela natureza da relação jurídica, o processo só se puder formar com a presença de mais de um autor ou mais de um réu, ou seja, de todos os interessados.[20]

Sendo necessário o litisconsórcio, a sentença de mérito proferida sem a integração do contraditório será nula, se a decisão deveria ter sido uniforme em relação a todos que deveriam ter integrado o processo, ou ineficaz, em relação aos que não foram citados.[21]

A obrigatoriedade do litisconsórcio necessário diz respeito à sua formação, seja porque alguma disposição de lei assim o imponha, seja porque a natureza da relação de direito material torne impossível o tratamento da situação litigiosa sem a presença de todos os interessados no processo, formando litisconsórcio, caso em que ele se torna indispensável, [22]daí dizer-se nula ou anulável a decisão que o tenha desrespeitado.

---

18. SILVA, Ovídio Araújo Baptista da. *Curso de Processo Civil: processo de conhecimento*. 4. ed. rev. atual. São Paulo: Ed. RT, 1998. v. 1.
19. Art. 3º É competente para homologar o plano de recuperação extrajudicial, deferir a recuperação judicial ou decretar a falência o juízo do local do principal estabelecimento do devedor ou da filial de empresa que tenha sede fora do Brasil.
20. Art. 114. O litisconsórcio será necessário por disposição de lei ou quando, pela natureza da relação jurídica controvertida, a eficácia da sentença depender da citação de todos que devam ser litisconsortes.
21. Art. 115. A sentença de mérito, quando proferida sem a integração do contraditório, será:
    I – nula, se a decisão deveria ser uniforme em relação a todos que deveriam ter integrado o processo;
    II – ineficaz, nos outros casos, apenas para os que não foram citados.
22. DA SILVA, Ovídio Baptista da. Obra cit. p. 257.

O litisconsórcio necessário, entretanto, não impõe a mesma solução aos litisconsortes, embora a sequência dos dispositivos que tratam do assunto no Código de Processo Civil de 2015 possa induzir erroneamente a essa conclusão. O artigo 117 do Código de Processo Civil[23] estabelece a autonomia relativa dos litigantes, de modo que atos de um litigante não prejudicarão ou beneficiarão os demais.

Diferente situação ocorre se o litisconsórcio for unitário, assim definido como aquele que, pela natureza da relação jurídica, acarrete ao juiz a obrigação de decidir o mérito de modo uniforme para todos os litisconsortes.

Nessa espécie de litisconsórcio, a sentença há de ser uniforme mesmo para aqueles interessados que tenham ficado alheios à demanda, em razão de ser unitária a relação litigiosa "de tal sorte que ela só poderia existir ou desaparecer para todos os sujeitos que a integram, para os que tenham participado da causa, como litisconsortes, e também para os demais que poderiam ligar-se aos primeiros em litisconsórcio e não o fizeram".[24]

5. A LEGITIMIDADE PARA O PEDIDO DE RECUPERAÇÃO JUDICIAL

A Lei 11.101, de 09 de fevereiro de 2005, que disciplina a recuperação judicial, a extrajudicial e a falência do empresário e da sociedade empresária ("LRE") trouxe a possibilidade de o empresário em crise buscar a sua recuperação, aprovando entre seus credores um plano para pagamento, observada a prioridade de cada um em relação à origem e natureza dos seus créditos.

São requisitos expressamente previstos na LRE para a recuperação judicial[25]: i) que o requerente seja empresário individual ou sociedade empresária; ii) que o requerente não seja falido; iii) que seja constatado o exercício de atividade regular de no mínimo dois anos; iv) que não tenha se beneficiado da recuperação judicial nos últimos cinco anos e, v) que seus administradores ou sócio controlador não tenham sido condenados por crime falimentar.

Na nossa legislação, somente o próprio devedor pode requerer a sua recuperação judicial, não havendo legitimidade para que os credores o façam.

A LRE não tratou especificamente da possibilidade de litisconsórcio ativo para o pedido de recuperação judicial. Muito já se discutiu a respeito na doutrina e jurisprudência pátria, sendo hoje pacífica a possibilidade de litisconsórcio ativo em pedidos de recuperação judicial, diante da previsão da LRE, de aplicação subsidiária do Código de Processo Civil[26] aos seus procedimentos.

---

23. Art. 117. Os litisconsortes serão considerados, em suas relações com a parte adversa, como litigantes distintos, exceto no litisconsórcio unitário, caso em que os atos e as omissões de um não prejudicarão os outros, mas os poderão beneficiar.
24. DA SILVA, Ovídio Baptista da. Obra cit. p. 260-261.
25. Tratando-se de requisitos expressos na LRE, deixaremos de comentar a possibilidade de o produtor rural pleitear a sua recuperação judicial, que vem sendo reconhecida em alguns tribunais brasileiros.
26. Art. 189 Aplica-se a Lei 5.869, de 11 de janeiro de 1973 – Código de Processo Civil, no que couber, aos procedimentos previstos nesta Lei.

Segundo nos lembra Marcelo Barbosa Sacramone, depois de alguma hesitação inicial do Poder Judiciário, pedidos de recuperação judicial formulados em litisconsórcio são atualmente aceitos. A justificada resistência inicial devia-se a corretas preocupações com a tutela de credores que, em recuperação de grupo possivelmente processada em comarcas distantes à da sede de algumas sociedades, não conseguiriam, salvo com grave ônus, participar do importante processo decisório de que são atores na recuperação judicial. Por isso, os pedidos eram aceitos quando se referiam a empresas de mesmo grupo econômico e que estivessem "sediadas na mesma comarca"[27]. Vale esclarecer que o litisconsórcio aqui comentado é o facultativo, considerada a competência absoluta para o processamento da recuperação judicial, e a impossibilidade de prorrogação da competência, que nesse caso, como antes já se mencionou, é absoluta.

Assim, havendo comunhão de interesses e obrigações, ou pontos comuns de direito ou de fato entre sociedades empresárias em crise, e sendo coincidente o foro das sociedades litigantes, é admitida a possibilidade de litisconsórcio ativo em recuperação judicial.

Para essa definição, o conceito de grupo de sociedades se mostra relevante. As sociedades em grupo, de direito ou de fato, passam a ter interesses em comum, e a sua atuação coordenada faz com que, muitas vezes, a situação de crise de uma afete a outra.

Por isso antes se afirmou fazer sentido, e se mostrar justificado o litisconsórcio ativo das sociedades que pretendam a sua recuperação, para otimizar e diminuir os custos diretos e indiretos desse processo.

Vários são os motivos para buscar o litisconsórcio ativo em recuperações judiciais, começando pela diminuição de custos e eficiência. É evidente a economia que seria obtida com o processamento conjunto da recuperação judicial de duas ou mais empresas ligadas por laços societários. A utilização de um único administrador judicial, a possibilidade de reunião conjunta de comitê de credores, a simplificação da apuração de créditos e a facilitada troca de informações entre as sociedades.

Para atuar em litisconsórcio, cada uma das sociedades deverá atender, individualmente, os requisitos, e ter legitimidade para o procedimento.

6. LITISCONSÓRCIO ATIVO FACULTATIVO E NECESSÁRIO EM GRUPO DE SOCIEDADES – CONSOLIDAÇÃO PROCESSUAL E CONSOLIDAÇÃO SUBSTANCIAL

Até o momento, restou empiricamente comprovada a eficiência do litisconsórcio ativo na aprovação dos pedidos de recuperação judicial em processos analisados em determinado período, no Estado de São Paulo.

---

27. SACRAMONE, Marcelo Barbosa. *Comentários à Lei de Recuperação de Empresas e Falência*. São Paulo: Saraiva, 2018. p. 197.

Considerando o desenvolvimento de atividades coordenadas pelo grupo de sociedades, de direito ou de fato, segundo a Professora Sheila Neder Cerezetti[28], um dos principais motivos para que se aceite o processamento conjunto dos pedidos de recuperação judicial de diferentes devedoras é garantir que o *iter* percorrido na busca da solução para a crise que atinge mais de um agente empresarial encaminhe as partes para resultado concomitante e, se possível, harmônico.

Desde que comunguem de interesses comuns, o que sói acontecer entre sociedades controladoras e controladas, e tenham sede ou local do principal estabelecimento de seus negócios na mesma comarca, a possibilidade de litisconsórcio para a recuperação judicial já estaria autorizada.

O litisconsórcio ativo enseja, o que se denomina na doutrina, a consolidação processual, caracterizada pela condição conjunta da recuperação judicial das devedoras que compõem um grupo societário. A consolidação processual não afeta os direitos e responsabilidades de credores e devedores, representando mera medida de conveniência administrativa e economia processual. Trata-se de um litisconsórcio ativo facultativo.

Pondera a Professora Cerezetti que há quem defenda que a consolidação processual apenas se justificaria se fosse acompanhada da reunião de ativos e passivos - o que se denomina consolidação substancial - de forma que a solução financeira compartilhada para a crise empresarial seria o fim último da admissibilidade de um concurso preventivo de grupo. Discordando da tese, argumenta que a simples possibilidade de lidar com a crise em processo único pode gerar maior chance de sucesso e redução de custos, permitindo o alinhamento das mais diversas fases na caminhada processual da recuperação judicial das devedoras.

A eficácia da consolidação processual é, portanto, relevante, embora limitada à economia processual e redução de custos, já que a preservação da personalidade e patrimônio das devedoras não permitiria a apresentação de um plano de recuperação único, ou da influência dos direitos das partes – credores e devedoras – no processo de recuperação judicial.

Cada sociedade litisconsorte deverá submeter seu próprio plano de recuperação, que será aprovado ou rejeitado, individualmente. Não haverá uma decisão uniforme, não se estará diante de um litisconsórcio unitário nesse caso.

Para além do mero litisconsórcio ativo, que acarreta a consolidação processual, outro aspecto a ser analisado é a consolidação substancial dos ativos e passivos das sociedades recuperandas.

---

28. CEREZETTI, Sheila C. Neder. Grupo de Sociedades e Recuperação Judicial: O indispensável encontro entre direitos societário, processual e concursal. In: YARSHELL, Flávio Luiz e PEREIRA, Guilherme Setoguti (Coord.). *Processo Societário*, v. II, p. 18.

Diz-se haver consolidação substancial quando os ativos e passivos de sociedades devedoras que atuem em litisconsórcio ativo forem reunidos, para satisfação conjunta dos devedores, em um só plano de recuperação judicial.

A consolidação substancial pode ser requerida pelo grupo de sociedades, e consentida pelos credores, que na reunião vejam vantagens para a satisfação de seus créditos. Por mera conveniência, os credores podem concordar que a reunião dos ativos e passivos das sociedades devedoras sejam tratados de forma conjunta. Nesse caso, haverá, além da consolidação processual, a consolidação substancial.

Por outro lado, a consolidação substancial poderá ser obrigatória, determinada pelo juízo da recuperação, sempre que for constatada o que a doutrina pátria tem denominado de disfunção societária, apurada a partir de quando for verificada confusão patrimonial entre as sociedades integrantes do grupo de fato ou de direito.

Analisando o tema, Gilberto Deon Corrêa Junior salienta a carência de definição a respeito dos requisitos para que ativos e passivos de diversos devedores possam ser tratados de forma englobada[29].

As consequências dessa comunhão de ativos e passivos vêm sendo observadas pela doutrina e jurisprudência nacional e estrangeira, para construção do tratamento a ser dado à questão.

A consolidação substancial obrigatória tem lugar quando se verificar que o benefício de limitação da responsabilidade que deveria em tese nortear as sociedades, ainda que integrantes de um grupo, deve ser sacrificado, pois não houve a autonomia patrimonial esperada de pessoas jurídicas distintas. A limitação de responsabilidade e preservação de patrimônio andam juntos. O abuso de um implica a fragilidade do outro.

Ao se permitir a consolidação substancial, permite-se que débitos concursais sejam tratados como se inexistissem as barreiras impostas pela presença das várias personalidades jurídicas e de qualquer autonomia entre as devedoras.

A autorização para o tratamento uníssono de ativos e passivos de pessoas jurídicas que deveriam ter suas personalidades e patrimônios preservados ampara-se na previsão contida no artigo 50 do Código Civil Brasileiro,[30] que admite a desconsideração da personalidade jurídica em caso de abuso, por desvio de finalidade ou confusão patrimonial.

---

29. CORRÊA JUNIOR, Gilberto Deon. In RIBEIRO, Horácio Halfeld Rezende, WAISBERG, Ivo (Org.) *Temas de Direito da Insolvência*; estudo em homenagem ao professor Manoel Justino Bezerra Filho: Anotações sobre a consolidação processual e a consolidação substancial no âmbito da Recuperação Judicial. São Paulo: IASP, 2017. p. 306.

30. Art. 50. Em caso de abuso da personalidade jurídica, caracterizado pelo desvio de finalidade ou pela confusão patrimonial, pode o juiz, a requerimento da parte, ou do Ministério Público quando lhe couber intervir no processo, desconsiderá-la para que os efeitos de certas e determinadas relações de obrigações sejam estendidos aos bens particulares de administradores ou de sócios da pessoa jurídica beneficiados direta ou indiretamente pelo abuso.

No estudo antes mencionado, realizado pela Professora Sheila Cerezetti e Professor Francisco Satiro, chama atenção a observação a respeito do reconhecimento, feito pelas próprias recuperandas, de que as práticas operacionais pré-concursais não respeitaram a autonomia patrimonial das sociedades, com alegação de caixa comum e exercício de atividades sob a mesma unidade gerencial, fatos esses que indicam a pouca preocupação das recuperandas com os efeitos adversos que podem resultar do reconhecimento da confusão patrimonial, em especial o abuso de personalidade jurídica e a autorização a sua desconsideração pela autoridade judicial.

As normas de recuperação de empresas são influenciadas pelo princípio da conservação da empresa, buscando assegurar a continuidade de empresas viáveis. A melhor doutrina brasileira e estadunidense preceitua que a empresa em funcionamento pode ser mais valiosa para os credores do que o desmantelamento e a liquidação do patrimônio do devedor.[31]

Comentando o instituto segundo a ótica do ordenamento jurídico norte-americano, Kara Bruce salienta que as normas para consolidação substancial variam conforme as leis estaduais, mas os tribunais tendem a permitir a consolidação substancial quando i) as partes estão tão relacionadas entre si que desembaraçar esse vínculo será mais custoso do que acolhê-lo; 2) quando os credores tenham considerado a capacidade de pagamento de todo o grupo societário para a concessão do crédito; 3) quando os ativos de uma sociedade tenham sido inapropriadamente utilizados por outra; 4) quando as sociedades integrantes do grupo sejam *alter egos* das outras. A análise é sempre casuística.[32] Acentua que apesar do potencial impacto na recuperação de crédito, a consolidação substancial de débitos na recuperação judicial é largamente aceita e está ganhando destaque, sendo que na prática, a maioria das cortes restringe a consolidação substancial a casos em que reste demonstrada fraude ou confusão patrimonial.[33]

A existência de uma "unidade excessiva" entre a controladora e as subsidiárias também poderia garantir a consolidação substancial, já que as subsidiárias não têm, com esse formato, uma existência independente.[34]

Em manifestação exarada nos autos do pedido de recuperação judicial da Queiroz Galvão Energia S/A, formulado perante a 2ª Vara de Falências e Recuperações Judiciais do Foro Central da Comarca de São Paulo[35], o Administrador Judicial, Dr. Alberto Camiña Moreira, a respeito do pedido de consolidação substancial formulado

---

31. CAMPANA FILHO, *Paulo Fernando*. A Recuperação Judicial de Grupos Societários Multinacionais: Contribuições para o desenvolvimento de um sistema Jurídico Brasileiro a Partir do Direito Comparado. Tese de doutoramento apresentada à Faculdade de Direito da Universidade de São Paulo, sob a orientação da Professora Doutora Vera Helena de Mello Franco. São Paulo, 2013. Exemplar cedido pelo autor.

32. BRUCE, Kara J. Non-Debtor Substantive Consolidation: A Remedy Built on Rock or Sand? (March 1, 2017). *Bankruptcy Law Letter March* 2017 | v. 37 | Issue 3, Available at SSRN: https://ssrn.com/abstract=3035978.

33. BRUCE, Kara J., obra citada, p. 2.

34. SPRAYREGEN, James H.M, GETTLEMAN, Jeffrey W. e Friedland, Jonathan P. *The Sum and Substance of Substantive Consolidation*.

35. Processo 112016611-2018.8.26.0100.

pelas recuperandas, afirmou que as circunstâncias fáticas de cada grupo empresarial podem justificar ou não a consolidação, que depende, evidentemente, de cada situação concreta. Indicou alguns elementos que podem determinar essa medida, aduzindo que o simples fato de se constituir um grupo de sociedades não justificaria ou autorizaria, automaticamente, a consolidação substancial.

Com acerto, indicou que todas as sociedades integrantes daquele grupo deveriam estar presentes no procedimento, inclusive as sociedades que prestaram garantias cruzadas às demais, já que a existência da garantia cruzada não poderia servir, ao mesmo tempo, de argumento para justificar a atuação coordenada, e para eximir a garantidora de se submeter aos efeitos do procedimento recuperacional, autorizando-a a negociar privadamente com seus credores, fora do concurso. Outro elemento a ser considerado na análise foi a confiança dos credores ao negociar com o grupo de sociedades, pois a sociedade que gerou confiança para a concessão do crédito não poderia se esconder no momento da consolidação.

Muito importante, segundo o administrador Camiña é a constatação do entrelaçamento dos negócios, de tal maneira que a confusão patrimonial seja intransponível, inseparável. A separação, nesse caso, seria contraproducente e prejudicial aos próprios credores. Outro item a ser verificado é a contabilidade das sociedades, e eventual confusão que gere dificuldades práticas para a organização das contas de cada empresa; a impossibilidade de reconstituir a contabilidade, diante do instransponível entrelaçamento dos negócios. No caso analisado, os elementos não ficaram provados, e a consolidação substancial foi desaconselhada pelo administrador judicial.

A consolidação substancial, portanto, não é corolário da consolidação processual e deve ser analisada casuisticamente, quando ocorrer confusão patrimonial intransponível, cuja separação seja mais gravosa aos credores do que a manutenção da personalidade jurídica de cada sociedade. Deve ser medida de exceção, e não a praxe.

Mostra-se ainda apropriada a determinação da consolidação substantiva como ferramenta para combater a fraude corporativa ou artifícios para prejudicar os credores. Nesses casos, a consolidação substancial será obrigatória, constituindo litisconsórcio necessário unitário, ou seja, a decisão será uniforme e todas as sociedades do grupo devem integrar o polo ativo, sob pena de nulidade da decisão.

Essa tem sido a orientação dos tribunais bandeirantes a respeito do assunto.

A 1ª Câmara Reservada de Direito Empresarial do Tribunal de Justiça de São Paulo, ao apreciar o Agravo de Instrumento nº 2050662-70.2019.8.26.0000[36], tirado contra decisão proferida em recuperação judicial que tramitava na Comarca de Campinas, determinou a inclusão de empresa do mesmo grupo econômico no polo ativo da demanda, dada a demonstração de confusão patrimonial e da existência de

---

36. BRASIL, Tribunal de Justiça do Estado de São Paulo, Agravo de Instrumento 2050662-70.2019.8.26.0000. Agravante FR Assessoria Empresarial LTDA. Agravado: Juízo da 9ª Vara Cível da Comarca de Campinas. Relator Cesar Ciampolini, São Paulo, 07 de agosto de 2019.

movimentação de recursos entre as empresas, indicando ser obrigatória a consolidação substancial "*após a apuração de dados que indiquem disfunção societária na condução dos negócios das sociedades grupadas, normalmente identificada em período anterior ao pedido de recuperação judicial.*"

O julgado traz citação da Professora Cerezetti, que salienta que o ambiente da recuperação judicial, em que os créditos de diferentes naturezas são aglomerados na busca de solução para a crise empresarial, a eventual necessidade de lidar com os ativos e passivos das devedoras de forma unificada deve se afastar daquelas considerações específicas que pautam a desconsideração nas diferentes áreas do Direito, para alcançar solução orientada pelos princípios e pelas peculiaridades da própria recuperação judicial.[37]

Manifestação semelhante foi exarada nos autos dos quais se tirou o agravo citado, pela representante da P.G.J. Dra. Fernanda Leão de Almeida, para quem: "Em se tratando da instituição do litisconsórcio ativo em ação de recuperação judicial, o entendimento em torno de sua admissibilidade avulta sob a constatação da existência de um mesmo grupo econômico, ainda que assentado no pressuposto da facticidade. É necessário a verificação de fatores revelando a relação existente entre as diversas pessoas jurídicas integrantes do grupo, como a unidade laboral, patrimonial e de gestão, com identidade de credores, estabelecimentos e empregados, e com a crise atingindo, de um modo geral, as empresas do grupo.

No mesmo sentido, é o recente acórdão proferido em agravo de instrumento tirado contra decisão proferida pelo Exmo. Sr. Dr. Juiz Marcelo Barbosa Sacramone[38], da 2ª Vara Empresarial da Comarca da Capital de São Paulo, que determinou a inclusão, no polo ativo, de empresa integrante de grupo de fato das sociedades devedoras sob pena de indeferimento da petição inicial por falta de litisconsórcio ativo necessário.

Indica o acórdão terem sido constatados elementos fáticos e jurídicos pujantes a demonstrar a interdependência econômica, unidade negocial e confusão patrimonial entre as devedoras e a sociedade cuja inclusão no polo ativo foi determinada pelo juízo *a quo*, restando claro que a consolidação substancial obrigatória poderá ser imposta pelo Juízo, "de ofício", quando for constatada a confusão entre os ativos e passivos das devedoras pertencentes ao mesmo grupo econômico ou esquema fraudulento.

Outros elementos de convicção quanto à existência do Grupo econômico trazidos pela Fazenda Nacional que destacou que: "tais pessoas jurídicas operam com uma aguda dependência econômica. Isoladamente, o objeto social delas não se sustenta, visto que toda a sua consecução está baseada na cadeia produtiva

---

37. Apud CEREZETTI, Sheila Neder. Grupo de Sociedades e Recuperação Judicial: O indispensável encontro entre direitos societário, processual e concursal. In: YARSHELL, Flávio Luiz e PEREIRA, Guilherme Setoguti (Coord.). *Processo Societário*, v. II, p. 772-773).

38. BRASIL, Tribunal de Justiça do Estado de São Paulo. Agravo de Instrumento 2172093-71.2019.8.26.0000. Agravante: Ecoserv – Prestação de Serviços de Mão de Obra Ltda. Agravados: União (Fazenda Nacional) e Estado de São Paulo. Relator Mauricio Pessoa. São Paulo, 30 de janeiro de 2020.

composta pelas empresas do Grupo Dolly voltada unicamente para a produção e comercialização de refrigerantes desta marca. Além disso, as pessoas jurídicas responsáveis pela comercialização compartilham os seus clientes, de tal sorte que, na prática, existem um único conglomerado econômico relacionando-se com os compradores do produto. No que concerne às obrigações trabalhistas, a ligação umbilical entre os estabelecimentos do Grupo Dolly é evidenciada, à saciedade, analisando-se a complexa – e duvidosa - migração do quadro de empregados da RAGI (Ecoserv) para a BRABED".

Nos termos da manifestação da administradora judicial, *"a inclusão em caráter de litisconsórcio ativo necessário trata-se de verdadeira questão de ordem pública, podendo ser conhecida ex officio, uma vez que visa tutelar o próprio Poder Judiciário, impedindo que seja utilizado como mero joguete para superação de uma 'seletiva' crise financeira dentro do Grupo Dolly"*; do contrário se estaria a autorizar uma escolha seletiva, pelo Grupo recuperando, das empresas a compor o polo ativo da recuperação em curso com o objetivo espúrio de se desvincular dos expressivos débitos tributários e trabalhistas acumulados pela empresa Ecoserv.

7. CONCLUSÃO

O litisconsórcio ativo é admitido em procedimentos de recuperação judicial e pode se mostrar útil às sociedades que pretendam buscar uma solução organizada e coordenada para sua crise.

O litisconsórcio poderá ser facultativo, caso em que a decisão não será a mesma para os litigantes, mas representará economia processual. O plano de recuperação será individual para cada sociedade recuperanda, restando caracterizada tão somente a consolidação processual.

De outra banda, impõe-se o litisconsórcio ativo necessário e unitário, a ensejar a consolidação substancial, quando houver por parte do grupo de sociedades tal entrelaçamento e coordenação de atividades que não se permita distinguir os patrimônios individuais, pela confusão, hipótese em que os ativos e passivos das sociedades recuperandas devem ser reunidos para satisfazer conjuntamente todos os credores.

A consolidação substancial também pode ocorrer voluntariamente, caso requerida pelas sociedades devedoras e consentida pelos credores que reputem a situação vantajosa.

Estudos empíricos comprovam que no Estado de São Paulo a presença de litisconsórcios ativos é responsável por um aumento significativo na taxa de deferimento das recuperações judiciais. A admissão do litisconsórcio, é admitida sem contestações, sendo quase unânime. A consolidação substancial ainda é um ponto de negociação ou disputa por parte dos credores, já tendo sido constatada, entretanto uma taxa de aproximadamente 70% de planos únicos votados em assembleia unificada para todas as recuperandas em litisconsórcio ativo.

Contudo, a consolidação substancial não é decorrência imediata e lógica da consolidação processual, e deve ser exceção, a ser analisada caso a caso.

Ativos e passivos devem ser tratados de forma única apenas quando esse tratamento tiver sido requerido pelo grupo de sociedades recuperandas e seja consentido pelos credores, que virem vantagens nessa reunião, ou quando o magistrado constatar a disfunção das personalidades jurídicas das sociedades, diante de confusão patrimonial, indicativa de fraude, e/ou quando o saneamento de tal confusão seja impossível ou muito gravosa ao processo.

A consolidação substancial, nesse caso, teria a finalidade de garantir que a recuperação das sociedades em crise se processe de maneira mais eficiente, em benefício dos credores, que poderão contar com o patrimônio do grupo das sociedades para a satisfação de seus créditos, e também para a preservação da empresa em recuperação e reorganização de suas atividades.

8. REFERÊNCIAS

BRASIL, TJSP, AI 2050662-70.2019.8.26.0000. Rel. Des. Cesar Ciampolini, j. 07.08.2019.

BRASIL, TJSP, AI 2172093-71.2019.8.26.0000, Rel. Des. Maurício Pessoa, j. em 30.1.2020.

BAIRD, Douglas G. Loss Distribution, Forum Shopping, and Bankruptcy: A Reply To Warren. *U. Chi. L. Rev.* 54 (1987), p.815-834.

BRUCE, Kara J. Non-Debtor Substantive Consolidation: A Remedy Built on Rock or Sand? (March 1, 2017). *Bankruptcy Law Letter March* 2017 | v. 37 | Issue 3, Available at SSRN: https://ssrn.com/abstract=3035978

CAMPANA FILHO, Paulo Fernando. *A recuperação judicial de grupos societários* multinacionais: Contribuições para o desenvolvimento de um sistema Jurídico Brasileiro a Partir do Direito Comparado. Tese de doutoramento apresentada à Faculdade de Direito da Universidade de São Paulo, sob a orientação da Professora Doutora Vera Helena de Mello Franco. São Paulo, 2013. Exemplar cedido pelo autor.

CARVALHOSA, Modesto. *Comentários à Lei de Sociedades Anônimas*. 3. ed. São Paulo: Saraiva, 2009. 4º v., arts. 243 a 300.

CEREZETTI, Sheila C. Neder. Grupo de sociedades e recuperação judicial: O indispensável encontro entre direitos societário, processual e concursal. In: YARSHELL, Flávio Luiz e PEREIRA, Guilherme Setoguti. *Processo Societário*, v. II.

CEREZETTI, Sheila Neder; SATIRO, Francisco. A silenciosa "consolidação" da consolidação substancial: resultados de pesquisa empírica sobre recuperação judicial de grupos empresariais. *Revista do Advogado, São Paulo*, ano 36, n. 131, p. 216-223, out. 2016.

COELHO, Fábio Ulhoa. *Curso de Direito Comercial*. 18. ed. rev., atual. e ampl. São Paulo: Ed. RT, 2018. v. 3: Direito de Empresa.

GONÇALVES FILHO, João Gilberto. *O princípio constitucional da eficiência no processo civil*. Tese apresentada ao Departamento de Direito Processual da Faculdade de Direito da Universidade de São Paulo para obtenção do título de doutor, sob orientação do Prof. Titular José Roberto dos Santos Bedaque. São Paulo, 2010.

LAMY FILHO, Alfredo; PEDREIRA, José Luiz Bulhões (Org.). *Direito das Companhias*: Rio de Janeiro: Forense, 2009. v. II.

LAZZARINI, Sérgio. *Capitalismo de laços*: os donos do Brasil e suas conexões. 2 ed. São Paulo. BEI Comunicação, 2018.

MATTOS, Eduardo da Silva e PROENÇA, José Marcelo Martins. *Recuperação de empresas* – (In)utilidade de Métricas Financeiras e Estratégias Jurídicas. Rio de Janeiro: Lumen Juris, 2019.

RIBEIRO, Horácio Halfeld Rezende, WAISBERG, Ivo (Org.) *Temas de Direito da Insolvência*: estudo em homenagem ao professor Manoel Justino Bezerra Filho: Anotações sobre a consolidação processual e a consolidação substancial no âmbito da Recuperação Judicial. São Paulo: IASP, 2017.

SACRAMONE, Marcelo Barbosa. *Comentários à Lei de Recuperação de Empresas e Falência*. São Paulo: Saraiva, 2018.

SANTOS, Moacyr Amaral. *Primeiras linhas de direito processual civil*. 23 ed. rev. e atual. por Aricê Moacyr Amaral Santos. São Paulo: Saraiva, 2004.

SILVA, De Plácido e. *Vocabulário jurídico*. 6. ed. Rio de Janeiro, Forense, 1980. 5v.

SILVA, Ovídio Araújo Baptista da. *Curso de Processo Civil*: processo de conhecimento. 4 ed. rev. e atual. São Paulo: Ed. RT, 1998.

SPRAYREGEN, James H.M, GETTLEMAN, Jeffrey W. e Friedland, Jonathan P. *The Sum and Substance of Substantive Consolidation*.

A CONDUÇÃO DA SOCIEDADE EM RECUPERAÇÃO JUDICIAL

Rafael Medeiros Mimica

Mestrando pela Pontifícia Universidade Católica de São Paulo. Advogado.

> **Sumário:** 1. Introdução – 2. Condução das sociedades: interesses envolvidos; 2.1 A condução da sociedade em recuperação judicial – 3. Condução das sociedades em recuperação judicial: modelo *debtor-in-possession vs.* modelo de administração judicial – 4. A opção da LFR; 4.1 A destituição do devedor e dos administradores – 5. Breves críticas à LFR – 6. Conclusão – 7. Referências

1. INTRODUÇÃO

A Lei 11.101, de 9 de fevereiro de 2005,[1] estabelece, para o processo falimentar, que o devedor perde o direito de administrar o seus bens assim que decretada a quebra.

Tal consequência da decretação da falência não desperta maiores questionamentos ou debates. O propósito do procedimento é apurar e liquidar os ativos, maximizando o seu valor, e pagar os credores, respeitada a ordem legal de prioridade. E isso fica a cargo do administrador judicial.[2] Não há expectativa de que o falido continuará desenvolvendo a atividade empresarial[3] e, consequentemente, discussões sobre quem deve administrar e conduzir o negócio.[4]

---

1. Para fins de facilitação, referir-nos-emos à lei como LRF.
2. "O administrador judicial, na falência, não tem apenas o papel fiscalizatório, como desenvolvido na recuperação judicial. Exceto no excepcional caso de manutenção da atividade, os atos empresariais da Massa Falida serão interrompidos para que o administrador judicial possa liquidar todos os bens e, com o produto dessa liquidação, satisfazer os credores. Na falência, assim, além da verificação de crédito, todos os atos de arrecadação, liquidação e pagamento são imputados como deveres do administrador judicial, que passa a ter função mais ativa" (SACRAMONE, Marcelo Barbosa. *Comentários à Lei de Recuperação de Empresas e Falência*. São Paulo: Saraiva, 2018, p. 124).
3. Isso não significa, no entanto, que à falência não se aplica do princípio da preservação da empresa. Ao contrário. Partindo-se da leitura dos art. 75 e 140 da LFR, percebe-se que a preservação da empresa também se justifica no processo falimentar, na medida em que pode significar a maximização do valor do ativo, beneficiando, consequentemente, os credores.
4. "Em ordenamentos nos quais o único modelo jurídico disponível para lidar com a insolvência empresarial é a falência, o problema da atribuição de controle sobre a empesa após a caracterização jurídica da insolvência não chega a ser colocar. Isso por uma questão simples: sob liquidação completa, a atividade empresarial cessa, o que significa que decisões de financiamento e de investimento deixam de ter lugar. Na falência, as decisões a serem tomadas quanto à disposição dos ativos não são decisões propriamente empresariais, pois visam exclusivamente à obtenção de máxima ampliação do valor de liquidação da massa. A questão do controle sobre a empresa, portanto, perde o sentido" (KIRSHCHBAUM, Deborah. *A Recuperação judicial no Brasil:* governança, financiamento extraconcursal e votação do plano. 94 f. Tese (Doutorado em Direito) – Universidade de São Paulo, São Paulo, 2009).

Diversamente ocorre na recuperação judicial. O deferimento do seu processamento não tem como consequência, ao menos imediata, a destituição do devedor ou dos administradores da condução da atividade empresarial. Ao contrário. A regra é a sua manutenção, sob a fiscalização do administrador judicial e do comitê de credores, se houver (art. 64, *caput*, da LRF).

Nesse cenário, cabe a indagação de se a opção do legislador brasileiro por manter o devedor ou os administradores à frente de um negócio que enfrenta dificuldades financeiras, ainda que sob supervisão, foi a melhor alternativa. Afinal, a escolha gera, automaticamente, alguns questionamentos legítimos: faz sentido manter aquele que tomou decisões de negócio que, possivelmente, levaram a sociedade à situação de dificuldade financeira no desempenho de suas funções, implementando novas decisões que impactam diretamente os credores? Não seria mais prudente alocar um terceiro que não tenha vínculos com a administração anterior e com os sócios na condução da sociedade em recuperação judicial, garantindo que os interesses dos credores e outros *stakeholders* sejam devidamente protegidos?

Para um leitor mais desavisado, as respostas para tais questionamentos podem se mostrar simples e livre de dúvidas. Mas não é assim.

É bem verdade que toda sociedade empresária, pelo ordenamento jurídico vigente, tem uma função social a cumprir,[5] do que se conclui que não apenas a satisfação dos interesses sociais daquela devem ser perseguidos, mas de todos que com ela se relacionam.

A necessidade de harmonização de interesses ganha especial relevância no âmbito da recuperação judicial. Afinal, fica ainda mais evidente a necessidade de se buscar o equilíbrio entre os interesses legítimos de todos os envolvidos: credores, outros *stakeholders*,[6] sócios e administradores.[7]

O que se propõe, aqui, é analisar as formas como as sociedades em recuperação judicial são conduzidas, focando-se nos dois principais modelos identificados, quais sejam, o *debtor-in-possession*, originário dos Estados Unidos da América, e o da substituição da administração anterior por alguém nomeado pelo Poder Judiciário, o qual

---

5. Sendo a sociedade um contrato plurilateral, a ela se aplicam as previsões legais de função social dos contratos (art. 421 e 2.035, parágrafo único, do Código Civil).

6. Por mais que outros *stakeholders* mereçam ter os seus interesses preservados na recuperação judicial, aqui, focar-se-á na sociedade devedora e nos seus credores.

7. "Others examined the effects of corporate governance in bankruptcy from the perspective of accountability. Nimmer and Feiberg emphasized the change in the identity of the ultimate beneficiaries of a corporation's actions. That is, while in the ordinary course of business a firm's management is accountable primarily to its shareholders, in bankruptcy other stakeholders step to the fore and must be taken into account by the decisionmaker. Consequently, in reorganization the fiduciary duties of the controlling person are no loger owed exclusively to the shareholders of the corporation, but to the various groups of creditors as well. They further note that the task of complying with fiduciary duties in reorganization is far more complex than is ordinarily the case in corporate governance because the vairous groups of creditors and shareholders often have conflicting interests which are difficult to reconcile" (HAHN, David. Concentrated Ownership and Control of Corporate Reorganizations. *JCLS* 4 (2004)).

denominaremos administração judicial, evitando-se confusão com a terminologia utilizada pela LFR, apontando as suas vantagens e desvantagens, especialmente sob à ótica das estruturas de controles societários concentrados e dispersos.

A partir das conclusões alcançadas, examinar-se-á se a opção da LFR em manter o devedor ou administradores à frente da sociedade em recuperação judicial foi a melhor escolha, considerando como se encontra a estrutura dominante de controle societário no Brasil.

2. CONDUÇÃO DAS SOCIEDADES: INTERESSES ENVOLVIDOS

O contrato de sociedade enquadra-se na categoria dos contratos plurilaterais, conciliando os interesses contrastantes entre as suas (potenciais) múltiplas partes.[8] Da organização imposta pelo contrato de sociedade, emerge o interesse social, que não se confunde com os interesses individuais dos sócios e também não os elimina,[9] mas, pode-se dizer, busca solucionar os conflitos que entre eles surjam.[10]

---

8. "À pluralidade corresponde a circunstância de que os interesses contrastantes das várias partes devem ser unificados por meio de uma finalidade comum; os contratos plurilaterais aparecem como contratos com comunhão de fim. Cada uma das partes obriga-se, de fato, para com todas as outras, e para com todas as outras adquire direitos; é natural, portanto, coordená-los, todos, em torno de um fim, de um escopo comum. O conceito de "fim ou escopo" adquire assim, nos contratos plurilaterais, a sua autonomia" (ASCARELLI, Tullio. *Problemas das Sociedades Anônimas e direito comprado*. Campinas: Bookseller, 2001, p. 394).

9. "O que singulariza o contrato de sociedade, todavia, é a sua categorização entre os contratos plurilaterais, na subespécie dos contratos de organização, nos quais as partes conciliam os seus interesses contrastantes, mediante o estabelecimento de um escopo comum (cf. item 39, *supra*). Embora a oposição entre os interesses dos sócios subsista durante a vida da sociedade, convergem eles unificados na realização da finalidade comum, consubstanciada no objeto social. Os interesses da sociedade não se reduzem, portanto, aos interesses particulares dos sócios, nem aos interesses do acionista controlador ou da maioria assemblear, correspondendo, antes disso, ao interesse comum de todos eles. (...) O interesse da companhia, nessas condições, equivale ao interesse comum dos sócios, igual para todos eles, que no mecanismo jurídico societário corresponde ao interesse geral de participação nos lucros e no acervo da companhia" (PENTEADO, Mauro Rodrigues. *Aumentos de capital das Sociedades Anônimas*. 2. ed. atual. e anotada por Alfredo Sérgio Lazzareschi Neto. São Paulo: Quartier Latin, 2012, p. 361 e 362).

10. Os estudos envolvendo o conceito de interesse social continuam em constante evolução: "Organização na acepção jurídica significa a coordenação da influência recíproca entre atos. Portanto, adotada a teoria do contrato organização, é no valor organização e não mais na coincidência de interesses de uma pluralidade de partes ou em um interesse específico à autopreservação que se passa a identificar o elemento diferencial do contrato social. Note-se, no entanto, que essa teoria, apesar de dar guarida a uma crítica de ordem econômica como exposta retro, não é uma teoria econômica, direcionada simplesmente a obter eficiência econômica. O objetivo da compreensão da sociedade como organização é exatamente o melhor ordenamento dos interesses nela envolvidos e a solução dos conflitos entre eles existentes. O interesse social passa, então, a ser identificado como a estruturação e organização mais apta a solucionar os conflitos entre esse feito de contratos e relações jurídicas. É nesse ponto que deve ser vista a diferença fundamental entre essa teoria e as anteriores. Identificando-se o interesse social ao interesse à melhor organização possível do feite de relações envolvidas pela sociedade, esse jamais poderá ser identificado com o interesse à maximização dos lucros ou com o interesse à preservação da empresa. Distingue-se, portanto, do contratualismo e institucionalismo clássico, mas aproxima-se do institucionalismo integracionista, que tem nítido caráter organizativo. Por esse caráter *organizativo* de ambas as teorias - teoria institucionalista e do contrato organização - muitas vezes, como se verá, muitos dos efeitos aplicativos de ambas as teorias serão semelhantes" (SALOMÃO FILHO, Calixto. *Teoria crítico-estruturalista do direito comercial*. São Paulo: Marcial Pons, 2015, p. 171).

Como mecanismo para se atender os interesses sociais, as sociedades são regidas pelo princípio majoritário, segundo o qual aqueles que detêm a maior parcela de investimento, e, consequentemente, o maior risco, terão a possibilidade de decidir a forma de condução dos seus negócios. Daí emerge o poder de controle interno.[11]

Por vezes, entre os sócios, há um ou um grupo deles vinculado por instrumentos próprios regulando a sua relação, que detém a maior parte do capital social e, consequentemente, o poder de controlar as atividades empresariais. Nessas hipóteses, diz-se que o controle é concentrado.

Em outros casos, o capital social encontra-se pulverizado em diversos sócios, de modo que nenhum deles, isoladamente, consegue formar maioria para dirigir o negócio. Aqui, está-se diante do controle diluído, o qual exige que, a cada conclave, um grupo de sócios se una e forme uma maioria, ainda que passageira e pontual, para que a deliberação seja tomada.

O controle diluído ganha especial contorno para os casos em que, em razão da extrema pulverização societária, são os administradores que efetivamente exercem o controle empresarial.[12] Entendemos que esse tipo de controle jamais ocorrerá nas sociedades limitadas, considerando as características personalistas dessas e a frequente e efetiva participação dos sócios na condução das atividades sociais. Não por outro motivo, a doutrina, ao tratar do poder de controle, o faz, na maioria das

---

11. Interessa-nos, aqui, o controle interno das sociedades empresárias, não se negando, no entanto, situações de influência externa, que em certa medida podem caracterizar um controle externo. "A definição de poder de dominação ou controle, na sociedade anônima – já o dissemos – é sempre feita em função da assembleia geral, pois é ela o órgão primário ou imediato da corporação, que investe todos os demais e constitui a última instância decisória. Embora, num caso determinado, devam participar da reunião, também, os administradores e o auditor independente, se houver (Lei 6.404/76, art. 134, § 1º), nas assembleias gerais só vota o acionista e, ainda assim, desde que suas ações não sejam ao portador. (...) Levando-se, pois, em consideração o critério fundamental da separação entre propriedade acionária e poder de controle empresarial, temos que o controle interno apresenta quatro modalidades típicas, a saber, conforme o grau crescente em que se manifesta essa separação, controle totalitário, majoritário, minoritário e gerencial" (COMPARATO, Fábio Konder; SALOMÃO FILHO, Calixto. *O poder de controle na Sociedade Anônima*. 5. ed. Rio de Janeiro: Forense, 2008, p. 51 e 79).

12. "O último tipo de controle, na classificação de Berle e Means, é o administrativo ou gerencial (*management control*), isto é, aquele não fundado na participação acionária mas unicamente nas prerrogativas diretoriais. É o controle interno totalmente desligado da titularidade das ações em que se divide o capital social. Dada a extrema dispersão acionária, dos administradores assumem o controle empresaria *de facto*, transformando-se num órgão social que se autoperpetua por cooptação. (...) No Brasil, é extrema a concentração acionária. De acordo com dados constantes no *White Paper on Corporate Governance in Latin America*, emitido pela Organização para a Cooperação e Desenvolvimento Econômico (OCDE) em 2003, mais da metade (51%) das ações das 459 sociedades abertas pesquisadas estão em mãos de um único acionista, sendo que 65% das ações estão detidas pelos três maiores acionistas. Como indicado no estudo, esses números provavelmente subestimam a real concentração acionária existente no Brasil. Primeiro porque as empresas da amostra tendem a ser menos concentradas que as empresas menores e segundo porque muitas vezes os três maiores acionistas pertencem ao mesmo grupo. Assim sendo, é impossível imaginar em hipóteses normais um controle administrativo em sentido próprio, i.e., em ausência de um controlador ativo. Existem companhias controladas por administradores que também são acionistas (mais próprio seria dizer o inverso, i.e., acionistas que também são administradores). Essa realidade é até mesmo comum. O que praticamente inexiste é controle administrativo com acionariado diluído" (COMPARATO, Fábio Konder; SALOMÃO FILHO, Calixto, op. cit., p. 71 e 75-76).

vezes, sob a ótica das sociedades anônimas que, por essência, permitem a circulação das ações e a alteração do quadro de acionistas, via de regra (art. 36 da Lei 6.404/76).

Atribuindo-se ao sócio controlador a possibilidade de dirigir as atividades da sociedade, por meio do exercício regular do direito de voto, poderá ele, caso se valha efetivamente dessa prerrogativa,[13] escolher aqueles que conduzirão os negócios em si.

Nunca é demais lembrar que sócio e administração não se confundem. Aquele, por meio da sua quota-parte no capital social, participa da escolha de quem administrará a sociedade, que são os seus administradores. E, diante da existência de um sócio controlador, caberá a este a escolha dos administradores.[14]

Apesar das figuras do sócio e do administrador serem distintas, não se pode perder de vista que, em muitos casos, como comumente se vê no Brasil, o sócio controlador, por escolha própria, acaba sendo investido nas funções de administrador. Esse fato é bastante comum nas sociedades anônimas brasileiras e mais ainda nas sociedades limitadas, apesar do Código Civil autorizar a designação de administradores não sócios (art. 1.061).[15]

Independentemente de quem esteja na administração da sociedade, a conduta do administrador é necessariamente pautada por deveres fiduciários a serem fielmente cumpridos, consubstanciados, principalmente, na diligência, na lealdade e na obrigação de não ingressar em qualquer situação de conflito entre os seus interesses pessoais com os da sociedade.[16]

---

13. O poder de controle não decorre automaticamente da titularidade da maior participação societária, mas do efetivo exercício das possibilidades que surgem dessa condição.

14. Não se ignora o fato, no caso das sociedades anônimas, que ao acionista cabe eleger os membros do conselho de administração, sendo da função deste órgão da administração nomear os membros da diretoria, a quem caberá presentar a sociedade. Mas, como o propósito deste artigo analisar no detalhe os órgãos de administração e as suas respectivas funções, abster-nos-emos de enfrentar a questão, valendo-nos de um conceito mais genérico de administração e administradores.

15. Em estudo denominado "Radiografia das Sociedades Limitadas", que teve por objeto as sociedades limitadas ativas constituídas entre 10 de janeiro de 1993 e 10 de janeiro de 2012, registradas na Junta Comercial do Estado de São Paulo, constatou-se: (i) 46,80% delas contavam com sócio controlador, sendo que, dos 53,20% restantes, 44,91% tinham sócios com participações idênticas; e (ii) 98,34% delas tinham os seus cargos de administração ocupados por sócios (MATTOS FILHO, Ary Oswaldo, CHAVENCO, Maurício, HUBERT, Paulo, VILELA, Renato, HOLLOWAY RIBEIRO, Victor B. *Núcleo de Estudos em Mercados e Investimentos* – FGV Direito SP, ago/2014 Disponível em: https://direitosp.fgv.br/sites/direitosp.fgv.br/files/arquivos/anexos/radiografia_das_ltdas_v5.pdf.).

16. Valemo-nos da definição e críticas de Calixto Salomão Filho aos deveres fiduciários dos administradores tal como estruturados na legislação brasileira: "A disciplina dos deveres fiduciários é, portanto, ampla tanto para controladores como para administradores. Em relação ao ofício dos administradores, significa que o exercício de suas funções deve estar em linha com os interesses da companhia e não com os seus próprios (art. 154, Lei das S.A.). Na verdade, daí decorrem duas obrigações muito simples. A primeira de ser diligente no cumprimento de seus deveres e a segunda de evitar qualquer forma de conflito de interesses, ou seja, qualquer forma de privilégio ao seu próprio interesse particular em detrimento do interesse da companhia. Nesse dever genérico incluem-se tanto o dever de evitar conflito de interesses em sentido estrito (art. 156, Lei das S.A.) quando os deveres chamados pela lei de lealdade e de informação (arts. 155 e 15, da Lei das S.A.). Na verdade, eles nada mais garantem que a separação entre a esfera pessoal do administrador e a esfera dos interesses da sociedade.

Em que pesem os deveres fiduciários dos administradores serem para com a sociedade e não para com os sócios que os elegeram, é certo que estes exercem influência sobre aqueles. Afinal de contas, são os sócios que detêm o "poder de destituição" e, com isso, podem remover os administradores designados a qualquer momento. Essa constatação permite concluir que existe certa sujeição dos administradores aos sócios, de modo que não raras vezes aqueles atuam de forma alinhada com os interesses destes, apesar dos seus atos deverem ser praticados no interesse da sociedade. E esse vínculo de sujeição, por motivos óbvios, é mais forte nas sociedades em que há poder de controle concentrado.[17]

2.1 A condução da sociedade em recuperação judicial

Em que pese a administração da recuperanda continuar atuando para satisfazer os interesses sociais – e daqueles sócios ou grupo de sócios que a elegeu –, ela também estará sujeita às funções fiscalizatórias do administrador judicial, do comitê de credores, se existente, e do próprio Poder Judiciário.

Não se está a dizer que haverá uma alteração dos deveres fiduciários dos administradores quando a sociedade entra em recuperação judicial. Contudo, não se pode ignorar o fato de que outros interesses, tais como os dos credores e de outros *stakeholders*, também se fazem presentes e são objeto de tutela pela LFR, devendo, portanto, ser considerados pela administração à frente da sociedade em recuperação judicial.[18]

Ocorre que todas essas regras referem-se no mais das vezes a deveres negativos do administrador. Mesmo o dever de diligência, ligado a uma imposição positiva, é de certa forma limitado pela chamada *business judgement rule*, ou seja, o administrador deve sim ser diligente e cuidadoso, mas as decisões negociais e administrativas por ele tomadas, ainda que se provem errôneas, não estão sujeitas a controle, pois estão dentro de seu campo de liberdade de decisão administrativa.

Por mais extensa que seja a lista dos deveres, o controle do administrador continua fortemente limitado. De um lado, no que diz respeito às abstenções, a separação de esferas só será perfeita com um cuidadoso e dificilmente controlável cumprimento de regras estritas de ética negocial. De outro, no que toca aos deveres positivos, a obrigação de diligência ainda que existe não é completa, pois não inclui o conteúdo das decisões tomadas, protegidas pela *business judgement rule*. Não por acaso, portanto, há certa descrença em doutrina sobre a utilidade efetiva dos deveres fiduciários e das regras de responsabilidade a eles ligadas" (SALOMÃO FILHO, Calixto. *O Novo direito societário*. 4. ed. São Paulo: Melhoramentos, 2011, p. 83 e 85).

17. "In "concentrated ownership" systems management is closely associated with the strong shareholders. The controlling group nominates and appoints the directors to the board and through the board it appoints the top executives. Moreover, often the top executives of any corporation in the corporate-group come from the close circle surrounding the controlling person. In other words, not only does senior management consist of appointees of the controlling person, but these appointees are the flseh and blood of that controlling group. Their professional careers are tied closely to the controlling person. They are a team whose affiliation extends beyond the mere position in one specific corporation" (HAHN, Davi. op. cit.).

18. "Não se sustenta, portanto, a asserção de que o dever de diligência imposto aos administradores da companhia permanece o mesmo após o início do processo de recuperação judicial. Pode-se resumir a sua nova formulação, nesse contexto, ao acréscimo de outros interesses a serem observados no exercício da função, em especial dos credores, e à redução da tolerância quanto à assunção de riscos não razoáveis na análise do seu entendimento pelos membros da administração. (...) Conclui-se, portanto, que o dever de diligência na recuperação judicial visa à observância de novos interesses para além daqueles ostentados pelos sócios, especialmente dos credores, tornando-se incompatível com riscos elevados no exercício da administração da

Os credores da sociedade em recuperação judicial têm como objetivo maior no procedimento a satisfação dos seus créditos. E isso ocorrerá apenas se a sociedade continuar desenvolvendo as suas atividades empresariais e gerando caixa ou promover a venda de ativos.[19]

Qualquer que seja a forma escolhida para a satisfação dos credores, a atuação dos administradores da sociedade em recuperação judicial é de extrema relevância para o sucesso do procedimento.

À frente da condução dos negócios empresariais, é de se esperar que os administradores tomarão decisões conscientes e que tenham expectativa de reverter proveitos econômicos para a sociedade, possibilitando o pagamento dos credores.

Da mesma forma, é de se esperar que os administradores atuem de forma a, no mínimo, preservar os ativos da sociedade em recuperação judicial, evitando dilapidação ou deterioração, o que seria contrário aos interesses dos credores. Não por outro motivo, a LFR proíbe o devedor de alienar ou onerar bens ou direitos do seu ativo permanente sem autorização judicial prévia (art. 66) e impõe a fiscalização da sua atividade pelo administrador judicial (art. 22, II, a).

Por conta disso, ainda que a LFR estabeleça que o devedor ou os seus administradores serão mantidos na condução da atividade empresarial, isso não significa que os interesses dos credores da sociedade em recuperação judicial ficarão relegados a um segundo plano.

É verdade que a manutenção da administração permite concluir que os deveres fiduciários anteriores à recuperação judicial continuam existindo. Mas não é menos verdade que os administradores também deverão observar os interesses dos credores da sociedade em recuperação, evitando riscos exagerados e desnecessários, que possam colocar em risco a atividade desenvolvida e, consequentemente, comprometer a satisfação dos interesses patrimoniais dos credores.[20]

---

companhia devedora. São essas as modificações fundamentais ao adentrar o campo do direito das empresas em crise, deixando de pertencer exclusivamente ao direito societário." (FRANCO, Gustavo Lacerda, SACRAMONE, Marcelo Barbosa. Dever de diligência na recuperação judicial: novos interesses, riscos menores. *Contraponto Jurídico* – Posicionamentos divergentes sobre grandes temas do Direito [livro eletrônico]. São Paulo: Thomson Reuters Brasil, 2018. 6Mb; ePUB).

19. O art. 50 da LFR elenca, exemplificativamente, dezesseis meios de recuperação judicial. Todos eles envolvem medidas relacionadas à continuidade das atividades empresariais ou à venda de ativos. Por exemplo, ao prever alteração do controle societário ou substituição de administradores, é claro que não serão essas medidas diretamente que satisfarão os credores, mas a continuidade, ou expectativa de continuidade, das atividades empresariais delas decorrentes.

"O artigo 50 cuida dos meios de recuperação judicial apresentando uma lista exemplificativa das diversas medidas que podem do plano de recuperação fazer parte. Inúmeras delas, inclusive, somente se justificam se conjugadas a outras, como são os casos da substituição total ou parcial dos administradores ou a modificação dos órgãos da administração" (CAMPINHO, Sérgio. Falência e Recuperação de Empresa – O novo regime da insolvência empresarial. 6. ed. Rio de Janeiro: Renovar, 2012, p. 165).

20. Não se pode esquecer que, ao ser mantido na administração, dos negócios, os órgãos de administração do devedor permanecem em exercício, assim como as regras de governança, e devem respeitar os deveres fiduciários que lhes são impostos. Isso indica que o devedor tem deveres fiduciários na reorganização

Em outras palavras, a administração da sociedade em recuperação judicial terá a árdua tarefa de atender os objetivos sociais, mas atenta aos interesses dos credores, o que, evidentemente, pode levar a potenciais cenários de conflito de interesses entre as partes.

E isso se mostra ainda mais desafiador, no Brasil, quando se constata que a estrutura do controle societário brasileiro ainda se mostra excessivamente concentrado no caso das sociedades anônimas, o que leva, não poucas vezes, a uma confusão da sociedade com a figura do próprio sócio controlador.

A título ilustrativo, em estudo conduzido por Thiago de Ávila Marques, Thayse Machado Guimarães e Fernanda Maciel Peixoto intitulado "A Concentração Acionária no Brasil: Análise dos Impactos no Desempenho, Valor e Risco das Empresas", que analisou as companhias listadas na então BM&FBovespa no período compreendido entre 2004 e 2012, constatou-se que a maioria das sociedades examinadas contava com um acionista controlador:[21]

Composição acionária direta das empresas brasileiras

	EMPRESAS COM ACIONISTA CONTROLADOR (47 EMPRESAS)			EMPRESAS SEM ACIONISTA CONTROLADOR (3 EMPRESAS)			TOTAL (50 EMPRESAS)		
	CAPITAL VOTANTE	*CAPITAL TOTAL*	*VOT/ TOTAL*	*CAPITAL VOTANTE*	*CAPITAL TOTAL*	*VOT/ TOTAL*	*CAPITAL VOTANTE*	*CAPITAL TOTAL*	*VOT/ TOTAL*
Maior acionista	52,32%	40,47%	1,45	9,60%	9,81%	0,99	49,76%	38,63%	1,42
Três maiores acionistas	97,97%	82,03%	1,44	30,19%	21,43%	1,28	93,91%	78,40%	1,43
Ano 2004									
	EMPRESAS COM ACIONISTA CONTROLADOR (86 EMPRESAS)			EMPRESAS SEM ACIONISTA CONTROLADOR (18 EMPRESAS)			TOTAL (104 EMPRESAS)		
	CAPITAL VOTANTE	*CAPITAL TOTAL*	*VOT/ TOTAL*	*CAPITAL VOTANTE*	*CAPITAL TOTAL*	*VOT/ TOTAL*	*CAPITAL VOTANTE*	*CAPITAL TOTAL*	*VOT/ TOTAL*
Maior acionista	49,02%	44,42%	1,20	14,47%	14,47%	1,00	43,04%	39,24%	1,16
Três maiores acionistas	67,25%	61,01%	1,17	30,09%	29,51%	1,02	60,82%	55,56%	1,15
Ano 2006									

---

que não dizem respeito apenas aos acionistas e tampouco são alargados para abranger apenas os credores. Há, na verdade, deveres fiduciários para com outros membros da comunidade, e isso é coerente com as políticas de reabilitação presentes, por exemplo, no *Bankruptcy Code* e na Lei de Recuperação e Falência, incluindo-se os objetivos de salvar empregos e recursos comunitários. Cabe ao devedor, portanto, ao dirigir a companhia e exercer suas funções no processo de recuperação judicial, considerar uma ampla gama de interesses" (CEREZETTI, Sheila Christina Neder. *A recuperação judicial de sociedade por ações* – O Princípio da Preservação da Empresa na Lei de Recuperação e Falência. São Paulo: Malheiros, 2012, p. 393-394).

21. MARQUES, Thiago de Ávila, GUIMARÃES, Thayse Machado e PEIXOTO, Fernanda Maciel. A concentração acionária no Brasil: Análise dos impactos no desempenho, valor e risco das empresas. *Revista de Administração Mackenzie*, v. 16, n. 4, São Paulo jul/ago 2015, versão On-line ISSN 1678-6971 Disponível em: https://doi.org/10.1590/1678-69712015/administracao.v16n4p100-133.

	EMPRESAS COM ACIONISTA CONTROLADOR (95 EMPRESAS)			EMPRESAS SEM ACIONISTA CONTROLADOR (19 EMPRESAS)			TOTAL (114 EMPRESAS)		
	CAPITAL VOTANTE	CAPITAL TOTAL	VOT/ TOTAL	CAPITAL VOTANTE	CAPITAL TOTAL	VOT/ TOTAL	CAPITAL VOTANTE	CAPITAL TOTAL	VOT/ TOTAL
Maior acionista	49,16%	44,96%	1,16	15,27%	15,15%	1,01	43,51%	39,99%	1,13
Três maiores acionistas	67,62%	62,48%	1,13	35,16%	34,52%	1,03	62,21%	57,82%	1,11

Ano 2008

	EMPRESAS COM ACIONISTA CONTROLADOR (103 EMPRESAS)			EMPRESAS SEM ACIONISTA CONTROLADOR (28 EMPRESAS)			TOTAL (131 EMPRESAS)		
	CAPITAL VOTANTE	CAPITAL TOTAL	VOT/ TOTAL	CAPITAL VOTANTE	CAPITAL TOTAL	VOT/ TOTAL	CAPITAL VOTANTE	CAPITAL TOTAL	VOT/ TOTAL
Maior acionista	47,56%	43,80%	1,15	14,52%	14,52%	1,00	40,50%	37,54%	1,12
Três maiores acionistas	64,42%	59,74%	1,12	30,18%	30,18%	1,00	57,10%	53,42%	1,09

Ano 2010

	EMPRESAS COM ACIONISTA CONTROLADOR (91 EMPRESAS)			EMPRESAS SEM ACIONISTA CONTROLADOR (38 EMPRESAS)			TOTAL (129 EMPRESAS)		
	CAPITA VOTANTE	CAPITAL TOTAL	VOT/ TOTAL	CAPITAL VOTANTE	CAPITAL TOTAL	VOT/ TOTAL	CAPITAL VOTANTE	CAPITAL TOTAL	VOT/ TOTAL
Maior acionista	44,46%	41,53%	1,12	12,41%	13,23%	0,96	35,02%	33,19%	1,07
Três maiores acionistas	61,42%	57,98%	1,09	31,12%	29,76%	1,04	52,50%	49,67%	1,08

Ano 2012

Considerando isso, e apesar dos administradores da sociedade em recuperação judicial terem deveres para com os credores, como dito linhas acima, é natural que a situação de concentração de poder societário no Brasil, com a consequente maior sujeição da administração ao(s) sócio(s) controlador(es), conduza a uma situação potencial de favorecimento dos interesses deste(s) último(s) em detrimento dos do grupo de credores.

Constatada essa característica da estrutura societária brasileira, será que não seria o caso de se substituir a administração anterior à recuperação judicial por outra imparcial nomeada pelo juízo ou pelos credores?

Para se tentar responder a essa pergunta, passa-se à análise dos dois principais modelos de condução das atividades das sociedades em recuperação judicial.[22]

---

22. A título de esclarecimento, utilizamos o termo recuperação judicial e não reorganização (*reorganization*), como normalmente utilizado em outros países (especialmente os de língua inglesa), em homenagem à LFR.

3. CONDUÇÃO DAS SOCIEDADES EM RECUPERAÇÃO JUDICIAL: MODELO *DEBTOR-IN-POSSESSION VS.* MODELO DE ADMINISTRAÇÃO JUDICIAL

Para fins do presente estudo, e à vista da opção do legislador brasileiro pela manutenção do devedor ou dos administradores à frente da atividade empresarial da sociedade em recuperação judicial, consideraremos os dois principais modelos de administração apontados acima.

Pelo modelo *debtor-in-possession*, originário dos Estados Unidos da América, a administração da sociedade permanece à frente da condução das atividades empresariais, não sendo substituída. Aos credores caberá a fiscalização do devedor.[23]

Ele tem como premissa o fato de o devedor ser o proprietário dos ativos, cabendo a ele a manutenção do controle sobre eles, e não aos credores, detentores apenas de direitos creditícios e não de propriedade sobre esse ou aquele bem.

Por sua vez, pelo modelo de administração judicial, os antigos administradores são destituídos das suas funções e substituídos por quem vem a ser indicado pelo juízo responsável pela recuperação judicial. Esse modelo é adotado pela legislação do Reino Unido, por exemplo,[24] e tem como premissa a presunção de que a situação de insolvência decorre de falhas cometidas pela antiga administração quando responsável pela condução das atividades empresariais.[25]

Os estudiosos dos dois modelos apontam vantagens e desvantagens para cada um deles. Interessa-nos, aqui, analisá-las sob a perspectiva da estrutura de poder de controle.

Para os defensores do modelo *debtor-in-possession*, ele se mostra mais interessante pois a antiga administração já está familiarizada com as atividades empresariais da sociedade em recuperação judicial. Assim, a sua substituição por alguém nomeado pelo juízo, por exemplo, implicaria em aumento dos custos direto e indireto do procedimento. O primeiro consistiria na necessidade de remuneração da administração

---

23. "Still, even under the terms of the DIP Model, the performance of incumbent management is at least to some degree subject to the bankruptcy judge's scrutiny. It is also subject to the supervision of the creditors, particularly that of the senior creditors. To be sure, matters considered outside the ordinary course of business, such as selling the firm's assets or borrowing funds, require the bankruptcy judge's approval in advance and management, although acting as a DIP, cannot take action independently. Moreover, the bankruptcy judge has the prerogative to replace the incumbent management with a court-appointed official whenever he sees fit, notwithstanding the fact that in practice that prerogative is rarely exercised" (ROTEM, Yaad. Contemplating a Corporate Governance Model for Bankruptcy Reorganizations: lessons from Canada. *Va. L. & Bus. Rev.* 3 (2008)).

24. "Lije the US counterpart, the English legislature also expressed a policy facilitating reorganization of financially distressed corporations. However, the method it chose for reaching this goal involves the employment of an independent trustee who replaces management in office" (HAHN, David, op. cit.).

25. Parece-nos que presumir que a antiga administração seria sempre responsável pela situação de insolvência da sociedade não se mostra correta. A situação de insolvência pode ser consequência de fatores externos, como crises econômicas, não guardando qualquer relação com a má condução do negócio. Nesse sentido: "A crise econômico-financeira que acomete a sua atividade empresarial não necessariamente é decorrente de um comportamento desidioso do devedor. Sua situação de iliquidez transitória poderá ser decorrente de fatores externos que não ligados à má gestão" (SACRAMONE, Marcelo Barbosa. 2018a, p. 280).

judicial, enquanto o segundo decorreria do tempo necessário para aquele que viesse a substituir a antiga administração se familiarizar com o negócio, o que, evidentemente, o impediria de imediato se dedicar à atividade empresarial em si.[26]

Além disso, a substituição dos administradores poderia fazer com que eles não cooperassem com a administração judicial, prejudicando o fluxo informacional e, consequentemente, a própria atividade empresarial.

Outro aspecto positivo do modelo *debtor-in-possession* seria o fato da administração da sociedade ser estimulada a iniciar a recuperação judicial de forma tempestiva. Sabedores de que não serão substituídos, os administradores tenderiam a se socorrer da recuperação judicial enquanto ela ainda se mostra viável.

Por sua vez, aqueles que criticam o modelo *debtor-in-possession* e defendem a imediata substituição da antiga administração alegam que não faria sentido a manutenção dos mesmos administradores que conduziram a sociedade para uma situação de dificuldades financeiras. Cria-se um incentivo ruim para a administração, o que pode levá-la adotar estratégias de empresariais mais arriscadas. Afinal, cientes de que não serão destituídos em caso de recuperação judicial, os antigos administradores poderiam optar por negócios com riscos elevados, na tentativa de evitar o próprio remédio judicial. A consequência disso é que os ativos da sociedade poderiam vir a ser comprometidos, prejudicando diretamente os credores, já que é o patrimônio da sociedade que garante a satisfação dos créditos.

Ainda, o modelo da administração judicial seria vantajoso, pois estimularia os administradores a escolher objetiva e conscientemente a melhor opção entre a liquidação e a recuperação para a sociedade com dificuldades financeiras. Sabendo de antemão que será substituída em qualquer cenário, a administração da sociedade seria desestimulada a optar pela recuperação quando ciente de que a via adequada seria a liquidação.[27]

À luz disso, surge o questionamento de qual dos dois modelos seria mais adequado, quando se considera a estrutura do poder de controle da sociedade.

Valendo-nos da lição de David Hahn,[28] parece-nos que o modelo *debtor-in-possession* se mostra mais vantajoso nos mercados em que prevalece o poder de controle diluído.

Como já dito, nos casos de poder de controle diluído, a sujeição dos administradores aos sócios tende a ser menor. Isso permite que a administração da sociedade atue de forma mais independente e atenta aos interesses sociais, o que, claramente, reverte em benefícios para os credores. Afinal, a administração estará focada na

---

26. ROTEM, Yaad. Op. cit.
27. "A bankruptcy commencement decision by a debtor firm under such regime [administração judicial] can be expected to be premise on genuine business grounds, namely its valuation of the existence of a going concern premium or the lack thereof" (HAHN, David. op. cit.).
28. HAHN, David. op. cit.

condução dos negócios, sem ter que se preocupar, ao menos de forma imediata, em satisfazer os interesses de sócios individualmente considerados. Como consequência lógica, parece-nos que o ambiente se mostra mais propício ao desenvolvimento das atividades empresariais, o que, consequentemente, está mais alinhado aos interesses dos credores.

Ainda, a continuação dos administradores na condução das atividades empresariais tende a ser benéfica para o processo de recuperação judicial. Ante à menor ingerência dos sócios sobre a administração, esta poderá se sentir estimulada a ser mais cooperativa com os credores e com o procedimento em si. São os credores que aprovam ou rejeitam o plano de recuperação judicial. A aprovação do plano e a continuidade das atividades sociais poderá ser uma possibilidade dos antigos administradores permanecerem nos seus cargos e recebendo as suas remunerações.

Por outro lado, em mercados em que prevalece o poder de controle concentrado, a continuação da administração durante o processo de recuperação judicial tal como ela se encontrava não se mostraria vantajosa.

Ganha especial relevância o fato de que os administradores, em situações de poder de controle concentrado, encontram-se em situação de grande sujeição aos sócios que os elegeram. Isso tende a induzir a atuação da administração de modo a ser mais favorável aos sócios do que aos credores da sociedade, priorizando um interesse em detrimento do outro.[29]

Isso poderia levar à conclusão imediata de que a melhor alternativa seria a adoção do modelo de administração judicial para os mercados em que o poder de controle se encontra normalmente concentrado. Contudo, não nos parece ser esta a solução.

Ainda que o modelo *debtor-in-possession* apresente falhas, parece-nos que as suas vantagens se sobrepõem às desvantagens, ainda que se esteja diante de um poder de controle concentrado. Mas isso não significa que o modelo não deva ser aprimorado para lidar com esse tipo de situação.

Para isso, entendemos que, para mercados com essa característica, o ideal seria, juntamente com a manutenção da antiga administração na condução da atividade empresarial, a nomeação de um administrador judicial, a exemplo do que acontece na LFR (as nossas críticas e sugestões para o caso brasileiro serão tratadas adiante).

O administrador judicial deverá ser dotado de poderes de fiscalização e, também, por que não, de poderes efetivos de atuação na administração da sociedade em recuperação judicial, inclusive com poder de veto, o que poderá conferir efetividade às suas funções.

---

29. "By contrast, in closely-held firms, where management is not subject to the disciplining forces of the market for corporate control and the market for managers, management displacement in bankruptcy seems more necessary to ensure efficient ex post management of the firm for the benefit of the creditors' interest" (HAHN, David. op. cit.).

A atuação do administrador judicial na administração deverá ser exercida nos assuntos que tenham impacto direto no processo de recuperação judicial e interfiram diretamente nos interesses dos credores. Não caberia ao administrador judicial se imiscuir em outras questões que não essas, sob o risco da sugestão se mostrar contraproducente e excessivamente onerosa, o que não atende os interesses dos credores e da própria sociedade devedora.

Inclusive, seria recomendável que o administrador judicial participasse da própria elaboração do plano de recuperação judicial a ser oportunamente submetido à apreciação e votação dos credores. Sendo alguém imparcial e com acesso às informações relevantes das atividades da sociedade em recuperação judicial, o administrador judicial poderá sugerir planos que atendam melhor os interesses dos credores e que não seriam submetidos *sponte propria* pela antiga administração, justamente por estar sujeita aos interesses dos controladores.

A ideia é que tal administrador judicial atue no sentido de equilibrar os interesses dos credores com os do devedor e seus sócios, evitando que aqueles sejam prejudicados pelos antigos administradores. Obviamente que a atuação de tal administrador judicial estará sujeito ao controle do Poder Judiciário, dos credores e da própria sociedade em recuperação judicial. É uma forma de evitar atuações abusivas, possibilitando a acomodação dos interesses de todas as partes.

4. A OPÇÃO DA LFR

A LFR, como já colocado, estabelece que o devedor ou os seus administradores serão mantidos na condução da atividade empresarial.

Uma leitura isolada do art. 64 da LFR poderia levar à conclusão de que a lei brasileira optou pelo modelo *debtor-in-possession*. Contudo, é necessário interpreta-lo em conjunto com os demais dispositivos da lei.

O fato de a legislação nacional impor, também nos casos de recuperação judicial, a nomeação de um administrador judicial sinaliza que não se está diante de um modelo *debtor-in-possession* puro.[30] Afinal, neste, a fiscalização fica com os credores, ao passo que a LFR atribui ao administrador judicial uma série de funções (art. 27

---

30. "No Brasil não se apresenta completamente correta a assertiva de que a mesma concepção prevaleceu. É verdade que, assim como no ordenamento norte-americano, o devedor pode, salvo exceções, continuar administrando a organização empresarial. Ocorre que a estrutura brasileira diferencia-se, na medida em que um personagem – administrador judicial – é previsto legalmente para supervisionar o devedor e exercer funções administrativas no processo.

    Note-se que o *United States Trustee*, participante do sistema concursal norte-americano, não pode ser identificado com o administrador judicia, especialmente para fins de se interpretar a lei brasileira como seguidora completa da estrutura do *debtor in possession*. As funções daquele órgão não são tão amplas quanto as do administrador judicial e não o transformam em um supervisor da administração empresarial exercida pelo devedor. Como se verá, lá a atividade de fiscalização foi concedida diretamente aos credores" (CEREZETTI, Sheila Christina Neder. Op. cit.).

da LFR), entre as quais a de fiscalizar as atividades do devedor e prestar informações ao juízo e aos credores.[31]

Percebe-se que a atuação do administrador judicial terá por finalidade exclusiva se não eliminar, ao menos reduzir, a assimetria informacional que existe entre o devedor e os seus credores.[32] Apesar da nomenclatura, ao administrador judicial não é atribuída qualquer função na administração das atividades empresariais da sociedade em recuperação.

Considerando que o mercado brasileiro ainda é marcado por uma elevada concentração societária (poder de controle concentrado), a iniciativa da LFR de trazer, para a recuperação judicial, a figura do administrador judicial é louvável. Afinal, a atuação tende a mitigar a sujeição dos membros da administração mantidos nos seus cargos ao(s) sócio(s) controlador(es).

No entanto, como se abordará mais adiante, a opção legislativa pode ser incrementada, de modo que as funções do administrador judicial sejam ampliadas.

4.1   A destituição do devedor e dos administradores

Apesar da LFR ter optado por manter o devedor ou seus administradores na condução da atividade empresarial, ela também prevê a possibilidade da destituição deles.

São casos de destituição do devedor ou dos administradores: (i) condenação por sentença penal transitada em julgado por crime cometido em recuperação judicial ou falência anteriores ou por crime contra o patrimônio, a economia popular ou a ordem econômica previstos na legislação vigente; (ii) existência de indícios veementes de ter cometido crime previsto na LFR; (iii) atuação com dolo, simulação ou fraude contra os interesses de seus credores; (iv) prática de alguma das seguintes condutas: a) efetuar gastos pessoais manifestamente excessivos em relação a sua situação patrimonial; b) efetuar despesas injustificáveis por sua natureza ou vulto, em relação ao capital ou gênero do negócio, ao movimento das operações e a outras circunstâncias análogas; c) descapitalizar injustificadamente a empresa ou realizar operações prejudiciais ao seu funcionamento regular; d) simular ou omitir créditos ao apresentar a relação de que trata o inciso III do caput do art. 51 desta Lei, sem relevante razão de direito ou amparo de decisão judicial; (v) recusa em prestar informações solicitadas

---

31. A fiscalização também será exercida pelo comitê de credores (art. 26 da LFR). No entanto, a sua constituição obrigatória.

32. "Ainda que não exerça o administrador judicial a gestão ativa da empresa em recuperação judicial, será por seu intermédio, como visto acima, que os credores e o juiz tomarão conhecimento acerca dos desmandos administrativos da recuperanda; de seu fluxo de caixa e medidas para viabilizar o soerguimento com total transparência. É sabido, aliás, que a situação *interna corporis* de uma sociedade muitas vezes é desconhecida pelos credores. O administrador judicial deve ter a preocupação de ter essa análise e de levar a conhecimento de todos os envolvidos na recuperação judicial" (BRAGANÇA, Gabriel José de Orleans. *Administrador Judicial* – Transparência no Processo de Recuperação Judicial. São Paulo: Quartier Latin, 2017, p. 124).

pelo administrador judicial ou pelos demais membros do Comitê; (vi) previsão de afastamento no plano de recuperação judicial.

Sendo o caso de destituição do administrador, estabelece o parágrafo único do art. 64 da LFR que aquele será substituído na forma prevista nos atos constitutivos do devedor ou do plano de recuperação judicial.

Daí se infere que, para a hipótese de substituição do administrador, caberá ao órgão societário competente a eleição de quem passará a exercer a função. Em outras palavras, o efeito é para o administrador e não para o devedor, cujos sócios ou respectivos órgãos continuam a exercer regularmente os seus direitos e funções, respectivamente.

Questão controvertida se refere ao afastamento do devedor que, nos termos do art. 65 da LFR, levará o juiz a convocar a assembleia geral de credores para deliberar sobre o nome do gestor judicial que assumirá a administração das atividades empresariais.

Ao falar em devedor, a quem a LFR está se referindo? À própria sociedade em recuperação judicial? Qual a melhor interpretação para se dar ao dispositivo legal?

Segundo a melhor doutrina, o termo devedor não deve ser interpretado no sentido literal.[33-34]

Como apontado, a estrutura societária, no Brasil, é marcada por ser de poder de controle concentrado. Diante disso, as diretrizes são dadas pelo(s) sócio(s) controlador(es), sendo que os sócios minoritários, via de regra, têm pouca voz ativa nos processos de tomadas de decisões.[35]

Diante dessa situação, o mais correto seria afastar aquele que, detentor de participação societária majoritária, tem o poder e efetivamente o exerce para orientar a prática dos atos indicados como autorizadores para a destituição judicial. Em outras palavras, para esses casos, caberá a substituição do(s) sócio(s) controlador(es) e dos que com ele eventualmente participaram para a tomada da deliberação,[36] preservando-se os direitos dos demais sócios que se posicionaram contrariamente.[37]

Para os casos de participação diluída, entendemos que a consequência será a destituição daqueles sócios que participaram da deliberação que se enquadra em um

---

33. SACRAMONE, Marcelo Barbosa. 2018a. p. 282.
34. CEREZETTI, Sheila Christina Neder. Op. cit. p. 405.
35. Obviamente que observado os quóruns estabelecido pelas legislações aplicadas a cada caso, os votos dos sócios minoritários poderão ser necessários e essenciais para a deliberação, sem os quais esta não restará tomada.
36. Lembrando que o sócio participa da formação da deliberação social, não atuando como representante da sociedade, a menos que participe da administração.
37. "Ora, a proposta de retirada dos direitos políticos do controlador, tal qual acima indicada, nada mais é que a tentativa de manter a observância da estrutura societária interna do devedor, evitando-se que condutas abusivas do controlador ocasionem restrições de a direitos de outros interessados, como os acionistas minoritários ou, na hipótese de serem efetivamente independentes e atuantes em prol do interesse social, dos administradores da companhia" (CEREZETTI, Sheila Christina Neder. Op. cit. p. 406-407).

dos casos previstos no art. 64 da LFR. Isso porque foram eles, por meio do exercício dos seus respectivos direitos políticos, que tomaram a decisão.

De outro lado, não se pode olvidar que, apesar da deliberação ser dos sócios, poderá haver casos em que o ato seja executado pelos órgãos da administração, o que demandará, também, o afastamento do administrador ou dos administradores que tenham dado efetividade à deliberação.

Com o afastamento do devedor das atividades empresariais, caberá aos credores, em não ao Poder Judiciário, nomear o gestor judicial. E isso se justifica pelo fato dos credores, ante o seu interesse no recebimento dos seus créditos, a ser satisfeito com o sucesso do procedimento recuperacional, serem as pessoas mais adequadas para decidir sobre as atividades da sociedade em recuperação.[38]

Questão relevante que surge para os casos de nomeação de gestor judicial nos termos do art. 65 da LFR se refere à possibilidade deste apresentar o plano a ser cumprido pela sociedade em recuperação judicial, ou se tal prerrogativa seria exclusiva do devedor.

Há relevante posicionamento no sentido de que o gestor judicial, por não ser mero fiscal da administração, mas por efetivamente exercê-la, estaria investido do poder de propor o plano de recuperação judicial.[39]

Contudo, entendemos não ser essa a melhor solução. Afinal, estando o devedor obrigado a cumprir com os termos do plano de recuperação, parece-nos que ele deverá concordar com os seus termos. Do contrário, admitir-se-ia a imposição de obrigações ao devedor, o que, em algumas situações, poderia se aproximar de uma efetiva expropriação, como por exemplo, nos casos de alienação de bens.

Acreditamos, portanto, que ainda que se esteja diante de situações em que tenha sido nomeado um gestor judicial, o devedor deverá concordar com os termos do plano de recuperação que venha a ser proposto.

---

38. "Ao atribuir a prerrogativa de nomear o gestor judicial à assembleia geral de credores, a Lei orientou-se por outorgar maior poder decisório aos credores, entendendo que, ante o afastamento do devedor ou de seus administradores, aqueles são as pessoas mais adequadas para definir os rumos da atividade empresaria, em vista de seus interesses no recebimento dos créditos, o que, na empresa em crise econômico-financeira, passa a depender diretamente do êxito da atividade, colocando o *fixed claim* (crédito) em situação análoga ao *residual claim* (direito dos sócios aos lucros)" (MUNHOZ, Eduardo Secchi. In: SOUZA JUNIOR, Francisco Satiro de, PITOMBO, Antônio Sérgio Altieri de Moraes (Coord.). *Comentários à Lei de Recuperação de Empresas e Falência* – Lei 11.101/2005. 2 ed. São Paulo: Ed. RT, 2007, p. 314).

39. "É bem verdade que, na lei brasileira, o obstáculo à aprovação do plano representado pela vontade do devedor pode ser superado, na hipótese de ser determinado o seu afastamento pelo juiz, o que é admitido nas situações previstas no art. 64 (v.g., prática de crimes, fraude contra credores, atos irregulares de administração), do qual adiante se cuidará. A interpretação sistemática do § 3.º do art. 56 e do art. 64 leva à conclusão de que, uma vez afastado o devedor, o plano modificado pela assembleia poderá ser aprovado se contar com a aprovação do gestor judicial, eleito pela própria assembleia geral de credores (art. 65)" (MUNHOZ, Eduardo Secchi. Op. cit. p. 279).

5. BREVES CRÍTICAS À LFR

Como indicado anteriormente, somos da opinião de que o legislador andou bem ao prever, na LFR, que deferido o processamento da recuperação judicial, o juiz responsável nomeará um administrador judicial.

Contudo, entendemos que as funções atribuídas ao administrador judicial, no caso brasileiro, são passíveis de críticas e sugestão de melhoria, no intuito de conferir mais elementos que permitam a harmonização dos interesses da sociedade devedora e dos seus credores.

Aqui, a principal crítica que fazemos é ao fato de que a atuação do administrador judicial é limitada à fiscalização das atividades da sociedade durante o processo de recuperação judicial.

É evidente que a fiscalização se mostra necessária. Afinal, ela objetiva mitigar os efeitos nocivos que a assimetria informacional gera.

Entretanto, acreditamos que atribuir ao administrador judicial algumas funções consultivas se mostraria benéfico ao processo de recuperação judicial.

Nesse campo, conferir ao administrador judicial a possibilidade de se pronunciar previamente sobre a alienação de bens ou direitos que possam impactar diretamente os interesses dos credores se mostra interessante.

É verdade que o art. 66 da LFR exige a autorização do juiz para que o devedor aliene ou onere bens ou direitos do seu ativo permanente. Contudo, nada fala a respeito da manifestação do administrador judicial. Isso apenas ocorre quando o devedor é afastado (art. 27, II, c, da LFR).

O administrador judicial exercendo a fiscalização das atividades do devedor teria, a princípio, melhores condições de avaliar a pertinência ou não da alienação ou oneração de bens ou direitos. Ele pode, assim, contribuir para a tomada de uma decisão mais bem informada.

Outra função que poderia ser atribuída ao administrador judicial seria a sua participação na elaboração do plano de recuperação.

É natural que o devedor tenda, ao elaborar o plano, a oferecer aquilo que lhe seja mais vantajoso, o que pode ser feito por meio de propostas piores aos credores do que efetivamente poderiam ser oferecidas, sem que isso prejudique as atividades empresariais.

Conferindo ao administrador judicial a possibilidade de fazer recomendações ao devedor quando da elaboração do plano de recuperação judicial, acreditamos que os interesses das partes estarão mais bem preservados. A provável tendência seria a apresentação de planos viáveis para o devedor e que, ao mesmo tempo, melhor atendam os interesses dos credores.

Note-se que não se está sugerindo que o administrador judicial teria o poder de impor esse ou aquele plano. Tratar-se-iam de recomendações que poderiam ser aceitas ou não pelo devedor. Em qualquer caso, caberá, via de regra, aos credores aprovarem ou não o plano oferecido. Mas, parece-nos que, diante dessa possibilidade, os credores, cientes das recomendações feitas pelo administrador judicial, estariam mais bem informados e teriam melhores condições de avaliar e decidir o que é proposto pelo devedor, diminuindo-se a assimetria informacional que permeia a recuperação judicial.

É certo que a atribuição de outras funções ao administrador judicial significaria o aumento dos custos do procedimento. Todavia, parece-nos que as possíveis vantagens justificariam.

6. CONCLUSÃO

O fato da estrutura societária brasileira ser marcada pela concentração, o que leva à sujeição da administração da sociedade ao(s) sócio(s) controlador(es) justifica, a nosso ver, a opção da LFR pela nomeação de um administrador judicial.

A alternativa, consistente na adoção do modelo de administração judicial, tal como aqui colocado, parece-nos que seria desvantajosa, colocando em risco os objetivos almejados pela legislação. A manutenção da antiga administração se mostra benéfica.

Entretanto, diante da concentração societária existente no Brasil, conferir ao administrador judicial outras funções que não meramente de fiscalização pode se mostrar recomendável para melhor atender os diversos interesses envolvidos no procedimento recuperacional.

Possibilitar que o administrador judicial seja previamente ouvido sobre a alienação de bens ou direitos que possam impactar a atividade da recuperanda e que participe da elaboração do plano a ser submetido aos credores, fazendo recomendações, seria uma forma de conferir maior equilíbrio aos interesses potencialmente conflitantes das partes envolvidas no processo.

Entendemos que conferir essas funções ao administrador judicial estaria em perfeita sintonia com a opção legislativa pela manutenção do devedor na condução das atividades empresariais e com a própria finalidade da recuperação judicial.

É preciso, portanto, repensar a função do administrador judicial e como melhorá-la, considerando a escolha do legislador por manter o devedor e os administradores na condução das atividades empresariais.

7. REFERÊNCIAS

ASCARELLI, Tullio. *Problemas das Sociedades Anônimas e direito comprado*. Campinas: Bookseller, 2001.

BRAGANÇA, Gabriel José de Orleans. *Administrador Judicial* – Transparência no processo de recuperação judicial. São Paulo: Quartier Latin, 2017.

CAMPINHO, Sérgio. *Falência e recuperação de empresa* – O novo regime da insolvência empresarial. 6. ed. Rio de Janeiro: Renovar, 2012.

CEREZETTI, Sheila Christina Neder. *A recuperação judicial de Sociedade por Ações* – O princípio da preservação da empresa na Lei de Recuperação e Falência. São Paulo: Malheiros, 2012.

COMPARATO, Fábio Konder; SALOMÃO FILHO, Calixto. *O poder de controle na Sociedade Anônima*. 5. ed. Rio de Janeiro: Forense, 2008.

FRANCO, Gustavo Lacerda, SACRAMONE, Marcelo Barbosa. Dever de diligência na recuperação judicial: novos interesses, riscos menores. *Contraponto Jurídico* – Posicionamentos divergentes sobre grandes temas do Direito [livro eletrônico]. São Paulo: Thomson Reuters Brasil, 2018. 6Mb; ePUB.

HAHN, David. Concentrated Ownership and Control of Corporate Reorganizations. *JCLS* 4 (2004).

KIRSHCHBAUM, Deborah. *A recuperação judicial no Brasil*: governança, financiamento extraconcursal e votação do plano. 94 f. Tese (Doutorado em Direito) – Universidade de São Paulo, São Paulo, 2009.

MATTOS FILHO, Ary Oswaldo, CHAVENCO, Maurício, HUBERT, Paulo, VILELA, Renato, HOLLOWAY RIBEIRO, Victor B. *Núcleo de Estudos em Mercados e Investimentos* – FGV Direito SP, ago/2014. Disponível em: https://direitosp.fgv.br/sites/direitosp.fgv.br/files/arquivos/anexos/radiografia_das_lt-das_v5.pdf.

MARQUES, Thiago de Ávila, GUIMARÃES, Thayse Machado e PEIXOTO, Fernanda Maciel. A concentração acionária no Brasil: análise dos impactos no desempenho, valor e risco das empresas. *Revista de Administração Mackenzie*, v. 16, n. 4, São Paulo jul/ago 2015, versão On-line ISSN 1678-6971. Disponível em: https://doi.org/10.1590/1678-69712015/administracao.v16n4p100-133.

MUNHOZ, Eduardo Secchi. In: SOUZA JUNIOR, Francisco Satiro de, PITOMBO, Antônio Sérgio Altieri de Moraes (Coord.). *Comentários à Lei de Recuperação de Empresas e Falência* – Lei 11.101/2005. 2. ed. São Paulo: Ed. RT, 2007.

PENTEADO, Mauro Rodrigues. *Aumentos de capital das Sociedades Anônimas*. 2. ed. atual. e anotada por Alfredo Sérgio Lazzareschi Neto. São Paulo: Quartier Latin, 2012.

ROTEM, Yaad. Contemplating a Corporate Governance Model for Bankruptcy Reorganizations: lessons from Canada. *Va. L. & Bus. Rev.* 3 (2008).

SACRAMONE, Marcelo Barbosa. *Comentários à Lei de Recuperação de Empresas e Falência*. São Paulo: Saraiva, 2018.

SALOMÃO FILHO, Calixto. *Teoria crítico-estruturalista do direito comercial*. São Paulo: Marcial Pons, 2015.

SALOMÃO FILHO, Calixto. *O novo direito societário*. 4. ed. São Paulo: Melhoramentos, 2011.

PROCESSO DE NOMEAÇÃO DO ADMINISTRADOR JUDICIAL E SUAS CONSEQUÊNCIAS NO SISTEMA DE INSOLVÊNCIA BRASILEIRO

Marcelo Moraes Santiago

Mestrando em Direito Comercial pela Pontifícia Universidade Católica (PUC - SP). Graduado pela Universidade de São Paulo (USP). Advogado com 10 anos de experiência profissional em operações financeiras e de ativos estressados.

Sumário: 1. Introdução – 2. Breve evolução história brasileira: superação do Decreto-lei 7.661/1945 E o surgimento da Lei 11.101/2005 – 3. Natureza jurídica e sistema de nomeação do administrador judicial no direito brasileiro – Lei 11.101/2005 – 4. Concentrações de mercado na nomeação do administrador judicial – 5. Conclusão – 6. Referências

1. INTRODUÇÃO

O *The World Bank* publica anualmente uma série de estudos técnicos para mensurar e analisar riscos econômicos-comercias em diversos países, com o objetivo de garantir maior segurança aos investimentos e desenvolvimento das economias dos países em escala global. Um dado que sempre chama a atenção nesses estudos diz respeito à taxa de recuperação de crédito judicial/insolvência de um determinado país. Ou seja, o quão um sistema de insolvência e recuperabilidade de investimentos é eficiente do ponto de vista financeiro. Essa taxa é medida em centavos de dólar e é divulgada na forma de ranking global. A taxa brasileira é em 2020 de 18,2 centavos recuperados em um processo de insolvência por dólar investido, nos termos do estudo do Banco Mundial.

Se compararmos tal taxa com outros países, verifica-se que a taxa de recuperação brasileira é inferior à média dos países da África Subsaariana de 20.3 centavos por dólar, e ainda, mais discrepante quando comparada à dos países desenvolvidos[1], como França que possui um índice de 73,5, Estados Unidos da América com a média de 82,1, Portugal com 63,1 e, por fim, a Alemanha com 80,6. Obviamente que essas métricas precisam ser profundamente analisadas para evitarmos distorções, mas é um sinal importante a ser observado.

Diante da atual situação enfrentada pelo mercado brasileiro com relação aos insatisfatórios índices de recuperabilidade de crédito em procedimentos de insolvência, o presente artigo convida ao debate a respeito de uma das causas de

---

1. O material e o ranking completo podem ser consultados em: http://www.doingbusiness.org.

ineficiência dos procedimentos de insolvência concursal no Brasil: os procedimentos de nomeação para o exercício do cargo de administrador judicial e suas consequências.

Como veremos a seguir, o sistema brasileiro optou por prover essa prerrogativa de escolha exclusivamente ao juiz, criando uma relação de amizade e confiança entre juízes e administradores judiciais no mercado de insolvência brasileiro. Por outro lado, uma nomeação errônea pode acarretar em atrasos, desinteligência entre os participantes do processo, decisões equivocadas, falta de transparência e uma má fiscalização do procedimento como um todo, sem mencionar o fato de que tal sistema de nomeação está em desacordo com os princípios da lei no tocante à soberania da assembleia de credores, e, por fim, pode trazer questões concorrenciais complexas a respeito dos índices de concentração de mercado.

Portanto, pode-se afirmar que a preservação dos empregos, manutenção da fonte de arrecadação tributária e circulação de valores e mercadorias por parte das empresas está ligada diretamente à eficiência do procedimento de recuperação judicial, por exemplo, assim como a eficiente liquidação dos ativos nos casos de falência.

Nesse sentido, o presente estudo pauta-se inicialmente em uma breve evolução histórica e social do sistema de insolvência brasileiro, principalmente no tocante à regulamentação da nomeação do administrador judicial para contextualizar os movimentos legislativos e econômicos do Brasil e suas respectivas alterações. Ainda, como forma de indicar sugestões para o aprimoramento do sistema brasileiro com relação à problemática trazida, lançamos à análise do direito comparado a luz de tais procedimentos em outros países, assim como alguns analíticos da concentração da nomeação dos administradores judiciais em procedimentos relevantes de insolvência em trâmite no Brasil.

Por fim, serão analisados possíveis novos métodos de escolha ao administrador judicial que poderiam ser adotados no sistema brasileiro, principalmente por meio de uma alteração legislativa. Este é um ponto fundamental ao aprimoramento do sistema e que não merece passar desapercebido, o papel do administrador judicial é cada vez mais relevante e significativo, ganhando cada vez mais protagonismo ao processo como um todo.

Nesse sentido, o presente estudo pauta-se inicialmente em uma breve evolução histórica e social do sistema de insolvência brasileiro, principalmente no tocante à regulamentação da nomeação do administrador judicial para contextualizar os movimentos legislativos e econômicos do Brasil. Ainda, como forma de indicar sugestões para o aprimoramento do sistema brasileiro com relação à problemática trazida, lançamos à análise de direito comparado a luz de tais procedimentos em outros países, assim como alguns dados empíricos da concentração da nomeação dos administradores judiciais em procedimentos de insolvência em trâmite no Brasil.

Por fim, podemos inferir que novos métodos de nomeação do administrador judicial podem ser adotados no sistema brasileiro de forma positiva, principalmente

PROCESSO DE NOMEAÇÃO DO ADMINISTRADOR JUDICIAL

por meio de uma alteração legislativa. Este é um ponto fundamental ao aprimoramento do sistema e que não merece passar desapercebido. O papel do administrador judicial é cada vez mais relevante e significativo, ganhando cada vez mais protagonismo ao processo como um todo.

2. BREVE EVOLUÇÃO HISTÓRIA BRASILEIRA: SUPERAÇÃO DO DECRETO-LEI 7.661/1945 E O SURGIMENTO DA LEI 11.101/2005

Com o objetivo de possibilitar e estruturar as fortes mudanças econômicas, políticas e sociais do Brasil no século XX, o sistema jurídico brasileiro sofreu diversas alterações importantes, que perduram até a atualidade. Foram editados diversos ato normativos, como a Lei 3.071/1916 (Código Civil), Lei 4.728/1965 (Lei do Mercado de Capitais e Sistema Financeiro Nacional), Lei 6.404/1976 (Lei das Sociedades Anônimas) e, por fim, o Decreto-Lei 7.661/1945 ("Decreto-Lei"), que dispõe sobre o sistema recuperacional e falimentar das empresas.

O Decreto-Lei trouxe diversas inovações ao ambiente empresarial à época, como a criação do sistema de concordata e falência. Os profissionais responsáveis pela condução técnica, operacionalização e fiscalização dos procedimentos eram apontados pelo juiz, denominados comissários (concordata) e síndicos (falência).

As maiores características dos institutos do Decreto-Lei consistiam (i) na tutela da recuperação à figura pessoal devedor e não à atividade empresarial e sua manutenção; (ii) o centro decisório não estava em poder dos credores, ou seja, os credores possuíam um papel secundário, ao passo que o juiz (Estado) era a figura central no processo; e (iii) o síndico ou o comissário eram escolhidos entre os maiores credores da companhia, devendo ser residente ou domiciliado no foro da falência e ter reconhecida idoneidade moral e financeira.

Nesse sentido, com o passar das décadas, o Decreto-Lei acabou por se mostrar defasado em comparação ao forte crescimento da atividade econômica e empresarial do Brasil da segunda metade do século XX e início do século XXI[2]. Estudos relatam que, neste período, 90% das empresas que ingressavam com um pedido de concordata preventiva tinham sua falência decretada anos depois, pois as regras do Decreto-Lei favoreciam muito mais a liquidação da sociedade do que a superação da crise econômico-financeira[3], e, portanto, um contrassenso do ponto de vista de desenvolvimento e aprimoramento do sistema falimentar e recuperacional brasileiro.

Não há de se negar que, por diversos motivos (como a forma de nomeação do síndico e comissário, conforme veremos a seguir), o Decreto-Lei acabou por não

---

2. Em 2005 o Brasil ocupava o 11º lugar dos países com os maiores PIB do mundo – ranking completo pode ser obtido em https://photius.com/rankings/economy/gdp_2005_0.html.
3. BIOLCHI, Osvaldo. Apresentação: TOLEDO, Paulo F.C. Salles de: ABRÃO, Carlos Henrique (Coord.). *Comentários à Lei de Recuperação Judicial de Empresas e Falências*. 2. ed. São Paulo: Saraiva, 2007.

MARCELO MORAES SANTIAGO

alcançar suas funções de forma efetiva no tocante às recuperações das empresas ou a distribuição dos ativos na falência. Portanto, para melhor contextualizar o presente, é necessário que entendemos com clareza as decisões e escolhas do passado.

É nesse ambiente de insatisfação legislativa, crescimento econômico, estabilidade da moeda pós Plano Real e aprimoramento da segurança jurídica que surge a Lei 11.101/2005, alterou drasticamente os institutos aplicáveis à crise da empresa. Com tal normativo, foram realizadas alterações importantes nos procedimentos recuperacionais e falimentares: (i) a concordata é substituída pelos institutos da recuperação judicial e extrajudicial; (ii) é estabelecido o princípio da preservação da empresa como um dos alicerces fundamentais da lei; (iii) os credores tornam-se o centro decisório dos rumos da recuperação da empresa, dotado do princípio da soberania da assembleia dos credores; e, por fim, e mais importante para fins deste artigo, (iv) o administrador judicial surge como o resultado da fusão das figuras do síndico e do comissário, sendo nomeado e/ou destituído exclusivamente por decisão do juiz.

Nota-se, portanto, considerando essa breve análise história, uma preocupação do legislador em alterar drasticamente a forma de nomeação dos antigos síndicos e comissários para o novo administrador judicial mediante a uma falta de eficácia do procedimento como um todo, sendo que agora este passa a ser escolhido única e exclusivamente pelo juiz.

Existem diversos questionamentos que surgem depois da superação do Decreto-Lei e de 15 anos de vigência da Lei 11.101/2005, e suas alterações. Destacamos a indagação se de fato estaríamos diante de um sistema de nomeação do administrador judicial eficiente. Ainda, pode-se questionar se a escolha discricionária pelo juiz é condizente com o sistema brasileiro e, consequentemente, se no atual sistema existe concentração no mercado brasileiro de insolvência nas nomeações de tais profissionais e uma barreira competitiva, o que prejudicaria a qualidade dos serviços a serem prestados e os custos envolvidos, visto que a concorrência é elemento fundamental no desenvolvimento de qualquer sistema de prestação de serviços. Não seria diferente no caso das recuperações judicias e falências no Brasil.

3. NATUREZA JURÍDICA E SISTEMA DE NOMEAÇÃO DO ADMINISTRADOR JUDICIAL NO DIREITO BRASILEIRO – LEI 11.101/2005

Inicialmente, antes de adentrarmos ao tema central, é importante analisarmos a natureza jurídica do administrador judicial, nos termos da doutrina brasileira e da Lei 11.101/2005. A doutrina majoritária entende que o administrador judicial é considerado um órgão auxiliar da justiça[4] e cumpre *múnus* público, auxiliando o

---

4. SACRAMONE, Marcelo Barbosa. *Comentários à Lei de Recuperação de Empresas e Falências*. São Paulo: Saraiva Educação. 2019, p. 114.

PROCESSO DE NOMEAÇÃO DO ADMINISTRADOR JUDICIAL **129**

juiz, na condução do processo judicial quanto à prática de atos de fiscalização, acompanhamento do processo de insolvência[5]. É um agente dotado de fidúcia judicial, indicado pelo juiz sem que haja qualquer tipo de necessidade de aprovação prévia pelos credores.

Pois bem. Como vimos anteriormente, no âmbito da legislação anterior (Decreto-Lei 7.661/1945), o síndico e comissário eram escolhidos dentre os principais credores da empresa[6], portanto conclui-se preliminarmente que havia um potencial conflito pela parcialidade em seus atos (conflito em favor próprio) em detrimento da coletividade dos demais participantes em um procedimento de insolvência, visto que este possui diversos interesses em jogo e uma necessidade de acomodação e distribuição equilibrada de ônus e responsabilidades a todos os participantes, visando a superação de uma crise econômico-financeira da empresa[7], e/ou liquidação efetiva dos ativos.

O racional do Decreto-Lei pautava-se no fato de que se presumia que dentre todos os participantes do processo de insolvência, os credores seriam os maiores interessados no bom andamento do processo, pois é a recuperação do seu crédito, seja por meio da manutenção da empresa e/ou a liquidação de seus bens, que estava em jogo. Essa presunção acabou-se tornando inverídica ao passo que os maiores credores eram sempre bancos, os quais tinham outros mecanismos de amortecimentos dos efeitos da insolvência, como por exemplo o aumento de taxas de juros e também não gostariam do ônus de serem síndicos, mediante o trabalho envolvido e o tempo que necessita para o exercício das funções. Ou seja, não é factível pedir a um grande banco ser síndico de uma falência do ponto de vista prático. Nesse sentido, o sistema acabou se mostrando bastante ineficiente do ponto de vista da nomeação do síndico e/ou comissário, tendo que ser alterado por meio da Lei 11.101/05 como forma de prover maiores resultados aos procedimentos de insolvência.

Não há dúvidas de que a função exercida pelo do administrador judicial é fundamental para o bom andamento do processo e maximização de resultados aos envolvidos, tanto na recuperação judicial quanto na falência, propondo fiscalização dos atos de gestão, fornecer informações aos credores, elaborar a relação de credores e consolidação para fins de quóruns de votação do plano de recuperação judicial e demais deliberações, convocação de assembleia e até mesmo arrecadação de bens e a respectiva monetização nos casos de falência.

---

5. MAMEDE, Gladston. *Falência e Recuperação de Empresas*. São Paulo. Atlas, 2006, p. 90 e 91.
6. Sobre a mudança: "As regras que preveem uma participação ativa dos credores consistem em uma importante mudança de perspectiva. Afinal de contas, como são os credores que sofrerão os efeitos da recuperação, nada mais justo que o poder decisório acerca disso recaia sobre eles. Ademais, parte-se da premissa de que os credores tenderão a cooperar para a solução da crise do devedor, pois os resultados advindos da conduta cooperativa costumam a ser economicamente mais eficientes." SCALZILLI, João Pedro; SPINELLI, Luis Felipe; TELLECHEA, Rodrigo. *Recuperação de Empresas e Falência*. Coimbra: Almedina, 2016.
7. CÁRIO COSTA, Daniel. *Cadernos Jurídicos*, ano 16, n. 39, p. 59-77, São Paulo, jan./mar. 2015.

Nesse sentido, surge a primeira pergunta que buscamos analisar abaixo: a ausência de ingerência dos credores na escolha de um profissional essencial na fiscalização e condução do processo de insolvência e, consequente parte do sucesso, é conflitante com (a) o espírito da Lei 11.101/05, que adotou o princípio da participação ativa dos credores no procedimento[8]; e (b) o deslocamento do centro decisório do Estado para os credores (soberania dos credores)? Ainda, em outras palavras, o sistema se tornaria mais eficiente se os credores tivessem a prerrogativa de veto e/ou autorização prévia para escolha do profissional externo e idôneo no processo?

O sistema brasileiro atual se pautou fundamentalmente pelo princípio da soberania da Assembleia dos Credores, ou seja, caso decidido nos quóruns previstos em lei, os credores poderão decidir os rumos do procedimento de insolvência e seus principais temas (inclusive a decretação de falência da devedora), conforme jurisprudência do Superior Tribunal de Justiça:

> As decisões da assembleia de credores representam o veredito final a respeito dos destinos do plano de recuperação. Ao Judiciário é possível, sem adentrar a análise da viabilidade econômica, promover o controle de legalidade dos atos do plano sem que isso signifique restringir a soberania da assembleia geral de credores (REsp 1.513.260/SP, Rel. Min. João Otávio de Noronha, 3ª T., j. em 05/05/2016, DJe 10.05.2016).

Portanto, se o sistema é reconhecidamente soberano do ponto de vista de decisão da maioria dos credores, por quais motivos estes não devem ter ingerência na escolha e/ou destituição do ente fiscalizador do procedimento? Ao analisarmos todo o procedimento legislativo do PL 4376/1993 que deu origem à Lei 11.101/05 verificamos que havia na versão original a previsão no art. 35 que a assembleia geral de credores poderia substituir o administrador judicial e a indicar um substituto[9]. O dispositivo foi vetado e, ao analisarmos as razões do veto, identificamos que o motivo foi baseado no fato de que existia um conflito normativo entre o poder do juiz de nomear o administrador judicial e dos credores de poder substitui-los em assembleia geral.

Ou seja, o veto entendeu que existia conflito e optou por deixar todo o mecanismo de nomeação e substituição na escolha discricionária do juiz, pelo fato de que:

> Há, portanto, no texto legal, um equívoco que merece ser sanado, elidindo-se a possibilidade de a lei vir a atribuir competências idênticas à assembleia-geral de credores e ao juiz da recuperação judicial ou da falência, o que ensejaria a inaplicabilidade do dispositivo, com inequívocos prejuízos para a sociedade, que almeja a celeridade do processo, e para o próprio Governo Federal, que tem adotado ações que possibilitem alcançar esse desiderato[10].

---

8. TEBET, Ramez. Parecer 534/04 sobre o Projeto de Lei Complementar n. 71/2.003. Disponível em: http://redir.stf.jus.br/paginadorpub/paginador.jsp?docTP=TP&docID=580930.
9. Art. 35 (...) inciso I, alínea c: substituição do administrador judicial e a indicação de seu substituto.
10. Disponível em: https://www2.camara.leg.br/legin/fed/lei/2005/lei-11101-9-fevereiro-2005-535663-veto-103274-pl.html.

Nota-se que o veto tratou de forma simplista uma questão relevante e complexa, alegando que esses inequívocos legislativos e conflitos dos artigos de escolha e substituição do administrador judicial seriam, de certa forma, um problema na celeridade do processo. Não parece factível que a escolha do administrador judicial pelos credores poderia atrasar de forma significativamente prejudicial o processo, pelo ao contrário, uma má escolha pode não só atrasar muito mais um processo delicado de insolvência, mas gerar desinteligências entre participantes, decisões equivocadas, falta de transparência e uma má fiscalização, os quais no limite são muito mais nocivos que uma falta de celeridade (se houver).

O TJ-SP enfrentou a questão da necessidade de substituição do administrador judicial e se atentou aos males e consequências que uma decisão equivocada na nomeação teve durante o processo de recuperação judicial em questão, conforme trecho destacado:

> Na hipótese dos autos, o fundamento da perda de confiança é relacionado ao trabalho desempenhado na medida em que a decisão agravada releva que as determinações solicitas pelo administrador judicial assoberbam em demasia a máquina judiciária, não auxilia verdadeiramente o Juízo na consecução da atividade-fim, voltada à otimização dos resultados do processo, em tempo e em qualidade na recuperação dos ativos destinados ao pagamento de credores (TJ-SP AI 2197786-66.2018.8.26.0000 Rel. Des. Hamid Bdine 3ª T., j. em 17.08.2018).

Vejamos, ainda, por exemplo a recuperação judicial da Oi S.A., empresa de telefonia localizada na Cidade do Rio de Janeiro, Estado de Rio de Janeiro, sendo que tal processo foi um dos maiores (em tamanho total de dívida) registrados no Brasil até o momento. A nomeação do administrador judicial foi realizada em 22 de julho de 2016, conforme comunicado ao mercado disponibilizado pela companhia[11].

Em 21 de março de 2017 o MM. Dr. Juiz Fernando Cesar Viana, titular da 7ª Vara Empresarial, proferiu decisão de substituição do administrador judicial por quebra de confiança, indicando diversas falhas graves na condução do processo, conforme trecho a seguir:

> E, em uma recuperação desta magnitude, a maior da América Latina, já bastante complexa por si só, entendo que não agrega valor uma atuação que não prime pela excelência. Não há espaço nem tempo a se perder com a atuação do AJ financeiro. Não cabe ao juízo ficar interferindo para que o trabalho seja feito, com a qualidade que se espera. Isso só traz prejuízos à condução do processo de recuperação, aos credores e às devedoras.[12]

Fato é que a substituição do administrador judicial foi feita mediante erros relevantes, como a duplicação de R$ 2 bilhões de reais em créditos de forma equivocada na lista de credores, o que poderia acarretar alterações nos quóruns

---

11. Disponível em: https://www.oi.com.br/ri/conteudo_pt.asp?idioma=0&tipo=43085&conta=28&id=228295.
12. TJ-RJ. 7ª Vara Empresarial da Comarca do Rio de Janeiro, Estado do Rio de Janeiro. Processo sob o n. 02033711-65.2016.8.19.001.

de votação da aprovação ou rejeição do plano de recuperação judicial. Sem falar, ainda, do fato de que a própria decisão reconhece que fora a primeira vez que a PwC exercesse a função de administrador judicial (ainda mais dessa magnitude): *"Na verdade, desde o início, o AJ financeiro parece ter tido dificuldades em compreender seu papel nesta recuperação. Talvez porque tenha sido a primeira vez em que atua como administrador judicial."*[13]

Portanto, ao analisar este *leading case* demonstra-se uma sucessão de erros que poderiam ser evitados se a nomeação do administrador judicial levasse em consideração mais informações a respeito do entendimento técnico do administrador judicial nas suas funções a serem desempenhadas no processo de insolvência. Ou seja, se a escolha nesse caso fosse feita de maneira criteriosa pelos credores, os quais possuem forte presença no mercado e *expertise*, provavelmente a recuperação judicial passaria por mares mais brandos do que realmente passou, ganhando ainda mais celeridade e eficiência no processo a todos.

Agora, nos parece conflitante com a posição de soberania ocupada pelos credores no sistema brasileiro dentro de um processo de recuperação judicial e a falta de ingerência na nomeação da figura do administrador, pois uma má escolha pode ser decisivo em um bom resultado da recuperação ou não, conforme indica Paulo Fernando Campos Salles de Toledo em sua doutrina[14].

Ainda, de forma a corroborar essa situação, a destituição do administrador judicial, nos termos do artigo 31 da Lei 11.101/2005, só poderá ser feita mediante decisão judicial fundamentada na verificação de desobediência aos preceitos da lei, descumprimento dos deveres, omissão, negligência ou prática de ato lesivo. Nota-se, portanto, nenhum poder dos credores na nomeação, e ainda, mínima ingerência nos procedimentos de destituição, exceto o fato de que o credor pode requerer a destituição, mas não decide absolutamente nada a respeito.

Vejamos a hipótese de afastamento da gestão prevista nos artigos 64 e 65 da Lei 11.101/05. No diploma legal, há a possibilidade de, durante o procedimento de recuperação judicial, ocorrer o afastamento dos membros de gestão da empresa pelo juiz, desde que provada a ocorrência das hipóteses previstas em lei.

Nessa mesma linha, o artigo 65 dispõe que, quando do afastamento da gestão, os credores reunidos em assembleia deliberarão sobre a nomeação do gestor judicial que assumirá a gestão da empresa e todas as suas atividades, devendo observar, no que couber, as normas previstas à atividade de administração judicial. Note que tal matéria já foi decidida com alguma frequência no Tribunal de Justiça de São Paulo:

---

13. TJ-RJ. 7ª Vara Empresarial da Comarca do Rio de Janeiro, Estado do Rio de Janeiro. Processo sob o n. 02033711-65.2016.8.19.001.
14. TOLEDO, Paulo Fernando Campos Salles de. A disciplina jurídica das empresas em crise no Brasil: sua estrutura institucional. *Revista de Direito Mercantil, Industrial, Econômico e Financeiro* n. 122, São Paulo: Malheiros, 2001, p. 171.

PROCESSO DE NOMEAÇÃO DO ADMINISTRADOR JUDICIAL **133**

> (...) Nomeação de administradora que recaiu sobre credora. Determinação adequada em caráter precário, para garantir a continuidade da atividade empresarial em benefício da coletividade dos credores e também dos acionistas. Convocação da assembleia geral de credores para deliberar sobre o nome do gestor judicial que assumirá a administração das atividades da Recuperanda. Artigo 65 da Lei no 11.101/2005. Controle externo da sociedade em cumprimento da norma legal. Agravo de instrumento conhecido em parte e nesta, em razão da decretação da quebra, oportuno aguardar o desfecho dos recursos interpostos. Agravo Desprovido (AI 0178368-80.2013.8.26.0000, Ramon Mateo Júnior).

Ora, se o credor possui poderes para decidir a respeito da nomeação de um gestor judicial no âmbito do afastamento da gestão temerária, aplicando-se, no que couber, as mesmas regras e disposições da administração judicial, não haveria motivos lógicos para que ele não pudesse eleger e/ou destituir o administrador judicial do processo.

Ou seja, se há poderes de ingerência na administração da empresa (tomada de decisões de negócios) por meio da nomeação de um gestor judicial nos casos previstos em lei, certamente poderia nomear e substituir o administrador judicial, o qual possui funções mais modestas de fiscalização e transparência, porém não menos importantes. Nesse momento, recorreríamos ao milenar brocado romano do: "*in eo quod plus est semper inest et minus*", ou seja, "quem pode mais pode menos".

Passemos a recorrer a outras fontes do direito para corroborar com o exposto. Veja-se por exemplo, o direito comparado, como Portugal estruturou seu sistema nesta matéria. Ao disciplinar a matéria, o Código de Insolvência e da Recuperação de Empresas ("CIRE") propõe ser de competência do juízo a nomeação de um Administrador Judicial Provisório, dentro de uma lista oficial previamente estabelecida, até que seja nomeado um Administrador Judicial pós prolação de sentença, por meio dos credores reunidos em assembleia[15].

Há uma preocupação eminente com relação à celeridade do processo (administrador provisório), ainda mais por se tratar de empresas em séria crise financeira, mas há a transferência do centro decisório dessa questão aos credores em momento oportuno (decisão de manutenção ou substituição do administrador judicial).

O mesmo código determina a prerrogativa de substituição do administrador judicial pelos credores reunidos em assembleia sem que haja uma justificativa necessária, nomeando administrador inscrito ou não na lista oficial (sendo este último em casos excepcionais)[16]. Veja que o poder judiciário português possui poder de veto quando se verificar casos de falta de idoneidade ou aptidão ao exercício da função, ou seja, o juiz apenas exerce o controle de idoneidade, moralidade e análise da capacidade técnica do administrador judicial para não prejudicar o bom e efetivo andamento do procedimento, e, consequentemente, prejuízo aos credores.

---

15. Art. 32, 1, CIRE.
16. Art. 53, 1, CIRE.

Na mesma linha, na Alemanha, os procedimentos de insolvência (*Regelinsolvenzverfahren*) são regulados pelo *German Insolvency Act* e também encontramos a figura do administrador judicial. No momento da abertura de um procedimento de insolvência ocorre a nomeação pelo juiz de um administrador provisório, cuja missão depende dos poderes a ele conferidos pela Corte.

O administrador provisório atua até a primeira assembleia geral de credores (*Gläubigerversammlung*), quando este será nomeado administrador definitivo ou substituído, respeitando, por via de regra, a vontade e soberania dos credores.

A lei alemã consagra um capítulo inteiro à importância da partição dos credores na escolha do administrador judicial[17], determinando que os credores têm o poder de: (i) dirigir representações individuais à Corte contestando os critérios adotados na escolha do administrador judicial provisório; (ii) escolher por votação unânime um novo profissional para assumir o posto de administrador judicial, que poderá ser vetado pela Corte, caso entenda que este não tem a qualificação necessária para o desempenho das funções e (iii) apresentar recurso à decisão que vetou a escolha do administrador judicial realizada na assembleia geral de credores.

Toda comparação entre sistemas de insolvência deve ser feita com cautela, pois cada sistema possui suas peculiaridades econômicas e sociais, apesar dos administradores judiciais exercerem funções semelhantes. Por outro lado, nos parece que os sistemas português e germânico trouxeram elementos coerentes com seus princípios: (i) preservação da soberania da assembleia de credores; e (ii) o papel do juiz como apenas um controle de técnico, moral e de legalidade das deliberações, entretanto, entende-se que por exercerem uma função fiscalizatória essencial para o efetivo desenvolvimento da recuperação judicial, devem ser os credores (maiores interessados) a nomeá-los.

Portanto, nos parece uma distorção sistêmica brasileira concentrar nas mãos do poder judiciário tanto escolha quanto a questão de qualquer possibilidade de substituição do administrador judicial nos processos de insolvência. Uma das recomendações possíveis seria criar um sistema misto assim como o português, onde prevalece (a) a nomeação do administrador judicial pelo juiz por um caráter de urgência e necessidade devido à realidade brasileira de morosidade do procedimento, principalmente porque a mediana do deferimento da recuperação judicial até a realização da primeira AGC é de 433 dias nas varas comuns[18] e muitas vezes não tem como se esperar tanto tempo; (b) existência de prerrogativa de ser avaliada uma substituição e/ou manutenção se assim os credores em assembleia entenderem pertinente.

---

17. Seção 57 do *German Insolvency Act*. Consultado em: https://www.gesetze-im-internet.de/englisch_inso/englisch_inso.html .
18. Dados extraídos do relatório da 2ª fase do Observatório da Insolvência publicado pelo Núcleo de Estudos de Processos da Insolvência – NEPI da Pontifícia Universidade de São Paulo – PUCSP e Associação Brasileira de Jurimetria – ABJ. Disponível em: https://papers.ssrn.com/sol3/papers.cfm?abstract_id=3378503.

Nesse caso, o sistema seria privilegiado pelas duas preocupações aqui trazidas: (1) não afetaríamos diretamente o tempo de escolha e não aumentaríamos a burocratização na escolha do administrador judicial; (2) conseguiríamos criar um sistema mais coerente, ao passo que a soberania da decisão dos credores reunidos em assembleia geral deverá prevalecer, criando um sistema de freios e contrapesos mais eficiente. Ou seja, se os credores, os quais são os maiores interessados em um bom andamento do processo de insolvência, podem escolher o principal ente fiscalizador do processo, terão certamente um maior zelo para tomarem a melhor escolha, visando a maior capacitação profissional e baixo custo (concorrência), ao passo que criaríamos desincentivos de tomadas de decisões baseadas em confiança e amizade entre o poder judiciário e o administrador judicial. Ainda, vale mencionar que esse mecanismo privilegiaria a concorrência no setor, o que contribuirá para maior desenvolvimento técnico-profissional, diminuições de custos e eficiência do serviço como um todo.

Por outro lado, seria prematuro indicar que tal sugestão se converteria em eficiência do procedimento instantaneamente, pois o administrador provisório (retirado da figura portuguesa, por exemplo) pode deter mais informações da empresa e ser menos custosa a sua substituição. Porém, reforçamos que essa decisão deveria ser dos credores e não do juiz de acordo com os princípios da Lei 11.101/2005.

Uma das formas a ser estudada de forma empírica-jurimétrica seria quantificar as substituições a serem feitas em um período de tempo, mas também a efetividade das substituições com critérios objetivos de diminuições de prazos e efetividade do trabalho exercido pelos profissionais de administração judicial.

Afinal, nos parece mais coerente que, se há uma possibilidade de substituição e/ou destituição em assembleia geral de credores, poderemos criar maiores incentivos para o desenvolvimento de um trabalho mais voltado à efetividade das ações à maximização dos resultados dos credores, com maior velocidade e assertividade, e, consequentemente um melhor processo de insolvência visando a preservação da empresa e a continuidade dos negócios.

Por outro lado, não há como negar que existem argumentos no sentido de que essa tese pode ser travestida de incentivos perversos, como por exemplo, um desalinhamento entre administrador judicial e demais membros do processo, pois ao saber que pode ser substituído em assembleia por maioria dos credores, poderá ser mais parcial no tratamento de determinados credores (especialmente aqueles que formam maioria em assembleia) em detrimento de outros.

Entretanto, como dito anteriormente, nos parece que o controle de legalidade que evitaria esse conflito de interesse poderia ser exercido pelo juiz, tornando-se o balizador dessa equação, criando um sistema de freios e contrapesos ao procedimento de insolvência. Nesse sentido, o juiz poderia entender que, se há conflitos de interesses e privilégios do administrador judicial a um determinado grupo de credores e, se caso provado, poderia ordenar a substituição do profissional e a indicação de nomes a serem votados novamente pelos credores em assembleia geral.

O juiz, assim como previsto no âmbito da homologação do plano de recuperação judicial, teria poderes para exercer o controle de legalidade contra posições abusivas e/ou situações de conflito de interesses, entretanto, essas situações seriam excepcionais, um antídoto ao sistema em caso de envenenamento por motivos perversos ao sistema, entretanto, mantendo sempre a escolha nas mãos dos credores, garantindo mais eficiência e a preservação do princípio da soberania das decisões dos credores reunidos em assembleia geral.

Por fim, como o administrador judicial não possui um caráter de gestão das atividades da empresa, ou seja, diferentemente da administração dos atos de gestão da companhia, o administrador judicial possui um caráter fiscalizador, de gestão do processo e acompanhamento, além de papéis administrativos e análise de divergências para a formação do Quadro Geral de Credores.

Dessa forma, o conflito de interesse entre os credores e o administrador judicial poderia ser mitigado, pois eles possuem interesses naturalmente alinhados, ou seja, a lisura e desenvolvimento do procedimento da melhor forma possível aos envolvidos, inclusive do ponto de vista financeiro, visto que a remuneração do administrador judicial vem da recuperanda, ou seja, do sucesso do procedimento da recuperação judicial ou, ainda, dos valores dos ativos arrecadados nas falências.

4. CONCENTRAÇÕES DE MERCADO NA NOMEAÇÃO DO ADMINISTRADOR JUDICIAL

Diante do contexto exposto até aqui e do sistema atual de nomeação do administrador judicial, pode-se analisar uma outra preocupação no âmbito da insolvência brasileira: o grau de concentração dos administradores judiciais, uma vez que estes não são eleitos por um fórum colegiado, mas por uma nomeação feita exclusivamente pelo juiz. Segundo Calixto: "o nível de concentração de um mercado é um dado estrutural fundamental para avaliar a relevância e o perigo representado por determinada participação de um agente econômico e o grau de concentração de uma indústria específica"[19].

Nesse sentido, o nível de concentração é mais um argumento de potencial nocividade para o sistema de nomeação do administrador judicial por poder proporcionar uma falta de competividade, em outras palavras, se o grau de concentração for elevado, pode fazer com que o mercado crie barreiras de entrada e diminua a competição dos agentes e, portanto, perda da qualidade do serviço ofertado, aumento de custos, entre outras consequências. Assim como também afirma segundo Calixto: a respeito da concorrência e das normas antitruste:

---

19. SALOMÃO FILHO, Calixto. *Direito concorrencial*: as estruturas. 2. ed. São Paulo: Malheiros, 2002. p. 179.

Ocorre que a única maneira efetiva de garantir essa repartição de benefícios com os consumidores é a proteção do sistema concorrencial, isto é, da existência de concorrência, efetiva ou ao menos potencial. Só ela pode garantir a preocupação constante dos agentes econômicos com a redução de preços, melhoria de produtividade e qualidade dos bens e serviços[20].

A concorrência, portanto, é um elemento fundamental na melhoria de qualquer sistema, principalmente no tocante à qualidade dos serviços prestados e também aos preços/custos ofertados. Conforme analisado por outros pesquisadores, o custo da administração judicial é considerado um custo direto do processo, e, portanto, importantíssimo para a maximização do resultado aos credores.

Nesse sentido, destaca-se no estudo da Fernanda Karoliny Nascimento Jupetipe[21] que analisou em sua tese de dissertação os principais custos de uma falência, destacando que os maiores custos se enquadram como honorários dos administradores judiciais, diminuindo significativamente a recuperação dos créditos pelos credores. Portanto, como sabemos, a concorrência é elemento fundamental para diminuição dos custos, pois incentiva ao mercado a propor os melhores serviços aos preços mais competitivos. Nesse caso, o sistema tem como obrigação fomentá-la.

Ou seja, este poderia ser mais um argumento elucidativo e empírico para que haja mudanças no centro decisório do juiz para os credores na matéria, ao passo que uma decisão concentrada por apenas um ente (juiz) poderia naturalmente ocasionar em uma barreira de mercado, acarretando na concentração mercadológica, baseado no elemento subjetividade de confiança.

Portanto, analisemos se há concentração hoje no mercado brasileiro da insolvência na nomeação dos administradores judiciais tanto em recuperações judiciais como em falências.

É uma questão de difícil análise envolvendo muitas variáveis e dados. Para tentarmos responde-la, tentaremos nos valer de dados quantitativos e técnicas de mensuração de grau de concentração. Na Tabela 1 abaixo encontram-se os processos relevantes em valor de passivo de recuperação judicial e falências[22] no Brasil. Nota-se que para os 36 casos apresentados existe um total de 19 administradores judiciais diferentes em exercício. O administrador judicial que possui a maior concentração possuí 10 processos do total de 36, ou seja 27% deste universo de casos. Ainda, outros 4 dos administradores judiciais tiveram mais de 2 procedimentos contratados. O segundo administrador em número de casos possui 5 casos, ou seja, 50% dos casos do primeiro.

---

20. SALOMÃO FILHO, Calixto. *Direito concorrencial*: as estruturas. 2. ed. São Paulo: Malheiros, 2002. p. 33.
21. JUPETIPE, JULIANA. *Custos de falência e legislação falimentar brasileira*. Tese (Pós-Graduação em Controladoria e Contabilidade). Faculdade de Economia, Administração e Contabilidade, Universidade de São Paulo. São Paulo. 2014. p. 48.
22. Disponível em: https://valor.globo.com/empresas/noticia/2020/01/07/pedidos-de-recuperacao-judicial--cresceram-em-numero-e-volume.ghtml.

Tabela 1

Empresa	Dívida, em R$ bilhões
Odebrecht	80
Oi	64
Sete Brasil	19,3
Atvos	12
OAS	11
Ecovix	8
Grupo Heber	7,9
Viracopos	7,5
Grupo Schain	6,5
PDG	6,3
Usina Sta Terezinha	4,6
Banco BVA	4,5
Grupo Maq de Vendas	4
Grupo JJ Martins	3,8
UTC	3,4
Renova	3,1
Wind Power	3
Heringer	2,9
Avianca	2,7
Tonon Bioenergia	2,6
Abengoa	2,6
Grupo Bom Jesus	2,6
Renuka	2,3
Enseada Naval	2,3
Seara Agroindustrial	2,1
Banco Santos	1,6
Grupo Abril	1,6
Rodovias do Tietê	1,5
Globoaves	1
Terraforte	1
Grupo Cotia	0,7
Banco Morada	0,64
Saraiva	0,6
Mendes Júnior	0,4
Livraria Cultura	0,28
Banco BRJ	0,21

PROCESSO DE NOMEAÇÃO DO ADMINISTRADOR JUDICIAL **139**

Em primeiro momento, analisando o espaço amostral acima, pode ser difícil precisar exatamente se há um grau de concentração significativo ou não. Se analisarmos a disposição do parágrafo 2º do artigo 36 da Lei 12.592/2011 (Lei da Concorrência)[23], estaríamos acima do cenário do limite de 20% de concentração, pois como visto, um administrador apenas possui 27% dos casos apresentados. Nesse sentido, podemos afirmar que existe um grau de concentração já relevante, ou seja, algo que já mereça atenção.

Entretanto, trata-se uma situação complexa. A Lei de Concorrência, por sua vez, delimita que o parâmetro de concentração 20% seja determinado no âmbito do mercado relevante. Trata-se de outro problema: como determinar nesse setor o que seria mercado relevante[24]? Nesse sentido, teríamos que obter mais dados para termos uma análise mais concreta e real de concentração de mercado por meio de índices econômicos e parâmetros definidos, como por exemplo, o que seria parte do mercado relevante e a quantidade de administradores judiciais em atuação no Brasil, entretanto, como não se trata de uma categoria registrada por meio de um órgão de classe, teríamos ainda mais dificuldade obter números exatos a respeito do tema.

Por outro lado, existem técnicas de cálculos que visam determinar a razão de concentração de um determinado mercado. Esses índices variam de acordo com os parâmetros utilizados e a complexidade dos mercados em questão. Vejamos, por exemplo um índice conhecido como CR4, o qual considera as 4 maiores empresas do setor e sua participação[25]. Portanto, esse cálculo é feito por meio da somatória dos percentuais de participação dessas empresas no respectivo mercado, o qual resultado (razão "i") poderia se enquadrar dentro das seguintes categorias:

---

23. Art. 36. Constituem infração da ordem econômica, independentemente de culpa, os atos sob qualquer forma manifestados, que tenham por objeto ou possam produzir os seguintes efeitos, ainda que não sejam alcançados:

    I – limitar, falsear ou de qualquer forma prejudicar a livre concorrência ou a livre iniciativa;

    II – dominar mercado relevante de bens ou serviços;

    III – aumentar arbitrariamente os lucros; e

    IV – exercer de forma abusiva posição 20% (vinte por cento) ou mais do mercado relevante, podendo este percentual ser alterado pelo Cade para setores específicos da economia dominante.

    § 1º A conquista de mercado resultante de processo natural fundado na maior eficiência de agente econômico em relação a seus competidores não caracteriza o ilícito previsto no inciso II do caput deste artigo.

    § 2º Presume-se posição dominante sempre que uma empresa ou grupo de empresas for capaz de alterar unilateral ou coordenadamente as condições de mercado ou quando controlar 20% (vinte por cento) ou mais do mercado relevante, podendo este percentual ser alterado pelo Cade para setores específicos da economia.

24. Conceito de "mercado relevante" publicado pelo Conselho de Defesa Econômica (Cade). Disponível em: http://www.cade.gov.br/servicos/perguntas-frequentes/perguntais-gerais-sobre-defesa-da-concorrencia.

25. Documento de Trabalho n. 002/2017 publicado pelo Conselho de Defesa Econômica (Cade) – Departamento de Estudos Econômicos, Coordenador: Glauco Avelino Sampaio Oliveira. Brasília, Setembro de 2019. Disponível em: http://www.cade.gov.br/acesso-a-informacao/publicacoes-institucionais/dee-publicacoes-anexos/documento-de-trabalho-02-2017.

Tabela 2:

Níveis de Mercado	Razão de Concentração
Altamente concentrado	$i > 75\%$
Alta concentração	$65\% < i < 75\%$
Concentração moderada	$50\% < i < 65\%$
Baixa concentração	$35\% < i < 50\%$
Ausência de concentração	$i < 35\%$
Claramente atomístico	$i = 2\%$

Nessa linha, se considerarmos como premissa em nosso estudo que: (i) o mercado é composto pelos 36 casos; (ii) os 4 administradores maiores são aqueles que obtiveram o maior número de procedimentos contratados, teremos o seguinte cálculo:

$$i = 27\% + 14\% + 8\% + 5,5\% = 54,5\%$$

Ou seja, podemos concluir que o mercado de administração judicial brasileiro se enquadraria em um grau de concentração moderada, o que já cria um alerta. Obviamente que esse cálculo pode ser considerado simplista e não há consenso doutrinário a respeito das faixas da razão de concentração previstas na Tabela 2. Maiores dados deveriam ser levantados, assim como entendermos o total de administradores judiciais e quais parâmetros para serem considerados os 4 maiores, entretanto, já denota que o índice de concentração já se enquadra no conceito de moderado.

Portanto, se considerarmos a possibilidade de alteração de transferência da decisão de nomeação e/ou substituição do administrador judicial aos credores reunidos em assembleia, entendemos que a preocupação a respeito da razão de concentração pode ficar ainda mais mitigada, pois ao passo que o número de credores é elevado nas recuperações judiciais e, por se tratar de uma decisão colegiada dos quóruns previstos em lei (quórum assemblear), há uma tendência de maior democratização e pulverização na escolha e nomeação dos administradores judiciais, ao passo que a decisão una do juiz pode privilegiar sempre aqueles mesmos de sua estrita confiança.

Esse novo mecanismo poderia privilegiar a concorrência entre os administradores judiciais, os qualificando melhor, visto que sempre haverá uma resistência do juiz em testar um novo serviço de um administrador até então desconhecido, ainda mais no tocante à insolvência onde há sensíveis aspectos socioeconômicos evidentes e urgentes, como demissões, diminuição de arrecadações tributária, diminuição de renda e prejuízos e até mesmo uma possibilidade de fim da atividade empresarial. Há uma tendência natural do juiz escolher aquele (ou aqueles) administrador judicial de sua estrita amizade e confiança, que já tem o conhecimento da forma de trabalhar junto àquele juiz, mas não necessariamente presta o melhor serviço para o procedimento, ou ainda, obtém os melhores resultados para o mercado como um todo.

5. CONCLUSÃO

O Brasil sofreu diversas transformações socioeconômicas durante toda a evolução do Século XX, desde a sua industrialização no início do século, passando por uma ditadura militar que perdurou por quase 20 anos, até a promulgação de um plano econômico que mudaria de vez a política monetária brasileira, e consequentemente, sua economia. O arcabouço legislativo sobre o direito das empresas em crise buscou acompanhar essas mudanças, entretanto, a sua efetividade prática ainda se mostra comprometida e muito aquém do que poderiam ser.

Este estudo buscou debater o sistema de nomeação do administrador judicial brasileiro e suas respectivas consequências. Conforme analisado no Brasil, o juiz possui discricionariedade e exclusividade na nomeação deste profissional (entendido como auxiliar da corte), sem que os credores possuem qualquer direito de veto ou ingerência nessa escolha, o que demonstra uma direta incongruência do sistema principiólogico da insolvência brasileira, ao passo que os credores podem decidir a respeito da nomeação de um gestor judicial para os atos de administração de empresa em caso de substituição legal, mas não podem sugerir a substituição do administrador judicial a ser decidido em assembleia de credores.

Na análise de direito comparado, podemos concluir os países desenvolvidos, que possuem um alto grau de recuperabilidade de créditos, possuem alguns pontos em comum que merecem destaque. Tais países possuem um mecanismo no qual os credores podem vetar, ou ainda, conforme a jurisdição, indicarem diretamente a nomeação do administrador judicial e promoverem também a sua destituição. Nota-se que esta é uma tendência mundial dos sistemas de insolvência, ou seja, o deslocamento do centro decisório das escolhas aos credores, com a mínima ingerência do Estado, cabendo a este apenas o controle da legalidade, moralidade e capacidade técnica do administrador judicial.

Adicionalmente, analisamos ainda uma das consequências perversas do sistema de nomeação do administrador judicial que é o grau de concentração de mercado que pode ser criado. Partindo da premissa da análise das 36 maiores recuperações judiciais e falências por valor total de dívida, entendemos que inicialmente pode se destacar um grau de concentração moderada considerável que não pode passar desapercebido. Esse grau de concentração pode gerar um procedimento anticoncorrencial nocivo, o que acarretará maiores preços nos honorários (maiores custos de um processo de insolvência) e perda da qualidade do serviço, prejudicando o processo e a eficiência do mercado de insolvência brasileiro.

Como forma de conclusão do presente estudo, poderíamos propor alterações legislativas da Lei 11.101/2005, para mudar a forma de nomeação do administrador judicial, conforme o sistema misto de nomeação do administrador provisório e depois sua ratificação ou substituição em assembleia geral de credores. Dessa forma, teríamos um sistema mais congruente e equacionado, além de mitigarmos uma das consequências perversas do sistema atual, ou seja, a decisão colegiada tende a ser mais benéfica do ponto de vista de concentração e competição do que decisão única e discricionária.

6. REFERÊNCIAS

ABRÃO, Nelson. O síndico na falência. 2. ed. São Paulo: Liv. e Ed. Universitária de Direito, 1999.

BIOLCHI, Osvaldo. Apresentação: TOLEDO, Paulo F.C. Salles de: ABRÃO, Carlos Henrique (Coord.). *Comentários à lei de recuperação judicial de empresas e falências*. 2. ed. São Paulo: Saraiva, 2007.

JUPETIPE, JULIANA. *Custos de falência e legislação falimentar brasileira*. Tese (Pós-Graduação em Controladoria e Contabilidade). Faculdade de Economia, Administração e Contabilidade, Universidade de São Paulo. São Paulo, 2014.

LEAL, Victor Nunes. *Coronelismo, enxada e voto: O município e o regime representativo no Brasil*. São Paulo: Companhia das Letras, 2012.

MAMEDE, Gladston. *Falência e Recuperação de Empresas*. São Paulo. Atlas, 2006.

MEDEIROS, N. H.; REIS, S. V. dos. A concentração industrial na cadeia alimentar da soja. *Congresso brasileiro da Sober*, 37. Foz do Iguaçu. Anais... Brasília: SOBER, 1997.

SACRAMONE, Marcelo Barbosa. *Comentários à Lei de Recuperação de Empresas e Falências*. São Paulo: Saraiva Educação, 2019.

SALOMÃO FILHO, Calixto. *Direito concorrencial*: as estruturas. 2. ed. São Paulo: Malheiros, 2002.

SCALZILLI, João Pedro; SPINELLI, Luis Felipe; TELLECHEA, Rodrigo. *Recuperação de Empresas e Falência*. Coimbra: Almedina, 2016.

TEBET, Ramez. Relatório sobre o PLC 71/2003 à Comissão de Assuntos Econômicos do Senado. In: MACHADO, Rubens Approbato (Coord.). *Comentários à nova Lei de Falências*. 2. ed. São Paulo: Quartier Latin, 2007. Disponível em: https://legis.senado.leg.br/sdleggetter/documento?dm=3499258&ts=1593941462951&disposition=inline.

TOLEDO, Paulo Fernando Campos Salles de. A disciplina jurídica das empresas em crise no Brasil: sua estrutura institucional. *Revista de Direito Mercantil, Industrial, Econômico e Financeiro*. n. 122, p. 171. São Paulo: Malheiros, 2001.

VALVERDE, Trajano de Miranda. *Comentários à Lei das Falências*. (Decreto-lei 7.661, de 21 de junho de 1945). 4. ed. rev. e atual. por J. A. Penalva Santos e Paulo Penalva Santos. Rio de Janeiro: Forense, 1999. v. I (arts. 1º a 51).

A GOVERNANÇA NA SOCIEDADE EM RECUPERAÇÃO JUDICIAL: UMA ANÁLISE EMPÍRICA DA IMPLEMENTAÇÃO DE REARRANJOS COMO MEIO DE RECUPERAÇÃO

Gustavo Deucher Brollo

Mestrando em Direito Comercial pela Pontifícia Universidade Católica de São Paulo – PUC/SP. Pós-graduado em Direito Societário pela Fundação Getúlio Vargas – FGV. Bacharel em Direito pela Universidade Presbiteriana Mackenzie. Advogado em São Paulo.

João Leandro Pereira Chaves

Mestrando em Direito Comercial pela Pontifícia Universidade Católica de São Paulo – PUC-SP. Pós-graduado (LLM) em Direto Corporativo pelo Instituto Brasileiro de Mercado de Capitais (IBMEC-RJ). Bacharel em Direito pela Faculdade de Direito de Vitória (FDV-ES). Advogado em São Paulo.

Sumário: 1. Introdução – 2. As razões que levam a empresa à crise – 3. O processamento da recuperação judicial; 3.1 Objetivos da LRF; 3.2 Alterações na condução das atividades da empresa em crise no curso do processo de recuperação judicial; 3.3 Os meios de recuperação judicial – 4. O instituto da governança corporativa como meio de recuperação judicial – 5. Uma análise empírica da efetiva implementação de medidas e rearranjos societários de empresas em recuperação judicial – 6. Conclusão – 7. Referências

1. INTRODUÇÃO

O presente artigo apresenta uma análise empírica quantitativa da efetiva implementação, com relação a processos das Varas Especializadas da Capital do Estado de São Paulo, de medidas de rearranjo da governança de sociedades em recuperação judicial.

Considerando-se baixa a incidência de efetivos rearranjos de governança como meio de recuperação judicial, o que representa um contrassenso para um efetivo soerguimento da empresa, não foi verificada qualquer relação entre a adoção de tais medidas como meio de recuperação e desfechos positivos dos correspondentes processos.

Busca-se neste trabalho, dessa forma, traçar um contraponto entre as razões que levam a empresa à crise, pautadas principalmente na falta de profissionalização da gestão, o que pode ser mitigado com a adoção de práticas que melhorem a governança, com a efetiva implementação destas medidas, a fim de que os objetivos insculpidos pela Lei de Recuperação de Falência sejam observados.

Na primeira parte do trabalho serão abordados os motivos do surgimento da crise econômico-financeira na empresa, passando-se para a análise dos efeitos do processamento da recuperação judicial, seus objetivos, a alteração na condução dos negócios e os meios para a superação da crise, na segunda parte.

Na sequência, na terceira parte, serão abordados os conceitos da governança corporativa como forma de aumentar o valor da empresa, para, na parte final, apresentar o resultado obtido na análise de processos em trâmite na 1ª e 2ª Varas de Recuperação Judicial e Falência da Capital do Estado de São Paulo, a fim de verificar se as recuperandas propõem a adoção de medidas de governança como meio de recuperação, e se de fato essas medidas são implementadas.

Por fim, a conclusão buscará traçar as hipóteses para os resultados obtidos, de modo a municiar os operadores do direito recuperacional com dados que permitem a reflexão sobre os mecanismos dispostos na legislação para que os objetivos de soerguimento das empresas em crise sejam alcançados.

2. AS RAZÕES QUE LEVAM A EMPRESA À CRISE

Segundo disposto no artigo 47 da LRF e adiante melhor destrinchado, o instituto da recuperação judicial visa "viabilizar a superação da crise econômico-financeira do devedor, (...) promovendo, assim, a preservação da empresa", por meio da aplicação de mecanismos capazes de possibilitar o enfrentamento do momento de crise.

Cabe ressaltar que a "crise" indicada no referido artigo 47 tem o condão de discriminar uma situação de desequilíbrio entre a realização dos direitos e a exigibilidade das obrigações, na medida em que o devedor passa a ter dificuldade em honrar com os compromissos assumidos com terceiros[1].

Tal crise pode ou não gerar uma situação de insolvência econômica, compreendida pela ausência de recursos do devedor para saldar seu passivo, e desencadear na insolvência jurídica, com o inadimplemento das obrigações e demais atos que frustram direitos dos credores em executar determinada obrigação anteriormente pactuada[2].

No processo de recuperação judicial, a lógica é pela viabilidade da empresa que se encontra em crise, de modo a evitar o atingimento de uma insolvência econômica irreversível do devedor. Não se trata, contudo, de uma proteção exagerada do devedor em detrimento dos credores: empresas inviáveis devem ter, inquestionavelmente, a falência decretada, a fim de permitir a realocação de recursos ineficientes entre *players* saudáveis e solventes, como um caminho natural que qualquer economia que preze pelo livre mercado deve estar sujeita[3].

---

1. Cf. CAMPINHO, Sérgio. *Falência e recuperação de empresa*: o novo regime da insolvência empresarial. 6. ed. Rio de Janeiro: Renovar, 2012, p. 126.
2. Sobre insolvência jurídica e insolvabilidade econômica, v. SACRAMONE, Marcelo Barbosa. Op. cit., p. 356-357.
3. Cf. COELHO, Fábio Ulhoa. *Comentários à Lei de Falências e Recuperação de Empresas*. 10. ed. São Paulo: Saraiva, 2014, p. 161-162.

Dessa forma, no âmbito do processo de recuperação judicial, deve-se analisar as razões que levaram à crise econômica financeira do devedor para, em um segundo momento, buscar um meio para sua superação.

Neste sentido, diversas são as razões verificadas que levam uma empresa à crise, desde questões de ordem financeira, elevação do endividamento e restrições à tomada de crédito, passando por questões relacionadas à atividade, dificuldade em atrair clientes, desentendimentos com fornecedores, mão de obra pouco qualificada disponível, e até crises macroeconômicas.

Independente da razão que tenha levado à situação de crise econômico financeira, para que a empresa entre em um estado de dificuldade, diversas decisões estratégicas e relevantes são tomadas, sendo determinantes para o agravamento ou para a eliminação de qualquer risco que coloque em xeque sua capacidade financeira.

São decisões relacionadas à gestão do negócio, como a opção por uma linha de crédito junto a uma instituição financeira em detrimento de outra, demissão de funcionários que pouco contribuem para o resultado da empresa, criação ou eliminação de determinado produto ou serviço objeto de sua atividade, por exemplo.

Assim, embora não se possa afirmar que a crise econômico-financeira decorre necessariamente de um comportamento desidioso do devedor[4], é de supor que, a menos que haja fatores externos não ligados à má-gestão, como razões macroeconômicas, que ultrapassam qualquer tomada de decisão por parte do devedor, "a razão das dificuldades se encontra na falta de condições ou competência para os administradores realizarem os cortes de pessoal e de despesas, modernizarem o estabelecimento ou otimizarem os recursos disponíveis"[5].

Tal fato se torna ainda mais relevante em um cenário em que o sócio da sociedade ocupa também o papel de administrador. Conforme estudo realizado pelo Núcleo de Estudos em Mercados e Investimento da Fundação Getúlio Vargas de São Paulo publicado em 2014, em uma *Radiografia das Sociedades Limitadas*, após analisar as sociedades limitadas ativas constituídas entre 1993 a janeiro de 2012, com registro na Junta Comercial do Estado de São Paulo, constatou-se que 98,34% das sociedades limitadas analisadas possuem algum sócio ocupando o cargo de administrador[6], considerado pelo estudo, por tal razão, como um administrador não profissional.

---

4. Cf. Marcelo Sacramone: "[a] crise econômico-financeira que acomete a sua atividade empresarial não necessariamente é decorrente de um comportamento desidioso do devedor. Sua situação de iliquidez transitória poderá ser decorrente de fatores externos não ligados à má-gestão" (SACRAMONE, Marcelo Barbosa. Op. cit., p. 280).

5. Cf. Fábio Ulhoa Coelho: "[s]alvo quando a crise tem razões macroeconômicas pelas quais os administradores não podem responder, a razão das dificuldades se encontra na falta de condições ou competência para os administradores realizarem os cortes de pessoal e de despesas, modernizarem o estabelecimento ou otimizarem os recursos disponíveis" (COELHO, Fábio Ulhoa. Op. cit., p. 203).

6. MATTOS FILHO, Ary Oswaldo; CHAVENCO, Maurício; HUBERT, Paulo; VILELA, Renato; RIBEIRO, Victor B. Holloway. Núcleo de Estudos em Mercados e Investimento. *Radiografia das Sociedades Limitadas*. FGV Direito, 2014.

O índice acima aponta para uma realidade nas sociedades brasileiras, em que a figura e os interesses do sócio se confundem com a figura e os interesses do administrador. Assim, se estiver diante de uma situação que possa influir diretamente no seu patrimônio, o sócio administrador muito provavelmente tomará uma decisão embasada nos interesses de quem detém participação societária, ainda que seja uma decisão não técnica ou em prejuízo da sociedade.

Este cenário reforça ainda mais a ideia que, a menos que haja fatores externos que influam diretamente na atividade, as razões que levam uma empresa a uma situação de crise econômica financeira são decorrentes de atos de má-gestão, quando determinada decisão relacionada às atividades da sociedade é tomada de forma equivocada, em prejuízo da própria sociedade.

A análise dos motivos que levam uma empresa a entrar em crise são determinantes para que os meios de recuperação judicial possam ser adotados da forma mais eficiente possível, de modo a possibilitar o soerguimento da atividade e a preservação da empresa[7]. Há de se verificar, portanto, as causas verdadeiras que deram ensejo à crise, para que se possa buscar de forma efetiva a superação da crise.

3. O PROCESSAMENTO DA RECUPERAÇÃO JUDICIAL

3.1 Objetivos da LRF

Com a instauração de uma crise econômico-financeira em uma empresa, inicia-se um ambiente de incertezas e inseguranças para os participantes daquela atividade econômica.

Os credores ficam sem saber se terão seus créditos recuperados, os trabalhadores sem saber se terão seus postos mantidos, os sócios sem saber o impacto que será verificado em suas participações societárias, atingindo ainda terceiros que são influenciados indiretamente pelo exercício da atividade empresarial da empresa com problemas econômicos e financeiros.

Neste sentido, os chamados *stakeholders* correspondem ao conjunto de agentes que, direta ou indiretamente, guardam relação com uma empresa. Com o objetivo

---

7. "Nenhuma recuperação judicial terá sucesso se o diagnóstico da crise for malfeito. Se as razões das dificuldades por que passa a devedora dizem respeito a má administração, a reorganização da empresa será possível desde que substituídos os administradores; se estão ligadas ao atraso tecnológico, dependerá de mudanças na estrutura do capital que gere os recursos necessários à modernização do estabelecimento empresarial; quando decorrem exclusivamente da conjuntura econômica desfavorável, a recuperação pode dar-se com a simples postergação de vencimentos de algumas obrigações ou corte de custos, e assim por diante. Quer dizer, para cada empresa caberá adotar solução diversa em função da causa de sua crise. Se o diagnóstico não é correto, a terapêutica recomendada falhará. Se a causa apontada para o estado de pré-insolvência é o atraso tecnológico, mas a razão verdadeira deriva da total incompetência dos administradores, é evidente que o aporte de recursos no reaparelhamento da planta sem substituição dos diretores representará puro desperdício. Entre as causas concretas expostas pela sociedade empresária devedora e o seu plano de reorganização, portanto, não pode deixar de existir um liame lógico e tecnicamente consistente" (COELHO, Fábio Ulhoa. *Curso de Direito Comercial*. São Paulo: Ed. RT, 2016. v. 3, p. 381).

A GOVERNANÇA NA SOCIEDADE EM RECUPERAÇÃO JUDICIAL **147**

primordial de preservação da atividade empresarial economicamente viável e dos interesses dos *stakeholders*, é que se formam, de acordo com a legislação brasileira, mecanismos para viabilizar o soerguimento de uma empresa em crise.

No Brasil, o artigo 47 da Lei de Recuperação Judicial e Falências ("LRF")[8] prescreve que o principal objetivo do processo de recuperação judicial é oportunizar à empresa uma chance de superação da crise com a manutenção da fonte produtora, preservação dos empregos e a conservação dos interesses dos credores[9], desde que seja viável recuperá-la.

Tanto é assim que, do plano de recuperação judicial, deve obrigatoriamente constar a demonstração da viabilidade econômica do devedor para a manutenção da atividade[10], já que no momento do deferimento do processamento da recuperação judicial, o Juízo recuperacional somente se atém aos aspectos formais do pedido, cabendo futuramente aos credores decidirem pela recuperação ou não da empresa em crise[11], por meio da aprovação do plano apresentado.

Busca a lei, portanto, *"outorgar efetiva condição de superação de crise econômico-financeira de empresa nessa condição [de crise]"*[12], de modo a preservar sua função social. Assim, para que o processamento da recuperação judicial seja exitoso, nos termos da LRF, é preciso que a recuperanda apresente soluções eficientes de soerguimento e que os credores, interessados na continuidade da atividade empresarial desempenhada – ao menos em tese, como adiante abordado – resolvam por bem implementá-las.

Considerados esses objetivos macro da recuperação judicial, verifica-se que, para serem efetivados, o ambiente de incerteza que se instala sobretudo entre o devedor e os credores (mas também passando pelos *stakeholders* como um todo) deve ser regulado por regras que confiram aos participantes da empresa em crise um mínimo de segurança jurídica, a fim de que os diversos interesses envolvidos no processo de recuperação sejam devidamente atendidos.

Tais regras devem contemplar transparência[13] e outras medidas de forma a reestabelecer a confiança e o atingimento de objetivos comum, quais sejam, o soerguimento da atividade e o pagamento dos credores.

---

8. LRF. Art. 47. A recuperação judicial tem por objetivo viabilizar a superação da situação de crise econômico--financeira do devedor, a fim de permitir a manutenção da fonte produtora, do emprego dos trabalhadores e dos interesses dos credores, promovendo, assim, a preservação da empresa, sua função social e o estímulo à atividade econômica.

9. BEZERRA FILHO, Manuel Justinoet al. *Recuperação empresarial e falência*. 2. ed. rev. atual. e ampl. São Paulo: Thomson Reuters Brasil, 2018, p. 179.

10. LRF, art. 53, II.

11. "No momento em que o juiz, à vista da petição inicial do devedor, defere o processamento da recuperação judicial, não cabe avaliar se a requerente está envolvida em crise de superação viável. A viabilidade da recuperação judicial será objeto de decisão pelos credores em outra oportunidade (na assembleia de credores) e não pelo juiz, ao despachar a petição de impetração" (COELHO, Fábio Ulhoa. *Comentários à Lei de Falências e Recuperação de Empresas*. 13. ed. rev. e atual. São Paulo: Thomson Reuters Brasil, 2018, p. 228).

12. BEZERRA FILHO, Manuel Justino et al. Op. cit., p. 180.

13. "Destaque-se que o uso da máxima da transparência no ambiente de recuperação judicial não beneficia apenas e tão somente os diretamente envolvidos no específico processo. Ela contribui para os sucessos

Já que é do interesse dos credores a manutenção do devedor na condução dos negócios da empresa em crise – ainda que com restrições, como abordado a seguir – seria importante que ao menos fossem implementadas medidas para mitigar as chances de decisões equivocadas, tomadas de forma pouco profissional ou eivadas de interesses pessoais que podem inclusive colocar em risco o processo de soerguimento.

É nesse contexto que se insere a importância da adoção de melhorias na governança em um ambiente de recuperação de crise, de forma a reestabelecer confiança, aumentar valor da sociedade em dificuldades e ter-se uma chance real para o seu soerguimento, cumprindo-se, assim, os objetivos insculpidos na LRF.

3.2 Alterações na condução das atividades da empresa em crise no curso do processo de recuperação judicial

Nos termos do *caput* do art. 64 da LRF, o devedor ou seus administradores serão mantidos na condução da atividade empresarial durante o processamento da recuperação judicial[14], salvo se praticados atos criminosos, nos termos da LRF, ou atos que coloquem em risco os interesses dos credores ou o sucesso do processamento da recuperação judicial.

A manutenção do devedor à frente das atividades desempenhadas pela recuperanda visa preservar as relações comerciais realizadas pelo devedor, a fim de maximizar o valor dos ativos durante o processo de recuperação judicial, um dos objetivos deste instituto e, consequentemente, maximizar o valor da empresa em crise, atendendo aos interesses dos credores em receber o valor dos créditos junto à recuperanda.

A opção do legislador pela manutenção do devedor e seus administradores na condução da atividade empresarial durante a recuperação judicial, além de prezar pela conservação das relações comerciais, maximizando o valor da empresa, traz um incentivo para a apresentação de pedido de recuperação judicial, já que não há o afastamento da condução das atividades exercidas pela recuperanda. Caso contrato, se houvesse o afastamento com o início do processamento da recuperação judicial, pode-se afirmar

---

das medidas de reorganização empresarial como um todo. (...) [o] dever de transparência aplicado aos casos de crise empresarial está intimamente relacionado ao estímulo da participação de qualidade dos credores na definição do destino do devedor, favorecida pela criação de ambiente de cooperação entre as partes". NEDER CEREZETTI, Sheila Christina; MAFFIOLETTI, Emanuelle Urbano. Transparência e divulgação de informações nos casos de recuperação judicial de empresas. In: LUPION, Ricardo (Coord.). *10 anos da Lei de Falências e Recuperação Judicial de Empresas*: inovações, desafios e perspectivas, 2016.

14. "A LRE optou por manter a administração das atividades sob a competência do devedor, que fica sob a fiscalização do administrador judicial e, quando constituído, do comitê de credores. Isso significa que, em situações de normalidade, os órgãos da administração continuam em atuação, sendo afastados apenas e tão somente nos casos de irregularidade previstos no art. 64" (Ibidem).

A GOVERNANÇA NA SOCIEDADE EM RECUPERAÇÃO JUDICIAL **149**

instintivamente que a chance do devedor recorrer a este instituto seria drasticamente reduzida, sabendo que entregaria a condução dos negócios para terceiro estranho[15].

Outro ponto colocado é que ninguém melhor conhece[16] (ou não deveria) o negócio e a empresa em crise, como o próprio devedor e sua administração[17]. Atribuir a terceiro estranho ao negócio a competência de administrar a recuperanda muito provavelmente resultará, portanto, numa perda de valor para a atividade empresarial e no enfraquecimento deste instituto, em que pese o afastamento ser medida necessária em determinadas situações[18].

A mesma lógica de manutenção do devedor na condução da empresa em crise a partir do processamento da recuperação judicial[19-20] se verifica no *Chapter* 11 do *Bankruptcy Code* do direito norte-americano[21], identificado como *debtor-in-possession*. Outro modelo comum de condução das atividades no curso do processo de recuperação,

---

15. "A manutenção do devedor na condução de sua atividade incentiva-o a requerer a recuperação judicial por ocasião de sua crise, na medida em que não haveria risco de perda do controle de seus bens". (SACRAMONE, Marcelo Barbosa. Op. cit., p. 280).

16. "Ao deter o conhecimento para a organização dos fatores de produção, o devedor pode ser o profissional mais apto ao desenvolvimento da sua atividade" (Ibidem).

17. "O emprego desse modelo, evidentemente, traz vantagens e desvantagens. Dentro os benefícios, pode-se mencionar, por exemplo, que ninguém conhece as atividades da devedora e os negócios de que participa melhor do que o seu controlador e sua administração. Esse conhecimento certamente pode contribuir com a recuperação da empresa em crise e dificilmente seria rapidamente adquirido por um terceiro que viesse a assumir a administração da sociedade já em recuperação judicial. Além disso, a não alteração, em regra, da administração da companhia pode permitir o prosseguimento do processo de recuperação com maior celeridade, uma vez que tanto a nomeação quanto a adaptação de possíveis novos administradores a seus cargos levariam um tempo considerável, muitas vezes crucial ao reerguimento da companhia" (PEREIRA, Guilherme Setoguti J.; PIVA, Fernanda Neves. Op. cit., p. 383).

18. Nesse sentido, Sheila Cerezetti e Emanuelle Maffioletti assim pontuam: "[s]abe-se que, em determinadas situações, o afastamento do devedor é fundamental para que o processo de recuperação judicial seja devidamente conduzido. Há casos em que a manutenção do grupo de controle e/ou da administração anterior impede que sejam negociados termos aceitáveis de reestruturação da dívida e dos negócios. Aqui, a criação de um novo núcleo de administração do devedor apresenta-se como única saída para que o acordo viável seja alcançado" (NEDER CEREZETTI, Sheila Christina; MAFFIOLETTI, Emanuelle, op. cit.).

19. "Perhaps the most appealing feature of reorganization under Chapter 11 to a debtor firm is that the incumbent management remains in office and continues to control the firm during its attempt to reorganize. This management-friendly approach of Chapter 11 can explain its evolvement as the leading vehicle for treating the financial affairs of distressed firms. (…) The displacement of management discourages a voluntary filing for reorganization, and creditors invariably file for the liquidation of a debtor" (HAHN, David. Concentrated ownership and control of corporate reorganizations. *JCLS* 4, 2004).

20. "The Code gives debtors management control over the business after filing, permission to continue the business in ordinary operations, the exclusive right to propose a plan of reorganization, exemption from securities laws when a plan is proposed, and a number of other options that make it possible to operate a business successfully after filing. By creating an opportunity for a business to survive its immediate financial crisis, the system serves several normative goals, including the objective goal of encouraging voluntary submission" (WARREN, Elizabeth. Bankruptcy Policymaking in an Imperfect World. *Mich. L. Rev.* 92, 1993-1994)

21. "Chapter 11 provides a reorganization mechanism under which the business may continue while restructuring the investor claims against its assets. After these claims are adjusted to reflect the value of the business as an ongoing entity, the business emerges from bankruptcy protection to begin life anew" (FROST, Christopher. W. Bankruptcy Redistributive Policies and The Limits of The Judicial Process. *74 N.C. L. Rev.* 75, 1995-1996, p. 77).

com aplicação predominante no Reino Unido judicial é a figura do *trustee*, quando ocorre a destituição dos administradores do devedor logo ao início do processo de recuperação judicial e quando é apontado um terceiro para administrar a sociedade recuperanda[22].

Apesar de continuar na condução dos negócios da empresa em crise durante o processamento da recuperação judicial, no momento em que o pedido é deferido, o devedor sofre severas restrições quanto a disposição de bens e tomada de decisão dos rumos da empresa em crise, visando atender e observar os interesses dos credores envolvidos no processo recuperacional, trazendo alterações que influenciam diretamente na *"formação de vontade social, no modo como é exercida a administração e no seu regime informacional"*[23].

Por meio do comitê de credores[24], se existente[25], da assembleia de credores[26] e do administrador judicial, a condução da empresa em crise sofre fiscalizações que inexis-

---

22. Outra estrutura de condução das empresas nos processos de recuperação judicial é o modelo híbrido, comumente aplicado no Canadá, no qual a sociedade em recuperação indica um *"monitor"*, que, via de regra, não participa das atividades diárias e das decisões, mas tem a principal função de levar informação ao Juízo e aos credores sobre os rumos da sociedade, cabendo ao Juízo recuperacional decidir, caso a caso, as atribuições específicas do monitor. Neste sentido, nas palavras de Rotem: "Corporate bankruptcy scholarship has contemplated this normative query against the backdrop of two prevailing models: the American Debtor-In-Possession Model and the more European-oriented Trustee Model. While the former allows the incumbent management to continue exercising its daily control of the firm during rehabilitation attempts, the latter dictates that incumbent management be replaced with a court-appointed official as soon as the formal bankruptcy proceeding is initiated. Neither of these models provides a perfect solution, and lately it has been suggested that a hybrid governance regime, combining elements of both models, is the better solution. Still, there is further disagreement about the optimal combination of elements. For example, it is not clear whether the court-appointed official should perform managerial tasks alongside the incumbent management. In this context, Canada offers a unique laboratory in which to evaluate such a hybrid reorganization regime. Canada's main corporate restructuring tool – the Companies' Creditors Arrangement Act ('CCAA') – allows Canadian bankruptcy judges to appoint a 'Monitor' to accompany the incumbent management and grants judges considerable flexibility in assigning tasks to this distinctive court-appointed official. As the title indicates, the Monitor is first and foremost an information intermediary". (ROTEM, Yaad, Contemplating a corporate governance model for bankruptcy reorganizations: lessons from Canada. *Va. L. & Bus. Rev.* 3. 2008.)
23. PEREIRA, Guilherme Setoguti J.; PIVA, Fernanda Neves. Recuperação judicial e direito societário: impactos na governança corporativa das companhias. In: ROSETTI, Maristela Abla; PITTA, Andre Grunspun (Coord.). *Governança corporativa*: avanços e retrocessos. São Paulo: Quartier Latin, 2017, p. 383).
24. "O Comitê de Credores não é figura nova em nosso diploma falimentar, pois existia na lei anterior, desde 1945, como se pode ver dos arts. 122 e 123 daquele diploma, que previam exatamente a formação de sociedade organizada por credores em assembleia, para liquidar ou administrar a massa falida, da forma que viessem a propor ao juiz. No entanto – a observação é válida também para a presente lei –, não houve interesse em usar tal prerrogativa legal, porque a recuperação da empresa por meio de comitês é um fenômeno de natureza econômica e não jurídica. Ou seja, embora já houvesse a previsão legal, não houve interesse econômico e, por isso mesmo, o sistema de comitês não funcionou na legislação anterior" (BEZERRA FILHO, Manoel Justino. Op. cit., p. 132).
25. "É facultativa a instalação do Comitê. Ele não existe e não deve existir em toda e qualquer falência ou recuperação judicial. Deve, ao contrário, ser instaurado pelos credores apenas quando a complexidade e o volume da massa falida ou da empresa em crise o recomendarem. Não sendo empresa de vulto (seja pelo indicador da dimensão do ativo, seja pelo do passivo) e não havendo nenhuma especificidade que justifique a formação da instância de consulta, o Comitê representará apenas burocracia e perda de tempo, sem proveito algum para o processo falimentar ou de recuperação" (COELHO, Fábio Ulhoa. Op. cit., 2018, p. 114).
26. "A assembleia de credores não é inovação trazida pela Lei n. 11.101/2005, eis que no direito concursal brasileiro, em diplomas precedentes e no próprio Dec.-lei 7.661/1945, havia previsão de funcionamento do órgão, porém com feições diferentes de como hoje disciplinado. E nisto, evidentemente, está a novidade da

tiam antes do deferimento do pedido, havendo clara limitação por parte do devedor, ainda que lhe seja garantido a permanência na condução sobre os rumos da sociedade[27].

Assim, embora na recuperação judicial, ao contrário do que verifica na falência, os órgãos societários continuem constituídos e operando, há um enfraquecimento do controlador, diante das restrições legais que se verificam e da sujeição à fiscalização de credores, do Poder do Judiciário e de seus auxiliares.

A referida limitação alcança ainda a disposição de bens da sociedade em recuperação judicial pelo devedor, já que, para preservação do princípio do *par conditio creditorum*, a alienação de bens de propriedade da sociedade deve ser aprovada pelos credores[28], preferencialmente no plano de recuperação judicial – sem prejuízo de alienar bens fora do plano de recuperação[29] – pois trata-se de um meio de recuperação da sociedade, como adiante abordado.

Com isso, muito embora o controle seja mantido na recuperação judicial – a menos que no plano haja previsão de sua alteração – sofre o devedor restrições de diversas ordens, sendo a mais relevante delas a restrição imposta à possibilidade de alienação de bens da sociedade. Fala-se em *esvaziamento do poder de controle* nesse caso[30].

Além das limitações impostas pela legislação, é de se destacar a possibilidade de outras formas de restrição ao exercício de controle pelo devedor, o que pode ser estipulado no plano de recuperação judicial, estejam ou não previstas na LRF ou não, como adiante abordado.

Pelo ora exposto, verifica-se que a LRF impõe restrições à condução das atividades pelo próprio devedor, seja por meio de suas disposições mandatórias, seja por meio da sujeição dele, devedor, à ingerência[31] de terceiros, notadamente os credores,

---

Lei vigente: a forma como agora se apresenta a assembleia de credores, e os poderes que lhe são conferidos" (TOLEDO, Paulo Fernando Campos Salles de; PUGLIESI, Adriana Valéria. Op. cit.).

27. SACRAMONE, Marcelo Barbosa. Op. cit., p. 280.

28. O mesmo verifica-se no direito italiano. Cf. BOGGIO: "Il fatto che l'organizzazione societaria resti indenne nella sua struttura e funzionalità all'ammissione al concordato non significa che l'apertura della procedura sia senza effetti. In particolare, le regole della procedura, pur non spiegando direttamente effetti endosocietari, ma solo nei rapporti tra la società ed i terzi, incidono in concreto sui poteri di disposizione degli organi societari" (BOGGIO, Luca. Amministrazione e controllo dele società di capitali in concordato preventivo (dalla domanda all'omologazione). *Amministrazione e controllo nel diritto dele società* – Liber amicorum Antonio Piras. Torino: G. Giappichelli Editore, 2010).

29. LRF. Art. 66. Após a distribuição do pedido de recuperação judicial, o devedor não poderá alienar ou onerar bens ou direitos de seu ativo permanente, salvo evidente utilidade reconhecida pelo juiz, depois de ouvido o Comitê, com exceção daqueles previamente relacionados no plano de recuperação judicial.

30. "[U]ma vez iniciado o processo, o acionista controlador fica integralmente esvaziado do poder de orientar e fazer com eu a administração da companhia realize atos de alienação de bens do ativo não circulante" (MENEZES, Maurício. *O poder de controle nas companhias em recuperação judicial*. Rio de Janeiro: Forense, 2012, p. 128).

31. O termo "ingerência" é utilizado lato sensu. Nesse sentido, Marcelo Sacramone anota: "Exceto de estabelecido no plano de recuperação judicial aprovado, não há ingerência propriamente dita dos credores ou do administrador judicial na gestão do devedor. Esses não precisarão aprovar ou ratificar decisões administrativas ou o modo pelo qual o desenvolvimento da atividade econômica é realizado, exceto eventual alienação de unidades produtivas isoladas (art. 60). A condução da atividade é integralmente realizada pelo devedor

que têm seus poderes alargados[32], verificando-se a certa restrição aos atos dos sócios e administradores, e não propriamente uma reestruturação da administração da sociedade, o que somente pode ocorrer com a adoção de medidas para melhoria da governança.

3.3 Os meios de recuperação judicial

As medidas que serão adotadas para o atingimento dos objetivos insculpidos pela LRF devem estar devidamente dispostas no plano de recuperação judicial, que dispõe sobre os meios de recuperação judicial adotados pela recuperanda, trazendo a demonstração da viabilidade econômica, bem como a avaliação dos ativos, devidamente levantado em laudo especialmente produzido[33].

Trata-se de negócio jurídico plurilateral, que tem o efeito de novar as obrigações originalmente pactuadas pela recuperanda[34], e vincula o devedor ao seu cumprimento, da forma como disposto no plano. É o documento que norteia todo o procedimento de soerguimento da empresa em crise, fornecendo os meios que serão implementados para tanto, que deverão ser submetidos à aprovação dos credores.

Neste sentido, o art. 50 da LRF prevê um rol exemplificativo[35] de meios pelos quais a recuperação judicial pode ser operada, trazendo *"instrumentos financeiros, administrativos e jurídicos que normalmente são empregados para a superação de crises em empresas"*[36].

O objetivo em outorgar total liberdade para a eleição dos meios de recuperação judicial é justamente possibilitar ao devedor a adoção de medidas que guardem relação com as causas da crise, a fim de que o objetivo do processamento da recuperação judicial seja atingido.

---

    e apenas a verificação de sua regularidade e do cumprimento do plano é submetida ao acompanhamento pelos órgãos da recuperação judicial" (SACRAMONE, Marcelo Barbosa. Op. cit., p. 280-281).

32. "Em contraposição à perda de poderes do controlador, há claramente um aumento de poderes de terceiros. Daí se falar até mesmo em *creditor control* no direito norte-americano" (PEREIRA, Guilherme Setoguti J.; PIVA, Fernanda Neves. Op. cit., p. 383).

33. CAMPINHO, Sérgio. Op. cit., p. 172.

34. "(...) o instituto da recuperação judicial deve ser visto com a natureza de um contrato judicial, com feição novativa, realizável através de um plano de recuperação, obedecidas, por parte do devedor, determinadas condições de ordens objetiva e subjetiva para sua implementação" (Ibidem, p. 12-13).

35. "A possibilidade de utilização de quaisquer meios possíveis para a reestruturação da empresa assegura uma alteração de fim do próprio instituto. A recuperação judicial não almeja, como pretendia a concordata, apenas superar uma falta transitória de liquidez do empresário devedor diante de uma condição adversa do mercado. Procurou a lei criar instituto apto a superação de crise econômica estrutural do empresário, que poderá readequar sua atividade e a organização de seus fatores de produção para continuar a regularmente empreender. (...) Nada impede, assim, que, além dos meios dispostos pelo art. 50, a recuperanda proponha meios diversos e que atendam melhor à sua necessidade, cumule vários dos meios propostos ou apresente uma combinação entre vários outros" (SACRAMONE, Marcelo Barbosa. Op. cit., p. 218-219).

36. Cf. COELHO, Fábio Ulhoa. *Comentários à Lei de Falências e Recuperação de Empresas*. 10 ed. São Paulo: Saraiva, 2014, p. 192.

A GOVERNANÇA NA SOCIEDADE EM RECUPERAÇÃO JUDICIAL

Importante ressaltar, contudo, que a liberdade em escolher medidas que enfrentam a crise não significa a adoção de qualquer ato contrário a lei, já que os meios de recuperação deverão "*observar as condições materiais de sua validade e os procedimentos previstos na legislação correspondente*"[37].

Dessa forma, para o sucesso da recuperação judicial, é preciso que os meios indicados no plano de recuperação judicial guardem relação com os motivos que levaram à crise econômico-financeira, sob pena de colocar em xeque o atingimento dos objetivos estipulados pela LRF.

O que se observa, contudo, é que os meios adotados nem sempre guardam relação com os motivos da crise – como será objeto do estudo empírico adiante trazido – mas sim com os interesses dos credores no recebimento do seu crédito. Assim, apesar de atuar na restrição do devedor no exercício das atividades desempenhadas pela recuperanda, os interesses dos credores no recebimento dos créditos nas melhores condições possíveis muitas vezes ultrapassam o interesse pela continuidade e pelo soerguimento da empresa em crise.

Já que é do interesse dos credores manter o devedor à frente da condução dos negócios da empresa em crise – ainda que com restrições, como já abordado – seria importante que ao menos tal devedor implementasse medidas para mitigar as chances de decisões equivocadas, tomadas de forma pouco profissional ou eivadas de interesses pessoais que podem inclusive colocar em risco o sucesso do soerguimento.

Não está desprezando, com a afirmação acima, os custos e as despesas incidentes na implementação das medidas para aumentar a governança, o que influencia diretamente na chance destas medidas serem mais ou menos implementadas.

De todo modo, é nesse contexto que se insere a importância da adoção de melhorias na governança corporativa num ambiente de recuperação de crise, de forma a reestabelecer confiança, aumentar valor da sociedade em dificuldades e ter-se uma chance real para o seu soerguimento.

4. O INSTITUTO DA GOVERNANÇA CORPORATIVA COMO MEIO DE RECUPERAÇÃO JUDICIAL

Em tratando o presente artigo da governança da sociedade em recuperação judicial, das restrições a ela impostas durante o procedimento e, principalmente, da análise de efetividade e implementação dos meios de recuperação, relevante se faz uma breve análise do instituto da Governança Corporativa[38].

---

37. CAMPINHO, Sérgio. Op. cit., p. 166.
38. Utiliza-se a terminologia "Governança Corporativa" no presente artigo, porquanto consolidada está sua utilização, muito embora sejam tecidas críticas a ela pela doutrina. Marcelo Von Adamek critica a tradução livre e literal do termo "*corporate governance*" para a expressão "governança corporativa" da seguinte forma: "No Brasil, uma péssima tradução literal fez vingar a expressão governança corporativa que, a rigor é inexpressiva. 'Governança' é sinônimo de governo, quando não de 'intendência'. Corporativa é o adjetivo

Antes de verificar-se a relevância da governança corporativa bem estruturada no âmbito da recuperação judicial propriamente dito, indispensável faz-se a análise do referido instituto de forma geral, como sendo aplicável a qualquer sociedade.

De acordo com o IBGC – Instituto Brasileiro de Governança Corporativa, a "Governança Corporativa é o sistema pelo qual as empresas e demais organizações são dirigidas, monitoradas e incentivadas, envolvendo os relacionamentos entre sócios, conselho de administração, diretoria, órgãos de fiscalização e controle e demais partes interessadas."[39]

Cumpre destacar neste Capítulo que o IBGC ainda lista os mais relevantes princípios aos quais a governança corporativa deve atender[40]: (i) transparência (*disclosure*); (ii) equidade ou isonomia (*fairness*); (iii) prestação de contas (*accountability*); e (iv) responsabilidade corporativa (*compliance*).

Tais objetivos podem ser atingidos por meio de alterações na estrutura da sociedade, de modo a segregar as figuras dos sócios das figuras dos administradores, profissionalizando, assim, a gestão da sociedade. Eleição de administradores profissionais, criação de novos órgãos de administração para possibilitar uma mitigação de decisões tomadas em conflito de interesses, bem como a atribuição de competências claras e compatíveis com os propósitos de cada órgão societário.

De acordo com o acima indicado, verifica-se que a governança corporativa, embora não conceituada de forma una, trata basicamente do conjunto de regras e medidas pelas quais as sociedades são operadas, sendo que são recomendáveis as melhores práticas para melhorar relações entre os participantes da atividade e o aumento do seu valor.

Nessa esteira, pressupõe-se que, quanto mais se observa boas práticas de governança, mais atrativa se faz uma sociedade para investimentos e, consequentemente, maximiza-se seu valor. As boas práticas de governança entregam majoração de valor às sociedades que as implementam, possibilitando uma gestão profissionalizada e indene de interesses diversos senão o atingimento do objeto social proposto pela sociedade.

---

utilizado para designar aquilo que é relativo às corporações, palavra essa que, juridicamente, tem sentido bastante diverso (agremiação ou união de pessoas subordinada a uma regra, estatuto ou compromisso) e que apenas por meio da tradução homófona do termo norte-americano '*corporation*' estaria a designar as sociedades anônimas (lembre-se, a propósito que o direito no inglês, a palavra '*corporation*' não designa apenas as anônimas). Em Portugal assim alude-se, com maior propriedade, a '*corporate governance*' ou 'governo das sociedades'". (ADAMEK, Marcelo Vieira von. *Responsabilidade civil dos administradores de S/A e as ações correlatas*. São Paulo: Saraiva, 2009).

39. Instituto Brasileiro de Governança Corporativa. Código das Melhores Práticas de Governança Corporativa. 5. ed. São Paulo, SP: IBGC, 2015.

40. Ibidem.

A GOVERNANÇA NA SOCIEDADE EM RECUPERAÇÃO JUDICIAL | **155**

Destarte, seria intuitivo defender que a implementação de medidas de melhoria da governança corporativa é providência primordial para que a empresa em crise consiga se soerguer, atingindo os objetivos da LRF, principalmente pela mitigação de riscos decorrentes de decisões tomadas de forma equivocada que estas medidas proporcionam, o que se torna ainda mais relevante se considerado que os atos de má gestão são os principais motivos que levam a empresa à crise.

Propostas de melhoria para a governança corporativa da sociedade em dificuldades devem constituir instrumento hábil à recuperação, considerando que a sua implementação contribui com a coesão do plano. Neste sentido, como acima trabalhado, o artigo 50 da LRF dispõe como meio para a recuperação medidas que implicam diretamente na alteração da estrutura societária das recuperandas, entendendo que mudanças na administração, ainda que o devedor seja mantido na gestão, possibilitam a recuperação da empresa em crise[41].

Criar e colocar em prática melhores sistemas de governança, portanto, prestam-se a recompor a confiança e melhorar o desempenho da empresa em crise, além de preservar e aumentar o valor da empresa, reduzir riscos na atividade e propiciar mais facilidade ao acesso de capital novo.

5. UMA ANÁLISE EMPÍRICA DA EFETIVA IMPLEMENTAÇÃO DE MEDIDAS E REARRANJOS SOCIETÁRIOS DE EMPRESAS EM RECUPERAÇÃO JUDICIAL

Apresenta-se nesta parte um estudo empírico que visa a verificação da previsão de adoção de medidas de governança nos planos de recuperação judicial e a sua efetiva implementação de medidas e rearranjos societários em sociedades em recuperação judicial – que implicam a governança – em relação às previsões contidas nos respectivos planos como meios para o soerguimento da empresa em crise.

A questão que aqui se levanta é em que medida as empresas de fato preveem a adoção de medidas de governança como meio de recuperação judicial e se há algum indicativo de que estas medidas guardam alguma relação com a efetiva recuperação da empresa em crise.

---

41. Art. 50. Constituem meios de recuperação judicial, observada a legislação pertinente a cada caso, dentre outros:

[...]

II – cisão, incorporação, fusão ou transformação de sociedade, constituição de subsidiária integral, ou cessão de cotas ou ações, respeitados os direitos dos sócios, nos termos da legislação vigente;

III – alteração do controle societário;

IV – substituição total ou parcial dos administradores do devedor ou modificação de seus órgãos administrativos;

V – concessão aos credores de direito de eleição em separado de administradores e de poder de veto em relação às matérias que o plano especificar;

VI – aumento de capital social;

[...]

XIV – administração compartilhada;

Em consonância com a metodologia adiante explanada, o estudo chegou à conclusão de que apenas 6,6% das recuperandas analisadas implementaram alguma medida para a melhoria de sua governança e que, em relação àquelas que implementaram, 33,3% tiveram sua falência decretada durante o cumprimento do plano, não sendo possível estabelecer a relação direta entre a adoção de medidas para melhoria da gestão e o resultado final do processo de recuperação judicial, uma vez que fatores outros – dos mais diversos – podem influenciar no desfecho de uma recuperação judicial.

Como base para a realização da pesquisa empírica do presente trabalho, foram utilizados os dados apresentados por estudos elaborados pelo NEPI – Núcleo de Estudos de Processos de Insolvência da PUC/SP – Pontifícia Universidade Católica de São Paulo em parceria com a ABJ – Associação Brasileira de Jurimetria, notadamente a 2ª Fase do Observatório de Insolvência[42].

O Observatório analisou processos de recuperação judicial decorrentes de pedidos ajuizados no Estado de São Paulo entre janeiro de 2010 a julho de 2017, o que totalizou 906 processos.

Dentro deste número, foram analisados somente os processos em que o plano de recuperação judicial foi aprovado, a fim de verificar se houve a previsão de meios de recuperação pautados na adoção de medidas de governança nas recuperandas. Ainda, como forma de viabilizar o corte amostral no qual pautou-se a pesquisa ora apresentada, esta tomou por base a análise somente de processos eletrônicos em trâmite na 1ª e na 2ª Varas de Falências e Recuperação Judicial da Capital, o que totalizou 95 processos analisados.

Com fulcro nessa amostragem, buscou-se verificar nos planos de recuperação judicial aprovados a previsão de adoção de medidas para melhoria de governança nas recuperandas como meio de recuperação e, em um segundo momento, se as medidas de fato foram implementadas.

Na fase de verificar a implementação das medidas de melhora na governança corporativa, conforme indicado em determinados planos de recuperação, a pesquisa partiu da premissa que as medidas de governança corporativa que possibilitam a profissionalização da gestão da sociedade e alteração na composição acionária são de natureza estrutural, representada pela eleição de novos administradores, criação de novos órgãos de administração, alteração de competências específicas para cada órgão social e alteração na composição societária, por exemplo, todas medidas que necessitam de alteração e registro de atos societários perante a junta comercial.

---

42. WAISBERG, Ivo; SACRAMONE, Marcelo; NUNES, Marcelo Guedes; CORRÊA, Fernando, Judicial Restructuring. *Recuperação Judicial no Estado de São Paulo* – 2ª Fase do Observatório de Insolvência. 26 de abril de 2019). Acesso em SSRN: https://ssrn.com/abstract=3378503orhttp://dx.doi.org/10.2139/ssrn.3378503.

A GOVERNANÇA NA SOCIEDADE EM RECUPERAÇÃO JUDICIAL **157**

Dessa forma, foram analisados os atos constitutivos dessas sociedades perante a página virtual da JUCESP – Junta Comercial do Estado de São Paulo, a fim de verificar se houve alguma alteração de contrato ou estatuto social, bem como o registro de demais atos, relacionados a medidas de governança.

O objetivo da pesquisa foi examinar qual é a proporção das recuperandas que preveem a adoção de alguma medida para melhoria na governança como meio de recuperação judicial, a fim de verificar se os propósitos de soerguimento e recuperação das atividades empresariais são de fato observados, e qual é a consequência da implementação ou não da referida medida.

O resultado, de forma geral, é que há pouca previsão nesse sentido como meio de recuperação da empresa em crise nos planos de recuperação judicial, sendo ainda menor o número de sociedades que realmente implementam as medidas indicadas nos planos aprovados.

Verificou-se que, em 38 dos 95 planos de recuperação aprovados analisados, há alguma menção sobre a possibilidade da adoção de medidas que visem melhorar a governança corporativa como meio de recuperação, sendo que em 08 dos 38 processos há somente uma mera alusão às referidas medidas, citando, de forma exemplificativa, os incisos correlatos do artigo 50 da LRF, sem qualquer previsão minimamente concreta[43].

Dessa forma, considerou-se que de 95 planos de recuperação analisados, apenas 30, ou seja, aproximadamente 31,6%, previam, de forma efetiva, a possibilidade de adoção de alguma medida que contribuísse para a melhoria da sua governança, sendo certo que as disposições presentes nos planos analisados nesse sentido em geral não tinham o objetivo de vincular a recuperanda no cumprimento daquelas obrigações, sendo comumente utilizados termos como "poderão" para exemplificar os meios de recuperação adotados, aí incluídos os que fazem menção à mudança da estrutura de gestão da sociedade.

Dentre os principais meios de recuperação relacionados às medidas de governança, os 30 planos de recuperação indicaram a previsão de: (i) eleição de administradores profissionais e independentes (6); (ii) alteração na composição societária da recuperanda, com consequente alteração no capital social (11); (iii) alteração na estrutura dos órgãos da administração da sociedade (04); e (iv) adoção de medidas de reorganização de forma genérica (09).

---

43. "Além de não poder atentar contra a lei, os meios de recuperação judicial deverão ser especificamente descritos no plano de recuperação judicial. A previsão de forma genérica do meio de recuperação judicial no plano não permite que os credores saibam com precisão como seus direitos são afetados, de modo que mesmo a deliberação de aprovação do plano de recuperação judicial não autoriza a recuperanda a realizá-los. A descrição genérica do meio de recuperação judicial é considerada ineficaz e exige o consentimento dos credores especificamente sobre o meio de recuperação a ser implementado" (SACRAMONE, Marcelo Barbosa. Op. cit., p. 218).

Dessa forma, em termos de percentuais, os meios mais indicados pelos planos de recuperação analisados têm a seguinte proporção:

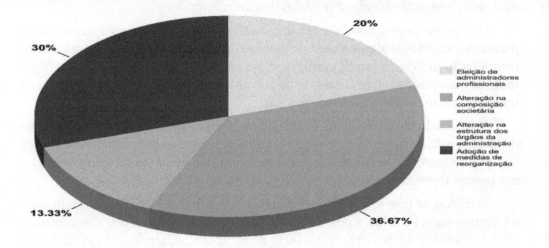

Passando para a análise da efetiva implementação das medidas de governança mencionadas nos planos de recuperação judicial, por meio da verificação de arquivamento de atos societários no sítio virtual da JUCESP, verificou-se que em apenas 06 recuperandas, ou seja, em apenas 20% dos casos em que havia previsão no plano, de fato houve a implementação. As medidas efetivamente implementadas, conforme apurado perante a Junta Comercial do Estado de São Paulo, foram (i) a criação de conselho de administração e eleição de novos administradores; (ii) a transformação do tipo societário e eleição de novos administradores; (iii) a alteração na composição acionária e eleição de novos administradores; e (iv) a mudança nas regras de administração da recuperanda.

Como verificado na análise acima exposta, apenas 31,6% dos planos de recuperação aprovados trazem alguma menção à possibilidade de adoção de medidas de governança como meio de recuperação, sendo que, em apenas 20% dos casos em que de fato havia a previsão, a referida medida foi efetivamente implementada, ou seja, apenas 06 de 95 recuperandas, o que representa 6,6% do total de processos de recuperação judicial analisados de fato implementaram alguma medida para melhoria da governança.

Prosseguindo na análise, a fim de verificar o resultado do processo de recuperação das recuperandas que implementaram as medidas de governança indicadas no plano, constatou-se que 02 tiveram sua falência decretada ao longo do cumprimento do plano, enquanto 03 estão em fase de cumprimento e 01 teve a recuperação encerrada.

Evidente que os resultados acima apontados não possuem viscosidade suficiente para alcançar uma conclusão robusta e concisa, apesar da base inicial de processos

A GOVERNANÇA NA SOCIEDADE EM RECUPERAÇÃO JUDICIAL

analisar ser considerável, o que demandaria a ampliação do número de processos de recuperação judicial ajuizados.

Tais resultados podem gerar diversas conclusões, frisando-se sempre que, para uma pesquisa mais fiel à realidade é necessária a ampliação da base de dados analisados. Uma delas é que poucas recuperandas (6,6%) implementam medidas para melhorar a governança corporativa durante o processo de recuperação judicial, o que indica ser um elemento pouco importante, na visão do devedor e dos credores, para o soerguimento da sociedade com a consequente superação da crise.

Isto traz à tona os questionamentos sobre se os objetivos da LRF estão sendo estão sendo observados no processo de recuperação judicial, e sobre se há algum tipo de incentivo legal para que medidas que visam melhorar a gestão das recuperandas sejam implementadas.

De outro turno, o resultado final dos processos de recuperação analisados permite refletir se, de fato, a adoção de medidas de governança influencia no sucesso ou no fracasso da recuperação judicial, na medida em que o índice aproximado de decretação de falência das empresas que implementam as referidas medidas é de 33,3%, o que não foge muito da proporção verificada na base de processos analisados, levando em consideração o reduzido número de recuperandas implementada (6).

Buscou-se verificar por meio do estudo acima apresentado se é verdadeira a hipótese de que, numa sociedade em recuperação judicial, reestruturar os órgãos da administração, rearranjar a forma pela qual é exercido o controle ou implementar novas práticas de governança corresponde a uma maior efetividade para o soerguimento.

Com fulcro nos números levantados – considerava a amostragem relativamente reduzida –, verifica-se que a adoção de medidas de reestruturação da governança da sociedade em recuperação judicial tem baixa incidência nas Varas Especializadas da Capital do Estado de São Paulo.

Verificou-se, ademais, que mesmo quando medidas de rearranjo na governança são implementadas no âmbito da empresa em crise, não é possível vislumbrar uma relação direta entre tal reorganização e um desfecho positivo do processo de recuperação judicial.

6. CONCLUSÃO

O presente artigo apresentou uma análise empírica da efetiva implementação, com relação a processos das Varas Especializadas da Capital do Estado de São Paulo, de medidas de rearranjo da governança em sociedades em recuperação judicial.

Para conferir subsídios à realização de um exercício de pensamento sobre o que representam os números verificados, analisou-se (a) as razões que levam uma empresa à crise econômico-financeira, cuja identificação é de importância de relevo para a escolha das medidas a serem implementadas para o soerguimento e a superação da crise, (b) as restrições impostas pela legislação aplicável (e passíveis de serem impostas) à condução das atividades da sociedade em recuperação judicial, (c) os supostos benefícios da implementação de melhores práticas de governança corporativa como meio de recuperação judicial.

Tendo sido verificada do estudo empírico apresentado uma baixa taxa de sociedades em recuperação que previram e implementaram rearranjos em suas governanças, é possível formular as seguintes hipóteses:

(i) a baixa incidência de rearranjos de governança nas sociedades em recuperação judicial poderia decorrer dos custos que a implementação representa à devedora, o que nem sempre vale a pena ser empregado;

(ii) igualmente, poder-se-ia atribuir os resultados aferidos à resistência por parte dos credores contra a implementação de rearranjos de governança, que, diante de interesses egoísticos que têm, raras as vezes são as que se preocupam com o efetivo soerguimento da empresa em crise (a menos que necessário seja tal soerguimento à maximização de seus créditos); destarte, exceto se representarem maximização a curto prazo dos créditos dos credores, a efetivação de melhorias na governança da recuperanda enfrenta resistência destes, muito em função do custo representado; e

(iii) finalmente, destaca-se que outra e final hipótese que poderia justificar a não implementação de rearranjos nas sociedades em recuperação judicial, qual seja, a ineficiência (ou indiferença) de tais medidas na entrega de valor à empresa. Isto é, uma vez em recuperação judicial, o valor da sociedade automaticamente decai, sendo que a implementação de medidas para supostas melhorias na governança não suprem as perdas decorrentes do processamento; não ter-se-ia retorno suficiente.

Dessa forma, conclui-se que a elaboração de novos e complementares estudos empíricos se mostram importantes à verificação de se a LRF, especialmente no tocante aos meios de recuperação, tem se prestado ao fim ao qual foi concebida.

Assumindo que mecanismos de reorganização da governança de sociedades em crise – neles incluídos aqueles previstos na legislação própria – não têm sido utilizados como meio de recuperação, inovadoras soluções precisam ser ventiladas pelos juristas (a serem acompanhadas de evolução legislativa), a fim de conferir maior efetividade ao processo de recuperação judicial.

7. REFERÊNCIAS

ADAMEK, Marcelo Vieira von. *Responsabilidade civil dos administradores de S/A e as ações correlatas*. São Paulo: Saraiva, 2009.

BEZERRA FILHO, Manoel Justino. *Lei de Recuperação de Empresas e Falência*: Lei n. 11.101/2005: comentada artigo por artigo. 13. ed. rev., atual. e ampl. São Paulo: Ed. RT, 2018.

BEZERRA FILHO, Manuel Justino et al. *Recuperação empresarial e falência*. 2. ed. rev. atual. e ampl. São Paulo, Thomson Reuters Brasil, 2018.

BOGGIO, Luca. Amministrazione e controllo dele società di capitali in concordato preventivo (dalla domanda all'omologazione). *Amministrazione e controllo nel diritto dele società* – Liber amicorum Antonio Piras. Torino: G. Giappichelli Editore, 2010.

A GOVERNANÇA NA SOCIEDADE EM RECUPERAÇÃO JUDICIAL

CAMPINHO, Sérgio. *Falência e recuperação de empresa*: O novo regime da insolvência empresarial. 6. ed. Rio de Janeiro, 2012.

CARVALHOSA, Modesto. *Comentários à Lei das Sociedades Anônimas*. 3. ed. São Paulo: Saraiva, 2003. v. 3.

COELHO, Fábio Ulhoa. *Comentários à Lei de Falências e Recuperação de Empresas*. 13. ed. rev. e atual. São Paulo: Thomson Reuters Brasil, 2018.

COELHO, Fábio Ulhoa. *Curso de direito comercial*. São Paulo: Ed. RT 2016. v. 3.

COELHO, Fábio Ulhoa. *Comentários à Lei de Falências e Recuperação de Empresas*. 10. ed. São Paulo: Saraiva, 2014.

FROST, Christopher. W. Bankruptcy Redistributive Policies and The Limits of The Judicial Process. *74 N.C. L. Rev.* 75, p. 77 (1995-1996).

HAHN, David. Concentrated ownership and control of corporate reorganizations. *JCLS* 4 (2004).

Instituto Brasileiro de Governança Corporativa. *Código das Melhores Práticas de Governança Corporativa*. 5. ed. São Paulo, SP: IBGC, 2015.

MATTOS FILHO, Ary Oswaldo; CHAVENCO, Maurício; HUBERT, Paulo; VILELA, Renato; RIBEIRO, Victor B. Holloway. Núcleo de Estudos em Mercados e Investimento. *Radiografia das Sociedades Limitadas*. FGV Direito, 2014.

MENEZES, Maurício. *O Poder de Controle nas Companhias em Recuperação Judicial*. Rio de Janeiro: Forense, 2012, p. 128.

NEDER CEREZETTI, Sheila Christina; MAFFIOLETTI, Emanuelle Urbano. Transparência e divulgação de informações nos casos de recuperação judicial de empresas. In: LUPION, Ricardo (Coord.). *10 anos da Lei de Falências e Recuperação Judicial de Empresas*: inovações, desafios e perspectivas, 2016.

PEREIRA, Guilherme Setoguti J.; PIVA, Fernanda Neves. Recuperação judicial e direito societário: impactos na governança corporativa das companhias. In: ROSETTI, Maristela Abla; PITTA, Andre Grunspun (Coord.). *Governança corporativa*: avanços e retrocessos. São Paulo: Quartier Latin, 2017.

PINTO JÚNIOR, Mario Engler. A teoria dos jogos e o processo de recuperação de empresas. *Revista de Direito Bancário e do Mercado de Capitais*, n. 31, ano 9, São Paulo: Ed. RT, jan.-mar. 2006.

ROTEM, Yaad. Contemplating a corporate governance model for bankruptcy reorganizations: lessons from Canada. *Va. L. & Bus. Rev.* 3 (2008).

SACRAMONE, Marcelo Barbosa. *Comentários à lei de recuperação de empresas e falência*. São Paulo: Saraiva Educação, 2018.

TOLEDO, Paulo Fernando Campos Salles de; PUGLIESI, Adriana Valéria. Disposições comuns à recuperação judicial e à falência: o administrador judicial e o comitê de credores. In: BEZERRA FILHO, Manoel Justino; CARVALHOSA, Modesto et al (Coord.). *Recuperação empresarial e falência*. São Paulo: Ed. RT, 2016 (Coleção Tratado de Direito Empresarial; v. 5).

WAISBERG, Ivo; SACRAMONE, Marcelo; NUNES, Marcelo Guedes; CORRÊA, Fernando. Judicial Restructuring. *Recuperação Judicial no Estado de São Paulo* – 2ª Fase do Observatório de Insolvência. 26 de abril de 2019). Acesso em SSRN: https://ssrn.com/abstract=3378503orhttp://dx.doi.org/10.2139/ssrn.3378503.

WARREN, Elizabeth. Bankruptcy Policymaking in an Imperfect World. *Mich. L. Rev.* 92 (1993-1994).

A CONVERSÃO DE DÍVIDA EM *EQUITY* NA RECUPERAÇÃO JUDICIAL

Thales Janguiê Silva Diniz

Mestrando em Direito Comercial pela Pontifícia Universidade Católica de São Paulo – PUC-SP. Pós-graduado em Direito Societário pelo Insper. Advogado.

Sumário: 1. Introdução – 2. O plano de recuperação judicial no direito falimentar brasileiro – 3. A possibilidade de conversão de dívida em capital social da sociedade empresária na recuperação judicial; 3.1 Requisitos para a conversão; 3.2 Vantagens e desvantagens para os credores da recuperação judicial – 4. Casos em que ocorreu a conversão de dívida em capital social na recuperação judicial – 5. Análise jurimétrica de planos de recuperação judicial que possuem o mecanismo de conversão de dívida em *equity* – 6. Conclusão – 7. Referências.

1. INTRODUÇÃO

A recuperação judicial, instituto criado pela Lei n. 11.101/2005 ("Lei de Recuperação de Empresas e Falências"), é uma importante alternativa para a empresa em crise, por ser uma ferramenta utilizada para a superação de adversidades e problemas econômicos e financeiros e, com isso, se evitar uma possível falência.

Como a maioria das empresas em crise são constituídas na forma de sociedades anônimas ou limitadas, há então, a possiblidade de converterem valores mobiliários ou quotas em *equity* da própria sociedade empresária para ajudá-la a se financiar e superar a crise que se instalou.

Isto posto, o presente estudo tem como objetivo demonstrar e analisar a possibilidade dessas dívidas, formadas por empresas em recuperação judicial, serem convertidas em capital social da própria sociedade (*equity*) para ajudar a dar continuidade a atividade empresarial. Será exposto como se dá o plano de recuperação judicial, se há a possibilidade de conversão da dívida em capital próprio no plano e como ela se dá. Também serão demonstrados os requisitos para a conversão, bem como as vantagens e desvantagens para os credores da recuperação judicial que serão afetados com a conversão. Na parte final do trabalho, serão expostos alguns casos práticos de companhias, que se utilizaram desse mecanismo de conversão de dívida em capital e uma análise estatística dos planos de recuperação judicial que apresentam tal mecanismo de conversão.

O método utilizado foi o indutivo e empírico, bem como o estatístico, através da análise da legislação falimentar, de obras sobre o tema e da coleta e análise dos casos práticos e planos de recuperação judicial que continham tal dispositivo de conversão.

2. O PLANO DE RECUPERAÇÃO JUDICIAL NO DIREITO FALIMENTAR BRASILEIRO

No direito falimentar pátrio, o plano de recuperação judicial,[1] introduzido pela Lei de Recuperação de Empresas e Falências, trouxe grande inovação e vários avanços em matéria de direito, economia e função social da empresa, pois possibilitou à sociedade empresária devedora apresentar um plano de recuperação aos seus credores, expondo as causas de sua crise econômico-financeira e os meios para seu enfrentamento.[2]

Tem o plano, como finalidade, não apenas o estabelecimento de metas e premissas para se vencer a crise estabelecida na sociedade empresária, mas a criação de novas e reais oportunidades para a preservação da empresa como agente econômico gerador de empregos, tributos e riqueza.[3] Verifica-se, com esta finalidade, a intenção do legislador de preservar a empresa para que se mantenha sua função social.[4] Caso o plano se apresente inconsistente, ele será uma mera formalidade processual, o que não condiz com sua finalidade de recuperação empresarial.[5]

Como o plano de recuperação judicial é apresentado pelo devedor aos credores, este deve estar provido das possíveis possibilidades para a tentativa de volta da regularidade econômica e superação da crise. Na lição de Marcelo Barbosa Sacramone podemos compreender como se dá essa dinâmica de apresentação do plano de recuperação judicial pelo devedor: "o plano de recuperação judicial é a proposta realizada pelo devedor aos credores para superar a crise econômico-financeira que o acomete e continuar a desenvolver a empresa com regularidade. Ao contrário de legislações como a dos Estados Unidos, sua formulação é privativa do devedor, único legitimado que poderá confeccioná-lo. Esses poderes exclusivos foram atribuídos ao devedor para contrabalancear os poderes dos credores, a quem competiria priva-

---

1. Lei n. 11.101/2005: "Art. 53. O plano de recuperação será apresentado pelo devedor em juízo no prazo improrrogável de 60 (sessenta) dias da publicação da decisão que deferir o processamento da recuperação judicial, sob pena de convolação em falência, e deverá conter: I – discriminação pormenorizada dos meios de recuperação a ser empregados, conforme o art. 50 desta Lei, e seu resumo; II – demonstração de sua viabilidade econômica; e III – laudo econômico-financeiro e de avaliação dos bens e ativos do devedor, subscrito por profissional legalmente habilitado ou empresa especializada. Parágrafo único. O juiz ordenará a publicação de edital contendo aviso aos credores sobre o recebimento do plano de recuperação e fixando o prazo para a manifestação de eventuais objeções, observado o art. 55 desta Lei."
2. NOGUEIRA, Ana Beatriz Martucci; CAMPI, Ana Cristina Baptista Campi; PIHA, Daniella. Reflexões sobre a rotineira prática dos aditamentos ao plano de recuperação judicial. *10 Anos da Lei de Recuperação de Empresas e Falência*: reflexões sobre a reestruturação empresarial no Brasil. São Paulo: Quartier Latin, 2015. p. 51.
3. NOGUEIRA, Ana Beatriz Martucci; CAMPI, Ana Cristina Baptista Campi; PIHA, Daniella. *Reflexões sobre a rotineira prática dos aditamentos ao plano de recuperação judicial*, cit., p. 51.
4. Lei n. 11.101/2005: "Art. 47. A recuperação judicial tem por objetivo viabilizar a superação da situação de crise econômico-financeira do devedor, a fim de permitir a manutenção da fonte produtora, do emprego dos trabalhadores e dos interesses dos credores, promovendo, assim, a preservação da empresa, sua função social e o estímulo à atividade econômica."
5. COELHO, Fabio Ulhoa. *Curso de direito comercial*. 12. ed. São Paulo: Saraiva, 2011. v. 3: direito de empresa, p. 442.

A CONVERSÃO DE DÍVIDA EM *EQUITY* NA RECUPERAÇÃO JUDICIAL | **165**

tivamente aprovar ou rejeitar o plano de recuperação judicial proposto, conforme o quórum legal".[6]

Podemos compreender então que o plano de recuperação,[7] proposto pelo devedor, é a própria proposta de superação da crise econômico-financeira que o acomete. Não obstante, a criação de bom plano de recuperação não é a garantia de reerguimento de uma empresa em crise pois diversos fatores macroeconômicos globais ou nacionais, como o aumento da concorrência ou mesmo imperícia na operação empresarial, podem comprometer a recuperação da empresa em crise.[8]

Definido então o plano, serão estabelecidos e contidos nele os meios para a recuperação. É através do artigo 50 da Lei de Recuperação de Empresas e Falências que se dá os meios para a recuperação que são, por exemplo, a concessão de prazos e condições especiais para pagamento das obrigações vencidas ou vincendas (Lei n. 11.101/2005, art. 50, I), a alteração do controle societário (Lei n. 11.101/2005, art. 50, III), o aumento de capital social (Lei n. 11.101/2005, art. 50, VI), constituição de sociedade de credores (Lei n. 11.101/2005, art. 50, X), e a emissão de valores mobiliários (Lei n. 11.101/2005, art. 50, XV), dentre outros.

Observadas estas características, se faz mister analisar como o plano é aprovado. É através da Assembleia de Credores[9] que o plano apresentado pelo devedor é primeiramente discutido e após se atingir o quórum deliberativo qualificado é aprovado pelos credores e homologado pelo juiz.[10] Caso não se atinja este quórum deliberativo, mas algo próximo a ele, o juiz terá a discricionariedade para aprovar o plano que quase alcançou o quórum qualificado.[11]

Após a aprovação do plano pelos credores através da assembleia é concedida a recuperação judicial encerrando-se a fase de deliberação e iniciado a de execução.[12]

---

6. SACRAMONE, Marcelo Barbosa. *Comentários à lei de recuperação de empresas e falência*. São Paulo: Saraiva Educação, 2018. p. 247.

7. "O pedido de recuperação deve, antes de ser apresentado em juízo, ser muito bem pensado, uma vez que após o despacho do juiz que, autoriza o processamento da recuperação, terá o devedor o prazo improrrogável de 60 (sessenta) dias para apresentar seu plano de recuperação, sob pena de convolação em falência. Percebe-se que não haverá volta. Feito o pedido e deferido o processamento, não restará outra alternativa, senão a apresentação do plano de recuperação. O devedor não poderá, portanto, após o deferimento do processamento, simplesmente requerer a desistência de seu pedido" (ALMEIDA, Marcus Elidius Michelli de. *Nova Lei de Falências e Recuperação de Empresas* – Confrontada e breves anotações. São Paulo: Quartir Latin, 2005. p. 75).

8. COELHO, Fabio Ulhoa. *Curso de direito comercial*, v. 3: direito de empresa, cit., p. 442 e 443.

9. Para o professor Fabio Ulhoa Coelho três são os resultados da votação na Assembleia: a) aprovação do plano de recuperação, por deliberação que atendeu ao quórum qualificado da lei; b) apoio ao plano de recuperação, por deliberação que quase atendeu a esse quórum qualificado e c) rejeição de todos os planos discutidos. (COELHO, Fabio Ulhoa. *Curso de direito comercial, volume 3: direito de empresa*. cit., p. 446).

10. COELHO, Fabio Ulhoa. *Curso de direito comercial*, v. 3: direito de empresa, cit., p. 446.

11. COELHO, Fabio Ulhoa. *Curso de direito comercial*, v. 3: direito de empresa, cit., p. 446.

12. COELHO, Fabio Ulhoa. *Curso de direito comercial*, v. 3: direito de empresa, cit., p. 447.

3. A POSSIBILIDADE DE CONVERSÃO DE DÍVIDA EM CAPITAL SOCIAL DA SOCIEDADE EMPRESÁRIA NA RECUPERAÇÃO JUDICIAL

Como visto, o plano de recuperação é composto pelos meios de pagamento de créditos apresentados pelo devedor aos credores na recuperação judicial. Como a empresa em crise está em dificuldade financeira, é interessante que se crie mecanismos para se possibilitar o pagamento de tais créditos (novos ou sujeitos recuperação), como, por exemplo, o pagamento via a emissão de valores mobiliários (Lei n. 11.101/2005, art. 50, XV).[13]

Este meio de pagamento pode ser previsto no plano de recuperação judicial onde os credores terão a possibilidade de ter seus créditos satisfeitos pela conversão da dívida, em participação societária da companhia (*equity*). Novamente, na lição de Marcelo Barbosa Sacramone, podemos compreender como se dá este meio de pagamento aos credores:

Poderá ser prevista, no plano de recuperação judicial, a conversão da dívida em participação societária (*equity*). Os credores poderiam ter seus créditos satisfeitos mediante dação de participação societária na sociedade devedora como pagamento. A conversão de dívida em capital é medida que poderá ser proposta pelo empresário devedor para reduzir seu endividamento exigível. Para os credores, poderá ser meio de recuperação judicial interessante para que sejam satisfeitos durante o desenvolvimento da atividade empresarial caso a falta de liquidez da recuperanda seja de curto prazo, e de modo participarem nas principais decisões da recuperanda.[14]

Pode-se observar que a conversão da dívida em participação societária[15] na companhia em recuperação judicial é possível, mas deve seguir certos critérios e peculiaridades previstos no plano.

3.1 Requisitos para a conversão

Para termos a conversão da dívida, em participação societária da própria companhia em recuperação judicial alguns pontos devem ser observados.

Como mencionado, o plano de recuperação poderá ter a opção de conversão. Dessarte, é imprescindível que a opção de conversão esteja presente no plano aprovado pelos credores em assembleia após quórum qualificado. É, a partir da possibilidade

---

13. FELSBERG, Thomas Benes; BIANCHI, Pedro Henrique Torres. Breves apontamentos sobre conversão de dívida em capital na recuperação judicial. *10 Anos da Lei de Recuperação de Empresas e Falência*: reflexões sobre a reestruturação empresarial no Brasil. São Paulo: Quartier Latin, 2015. p. 480.

14. SACRAMONE, Marcelo Barbosa. *Comentários à lei de recuperação de empresas e falência*, cit., p. 226.

15. Para Julio Kahan Mandel o inciso XV do artigo 50 da Lei de Recuperação de Empresas Falência, criado para empresas de maior porte e que tenham a confiança do mercado, foi uma nova modalidade muito bem-vinda de meio recuperação assim como a própria conversão de dívidas em participação acionária (MANDEL, Julio Kahan. *Nova Lei de Falências e Recuperação de Empresas Anotada*: Lei 11.101. de 09.02.2005. São Paulo: Saraiva, 2005. p. 109).

A CONVERSÃO DE DÍVIDA EM *EQUITY* NA RECUPERAÇÃO JUDICIAL

do plano que permitir a conversão, que a companhia devedora poderá se valer desse meio de recuperação.

Não obstante este meio de pagamento aos credores na recuperação judicial ser uma boa opção para as empresas em recuperação, algumas posições doutrinárias e jurisprudenciais acreditam que os credores dissidentes da assembleia geral de credores, que aprovaram o plano que está contido o mecanismo de conversão, não podem se associar contrariamente à sua vontade.[16] Isto decorre da garantia constitucional assegurada ao indivíduo de permanecer associado se quiser (Constituição Federal, art. 5º, XX), como também de ingressar em sociedade apenas se desejar[17-18].

Alguns julgados, à título de ilustração, como o Agravo de Instrumento de n. 657.733-4/6-00, da Câmara Reservada à Falência e Recuperação do TJSP, de relatoria do desembargador José Roberto Lino Machado, preveem a vinculação dos credores dissidentes quanto ao plano e à conversão. De acordo com esta decisão, a previsão de pagamento em ações da sociedade anônima não se confunde com o constrangimento do credor em se associar, pois ele não precisará participar ativamente da nova sociedade, podendo vender as ações como qualquer valor mobiliário livremente negociável.[19] Em sentido contrário, o Agravo de Instrumento de n. 21009/2007, da 6ª Câmara Cível do TJMT, de relatoria do desembargador Juracy Persiano, decidiu afirmando que o credor que apresentar objeção ao plano, por discordar da dação em pagamento que lhe foi imposta, impossibilita a utilização desse meio de pagamento da dívida, pois o credor não estaria obrigado a receber prestação diversa do que lhe é devida.[20]

Observados os julgados acima, a despeito da decisão e das posições doutrinárias[21] que são a favor da vinculação dos credores dissidentes[22] quanto ao plano, entendemos

---

16. SACRAMONE, Marcelo Barbosa. *Comentários à lei de recuperação de empresas e falência*, cit., p. 226.
17. SACRAMONE, Marcelo Barbosa. *Comentários à lei de recuperação de empresas e falência*, cit., p. 227.
18. Para Marcelo Barbosa Sacramone esse direito constitucional não pode ser mitigado pela legislação infraconstitucional falimentar, de modo que o credor não poderá ser vinculado contrariamente à sua vontade, pela deliberação majoritária dos credores em Assembleia Geral (SACRAMONE, Marcelo Barbosa. *Comentários à lei de recuperação de empresas e falência*, cit., p. 227).
19. "(...) quanto à previsão de pagamento em ações de sociedade anônima, evidente que não se confunde com constrangimento do agravante a associar-se, não só porque o agravante não precisa participar ativamente da nova sociedade, usando as ações como valores mobiliários, como porque poderá livremente negociá-las" (TJSP, AI n. 657.733-4/6-00, Câmara Especial de Falências e Recuperação Judiciais, rel. Des. José Roberto Lino Machado, j. 27.10.2009).
20. "(...) credor que apresenta objeção ao plano, para discordar da dação em pagamento que lhe foi proposta, e ratifica essa rejeição na assembleia de credores, impossibilita a utilização desse meio de composição da dívida por ausência de um requisito indispensável, seu consentimento, dado que não é obrigado a receber prestação diversa da que lhe é devida, ainda que mais valiosa (art. 313, CC)" (TJMT, AI n. 21009/2007, 6ª Câmara Cível, rel. Des. Juracy Persiani, j. 31.10.2007).
21. A favor: FELSBERG, Thomas Benes; BIANCHI, Pedro Henrique Torres. *Breves apontamentos sobre conversão de dívida em capital na recuperação judicial*, cit., p. 481; SALOMÃO, Luis Felipe; PENALVA SANTOS, Paulo. *Recuperação judicial, extrajudicial e falência*. Rio de Janeiro: Forense, 2012. p. 145.
22. No direito norte-americano os credores são mais propensos a aceitar a conversão da dívida em participação societária da companhia, pois a conversão de dívida em *equity* da companhia é meio de recuperação judicial bastante utilizado. "Under reorganization plans, creditors' claims may be satisfied by debtor firm through cash payments, the issuing of debt instruments or the conversion of claims into equity interests in the debtor" (HAHN, David. Concentrated Ownership and control of corporate reorganizations. *JCLS* 4, 2004).

ser necessário a não dissidência dos credores quanto à conversão, tornando isto, dessarte, mais um requisito para a conversão de dívida em participação societária da companhia em recuperação. Isto decorre, a nosso ver, devido a necessidade de declaração de vontade do futuro sócio para integrar o contrato plurilateral de sociedade, condição de existência do negócio jurídico.[23] Caso este credor não concorde com a conversão de seu crédito em participação societária na empresa devedora, faz-se mister esclarecer algumas consequências para esta não vinculação. Algumas posições defendem que caso esta situação aconteça, o credor, se o plano de recuperação judicial autorizar, poderá ter um deságio de até 99% do seu crédito, o que o força a aceitar a conversão de seu crédito em participação societária da companhia. Não concordamos com tal posição, pois como afirmado, o credor não pode se associar contra sua vontade, e, caso isto aconteça, daria ensejo a uma ação judicial para se discutir tal obrigatoriedade, não sendo o credor dissidente obrigado a se vincular. O credor não seria então, em nossa opinião, "arrastado" ou "dragado" pelos outros credores que se vincularam ao plano que prevê a conversão.

Outra questão que deve ser observada, mas não é necessariamente um requisito para a conversão, diz respeito ao valor mobiliário, mais precisamente às ações e debêntures, que são valores mobiliários mais usados pelas companhias para a conversão da dívida em participação societária. As ações, que são os valores mobiliários que representam uma fração do capital social de uma companhia, podem ser emitidas ou dadas no momento da conversão da dívida em capital societário. Também é válido pontuar que, caso a sociedade empresária seja constituída na forma de sociedade limitada, as quotas, que são as frações de capital social de uma limitada, mas não são considerados valores mobiliários,[24] poderão ser dadas no momento da conversão.

Caso a sociedade empresária emita debêntures, que são títulos de dívida, elas devem ser emitidas na forma de debênture conversível[25] para poder haver a possibilidade da conversão em participação societária. Caso esta emissão seja pública, realizada por companhia aberta, a atuação do agente fiduciário constituído em face a comunhão de debenturistas, deve estar prevista no plano de recuperação, por motivo do agente ter legitimidade exclusiva para agir em nome dos debenturistas em todas as matérias de interesse comum.[26]

---

23. SACRAMONE, Marcelo Barbosa. *Comentários à lei de recuperação de empresas e falência*, cit., p. 227.

24. De acordo com o artigo 5.3 da Instrução Normativa Nº 81, de 10 de junho de 2020, do Departamento de Registro de Empresas e Integração – DREI, caso o contrato social de uma sociedade limitada preveja a regência supletiva da sociedade pelas normas das sociedades anônimas, poderá ser prevista a adoção de quotas preferenciais, o que faria que as quotas se assemelhassem às ações como valores mobiliários.

25. Para Jose Edwaldo Tavares Borba as debêntures conversíveis são ao mesmo tempo títulos de renda fixa e de renda variável. Para este autor: "O debenturista, ao adquirir uma debênture conversível, torna-se titular de um papel de crédito, e, como tal, credencia-se à percepção de juros e ao reembolso, em prazo certo, do capital aplicado, devidamente corrigido. Facultado lhe é, todavia, permanecer nessa posição até o termo final da obrigação, ou, a seu critério, converter a debênture em ações, transmutando a sua posição de credor em uma posição de acionista" (BORBA, Jose Edwaldo Tavares. *Das debêntures*. Rio de Janeiro: Renovar, 2005. p. 214).

26. FELSBERG, Thomas Benes; BIANCHI, Pedro Henrique Torres. *Breves apontamentos sobre conversão de dívida em capital na recuperação judicial*, cit., p 486.

A CONVERSÃO DE DÍVIDA EM *EQUITY* NA RECUPERAÇÃO JUDICIAL

Apesar de a debênture ser o valor mobiliário mais usado pelas companhias que procuram uma opção de investimento, também devemos considerar outras opções de valores mobiliários correlatos, como o *commercial paper*[27] ou outros títulos correlatos para uma possibilidade de conversão.

3.2 Vantagens e desvantagens para os credores da recuperação judicial

Analisado sucintamente a possibilidade e os requisitos para a conversão de dívida em participação societária da sociedade empresária em recuperação judicial, passemos agora para a análise das vantagens e desvantagens para os credores.

É notório que o processo de recuperação, na maioria das vezes, é moroso e pode se estender por um grande período, o que faz com que as empresas encontrem outas formas para financiar sua operação e continuar sua atividade. Com a conversão da dívida em participação societária, não só a sociedade empresária irá se beneficiar com o abatimento de parcela do passivo que está dentro da recuperação, como os credores que converteram sua dívida em capital societário. Estes credores, ao converterem sua dívida, passam a se tornar donos de ações ou quotas da sociedade, ou seja, sócios dela, o que poderá trazer, por exemplo, caso haja a valorização dos papéis da companhia, um bom retorno financeiro após a recuperação da sociedade empresária.[28]

Thomas Felsberg e Pedro Henrique Bianchi, em artigo sobre a conversão de dívida em capital na recuperação judicial, demonstram como há esse tipo de vantagem para o credor:

A conversão da dívida é possível e interessante para a recuperanda por diminuir significativamente o endividamento exigível. Para os credores, a vantagem da conversão é a possibilidade de recuperação da dívida de forma diferenciada, tonando-se os credores donos de ações da empresa, *o que lhes trará um bom retorno financeiro quando do soerguimento das empresas*.[29] (grifo nosso)

Percebe-se, dessa forma, que a conversão não é só benéfica para companhia, mas também para o credor que a aceitou, pois, dependendo das circunstâncias do processo, poderia ter seu crédito satisfeito apenas depois de um longo período.

Não obstante, a conversão de dívida em participação societária também pode se mostrar desvantajosa para o credor, como, por exemplo, quando ocorrem certas modificações nas relações de poder na sociedade empresária ocasionadas pela entra-

---

27. "As notas promissórias comerciais, também conhecidas como *commercial papers*, são os valores mobiliários criados por sociedades anônimas para o fim específico de levantar dinheiro no mercado. Este instrumento origina-se do direito norte-americano, onde despontou com um título de curto prazo destinado a financiar o capital de giro das companhias" (BORBA, Jose Edwaldo Tavares. *Das debêntures*, cit., p. 195).

28. FELSBERG, Thomas Benes; BIANCHI, Pedro Henrique Torres. *Breves apontamentos sobre conversão de dívida em capital na recuperação judicial*, cit., p 481.

29. FELSBERG, Thomas Benes; BIANCHI, Pedro Henrique Torres. *Breves apontamentos sobre conversão de dívida em capital na recuperação judicial*, cit., p. 481.

da de novos sócios,[30] situação que se concretiza quando não há um mecanismo de defesa social, como um acordo de sócios, o que poderia afetar indiretamente a sua vida social como novo acionista ou quotista.

Outras desvantagens para o credor são a: (i) inexistência de proteção legal robusta para o novo sócio em caso falência; (ii) o risco, ainda que indireto, de ser responsável por dívidas anteriores e futuras ao seu ingresso no quadro societário, como por exemplo, dívidas trabalhistas e (iii) em caso de financiamento, a preocupação do montante da garantia (*"equity cushion"*)[31] seja suficiente para superar a crise.[32]

4. CASOS EM QUE OCORREU A CONVERSÃO DE DÍVIDA EM CAPITAL SOCIAL NA RECUPERAÇÃO JUDICIAL

Recentemente alguns processos de recuperação judicial se utilizaram do mecanismo de conversão de dívida em participação societária.

O mais famoso e recente processo de recuperação que se utilizou da conversão de dívida em *equity* da companhia foi o do grupo Oi S.A. (Processo n. 0203711–65.2016.8.19.0001, da 7ª Vara Empresarial da Comarca da Capital do Estado do Rio de Janeiro), grupo empresarial de telecomunicações composto pelas empresas: Telemar Norte Leste S.A., Oi Móvel S.A., Copart 4 Participações S.A., Copart 5 Participações S.A., Portugal Telecom International Finance B.V. e Oi Brasil Holdings Coöperatief UA. Neste processo, os credores (*bondholders*) quirografários, sem garantia real, que possuíam títulos de dívida emitidos pela companhia os converteram em participação societária, diluindo os antigos acionistas em até 72%.

Outra companhia que recentemente autorizou a conversão em participação acionária foi o grupo Lupatech (Processo n. 1050924-67.2015.8.26.0100, da 1ª Vara de Falências, Recuperações Judiciais e Conflitos Relacionados à Arbitragem da Capital de São Paulo.), fabricante de peças para a indústria de petróleo e gás, bem como de etanol e biodiesel. Este grupo empresarial autorizou, em ata do conselho de administração e de acordo com seu plano de recuperação judicial, a conversão de debêntures em novas ações ordinárias da companhia para os credores trabalhistas dando preferência aos seus acionistas.[33]

---

30. "O inciso VI, ao considerar o aumento de capital um dos meios de recuperação da sociedade em crise, deveria explicitar que isso pode ser feito tanto pelo aporte de recursos de sócios, de novos investidores, quanto pela conversão de dívida em capital. É que tanto o aporte de novos recursos, quanto a *conversão de dívida em capital (medida contábil), podem ter como resultado a modificação das relações de poder internas da sociedade*" (grifo nosso) (SZTAJN, Rachel. Comentários aos arts. 47 ao 54. In. SOUZA JUNIIOR, Francisco Satiro de; PITOMBO, Antônio Sérgio Altieri de Moraes (Coord.). *Comentários à Lei de Recuperação de Empresas e Falência:* Lei 11.101/2005. São Paulo: Ed. RT, 2005. p. 237).

31. *Equity Cushion* é um termo utilizado no direito norte-americano para designar que o valor da garantia do credor é superior ao valor de sua reivindicação (Disponível em: https://devilsdictionary.polsinelli.com/term/equity-cushion/ acessado em 12.09.2020).

32. FELSBERG, *Thomas* Benes; BIANCHI, Pedro Henrique Torres. *Breves apontamentos sobre conversão de dívida em capital na recuperação judicial,* cit., p 482.

33. Disponível em: https://ri.lupatech.com.br/upload/files/3205_2020.08.18-RCA-14.20-11-Conversao-de--Debentures.pdf. Acesso em: 18 set. 2020.

Outros exemplos de companhias que também se utilizaram da conversão foi o grupo OGX (Processo n. 0377620-56.2013.8.19.0001, da 4ª Vara Empresarial da Comarca da Capital do Estado do Rio de Janeiro) e o grupo Inepar (Processo n. 1010111-2727.2014.8.26.0037, da 1ª Vara de Falências e Recuperação Judicial do Fórum Central de São Paulo).

5. ANÁLISE JURIMÉTRICA DE PLANOS DE RECUPERAÇÃO JUDICIAL QUE POSSUEM O MECANISMO DE CONVERSÃO DE DÍVIDA EM *EQUITY*

Feitas as devidas considerações sobre a possibilidade, os requisitos de conversão e as vantagens e desvantagens para os credores na conversão de dívida por valor mobiliário em participação societária de uma companhia, serão analisados, através de uma análise jurimétrica,[34] os planos de recuperação judicial que possuem tal mecanismo.

Analisando, através de uma estratégia de corte metodológico dos planos de recuperação judicial da 1ª e 2ª Vara de Falências e Recuperação Judicial do Foro Central da Comarca de São Paulo, do Tribunal de Justiça do Estado de São Paulo (TJSP) distribuídos entre os anos de 2010 e 2017, podemos chegar às seguintes conclusões sobre a relação dos planos de recuperação judicial e a conversão de dívida em capital societário das sociedades empresárias:

(i) Foram analisados 82 planos de recuperação judicial, sendo 37 da 1ª Vara e 45 da 2ª Vara.[35]

(ii) Dentre os planos de recuperação analisados, 70 pertenciam a sociedades limitadas, 9 eram de sociedades anônimas e 3 pertenciam a Empresas Individuais de Responsabilidade Limitada.

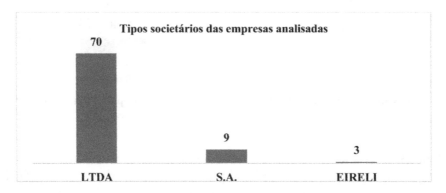

---

34. De acordo com o professor Marcelo Guedes Nunes, em sua celebrada obra sobre o tema, pode-se conceituar a jurimetria como "a disciplina do conhecimento que utiliza a metodologia estatística para investigar o funcionamento de uma ordem jurídica" (NUNES, Marcelo Guedes. *Jurimetria*: como a estatística pode reinventar o Direito. São Paulo: Ed. RT, 2016. p. 115).
35. Fonte: Associação Brasileira de Jurimetria. Disponível em: www.abj.org.br. Acesso em: 26 set. 2020.

(iii) Dentre as sociedades limitadas, os planos de recuperação das empresas KTK Indústria, Importação, Exportação e Comércio de Equipamentos LTDA.; Oncomed Farmacêutica LTDA; Sisnov Tecnologia de Sistemas LTDA. – EPP possuíam cláusula que continham a emissão de novas quotas como meio de recuperação, o que poderia ser oferecido aos credores para uma possível conversão de dívida em capital societário.

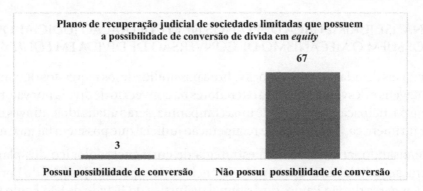

(iv) Dentre as sociedades anônimas analisadas, o plano de recuperação judicial de uma companhia, Blue Bird Participações S.A. (Processo n. 1007989-75.2016.8.26.0100, 2ª Vara de Falências e Recuperação Judicial do Fórum Central de São Paulo)[36], apresentava o mecanismo de conversão de dívida, emitida por uma debênture, em ações do capital social da companhia.

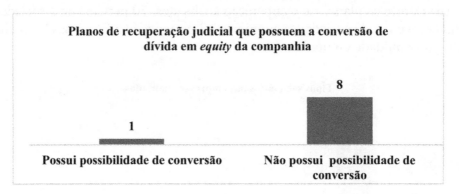

Através das análises acima, podemos concluir que, não obstante o tipo societário, as empresas em recuperação judicial pouco se utilizam da conversão de dívida em participação societária como meio de recuperação judicial, diferentemente do ordenamento jurídico americano e de alguns países europeus onde esta forma de recuperação da empresa é muito utilizada.

---

36. Disponível em: https://esaj.tjsp.jus.br/cpopg/show.do?processo.codigo=2S000JN3R0000&processo.foro=100&conversationId=&dadosConsulta.localPesquisa.cdLocal=-1&cbPesquisa=NMPARTE&dadosConsulta.tipoNuProcesso=UNIFICADO&dadosConsulta.valorConsulta=Blue+Bird&uuidCaptcha=&paginaConsulta=1. Acesso em: 26 set. 2020.

6. CONCLUSÃO

A conversão de dividida em capital societário de uma companhia, como visto no presente estudo, é, além de possível, vantajosa tanto para a sociedade que está em processo de recuperação judicial, como para os credores que aceitarem este meio de recuperação. Também foram verificados e analisados os requisitos para esta conversão, que são a necessidade de o plano possuir tal dispositivo, e a nosso ver, a não dissidência dos credores para a conversão.

Na análise jurimétrica dos planos que possuem o mecanismo de conversão, foi concluído que as empresas que estão em processo de recuperação judicial em nosso país ainda estão se valendo pouco deste meio de recuperação, independentemente do tipo societário.

Em conclusão, verifica-se que a conversão de dívida em *equity* de uma sociedade empresária em recuperação judicial é uma boa alternativa, caso esteja previsto no plano de recuperação, para o soerguimento da empresa em crise.

7. REFERÊNCIAS

ALMEIDA, Marcus Elidius Michelli de. *Nova Lei de Falências e Recuperação de Empresas* – Confrontada e Breves Anotações. São Paulo: Quartier Latin, 2005.

BORBA, Jose Edwaldo Tavares. *Das debêntures*. Rio de Janeiro: Renovar, 2005.

COELHO, Fabio Ulhoa. *Curso de direito comercial*. 12. ed. São Paulo: Saraiva, 2011. V. 3: direito de empresa.

FELSBERG, Thomas Benes; BIANCHI, Pedro Henrique Torres. Breves apontamentos sobre conversão de dívida em capital na recuperação judicial. *10 Anos da Lei de Recuperação de Empresas e Falência*: reflexões sobre a reestruturação empresarial no Brasil. São Paulo: Quartier Latin, 2015.

MANDEL, Julio Kahan. *Nova Lei de Falências e Recuperação de Empresas anotada*: Lei 11.101. de 09.02.2005. São Paulo: Saraiva, 2005.

NOGUEIRA, Ana Beatriz Martucci; CAMPI, Ana Cristina Baptista Campi; PIHA, Daniella. Reflexões sobre a rotineira prática dos aditamentos ao plano de recuperação judicial. *10 Anos da Lei de Recuperação de Empresas e Falência*: reflexões sobre a reestruturação empresarial no Brasil. São Paulo: Quartier Latin, 2015.

NUNES, Marcelo Guedes. *Jurimetria*: como a estatística pode reinventar o Direito. São Paulo: Ed. RT, 2016.

SACRAMONE, Marcelo Barbosa. *Comentários à lei de recuperação de empresas e falência*. São Paulo: Saraiva Educação, 2018.

SALOMÃO, Luis Felipe; PENALVA SANTOS, Paulo. *Recuperação judicial, extrajudicial e falência*. Rio de Janeiro: Forense, 2012.

SZTAJN, Rachel. Comentários aos arts. 47 ao 54. In. SOUZA JUNIOR, Francisco Satiro de; PITOMBO, Antônio Sérgio Altieri de Moraes (Coord.). *Comentários à Lei de Recuperação de Empresas e Falência*: Lei 11.101/2005. São Paulo: Ed. RT, 2005.

OS EFEITOS DA QUITAÇÃO DAS OBRIGAÇÕES PELO FIADOR, AVALISTA E SEGURADORAS NAS RECUPERAÇÕES JUDICIAIS – QUESTÕES DOUTRINÁRIAS E A DIVERGÊNCIA JURISPRUDENCIAL

Lutfe Mohamed Yunes

Bacharel em direito e |Mestrando em Direito Comercial pela Pontifícia Universidade de São Paulo – PUC/SP. Advogado em São Paulo.

Sumário: 1. Introdução – 2. Do teor e das discrepâncias das jurisprudências do STJ; 2.1 Decisão referente ao Recurso Especial 1.860.368-SP – 3ª Turma – Relatora Excelentíssima Ministra Nancy Andrighi; 2.2 Decisão referente ao Recurso Especial 1.472.317-RJ – Decisão Monocrática – Relator Excelentíssimo Ministro Luis Felipe Salomão – 3. Dos institutos de direito – fiança, aval e seguro – e de sua repercussão jurídica no processo de recuperação judicial – a sub-rogação de direitos; 3.1 A fiança e o instituto da sub-rogação; 3.2 O aval e o instituto da sub-rogação; 3.3 O seguro e o instituto da sub-rogação; 3.4 Dos efeitos da sub-rogação; 3.5 Do processo teórico de desconstrução, por parte deste autor, que a quitação de obrigação pelo fiador gera crédito novo – 4. O direito e da responsabilidade do stj em ditar o tom e ser exemplo em termos da observância do formalismo jurídico – 5. Conclusão – 6. Referências

1. INTRODUÇÃO

O espírito da criação da Lei 11.101/05 traz consigo, antes de tudo, como bem maior a ser tutelado, sob o ponto de vista deste autor, a relação da preservação e manutenção da continuidade da atividade das empresas[1], com a consequência direta de se contribuir com os demais agentes de mercado que circundam qualquer empreendimento empresarial, denominados *stakeholders*[2].

---

1. Parecer do falecido Senador Ramez Tebet da comissão de assuntos econômicos sobre o PLC 71, de 2003. Sobre os princípios adotados na análise do PLC 71, de 2003, e nas modificações propostas – item 1) Preservação da empresa: em razão de sua função social, a empresa deve ser preservada sempre que possível, pois gera riqueza econômica e cria emprego e renda, contribuindo para o crescimento e o desenvolvimento social do País. Além disso, a extinção da empresa provoca a perda do agregado econômico representado pelos chamados intangíveis como nome, ponto comercial, reputação, marcas, clientela, rede de fornecedores, know-how, treinamento, perspectiva de lucro futuro, entre outros.
2. O Conceito de *stakeholder* foi criado na década de 1980, pelo filósofo norte-americano Robert Edward Freeman, o qual expõe que o *stakeholder* é qualquer indivíduo ou organização que, de alguma forma, é impactado pelas ações de uma determinada empresa ao seu redor. Em uma tradução livre para o português, o termo significa "parte interessada". Os *stakeholders* podem ser fornecedores, clientes, colaboradores e a sociedade civil organizada como um todo que circunda a atividade empresarial de certa(s) empresa(s).

A incorporação de tal espírito pela Lei das Recuperações Judiciais e Falências[3]não quis trazer para o direito brasileiro uma condição de se preterir ou criar insegurança jurídica para os credores[4] das Recuperações Judiciais, os quais, com seus devidos e respectivos créditos, deverão sempre estar sob a luz e foco da reestruturação da dívida do devedor.

Neste diapasão, no que tange os direitos dos credores, o presente artigo traz à tona, à luz do disposto no parágrafo primeiro do artigo 49 da Lei das R.J's[5], com base na análise de duas jurisprudências do Superior Tribunal de Justiça divergentes entre si – uma decisão de turma e outra uma decisão monocrática – os efeitos da satisfação de créditos, que estejam sob a égide de recuperações judiciais, por parte dos fiadores, avalistas ou seguradoras, no que tange, especificamente, como consequência, as devidas e respectivas aplicações dos institutos jurídicos do direito civil, dentre eles, os efeitos da sub-rogação.

Abordaremos a discrepância dos efeitos e da fundamentação legal entre os dois julgados, tomando partindo, com base na doutrina pátria, para a necessária e correta aplicação do instituto da sub-rogação, para que os fiadores, avalistas e seguradoras possam fazer parte do quadro geral de credores, no caso da quitação das obrigações de devedores, que estejam em recuperação judicial.

Por fim, haja vista uma característica deste autor, será refletido o perigo da dissonância das jurisprudências do STJ, principalmente pelos fundamentos, ou melhor, pela escassez, data máxima vênia, da devida fundamentação no Recurso Especial 1.860.368 – SP, relacionada à desconsideração de enquadramento de crédito de fiador, originário do pagamento de obrigação para credor constituído em Recuperação Judicial, em favor de devedor em recuperação judicial, para fins de admissão dos créditos (e do credor) no quadro geral de credores, haja vista que uma visão míope do STJ pode fazer com que a ilustríssima instituição deixe de considerar as bases enraizadas da Teoria do Direito e do Estado de Direito, indo, então, diretamente, contra o espírito e dos princípios norteadores da criação da Lei das RJ's, relacionados ao "formalismo jurídico" a partir da teoria social de Max Weber[6].

---

3. Para os fins do presente texto definida como Lei das RJ's apenas.

4. Parecer do falecido Senador RAMEZ TEBET da comissão de assuntos econômicos sobre o PLC 71, de 2003. Sobre os princípios adotados na análise do PLC 71, de 2003, e nas modificações propostas – item 9) Participação ativa dos credores: é desejável que os credores participem ativamente dos processos de falência e de recuperação, a fim de que, diligenciando para a defesa de seus interesses, em especial o recebimento de seu crédito, otimizem os resultados obtidos com o processo, com redução da possibilidade de fraude ou malversação dos recursos da empresa ou da massa falida.

5. Art. 49. Estão sujeitos à recuperação judicial todos os créditos existentes na data do pedido, ainda que não vencidos. § 1º Os credores do devedor em recuperação judicial conservam seus direitos e privilégios contra os coobrigados, fiadores e obrigados de regresso.

6. Vide BARZOTTO, Luis Fernando. *Teoria do direito*, p. 77 – "O tema central da teoria social de Max Weber é o processo de racionalização que conferiu ao Ocidente sua fisionomia própria. O que diferencia o Ocidente de outras civilizações é que somente ele alcançou uma organização política racional – o Estado racional; uma organização econômica racional; o capitalismo racional; uma organização racional do saber: a ciência; e uma conduta metodicamente orientada: a disciplina da vida profissional. Embora Weber afirme o caráter polissêmico

2. DO TEOR E DAS DISCREPÂNCIAS DAS JURISPRUDÊNCIAS DO STJ

2.1 Decisão referente ao Recurso Especial 1.860.368-SP – 3ª Turma – Relatora Excelentíssima Ministra Nancy Andrighi

O núcleo da decisão exarada pela Excelentíssima Ministra Nancy Andrighi trata de expor que o fiador que satisfaz crédito de afiançado, sob a égide de uma recuperação judicial, não é passível de se submeter, ou melhor, submeter seu crédito oriundo do pagamento realizado ao afiançado, aos efeitos da recuperação judicial.

Pode-se sumarizar os fundamentos da decisão buscando os seguintes termos da emenda e do relatório do acordão:

> (i) De acordo com a norma do art. 49, caput, da Lei 11.101/05, *não se submetem aos efeitos do processo de soerguimento do devedor aqueles credores cujas obrigações foram constituídas após a data em que o devedor ingressou com o pedido de recuperação judicial;*
>
> (ii) *a noção de crédito envolve basicamente a troca de uma prestação atual por uma prestação futura.* A partir de um vínculo jurídico existente entre as partes, um dos sujeitos, baseado na confiança depositada no outro (sob o aspecto subjetivo, decorrente dos predicados morais deste e/ ou sob o enfoque objetivo, decorrente de sua capacidade econômico-financeira de adimplir com sua obrigação), cumpre com a sua prestação (a atual), com o que passa a assumir a condição de credor, conferindo a outra parte (o devedor) um prazo para a efetivação da contraprestação (REsp 1.634.046/RS, DJe 18.05.2017);
>
> (iii) *O crédito passível de ser perseguido pelo fiador em face do afiançado – hipótese em exame –, somente se constitui a partir do adimplemento da obrigação principal pelo garante.* Antes disso, não existe dever jurídico de caráter patrimonial em favor deste (grifos nossos).

Nos termos e de acordo com os itens (i), (ii) e (iii) dos parágrafos acima extraídos da ementa da decisão, bem como da alegação de uma eventual condição suspensiva relacionada a obrigação contratual da fiança, vejamos que a ilustre relatora entende que o crédito da fiadora só surgiu após a quitação de sua obrigação legal e contratual perante o afiançado, como se crédito novo fosse.

2.2 Decisão referente ao Recurso Especial 1.472.317-RJ – Decisão Monocrática – Relator Excelentíssimo Ministro Luis Felipe Salomão[7]

Na contramão da decisão exarada pela 3ª Turma do STJ, o excelentíssimo Ministro Luis Felipe Salomão, em sua decisão referente ao Recurso Especial 1.472.317-RJ, pela qual nega o provimento do recurso com a manutenção da decisão da 2ª instância, nos remete às raízes e a leitura sistêmica e orgânica do direito brasileiro, a partir do momento em que dispõe que:

---

do termo, podemos dizer que o conteúdo comum a todos os seus usos da expressão "racionalização" é "ordenar" ou "conferir ordem". O homem ocidental, tendo feito a "experiência da irracionalidade do mundo" (WEBER, Max. *A política como vocação*, p. 116), ou seja, do seu caráter caótico e desordenado, lançou-se a ordená-lo pela razão.

7. Jurisprudência obtida pela aluna de direito Gabriela Ramalho, a qual pesquisou, juntamente com o autor, dezenas de jurisprudências relacionadas ao tema perante os tribunais de justiça de São Paulo, Rio de Janeiro, Rio Grande do Sul e Bahia.

o fiador que paga integralmente o débito objeto do contrato fica sub-rogado nos direitos do credor originário, mantendo-se todos os elementos da obrigação primitiva, com as suas garantias e limitações.

Tomando-se como base também que:

a sub-rogação não extingue a relação obrigacional havida entre as partes, havendo meramente substituição do polo passivo, até porque sub-rogação não se confunde com novação.

Resumidamente, a manutenção da decisão da 2ª instância pelo Ministro Luis Felipe Salomão, focada na aplicação do instituto da sub-rogação, concretizou o entendimento que o fiador e seu crédito se mantivessem sob os efeitos da recuperação judicial, onde se encontrava o crédito do afiançado.

Diante da divergência jurisprudencial, façamos, então, o trabalho de desenvolver as bases doutrinárias que envolve a matéria para caminharmos para uma conclusão segura sobre o tema.

Assim, a partir de agora, discorreremos sobre os institutos de direito relacionados à fiança, aval e seguro e a sub-rogação de direitos, e da responsabilidade da fundamental instituição do STJ e seus ministros ditarem o tom relacionado à aplicação do devido formalismo jurídico.

3. DOS INSTITUTOS DE DIREITO – FIANÇA, AVAL E SEGURO – E DE SUA REPERCUSSÃO JURÍDICA NO PROCESSO DE RECUPERAÇÃO JUDICIAL – A SUB-ROGAÇÃO DE DIREITOS

O presente artigo não tem a pretensão de tratar largamente sobre os institutos da fiança, aval e seguro, até porque a doutrina brasileira está recheada de excelentes ensinamentos doutrinários sobre os institutos, mas se faz mister relembrar o leitor, para se poder enxergar e relembrar os conceitos jurídicos dos institutos na sua integralidade; até porque, mais abaixo, iremos tratar dos elementos comuns entre os institutos, principalmente sobre a relação dos mesmos com a sub-rogação.

Assim, tratam-se a fiança, seguro e aval de institutos, com as suas respectivas eficácias e efeitos, de institutos típicos, bem definidos pelo Código Civil.

Passemos a discorrer agora sobre algumas das características fundamentais da fiança, aval e seguro, para fins específicos de entendimento de sua correlação íntima e indissociável com a sub-rogação, com base nos ensinamentos de ilustres doutrinadores brasileiros.

3.1 A fiança e o instituto da sub-rogação

Dispõe o artigo 818 do Código Civil:

Art. 818. Pelo contrato de fiança, uma pessoa garante satisfazer ao credor uma obrigação assumida pelo devedor, caso este não a cumpra.

Nos ensinamentos do Professor Caio Mário[8], especifica-se que, a título de *caracteres jurídicos*, que a fiança é uma garantia relacionada a contrato unilateral, gratuito (podendo haver estipulação remuneratória, de qualquer forma), *intuitu personae* e acessório e ainda que:

> Não há confundir fiança e aval. Ambos são tipos de garantia pessoal, mas, enquanto a fiança é uma garantia fidejussórias ampla, e hábil a aceder a qualquer espécie de obrigação, convencional, legal ou judicial, o aval é restrito aos débitos submetidos aos princípios cambiários.

Uma vez relembrado o que é a fiança, indo direito ao ponto que nos interessa, fica o questionamento: qual é o efeito trazido ao mundo jurídico e dos fatos, quando do pagamento pelo fiador da dívida do devedor?

Vejamos, então, o que preconiza o caput do artigo 831 do Código Civil:

> Art. 831. O fiador que pagar integralmente a dívida fica sub-rogado nos direitos do credor; mas só poderá demandar a cada um dos outros fiadores pela respectiva quota.

No caso da fiança, indubitável é a relação da sub-rogação de direitos em prol do fiador, o que foi muito bem-disposto e exposto pelo Excelentíssimo Ministro Luis Felipe Salomão em sua decisão exarada nos autos do Recurso Especial 1.472.317-RJ.

A fundamentação do excelso ministro ainda nos trouxe o ensinamento do nobre doutrinador Dr. Silvio Rodrigues[9], nos seguintes termos:

> O fiador é o corresponsável pela dívida, de modo que, se o principal pagador não a resgata no vencimento, a ele cumpre fazê-lo. Não sendo seu o débito, mas de outrem, tem o fiador o direito de pedir o reembolso da importância despendida. Para melhor garantir esse reembolso, a lei o sub-roga nos direitos do antigo credor, isto é, transfere-lhe o crédito, com todos os seus acessórios. *De modo que o observador defronta-se com peculiar situação; a obrigação, em rigor, devia ter-se extinguido pelo pagamento; todavia, para garantir o fiador que a pagou sem dever, a lei lhe transfere a titularidade do direito na mesma relação jurídica* [...] grifos nossos.

Enquanto que na fiança expressa-se, categoricamente, a consequência direta da sub-rogação de direitos para o fiador adimplente com as obrigações do afiançado, conforme disposto no artigo 831 do Código Civil; no aval veremos que é preciso esmiuçar melhor esta relação, o que faremos a partir de agora.

3.2   O aval e o instituto da sub-rogação

Voltemos um pouco do que foi dito e nos ensinado acima pelo saudoso professor Caio Mário, visando, sinteticamente, expressar que a maior diferença, se assim podemos dizer, entre a fiança e o aval, é que apesar do aval ser garantia pessoal como a fiança, o aval está e sempre estará restrito aos débitos submetidos aos princípios cambiários.

---

8. *Instituições de Direito Civil.*, 11. ed., v. III. Contratos, p. 494 e 495.
9. RODRIGUES, Silvio. *Direito Civil*: parte geral das obrigações. São Paulo: Saraiva, 2002, v. 2. p. 175.

E quais princípios cambiários são estes?

O Decreto 57.663 de 24 de janeiro de 1966 promulgou as convenções internacionais para adoção de uma lei uniforme em matéria de letras de câmbio e notas promissórias, ou seja, passamos adotar em nosso ordenamento legal, dentro do melhor molde do processo promulgatório executivo, as regras da Lei Uniforme de Genebra para os títulos cambiários.

Neste sentido, a Lei Uniforme de Genebra promulgada pelo Decreto 57.663 de 24 de janeiro de 1966 – específica, claramente, no artigo 32, alínea 3ª, que

> se o dador de aval paga a letra, fica sub-rogado nos direitos emergentes da letra contra a pessoa a favor de quem foi dado o aval e contra os obrigados para com esta em virtude da letra.

Nos parece bastante claro o efeito da sub-rogação para o avalista que paga a letra do devedor emissor.

Porém, o Código Civil Brasileiro embaralhou um pouco este entendimento. Senão, vejamos o disposto no parágrafo primeiro do artigo 899 do dispositivo, a saber

> Art. 899. O avalista equipara-se àquele cujo nome indicar; na falta de indicação, ao emitente ou devedor final. § 1° Pagando o título, tem o avalista ação de regresso contra o seu avalizado e demais coobrigados anteriores.

Enquanto a Lei Uniforme de Genebra expressa a relação de sub-rogação de direitos, o Código Civil preceitua sobre o direito de regresso, e a diferença entre os institutos é bastante grande.

O professor Marcelo Barbosa Sacramone, conjuntamente com doutora Fernanda Neves Piva, no artigo *"O pagamento dos débitos da recuperanda: a sub-rogação e o direito de regresso na recuperação judicial"* traz à baila a diferenciação entre a sub-rogação e o direito de regresso pelos ensinamentos então expostos por Antunes Varela, a saber:

> a sub-rogação, sendo uma forma de transmissão das obrigações, coloca o sub-rogado na titularidade do mesmo direito de crédito (conquanto limitado pelos termos do cumprimento) que pertencia ao credor primitivo. O direito de regresso é um direito nascido ex novo na titularidade daquele que extinguiu (no todo ou em parte) a relação creditória anterior ou daquele à custa de quem a relação foi considerada extinta[10].

É nítido entender que a diferença entre os institutos da sub-rogação e o direito de regresso é abissal, e, ainda mais, se tivermos nos referenciando a uma dívida paga pelo avalista, sob a égide de uma recuperação judicial, a diferença fica ainda mais nítida, posto que pelo direito de regresso, na hipótese aqui avençada, o avalista que satisfez o crédito do devedor em recuperação judicial, ficaria fora dos efeitos do plano; Na contramão, pelos efeitos da sub-rogação, o que veremos mais profundamente abaixo, o avalista que satisfizer o crédito do devedor em recuperação judicial participará diretamente do plano, com todas suas vantagens ou desvantagens, o que,

---

10. VARELA, João de Matos Antunes. *Das obrigações em geral.* 7. ed. Coimbra: Almedina, 2015, v. 2, p. 346.

sinceramente, pouco importa, se estivermos pensando na relação da legalidade do Estado de Direito.

A problemática ainda ganha maiores contornos, quando, conforme defendeu o professor Marcelo Barbosa Sacramone e a doutora Fernanda Neves Piva, na mesma obra mencionada acima, que a tradução da lei uniforme foi realizada de forma não adequada no ato da promulgação, conforme vejamos:

> O art. 32 do Dec. 57.663/66 determina que "se o dador de aval paga a letra, fica sub-rogado nos direitos emergentes da letra contra a pessoa a favor de quem foi dado o aval e contra os obrigados para com esta em virtude da letra". A redação expressa do dispositivo legal, e que se refere ao efeito da sub-rogação, *contudo, não reflete tradução adequada da Lei Uniforme de Genebra em matéria de letras de câmbio e notas promissórias.*

Porém, vale aqui se fazer um contraponto sobre a afirmação da melhor ou não adequação e se fazer a tarefa de compreender a letra da lei em francês e sua respetiva tradução por uma tradutora juramentada.

> *quand il pai la lettre de change, le donneur d'aval acquiert les droits résultants de la lettre de change contre le garanti et contre ceux qui sont tenus envers ce dernier en vertu de la lettre de change* – Tradução realizada pela Tradutora Juramenta em Francês – Diana Salama – No momento do pagamento da letra de câmbio, o avalista adquire os direitos decorrentes da letra contra a caução e contra os que a esta estão vinculados, por força da letra.

Observa-se que a redação originária da lei uniforme não expressa categoricamente sobre a sub-rogação, mas sim sobre o fato que o avalista "adquire os direitos decorrentes da letra" (...).

De qualquer forma, na singela opinião deste autor, a tal relação mencionada sobre a tradução de "aquisição de direitos" não anula a posição da caracterização dos efeitos da sub-rogação para os avalistas, lembrando-se que o ato de promulgação seguiu rito próprio e não deve ser desvalidado ou desvirtuado pela indicação de uma eventual interpretação relacionada a uma melhor adequação sobre o que a tradução deveria prezar, até porque há de se convir que uma "*aquisição de direitos*", em termos mais amplos e genéricos na relação semântica, pode estar muito bem amparada em outros elementos como "cessão de crédito", "assunção de crédito", "direito de regresso" e até a "sub-rogação"; na visão deste autor, o legislador supriu a confusão a partir do momento de ter identificado tal aquisição, dentro de uma lógica de hermenêutica jurídica, como sub-rogação.

Ademais, para afastar a relação do eventual direito de regresso para os avalistas, o Código Civil também nos preceitua pelo artigo 903 que:

> Art. 903. Salvo disposição diversa em lei especial, regem-se os títulos de crédito pelo disposto neste Código.

É imperativo entender, então, que a lei especial referente a promulgação da Convenção de Genebra detém superveniência pelos dispositivos do Código Civil.

Neste sentido, o professor e desembargador Marcelo Fortes Barbosa Filho[11] nos ensina sobre a existência do instituto da sub-rogação no aval, a saber:

Ademais, efetivado o pagamento pelo avalista, como previsto no § 1º, opera-se, em seu favor, uma sub-rogação, ocupando este a posição naturalmente conferida ao avalizado, resguardada a possibilidade de exercício do direito de regresso, ou seja, de solicitar o reembolso dos valores despendidos ao próprio avalizado e a todos os demais coobrigados que ostentem maior responsabilidade do que ele próprio ("coobrigados anteriores").

Por fim, pela leitura deste autor das lições do nobre doutrinador Pontes de Miranda o instituto da sub-rogação cabe para os avalistas, nos termos do artigo 349 do Código Civil Brasileiro, cujo teor consta no presente texto em sua integralidade, a partir do momento que se expressa que:

o avalista, que paga, torna-se possuidor, e como possuidor vai contra os outros obrigados. Passa-se o mesmo com o endossante que paga ou com o sacador. Os direitos, pretensões, ações e exceções que o avalista adquire são os direitos, pretensões, ações e exceções que teria o avalizado.

3.3   O seguro e o instituto da sub-rogação

Passemos a discorrer sobre o último item dos institutos aqui mencionados, primeiramente para abordar o que é o seguro, e, na sequência, sobre as consequências jurídicas da liquidação do seguro pela seguradora em favor do segurado.

O caput do artigo 757 e seu parágrafo único do Código Civil nos dá o verdadeiro norte sobre a conceituação do instituto, expressando que, pelo contrato de seguro, o segurador se obriga, mediante o pagamento do prêmio, a garantir interesse legítimo do segurado, relativo à pessoa ou a coisa, contra riscos predeterminado, bem como somente pode ser parte, no contrato de seguro, como segurador, entidade para tal fim legalmente autorizada.

Objetivamente, a melhor doutrina brasileira, pelo Professor Caio Mário[12], consolida, doutrinariamente, a letra da lei:

Seguro é o contrato por via do qual uma das partes (segurador) se obriga para com a outra (segurado), mediante o recebimento de um prêmio, a garantir interesse legítimo desta relativo a pessoa ou coisa, contra riscos futuros predeterminados.

Porém, o mais importante agora é compreender o efeito no mundo jurídico e fático da quitação por uma seguradora de sua obrigação contratual, e indo um pouco mais a fundo, a consequência desta quitação obrigação estando tal obrigação do segurado, sob a égide de uma recuperação judicial, quais seriam os efeitos.

A relação dos efeitos da sub-rogação para a seguradora que paga a indenização é indubitável, nos termos do artigo 786 do Código Civil, que expressa o quanto segue:

---

11. *Comentário ao artigo 899 do Código Civil.* In: PELUSO, Cezar (Coord.). *Código de Civil comentado.* 8. ed. p. 857.
12. *Instituições de Direito Civil.* 11. ed.,v. III, Contratos, p. 451.

OS EFEITOS DA QUITAÇÃO DAS OBRIGAÇÕES PELO FIADOR, AVALISTA E SEGURADORAS

Paga a indenização, o segurador sub-roga-se, nos limites do valor respectivo, nos direitos e ações que competirem ao segurado contra o autor do dano.

Tal entendimento é disposto pelo ilustríssimo doutrinador Waldemar Ferreira[13], o qual se expressa, com base nos ensinamentos de Cesare Vivante, o quanto segue:

> Colocou-se Cesare Vivante em campo oposto, ao doutrinar que a sub-rogação pessoal do segurador nos direitos do segurado é consequência natural do pagamento da indenização. O segurado ressarcido do dano não tem ação contra o culpado, porque não tem nenhum interesse a fazer valer contra êle. Se pudesse receber, a um tempo, a soma segurada e reclamar a indenização ao culpado pelo mesmo dano, seria indenizado duas vezes; e o segurador proporcionaria lucro indébito. De outro lado, o terceiro culpado pelo sinistro não deve tirar proveito do contrato de seguro, a que era e ficou estranho e pelo qual não pagou nenhum prêmio; e, por isso, conclui o tratadista italiano, deve responder pelo dano *para com o segurador que tomou posto do segurado.*[14]

Sem maiores delongas, o professor Marcelo Barbosa Sacramone, novamente com a doutora Fernanda Neves Piva, no mesmo artigo que referenciei acima, cravam a posição de forma sublime sobre os efeitos da sub-rogação relacionada ao pagamento de obrigação por seguradora de constante, sob a égide de uma recuperação judicial; citando, ainda, para não restarem dúvidas, jurisprudência precisa sobre o tema, a qual trago aqui, em nota de rodapé, após a conclusão dos autores citados neste parágrafo, para as devidas elucidações:

> Assim, se sujeito à recuperação judicial o crédito pago pelo segurador ou fiador, ainda que o pagamento seja efetuado após a distribuição do pedido de recuperação judicial, sub-rogar-se-á o fiador ou segurador em tal crédito, de modo que ambos serão considerados credores sujeitos à recuperação judicial no mesmo montante e natureza do crédito original satisfeito. Em razão da sub-rogação, é irrelevante que o pagamento pelo terceiro tenha ocorrido após o pedido de recuperação, já que, independentemente do momento do adimplemento, ele apenas substituirá o credor originário num crédito que era caracterizado por estar sujeito à recuperação judicial.[15]

Entendida a coerência do melhor direito relacionado aos efeitos da sub-rogação nos institutos da fiança, aval e seguro, disporemos agora sobre o instituto protagonista deste artigo, a sub-rogação propriamente dita.

---

13. *Tratado de Direito Comercial*, t. 11, p. 627 e 628.
14. VIVANTE, Cesare. *Trattato di Diritto Commerciale*. Milão, 1926, Casda Editrice Dott. Francesco Vallardi, v. IV, p. 460, 1.972.
15. Mesma nota de rodapé encontrada no artigo do Professor Marcelo Sacramone – Nesse sentido, decidiu o Tribunal de Justiça do Estado do Rio de Janeiro: "Agravo de instrumento. Recuperação judicial. Fiador. Pagamento. Obrigação anterior. Sub-rogação. Lista de credores. Inclusão. (...) 3. É cediço que o deferimento da recuperação judicial da empresa, ou mesmo a aprovação do plano de recuperação, não impede o direito do credor de buscar a solvência do seu crédito contra os coobrigados, dentre os quais, o fiador. (...) 7. Deve-se salientar que o artigo 831 do Código Civil prevê a sub-rogação do fiador nos direitos do credor, e, dessa forma, passará o fiador a ocupar a posição do credor originário, frise-se, no caso dos autos, de crédito sujeito aos efeitos da Recuperação Judicial. 8. Da assertiva acima deve-se salientar, inicialmente, que o fato de o pagamento ter sido posterior, não significa que o 'crédito' do fiador também o é, haja vista que no caso concreto a obrigação restou assumida anteriormente à recuperação judicial, como dito alhures". AI 0033812-72.2016.8.19.0000, 14ª Câmara Cível, rel. Des. José Carlos Paes, j. 19.10.2016.

3.4 Dos efeitos da sub-rogação

Verifica-se, então, que é no instituto da sub-rogação de direito que se encontra o cerne da hermenêutica jurídica que queremos evidenciar por este artigo, para entender se o Direito, diante de todos os seus princípios de formalismo, com base no Estado de Direito (a conceituação do Direito, princípios de formalismo jurídico e Estado de Direito é tópico do penúltimo capítulo deste artigo), está sendo respeitado ou se foi respeitado na decisão Recurso Especial 1.860.368 – SP do STJ.

Partimos, então, para responder, o que é sub-rogação e quais são seus efeitos.

Primeiramente, finquemos aqui uma posição bastante importante. Sub-rogação não é cessão de crédito, de acordo com o ilustre professor e desembargador Hamid Charaf Bdine Jr.[16]:

> Ocorre a sub-rogação sempre que alguém passa a ocupar o lugar de outra pessoa em determinada relação jurídica, como revelam as hipóteses relacionadas a este dispositivo. A regra não é taxativa, pois não há razão de ordem pública, que impeça a criação de outros casos de sub-rogação com aparato na autonomia privado – A liberdade das pessoas de dispor sobre sua própria esfera é de diretos e deveres, como, aliás, verifica-se do disposto no artigo seguinte. *A sub-rogação da posição do criador aproxima-se da cessão créditos, mas são distintos porque nesta nem sempre haverá quitação, que é imperioso na sub-rogação, em que o criador original tem seu crédito satisfeito.* Os institutos, porém, são próximos quando se verificam que assim na sub-rogação, na cessão de créditos os acessórios (frutos e garantias) seguem a principal, salvo disposição contrária. E, em ambas as figuras não há necessidade de intervenção do devedor para validade do negócio, mas apenas para sua eficácia (Art. 290). A proximidade de ambas aliás verifica-se a subsidiariedade da incidência das normas da cessão de créditos à sub-rogação (Art. 348) (grifos nossos).

A ilustre doutrinadora Dra. Rosa Maria de Andrade Nery[17], na obra pela qual foi coordenadora nos ensina, mais amplamente, sobre a conceituação do instituto da sub-rogação, a saber:

> Aspectos Gerais da Sub-Rogação
>
> 4.1. Ela transfere ao novo credor todos os direitos, ações, privilégios e garantias do primitivo, em relação à dívida contra o devedor principal e os fiadores (CC, art. 988 do Código Civil de 1916). Para Carvalho de Mendonça (op. Cit., p. 529) o terceiro possuidor também é passível das ações do sub-rogado, quando estas decorrem da dívida, com as indenizações que os terceiros poderiam ser obrigados para com o credor, em relação à dívida, opinião que estamos de acordo.
>
> 4.2. Na sub-rogação legal o sub-rogado não poderá exercer os direitos e as ações do credor, senão até a soma que tiver desembolsado para desobrigar o devedor (CC, art. 989 do Código Civil de 1916). Para Carvalho de Mendonça (op. Cit., p 524), tal princípio é também aplicável à sub-rogação convencional, com o argumento de que esta última não pode ser mais abrangente que aquela. Tal opinião é endossada por Clóvis Beviláqua (op. Cit., p. 126).
>
> 4.3. A sub-rogação não deve prejudicar o sub-rogante. Daí o art. 990 do C.C.
>
> 4.4. *A sub-rogação é interpretada restritamente, não admitindo a analogia* (Serpa Lopes, op. cit., p 228) (grifos nossos).

---

16. *Comentário ao artigo 346 do Código Civil*. In: PELUSO, Cezar (Coord.). *Código de Civil comentado*. 8. ed., p. 304.
17. *Direito Civil 1 – Obrigações*, p. 639 e 640.

Mais uma vez, faz-se necessário evidenciar que a presente abordagem não é nova da minha parte, e para concluir a diferenciação, principalmente no que tange o caráter especulativo da cessão de crédito e obrigacional, eivado de outros interesses diferentemente do que ocorre na sub-rogação legal ou convencional, faço vezes dos ensinamentos do professor Marcelo Barbosa Sacramone e da doutora Fernanda Neves Piva[18], os quais nos dão mais elementos sobre diferenciação dos institutos, por meio da citação do já existente posicionamento do STJ no REsp 1.526.092/SP, 3ª Turma, rel. Min. Marco Aurélio Bellizze, j. 15.03.2016; STJ, AgInt no AREsp 908.513/SP, 3ª Turma, rel. Min. Marco Aurélio Bellizze, j. 22.11.2016, assim descrito.

> Levando-se em conta, conforme adiantado, que o privilégio legal conferido ao crédito trabalhista na falência gravita em torno da condição pessoal de empregado de seu titular, e não do crédito propriamente dito, conclui-se que a cessão do aludido crédito a cessionário que não ostenta a condição de empregado da falida não implica a transmissão do privilégio legal na falência, não mais subsistindo, por conseguinte, a qualidade de crédito preferencial. *De fato, diante do caráter especulativo arraigado à cessão de crédito – o que não se dá em outros institutos afins, como é o caso da sub-rogação ou da assunção de posição contratual –, a transmissão das condições personalíssimas do cedente ao cessionário não se coaduna com a sua natureza (grifos nossos).*

Devemos ir mais além. Devemos lembrar que a sub-rogação pode ser de natureza legal ou convencional – voluntária, cujo caráter e natureza de "voluntária" é bastante diferente da cessão de crédito, onde acontece a aquisição voluntária do direito, por causa da relação do momento do nascimento do crédito e da obrigação, o que iremos abordar melhor abaixo.

Desta feita, a sub-rogação é legal quando realizada de pleno direito, nos termos do artigo 346 do Código Civil, a saber:

> Art. 346. A sub-rogação opera-se, de pleno direito, em favor: I – do credor que paga a dívida do devedor comum; II – do adquirente do imóvel hipotecado, que paga a credor hipotecário, bem como do terceiro que efetiva o pagamento para não ser privado de direito sobre imóvel; III – do terceiro interessado, que paga a dívida pela qual era ou podia ser obrigado, no todo ou em parte.

A conceituação do que é a sub-rogação legal, e não convencional, para fins do artigo 346 do Código Civil, diz respeito às próprias hipóteses caracterizadoras consideradas nos incisos do artigo 346, conforme nos ensina a doutrina a saber:

> Os casos versados no presente artigo são de sub-rogação legal, isto é, aquelas em que a sub-rogação decorre pura e simplesmente da previsão da lei.[19]

Paralelamente a isso, a sub-rogação convencional (voluntária) é aquela definida pelos artigos 347 e 348 do Código Civil:

---

18. Artigo – O pagamento dos débitos da recuperanda: a sub-rogação e o direito de regresso na recuperação judicial.
19. BDIN JR., Hamid Charaf. In: PELUSO, Cezar (Coord.). *Código Civil comentado*. 8. ed.

Art. 347. A sub-rogação é convencional: I – quando o credor recebe o pagamento de terceiro e expressamente lhe transfere todos os seus direitos; II – quando terceira pessoa empresta ao devedor a quantia precisa para solver a dívida, sob a condição expressa de ficar o mutuante sub-rogado nos direitos do credor satisfeito.

Art. 348. Na hipótese do inciso I do artigo antecedente, vigorará o disposto quanto à cessão do crédito.

O que nos parece translúcido é que o inciso III do artigo 346 caracteriza a sub-rogação legal para os fiadores e avalistas ("III – do terceiro interessado, que paga a dívida pela qual era ou podia ser obrigado, no todo ou em parte") e o inciso I do artigo 347 ("quando o credor recebe o pagamento de terceiro e expressamente lhe transfere todos os seus direitos") dá o rumo da caracterização da sub-rogação convencional para o instituto do seguro; ratificando e reiterando-se que, de todas as formas, o instituto da sub-rogação consta, expressamente, dos elementos legais caracterizadores jurídicos dos institutos da fiança, aval ou seguro, conforme encontrado nos seus respectivos dispositivos legais.

Apenas para não restar dúvidas, a menção à cessão de crédito prevista no artigo 348 do Código Civil relacionada à sub-rogação, apenas ditará a relação da necessidade de notificação ao devedor pela parte que se sub-rogará aos direitos, sem descaracterização ou confusão entre a cessão de crédito e a sub-rogação, conforme, enfim, observamos na jurisprudência pátria.

> Nas hipóteses de sub-rogação convencional decorrente da situação prevista no art. 347, I, do CC, aplicam-se as disposições que regem a cessão de crédito, cuja eficácia em relação ao devedor sujeita-se à notificação deste acerca da sub-rogação. A falta de notificação dos devedores impõe o reconhecimento da ilegitimidade ativa da administradora do imóvel, que se sub-rogou no crédito do locador. Preliminar de ilegitimidade ativa acolhida. Recurso Provido.[20]

Por fim, vale dizer que a cessão de crédito detém uma relação de caráter voluntário de aquisição do direito, a qual se dá pela vontade das partes, quando de uma relação já cristalizada do crédito existente, o que na sub-rogação é muito diferente, expressada então pela sub-rogação convencional.

De qualquer forma e também diferentemente, lembremos que a relação da fiança, aval e seguro também tem uma relação de caráter voluntário da contratação, porque a pessoa, física ou jurídica, não detém a obrigação legal de praticar os atos de fiança, aval ou seguro, podendo se negar a prestar tal relação, *antes do início da contratação*. A relação voluntária é totalmente diferente da relação voluntária especulativa existente na cessão de crédito.

Além disso, uma outra distinção, sob o ponto de vista trazido por este autor, é a relação temporal, na qual a relação voluntária é realizada/criada. Enquanto o regramento positivo da "transferência do crédito/direito e da eventual substituição processual" (sub-rogação) é condicionada, anteriormente ou no mínimo conco-

---

20. TJSP, Ap. n. 992060620594, 28º Câmara de direito privado, relator Cesar Lacerda, j. 29.06.2010.

mitantemente à transferência do crédito/direito e da substituição processual para fiador, avalista e seguradora, com base no inadimplemento do devedor originário, na fiança ou no aval, e no caso dos sinistros nos seguros; a cessão de crédito é ato unilateral especulativo desejado para aquisição de direito já materializado, vencidos ou vincendos, sem qualquer relação de natureza legal e completamente diferente da tipificação da fiança, aval e seguro.

Neste diapasão, corrobora-se que a sub-rogação deve-se levar em conta a relação que o crédito/direito está relacionado com contratos típicos (fiança e seguros) ou obrigações tipificadas (aval para títulos de créditos), que já dispõem, então, sobre a sub-rogação como transferência do direito e consequente substituição processual.

Enfim, trazendo isto para o manto das recuperações judiciais e falências, em termos legais e doutrinários, temos o golpe de misericórdia, para dispor da necessidade de fiador, avalista ou seguradora, quando da satisfação de suas obrigações, sob a égide de uma recuperação judicial, de integrar o quadro geral de credores da recuperanda, nos exatos termos pelos quais o credor sub-rogado detinha sob aquele processo, de forma automática e até involuntária, se assim podemos dizer, no que tange os efeitos da sub-rogação, nos seguintes termos:

> Art. 349. *A sub-rogação transfere ao novo credor todos os direitos, ações, privilégios e garantias do primitivo, em relação à dívida, contra o devedor principal e os fiadores.*

O ilustre desembargador Hamid Charaf Bdin Jr.[21], nos seus escritos, nos ensina:

> *Ao ser efetuada a sub-rogação, no entanto, o novo credor pode exercer em relação ao devedor tudo que o primeiro credor dispunha contra ele.* Desse modo, se o consumidor tem os privilégios da hipossuficiência que lhe reconhece o CDC, caso obtenha o ressarcimento em virtude do seguro que contratou, a seguradora poderá invocar o tratamento benéfico conferido pelas normas consumeristas ao segurado e deduzi-las em face do causador do dano.

Novamente, faço vezes aos ensinamentos do professor Marcelo Barbosa Sacramone, conjuntamente com Fernanda Neves Piva[22], nos seguintes termos:

> Opera-se a sub-rogação quando um terceiro juridicamente interessado paga uma dívida, em nome próprio, e *passa a substituir o credor na titularidade do direito de crédito perante o devedor principal*[23]. Embora a relação originária seja mantida quanto ao seu objeto, há a substituição do titular do direito de crédito, cuja posição é transferida do credor originário, ou *accipiens*, ao terceiro interessado, o *solvens*.

---

21. In: PELUSO, Cezar (Coord.). *Código Civil comentado*. 8. ed., p. 310.
22. Artigo – O pagamento dos débitos da recuperanda: a sub-rogação e o direito de regresso na recuperação judicial
23. Nota dos autores ali mencionados – No mesmo sentido, Carvalho Santos explica que a sub-rogação "consiste na operação por meio da qual uma pessoa que paga uma dívida, ou que fornece ao devedor os meios necessários para que pague sua dívida, *substitui o credor primitivo, adquirindo os direitos e ações que a este cabiam*" (SANTOS, J. M. de Carvalho. *Direito das obrigações* – Arts. 972-1.036. 9. ed. Rio de Janeiro: Freitas Bastos, 1964. v. XIII, p 55-56).

Em síntese, concluo que a leitura do dispositivo legal e da melhor doutrina, em consonância com a jurisprudência pátria, que a sub-rogação transfere ao novo credor todos os direitos, ações, privilégios e garantias do primitivo, em relação à dívida, contra o devedor principal, diz respeito ao direito, automático e até involuntário, independentemente de vantagens ou desvantagens, dos fiadores, avalistas e seguradores, de participarem do quadro geral de credores em uma recuperação judicial, quando da quitação das obrigações em favor de credores de devedor em recuperação judicial.

Em outras palavras, diante de todo o exposto a conclusão mais importante deste artigo é que: Com base nos ensinamentos de tão nobres doutrinadores aqui citados, é que a liquidação das obrigações do devedor pelo avalista, fiador ou segurado, no que diz respeito à satisfação dos créditos do devedor originário, afiançado e segurado, opera-se, respeitado as demais disposições legais sobre cada instituto, indiscutivelmente, com a sub-rogação de direitos, e que os avalistas, fiadores e seguradores sub-rogados "substituem", como nos ensina Carvalho Santos, ou "tomam seu posto" como nos ensina Vivante, do credor originário na titularidade do direito de crédito perante o devedor principal, como, também, assim, evidentemente, em todos os seus direitos e de substituição processual, inclusive aquele, dito isto, de ter o seu crédito abarcado sob a égide de um processo de recuperação judicial, substituindo ou tomando o posto do credor originário

3.5 Do processo teórico de desconstrução, por parte deste autor, que a quitação de obrigação pelo fiador gera crédito novo

A excelentíssima ministra doutora ministra Nancy Andrighi fundamenta sua decisão no Recurso Especial 1.860.368-SP, que a fiança é contrato relacionado à condição suspensiva prevista no artigo 125 do Código Civil, e que, como se assim fosse, liquidada uma dívida pelo fiador em prol do devedor originário, o fiador adquire o direito a que ele visa, dispondo ainda que há nascimento de um novo crédito em face do fiador.

Com muito sinceridade, difícil entender tal conceituação, posto que a doutrina particular sobre a fiança, a jurisprudência pátria e todos os dispositivos legais relacionados à matéria da fiança, até o limite da pesquisa verificada por este autor, não citam a relação da condição suspensiva da fiança, como obrigação de aquisição de direito que ela visa; e mesmo que assim dispusesse, tal condição suspensiva não se coaduna se estivéssemos tratando do nascimento de um novo crédito.

Percebe-se que a relação da sub-rogação, indiscutivelmente, existente na fiança passou ao largo do relatório da decisão no Recurso Especial 1.860.368-SP, criando-se, então, de forma baralhada de institutos (o que a excelentíssima ministra indica para a recorrente) a relação da condição suspensiva para a fiança, aliada ainda a um nascimento de um crédito novo.

O relatório ingressa em uma parte conceitual do que é crédito e da diferença com a fiança, e em certo ponto acertadamente descreve que:

24. A celebração de um contrato de fiança não equivale a realização de uma operação de crédito, pois aquele consiste na prestação de uma garantia, a ser acionada tão somente na hipótese de inadimplemento. (..).

Se a instituição financeira, em termos contábeis, não gerou crédito e não gerou um benefício econômico futuro, indiferentemente diante do inadimplemento ou inadimplemento do devedor (o que existe em termos contábeis é um passivo de provisão na contratação e um passivo corrente no caso do inadimplemento), considerando que a fiança não trata de condição suspensiva e não trata de crédito novo e sim de sub-rogação, cravo a opinião que não há do que se falar em crédito novo (e seu respectivo surgimento) para o fiador que quita obrigação de afiançado. O que há é a transferência (sub-rogação) de crédito/direito (com todos os seus direitos) já existente para o fiador, pela sub-rogação.

4. O DIREITO E DA RESPONSABILIDADE DO STJ EM DITAR O TOM E SER EXEMPLO EM TERMOS DA OBSERVÂNCIA DO FORMALISMO JURÍDICO

A título de crítica construtiva, parece-nos que a 3ª terceira turma do STJ, quando profere sua decisão sobre o Recurso Especial 1.860.368, deixou de lado as raízes fundamentais da teoria do direito e deixa de zelar pelo formalismo jurídico e os valores do Estado de Direito, a partir do fato que, sem dolo, inconscientemente, mas por culpa, deixa de aplicar e considerar os institutos de direito de forma harmônica, sistêmica, consistente e coerente, confundindo a relação una e interdependente do Direito.

Da mesma forma que o corpo humano é uno e integral para os médicos, não há dúvida que o Direito é uno e integral para a sociedade e os operadores do direito. Como uno e integral, o Direito é interdependente e correlacionado.

Por si só, um único normativo ou instituto jurídico, por mais perfeito que pudesse ser, no sentido de querer controlar o egoísmo humano[24] baseado na vertente do positivismo[25] kelseniano, não deveria se sustentar, por um milésimo de segundo, se todo o arcabouço jurídico histórico, funcional, teleológico prévio, e que se faz presente, não o sustentasse e se não tivesse sido criado por mudanças de forma linear e/ou hierárquica[26] no mundo do direito.

---

24. KELSEN, Hans. La *dottrina pura del diritto* (tradução italiana de Mario Losano da segunda edição alemã da Teoria Pura do Direito), p 76. "É psicologicamente impossível agir com base em motivos diversos da inclinação ou interesses egoísticos".

25. Vide BARZOTTO, Luis Fernando. *Teoria do direito*, p. 14 – O direito é a técnica de controle social que consiste em ameaçar os indivíduos com a interferência coativa na sua esfera de interesses se eles violarem as condições de convívio estabelecidas pelo próprio direito: Uma técnica que consiste em obter a conduta social desejada dos homens através da ameaça de uma medida de coerção a ser aplicada em caso de conduta contrária (KELSEN, Hans. *General Theory*, p. 19).

26. Edward Fesser – *Five Proof of Existence of God – The Aristotelian Proof* – A autor do referido livro dispõe na primeira parte da obra, de forma empírica, de acordo com a filosofia aristotélica, a relação de inter-existência e independência de sustentação de todas as coisas, constituída de forma inteligente, racional e criativa, dentro um processo de atualização (conceito linear) ou de derivação (conceito hierárquico) até o princípio de tudo, senão vejamos: Let us pause to take stock, because things have gotten a bit abstract. We started out

Ademais, o direito é um pacto de ordem[27].

Pacto de ordem este relacionado à condição única e extraordinária do ser humano, como único ser vivo com a capacidade da faculdade de prometer[28].

Percebe-se, então, que a indignação e inconformismo do ser humano brota natural e intimamente do seu interior, diante das mazelas do mundo ao seu redor, independentemente de sua condição cultural, social, racial ou financeira, haja vista a percepção notória de mundo e da miséria do próximo (devemos entender próximo, para este contexto, como pessoa física ou jurídica, de ordem pública ou privada) pelo fato daquele próximo, em raras exceções, não conseguir cumprir suas promessas das mais diversas ordens e natureza.

Pode parecer singela a constatação aqui e acima expressada, mas se formos trazer isto para o cenário social brasileiro, em comparação e em analogia com o cenário jurídico nacional, percebemos que o mesmo cidadão brasileiro ordinário médio[29], que

---

by noting that there can be no doubt that change occurs, and that change can occur only if things have potentials which can be actualized. We also saw that any change requires a changer in the sense that whenever a potential is actualized, there must be something already actual that actualizes it. Having introduced this distinction between two kinds of series in which one potential is actualized by another, which is actualized by another. The first sort, which we called a linear series, is the sort we usually imagine when we think of change. It was illustrated by the coffee being cooled by the surrounding air in the room, which was itself cooled by the air conditioner, which was turned as a result of your having pressed a certain button, and so forth. In this sort of series, the members have their own casual power. After you have turned it on, the air conditioner can continue to cool the room even after you are no longer present. Even the air will remain cool for some time after the air conditioner ois turned off, and will therefore retain the power to cool down the coffee. What we called a hierarchical series of causes is very different. Here every cause other than the first has its causal power only in derivative way. Thus the desk, floor, and foundation have no power to hold aloft the coffee cup except insofar as they derive it from the earth this whole series rests on. This takes us beyond what we would ordinarily think of as change, because we would ordinarily think of the sequence of the cup, desk, floor, foundation, and earth as simultaneous. But what matters is that we do still have the actualization of potentials, the notion of which was introduced as a way of making sense of change. The potential of the cup to be three feet off the ground is actualized by the desk, the desk's potential to hold the cup aloft is actualized by the floor, and so forth.

27. Vide BARZOTTO, Luis Fernando. *Teoria do direito*, p. 35 – De um ponto de vista funcional e teleológico, o direito é ordem, isto é, sua existência está fundada na necessidade de estabilização das expectativas na sociedade. De um ponto de vista estrutural, o direito é promessa recíproca, acordo, pacto ou aliança entre as pessoas.

28. Vide BARZOTTO, Luis Fernando. *Teoria do direito*, p. 35 – O acordo, pacto, aliança, convenção etc. tem seu fundamento antropológico na "faculdade de prometer", na expressão de Hannah Arendt. O pacto nada mais é do que uma promessa recíproca. Identificado com a promessa e o pacto, o direito positivo intrinsecamente moral, e, portanto, moralmente obrigatório ou dotado de autoridade moral.

29. Nota do Autor – Aqui não é a intenção de criar qualquer tipo de distinção entre cidadãos brasileiros, com base em sua condição social, financeira, sexual, cultural, racional, ou em qualquer outro tipo de diferenciação para fins estatísticos ou acadêmicos, até porque ser humano é um só. Defino apenas que "cidadão ordinário médio é aquele que tem que ganhar a vida com o próprio suor, que estudou "até onde foi possível", cuja preocupação, e, atualmente, diga-se de passagem, privilégio, diante do nível de desemprego que assola o país, está em "acordar cedo" para dispender todo o seu tempo e energia para ir trabalhar para se sustentar ou sustentar sua família, e, se desdobra, para dar atenção e conviver, com o tempo escasso, para família e amigos, o qual assiste os bastidores da política internacional e brasileira, bem como todas as mudanças de valores no mundo, de relance, pela tela de TV, internet, ou pelo rádio do carro ou telefone celular. Seu único e mais válido instrumento de pressão de mudança, diante da opressão do dia a dia, é o sufrágio universal (voto), o qual, ainda hoje, como era antigamente (voto de cabresto), pode ser manipulado pela informação.

fica indignado e inconformado pela falta de prestação de serviços básicos de saúde e educação, ciente e consciente que está (ou deveria estar) sendo amparado pelo força constitutiva do poder de governo e de polícia do Estado de Direito (ineficiente, por sinal), é aquele mesmo cidadão comum brasileiro que fica, naturalmente, indignado e inconformado com a ineficácia ou a diferença da aplicabilidade das "leis" para outros cidadãos brasileiros, que, diante de uma condição de melhor assessoramento, em termos financeiros e jurídicos, conseguem "aproveitar melhor" o sistema jurídico constituído.

O Estado de Direito brasileiro pode vir a falhar, dupla e concomitantemente, tanto em termos executivos operacionais, quanto também em termos legislativos e decisórios, já que não consegue cumprir com o conceito constitucional pétreo e básico do caput do artigo 5º da Constituição Federal Brasileira (que é de conhecimento de todos os brasileiros), que todos são iguais perante a lei.

Por que tal divagação neste momento do artigo?

A resposta é simples. Se para aqueles (cidadão brasileiro ordinário médio) que, naturalmente, não se conformam e se indignam com a ineficácia básica do Estado de Direito, imaginem, então, o grau de inconformidade e indignação, que deveria pairar no íntimo daqueles outros que, por uma condição de ser "bem afortunado" por terem tido, por qualquer motivo, muitas vezes alheio a própria vontade e independentemente de questões financeiras, sociais ou culturais da pessoa, "subido um degrau" no discernimento das coisas do mundo jurídico, tendo tido, então, a possibilidade de aumentar o seu grau de plenitude intelectual, com base em uma educação escolar técnica e filosófica sólida, bem como acompanhada de uma condição familiar protetora, que lhes tiraram da obscuridade e das trevas da ignorância do que não é, ou, ao menos, não deveria ser, verdadeiramente o Direito e o seus respectivos ferramentais da esfera legislativa, judiciária e executiva.

É só lembrar que que a condição de entendimento do republicanismo e da segregação dos três poderes definida por Montesquieu ficou estagnada no ensino fundamental, preocupada com o resultado do vestibular. Triste realidade.

O que devemos almejar dos superiores tribunais?

Utilizemos de um conceito básico de *Compliance* e de um ensinamento de um santo da Igreja Católica, os quais se complementam para mesma ideia de difusão de conhecimento e de valores para toda a sociedade civil organizada.

Sobre o instituto e a matéria de *Compliance*[30], o princípio norteador que trago à baila é o *Tone From the Top*.

---

30. GIOVANINI, Wagner. *Compliance* – A excelência na prática, p. 20 – *Compliance* é um termo oriundo do verbo inglês "*to comply*", significando cumprir, satisfazer ou realizar ação imposta. Não há tradução correspondente para o português. Embora algumas palavras tendam a aproximar-se de uma possível tradução, como, por exemplo, observância, submissão, complacência ou conformidade, tais termos podem soar díspares. *Compliance* refere-se ao cumprimento rigoroso das regras das leis ou dentro ou fora das empresas. No mundo corporativo, *Compliance* está ligado a estar em conformidade com as leis e regulamentos inter-

O princípio expressa, em breve síntese, que a alta administração de uma empresa deve estar integral e completamente envolvida com os valores de integridade e de combate à corrupção para que, não só pelo exemplo, mas pela ação direta de seus atos profissionais corporativos, a alta administração demonstre, para todos os colaboradores da entidade jurídica, a conformidade e o envolvimento institucional da empresa com os valores altamente éticos do instituto e da matéria de *Compliance*.

Paralelamente a isto, sobre a menção do Santo da Igreja Católica realizada acima, Fidel Gómez[31], sacerdote que viveu com São Josemaria Escrivá, recorda a seguinte passagem com referido santo:

> Comentávamos um acontecimento que agora não me lembro, e ele falou-me da necessidade de fazer apostolado também com os intelectuais, porque, acrescentou, *"são como montanhas cobertas de neve: quando a neve derrete, a água desce e faz com os vales frutificarem"*.

Assim, utilizando-se da relação do *Compliance* com a metáfora do Santo Católico, o alto escalão da administração das empresas são o vale, e os estudiosos e gestores de *Compliance* são a montanha, de onde os seus conhecimentos técnicos, éticos e até morais sofrem o derretimento para adentrar na terra do vale (alta administração) para que a terra frutifique, não somente em termos financeiros e operacionais, mas também com os valores de *Compliance*, para o bem da empresa e dos *stakeholders*.

Vamos trazemos nossa metáfora para o sistema jurídico brasileiro.

Quem são as montanhas e os vales, em matéria de Direito, com base na instituição do princípio de *Compliance Tone – from the Top* para alta administração judicial do Estado de Direito?

Poderíamos dizer que "alta administração", então, do Poder Judiciário compete ao Superior Tribunal de Justiça em matéria de lei ordinária e ao Superior Tribunal Federal em matéria constitucional, para zelar, sempre, dentro dos princípios perseguidos e constituídos do Direito, pela segurança jurídica do Estado de Direito. Os tribunais superiores deveriam ser parte muito importante do topo da montanha, haja vista inclusive os requisitos necessários para que os ministros possam ser escolhidos[32]; de onde, então, os seus conhecimentos filosóficos e teleológicos jurídicos sofreriam o derretimento para adentrar na terra do vale (para instâncias menores do judiciário e para demais operadores do direito) para que a terra frutificasse na consolidação expressa prática do verdadeiro significado do que é o Direito e de sua aplicabilidade.

Vejamos que estamos bastante distantes desta realidade, que pode até parecer utópica, já que o norte da filosofia do Direito que questiona e busca a resposta, em

---

nos à organização. E, cada vez mais, vai além do simples atendimento a legislação, busca consonância aos princípios da empresa, alcançando a ética, a moral, a honestidade e a transparência, não só na condução dos negócios, mas em todas atitudes das pessoas.

31. Disponível em: https://opusdei.org/pt-br/article/rua-larra/.

32. Art. 101. O Supremo Tribunal Federal compõe-se de onze Ministros, escolhidos dentre cidadãos com mais de trinta e cinco e menos de sessenta e cinco anos de idade, de notável saber jurídico e reputação ilibada.

OS EFEITOS DA QUITAÇÃO DAS OBRIGAÇÕES PELO FIADOR, AVALISTA E SEGURADORAS **193**

sua essência, sobre – "o que é o Direito?" foi colocada de lado pelo *staff* jurídico, para se adentrar em uma virada argumentativa da própria filosofia criada pelo, então, *staff* jurídico, de se questionar e responder "Como se aplica o Direito"?[33]

Como então aplicar corretamente o remédio, se desconhecemos e desvirtuamos completamente a estrutura orgânica e constitutiva do remédio? Distorcido o sentido do que é o Direito, perdemos a essência de como e o porquê de julgar e legislar.

O judiciário, principalmente, pelas suas instâncias superiores deve buscar no sentido da aplicação da norma[34] e a obtenção da paz social[35].

Norma e paz social estas constituídas com base nos valores relacionados ao formalismo jurídico consubstanciados, resumidamente; nos aspectos de generalidade, positividade, procedimentalidade das normas, lastreada em um sistema legislativo completo, consistente e coerente; tendo a aplicabilidade da relação de uma justiça formal com base na legalidade, que se norteia na relação de subsunção, dedução e universalização das normas, tudo isto norteado pelos valores do Estado de Direito consolidados pela Liberdade, Igualdade e Segurança Jurídica.

---

33. As considerações referentes à staff jurídico e a virada argumentativa se encontram em BARZOTTO, Luis Fernando. *Teoria do direito*, p. 9 e 10. Os textos aqui reunidos representam alguns passos de uma jornada acadêmica e existencial marcada pela questão central a filosofia do direito: "o que é o direito?". Essa questão guiou o pensamento jusfilosófico até meados do século XX. A partir daí, ela foi substituída por uma indagação mais orientada à prática jurídica a saber: "como se aplica o direito?" Assim, as teorias sobre o direito foram substituídas por teorias da argumentação, teoria dos princípios e da interpretação jurídica. Essa "virada argumentativa" da filosofia do direito significou que ela adotaria a perspectiva do staff jurídico (advogados, juízes, promotores, professores etc.). Ora, para o staff jurídico, ao lado do interesse por doutrinas que estivessem um caráter mais operacional, interessava também doutrinas que expandissem seu próprio poder, em detrimento da legislação produzida democraticamente. Assim, a vinculação do direito com a lei passou a ser vista como uma posição anacrônica e reacionária, ao passo que doutrinas que identificam o direito com princípios, direito e valores passaram a ser amplamente adotados como "vanguardistas", "libertadoras" ou "atuais". Assim, no pensamento jurídico contemporâneo, tende-se a considerar exclusivamente o ponto de vista do aplicador do direito e não a perspectiva dos destinatários, que são também, em uma democracia, os autores do direito: os cidadãos. Repete-se na teoria do direito a dicotomia característica da teoria política: os problemas podem ser tratados "do ponto de vista do governante ou do ponto de vista do governado: *ex partes principis* ou *ex parte populi*". A opção da atual filosofia do direito por uma perspectiva *ex partes principis* – o ponto de vista dos aplicadores do direito – é suficientemente notória para dispensar demonstrações. Na prática, o que se observou é que a filosofia doo direito feita *ex partes principis* pôs o direito a serviço de ideias particulares, o que significou a sua "privatização". De fato, quando não se sabe o que é o direito, quais são suas características essenciais que podem ser captadas por todos, a sua aplicação como algo "comum" é inviabilizada. O intérprete / aplicador se torna um militante de suas próprias crenças morais e ideologias políticas, que ele se apressa a apresentar como "jurídicas" sob o abrigo de conceitos como Constituição, direitos fundamentais, princípios etc. E outros termos: a filosofia do direito ao renega sua questão central sobre o conceito de direito, furtou às pessoas os recursos teóricos para saber se estão em um estado de direito ou se estão à mercê do ativismo dos intérpretes.

34. BARZOTTO, Luis Fernando. *Teoria do direito*, "por um caráter formal na medida em que sua obrigatoriedade não está vinculada a qualquer conteúdo ético, político, econômico etc., mas por manifestar-se na forma de uma norma geral, cuja criação (positividade) e aplicação ocorrem segundo um determinado procedimento"

35. BARZOTTO, Luis Fernando. *Teoria do direito*, p. 14. "A partir desta antropologia, o problema central do convívio social passa a ser a paz, uma vez que seres autointeressados em conflitos tendem a utilizar a violência para alcançar seus objetivos. Ora, é para impor a paz que o direito se faz necessário: A paz é a ausência do uso da força física. O ordenamento jurídico, determinando as condições na presença das quais deve recorrer o uso da força e os indivíduos que devem efetivá-lo e criando um monopólio da coerção pela comunidade jurídica, dá paz a esta comunidade assim constituída". La dottrina pura del diritto, p. 50.

Os superiores tribunais devem ser sempre o topo da montanha, sendo o gelo derretido de águas límpidas que devem arraigar o campo do direito para segurança jurídica de todos os demais operadores do direito e a pergunta que fica é: Será que os superiores tribunais estão cientes de sua responsabilidade?

O tema da sub-rogação em si pode parecer um tema de menor relevância diante do espectro total da recuperação judicial e de todos os julgados dos Supremos Tribunais. O ponto é que sabemos que quando um indivíduo (no caso o STJ) é fiel no pouco tal indivíduo será fiel no muito[36].

O nível de coerência, concordância, esforço, consciência dos seus atos e acerto dos superiores tribunais deve atingir níveis do absoluto. Os Supremos Tribunais não detêm o direito de errar, porque do seu erro não temos ninguém para nos socorrermos.

5. CONCLUSÃO

Corroborando-se o que se quer explicitar acima, os fiadores, avalistas e coobrigados se sub-rogam em todos os direitos dos credores de uma devedora em uma recuperação judicial, como que credores fossem, e isto deveria ser absolutamente respeitado por quem defende o núcleo da legalidade das leis ordinárias.

Há uma verdade. A verdade [37] é absoluta. Com a verdade extirpamos as dúvidas de nosso coração.

Não se deve achar comum que o mesmo STJ, que zela pela correta aplicabilidade da hermenêutica da lei e do Direito, já que é o maior ente jurídico do Estado de Direito com o STF, em situações fáticas distintas com relação a mesma matéria, em um momento, guarda a verdade e em outro momento, nos traz a dúvida. Por mais incrível que possa parecer, seria possível dizermos que temos duas verdades com base na mesma existência jurídica[38] de um mesmo fato jurídico?

Considerando que o Supremo Tribunal é a última instância de decisão e de entendimento dos casos concretos, no que diz respeito à infração a leis ordinárias ou dispositivos constitucionais, a verdade é que não temos para onde nos recorrer para reconstrução de um entendimento exarado pela instituição, se estivermos, principalmente e por exemplo, diante da defesa de um interessado direto e de seu respectivo direito, porque a norma[39] não poderá ser anulada. Sua responsabilidade

---

36. Mateus 25, 21 – Respondeu-lhe o senhor: 'Muito bem, servo bom e fiel! Foste fiel no pouco, muito confiarei em tuas mãos para administrar. Entra e participa da alegria do teu senhor!

37. João, 18, 37 – 38 – Pilatos disse: "Então, tu és rei?" Jesus respondeu: "Tu dizes que eu sou rei. Eu nasci e vim ao mundo para isto: para dar testemunho da verdade. Todo aquele que é da verdade escuta a minha voz". Pilatos disse "Que é a verdade"?

38. AZEVEDO, Antônio Junqueira de. *Negócio jurídico* – existência, validade e eficácia, p. 23 "Quando acontece, no mundo real, aquilo que estava previsto na norma, esta cai sobre o fato, qualificando-o como jurídico; tem ele, então, existência jurídica. A incidência da norma determina, como diz Pontes de Miranda (PONTES DE MIRANDA, Francisco Cavalcanti. *Tratado de Direito Privado*), sua entrada no mundo jurídico".

39. LFB – "Assim, a descrição kelseniana da aplicação judicial do direito pode ser formulada nos seguintes termos: a sentença, norma individual, é produzida nos seguintes termos: a sentença, norma individual, é

é tremenda e, às vezes, restam dúvidas sobre o fiel entendimento disto por parte de alguns integrantes das cortes superioras.

Desta feita, os integrantes dos superiores tribunais devem entender o nível de responsabilidade que detém em suas mãos. É com base nas suas decisões que construímos a segurança jurídica e damos sentido a norma e ao pacto social.

Com suas decisões podemos voltar para as bases do ensino do Direito para melhoria do ambiente jurídico.

Com base nas decisões bem fundamentadas do superiores tribunais, independentemente da relevância do tema, que se pode ter nas faculdades de direitos, nos cursos de especialização, pós graduação, centros de estudos da advocacia, magistratura etc., o elemento mais importante do Direito em si, que é a construção do racional correto e verdadeiro do material humano com sua propagação e o embate do núcleo de entendimento sobre o que necessariamente deve ser defendido, de tal sorte que os operadores do direito possam se vincular ao verdadeiro direito expresso nas leis e no próprio Direito como um todo.

6. REFERÊNCIAS

BARZOTTO, Luis Fernando. *Teoria geral do direito*. Porto Alegre, Livraria do Advogado, 2017.

BEZERRA FILHO, Manoel Justino (Org.). *Temas de direito da insolvência* – Estudos em homenagem ao Professor Manoel Justino. São Paulo, Editora IASP, 2017.

BULGARELLI, Waldirio. *Títulos de crédito*. São Paulo, Atlas, 1998.

DE AZEVEDO, ANTÔNIO JUNQUEIRA. *Negócio jurídico* – Existência, validade e eficácia. São Paulo: Forense, 2014.

FERREIRA, Waldemar. *Tratado de direito comercial*. São Paulo: Saraiva, 1963. t. 11.

GIOVANINI, WAGNER. *Compliance* – A excelência na prática. Editora Compliance Total, 2014.

MARTINS, Eliseu. *Manual de contabilidade societária*. São Paulo: Atlas, 2013.

MARTINS, Frans. *Contratos e obrigações comerciais*. Rio de Janeiro: Forense, 1995.

NERY, Rosa Maria de Andrade (Coord.) *Direito civil*: obrigações. São Paulo: Ed. RT, 2015.

PELUSO, Cezar. (Coord.). *Código Civil comentado*: doutrina e jurisprudência. São Paulo: Manole, 2014.

PEREIRA, Caio Mário da Silva. *Instituições de direito civil*. Rio de Janeiro: Forense, 2004.

---

produzida por um ato de vontade que escolhe, entre as várias possibilidades contidas no interior da norma geral a ser aplicada, a que apraz o julgador".

TEMAS DE
DIREITO SOCIETÁRIO

A AQUISIÇÃO DE PARTICIPAÇÕES ACIONÁRIAS PELA PREFERÊNCIA: BREVES CONSIDERAÇÕES

Rafael Medeiros Mimica

Mestrando pela Pontifícia Universidade Católica de São Paulo. Advogado.

Sumário: 1. Introdução – 2. O direito de preferência, suas características, funções e interpretação; 2.1 A distinção do direito de preferência em relação a outros negócios jurídicos; 2.2 Natureza jurídica da preferência – 3. A preferência na aquisição de participação acionária – 4. Conclusão – 5. Referências

1. INTRODUÇÃO

A Lei 6.404/76, apesar de prever a possibilidade dos acionistas acordarem entre si um direito de preferência na aquisição das suas respectivas participações acionárias, não regulou a forma do seu exercício. O legislador deixou para os interessados, valendo-se da autonomia da vontade e observando os limites legais pertinentes à validade dos negócios jurídicos de um modo geral (art. 104 e 166 do Código Civil), decidirem a respeito dos limites e implementação de tal direito.

Por vezes, a falta de um regramento legal específico e a impossibilidade das partes, por motivos diversos, conseguirem regular adequadamente o direito de preferência na aquisição de participações acionárias gera dúvidas e, consequentemente, conflitos, não raramente decididos em processos judiciais ou arbitragens.

Contudo, ante a relevância do direito de preferência, também comumente conhecido como prelação, para o direito societário, o seu estudo se mostra relevante. Ele desempenha relevante papel na dinâmica acionária, especialmente quando se considera que as suas funções primordiais, para esse tipo de situação, são a manutenção ou o aumento da participação do beneficiário da prelação no capital social, preservando os seus interesses econômicos e políticos, ou o impedimento do ingresso de terceiros estranhos no quadro de acionistas, como mais adiante se tratará.

Dito isso, o que aqui se propõe, longe de se tentar esgotar o assunto, é contribuir para a discussão, apresentando os principais aspectos do direito de preferência envolvendo a aquisição de participação acionária.

Para tanto, o presente artigo está estruturado de forma a se analisar a preferência de uma forma geral, distinguindo-a de outros negócios que com ela algumas vezes se confundem.

Seguindo, trataremos das discussões que ainda envolvem a natureza do direito de preferência, indicando a direção para a qual a mais respeitada doutrina a respeito do assunto tem apontado.

Especificamente quanto à prelação envolvendo a aquisição de participações acionárias, abordaremos as suas funções e como elas devem ser consideradas para a interpretação do negócio, especialmente para as situações envolvendo alienações indiretas.

2. O DIREITO DE PREFERÊNCIA, SUAS CARACTERÍSTICAS, FUNÇÕES E INTERPRETAÇÃO

A preferência é o dever que alguém, a quem nos referiremos como sujeito passivo ou outorgante, tem de oferecer a outrem, a quem nos referiremos, para manter coerência, como sujeito ativo ou outorgado, a celebração de um eventual contrato futuro, em detrimento de um terceiro com quem o primeiro [sujeito passivo] já terá negociado e ajustado as condições da contratação definitiva, cabendo ao sujeito ativo se sub-rogar, ou não, na posição daquele terceiro no negócio entabulado.

O primeiro traço de destaque da preferência corresponde à inexistência de uma obrigação do outorgante de contratar. Trata-se de uma faculdade do sujeito passivo que, caso exercida, dará início à relação dinâmica que envolve a preferência.

A prelação tem origem em lei ou em negócio jurídico convencionado entre as partes interessadas.

São exemplos sempre lembrados de preferências legais (a) o direito do locatário para adquirir o imóvel locado nos casos de venda, promessa de venda, cessão ou promessa de cessão de direitos ou dação em pagamento (art. 27, *caput*, da Lei 8.245/91), (b) o direito do arrendatário rural no caso de alienação do imóvel arrendado (art. 92, § 3º, da Lei 4.504/64) e (c) o direito do condômino em coisa indivisível à fração ideal vendida por outro condômino a estranhos ao condomínio (art. 504, *caput*, do Código Civil).

Por sua vez, a prelação convencionada encontra campo fértil na autonomia da vontade das partes integrantes do negócio jurídico, sem que se descuidem, obviamente, dos limites estabelecidos em lei para a sua validade.

Apesar da preferência convencional mais usualmente constar de ajustes que envolvem a alienação de bens, não nos parece que as partes estejam impedidas de contratar a prelação em outros negócios bilaterais, tais como, por exemplo, em locações e prestações de serviços.[1] Aqui como lá, a essência do instituto é garantir a

---

1. "O instituto da preferência tem como fim último proporcionar ao sujeito ativo, futura e eventualmente, a celebração de um contrato. A estrutura da relação prelatícia, tal como prevista no sistema jurídico brasileiro, não restringe a aplicação do instituto a negócios jurídicos translativos de propriedade. Significa dizer que, apesar de, em grande parte das vezes, o direito de preferência [tanto o legal, quanto o convencional] estar atrelado a um contrato de alienação, em especial de compra e venda, é possível instituir preferência na celebração de outros negócios jurídicos, desde que com ela compatíveis. Assim, nada impede que as partes, via pacto de prelação, ou até mesmo a lei, estabeleçam relações jurídicas de preferência envolvendo contratos

A AQUISIÇÃO DE PARTICIPAÇÕES ACIONÁRIAS PELA PREFERÊNCIA: BREVES CONSIDERAÇÕES

preferência ao sujeito ativo em uma contratação bilateral, o que, evidentemente, não fica limitado a negócios translativos de propriedade.

Importante registrar que a prelação a que o art. 513 do Código Civil se refere, também chamada de preempção, nada mais é do que uma espécie do gênero preferência. Ela trata da preferência convencionada entre o comprador e o vendedor para a hipótese daquele decidir alienar o que adquiriu deste anteriormente. Envolve, portanto, a recompra de um bem que fora anteriormente vendido.

Ao que parece, o fato da preempção envolver a preferência na transferência de propriedade, ainda que para casos de recompra, e estar regulada em lei, leva a um uso indistinto por muitos da sua nomenclatura para todo e qualquer caso de preferência que envolva a alienação de bens, o que não passou despercebido pela doutrina.[2]

A prelação pressupõe a instauração de um concurso entre o terceiro e o outorgado, tendo este preferência sobre aquele.

Como forma desejada para a instalação do concurso entre os interessados, espera-se que o sujeito passivo comunique o sujeito ativo da sua intenção de celebrar o contrato definitivo com o terceiro e das condições com este pactuadas (*denuntiatio*).

Apesar da *denuntiatio* ser um dever do outorgante, ela não é requisito para a constituição do direito de preferência.

A bem da verdade, o que interessa para a constituição da preferência é que o sujeito ativo tenha conhecimento da intenção inequívoca do sujeito passivo de celebrar o contrato,[3] bem como das suas condições para que possa, então, exercer ou não o seu direito.[4]

---

de locação, contratos de arrendamento, contratos de prestação de serviços, dentre outros" (LGOW, Carla Wainer Chalréo. *Direito de preferência*. São Paulo: Atlas, 2013, p. 12).

2. "Nenhuma das definições usadas acima pode ser considerada tecnicamente errada, pois todas foram tiradas do exame dos referidos autores a uma subespécie da preempção, aquele outorgada pelo vendedor ao comprador por meio do pacto adjeto à compra e venda (Código Civil, arts. 513 a 520). Mas elas demonstram dois pontos importantes: (i) uma confusão entre gênero (preferência) e espécie (preempção) a partir da subespécie para afirmar que se permite tal convenção em outros contratos e (ii) a falta de exame da categoria geral, a preferência, pelos doutrinadores brasileiros.

    Tais elementos explicam-se por três razões: (i) efetivamente, a maioria dos casos de preferência está ligada à compra e venda e é, portanto, de preempção; (ii) não há, no Brasil, positivação do gênero preferência no Direito Civil (como em Portugal ou na Alemanha), restando apenas as preferências legais (nos casos que serão mais à frente mencionados) e as regras da preempção do Código Civil, no caso específico dos arts. 513 a 520, e (iii) as preferências legais são ligadas também, em sua maioria, à compra e venda" (WAISBERG, Ivo. *Direito de preferência para a aquisição de ações* – Conceito, natureza jurídica e interpretação. São Paulo: Quartier Latin, 2016, p. 37).

3. "Em regra, a intenção de celebrar o contrato objeto da preferência será materializada pelo envio de notificação, judicial ou extrajudicial, ao sujeito ativo, mas é possível que a exteriorização da vontade do sujeito passivo venha a ser conhecida por outros meios, como uma declaração expressa sua, que chegue ao conhecimento do preferente, no sentido de que pretende contratar com terceiro em certas condições, ou até mesmo a própria celebração do contrato com terceiro, em violação ao direito de preferência.

    Daí se vê que, diversamente do defendido por parte da doutrina, a comunicação ao sujeito, via notificação, não é pressuposto da constituição do seu direito de prelação" (LGOW, op. cit., p. 67).

4. Em situações em que o outorgante não cumpre o seu dever de comunicação para com o outorgado, mas este último toma ciência da intenção inequívoca daquele em celebrar o contrato definitivo com o terceiro, ou já

O concurso entre o terceiro e o outorgado é da essência do instituto, pois, independentemente da sua origem legal ou convencional, é preciso que o sujeito ativo esteja disposto a contratar com o sujeito passivo nas mesmas condições ajustadas entre este último e o terceiro. Em outras palavras, a preferência, para a sua caracterização, demanda a paridade de condições entre o que foi entabulado pelo outorgante com o terceiro e o que o outorgado aceita contratar.[5]

Da paridade de condições decorre a constatação de que não se faculta ao sujeito ativo oferecer condições diversas das que foram ajustadas entre o sujeito passivo e o terceiro ou uma contraproposta.[6] A manifestação de vontade do outorgado pela aceitação, ou não, deve ser pelos exatos e precisos termos ajustados entre aqueles.

A recusa do outorgado implicará a renúncia ao seu direito de preferência, ficando o outorgante livre para concluir o negócio com o terceiro.

Parece-nos, contudo, que a conclusão do negócio entre o sujeito passivo e o terceiro, para a hipótese de renúncia à prelação pelo sujeito ativo, deverá observar estritamente o que fora oferecido a este último. Afinal de contas, foram as condições ofertadas pelo outorgante que balizaram a decisão do outorgado para recusar a celebração do contrato definitivo.

Caso o sujeito passivo e o terceiro venham, após a renúncia do sujeito ativo, acordar condições outras e mais benéficas do que aquelas anteriormente ofertadas, nova comunicação deverá ser feita ao outorgado, permitindo que ele decida pelo exercício ou não da preferência com as novas condições.

No plano da eficácia, os efeitos da preferência poderão ficar restritos às partes contratantes (eficácia obrigacional)[7] ou ser oponível a terceiros (eficácia real).[8]

---

     o tendo feito, poderá ele se valer das medidas legais pertinentes, a exemplo do que estabelecem os art. 396 e seguintes do Código de Processo Civil, para ter acesso das condições negociadas pelo sujeito passivo, de modo que possa decidir pelo exercício da preferência em condições de paridade.

5. A título ilustrativo, e para ficarmos nos exemplos apontados para a preferência legal, atentamos que os respectivos dispositivos legais, que mencionam a celebração do contrato pelo outorgado no exercício da preferência "tanto por tanto", no caso do condômino da coisa indivisível (art. 504, *caput*, do Código Civil), ou em "igualdade de condições", como nos casos locatário (art. 27 da Lei 8.245/91) e do arrendatário rural (art. 92, § 3º, da Lei 4.504/64).

6. "Isto porque a *apresentação de contraproposta é estranha a esse negócio jurídico*" (CARVALHOSA, Modesto. *Acordo de acionistas*. São Paulo: Saraiva, 2011, p. 291).

7. Evidentemente que isso não legitima a interferência lesiva de terceiros de má-fé, que estarão sujeitos aos consectários legais. "Não se nega a relatividade dos contratos, mas os efeitos reflexos, que produzem em relação a terceiros, são reconhecidos como fatos da vida social que comete a terceiros respeitar (*neminem laedere*). Comete ato ilícito o terceiro que, sem justa causa, colabora para o inadimplemento de uma obrigação contratual, de que tem conhecimento" (LOBO, Carlos Augusto da Silveira. In: LAMY FILHO, Alfredo, PEDREIRA, José Luiz Bulhões (Coord.). *Direito das companhias*. 2. ed. Rio de Janeiro: Forense, 2017, p. 345).

8. "A oponibilidade tem como seu principal objetivo definir a prevalência entre títulos total ou parcialmente incompatíveis e, com isso, garantir a segurança da circulação jurídica. O complicado na análise desse tema é a verificação dos requisitos para a oponibilidade de modo a garantir a segurança nas operações, mas não atravancar a circulação dos bens. Na prática, o ordenamento não prevê uma regra única para esses conflitos, pois a solução depende, entre outros fatores, da natureza do direito alienado, do tipo de conflito e dos valores nele refletidos para proteção especial de algumas situações" (MARTINS, Fábio Floriano Melo. *A interferência lesiva de terceiro na relação obrigacional*. São Paulo: Almedina, 2017, p. 155).

A AQUISIÇÃO DE PARTICIPAÇÕES ACIONÁRIAS PELA PREFERÊNCIA: BREVES CONSIDERAÇÕES **203**

Na prelação dotada de eficácia obrigacional, no caso de inadimplemento do sujeito passivo com a celebração do contrato definitivo com terceiro, restará ao sujeito ativo apenas a via reparatória.

Isso não significa, no entanto, que o outorgado, ciente da decisão do outorgante de celebrar o contrato definitivo com o terceiro, mas antes da sua conclusão, não possa se valer de demanda de tutela específica, a exemplo do que autorizam os art. 497 e 500 do Código de Processo Civil, para forçar o devedor a cumprir a sua obrigação ou para substituir a sua declaração de vontade.

Por sua vez, na preferência com eficácia real, o sujeito ativo pode opor ao terceiro o negócio pactuado com o sujeito passivo, mesmo após a celebração da avença definitiva. O negócio final celebrado entre o terceiro e o outorgante é ineficaz perante o outorgado que, exercendo o seu direito de preferência, substituirá aquele primeiro no contrato firmado. Para tanto, a ciência do terceiro, nos termos da lei, é essencial.[9]

Quanto às funções da preferência, elas se dividem, principalmente, entre sociais e econômicas.

As funções sociais das prelações, comumente identificadas naquelas de origem legal, estão voltadas à preservação de interesses que transcendem aos das partes envolvidas, tendo por objetivo maior atender o bem comum. Por isso elas se voltam à prevenção de litígios (por exemplo, no caso do condômino de bem indivisível, que se permite ao(s) condômino(s) evitar o ingresso de terceiro estranho) ou a evitar turbações no gozo da moradia (por exemplo, no caso do locatário) ou no desenvolvimento de atividades produtivas (por exemplo, no caso do arrendatário rural)[10] ou a permitir a implementação de políticas públicas.[11]

---

9. "Tudo isso, afinal, quanto aos *efeitos diretos* das obrigações contratuais, ou seja, no tocante ao cumprimento das prestações e à responsabilidade pelo seu inadimplemento. Mas – e é aqui que entre o aprofundamento da noção de relatividade dos contratos – toda relação obrigacional representa um *fato* da vida jurídica que, como tal, produz *efeitos reflexos* sobre terceiros. O mecanismo de produção desses efeitos reflexos está ligado ao reconhecimento – efetivo ou presumido – da relação obrigacional por quem não é parte.

   A organização da publicidade jurídica atende, exatamente, esse objetivo de levar conhecimento do público, em geral, a existência de determinadas relações jurídicas que devem ser por todos respeitadas. A publicidade estabelece, pelo registro de atos ou fatos, ou pelo desapossamento ou apossamento de coisas, uma presunção absoluta de conhecimento da relação contratual por terceiros. É pela prova da ciência por terceiros da existência de determinada relação jurídica que ela produz efeitos perante ele, isto é, torna-se-lhe oponível" (COMPARATO, Fábio Konder. Eficácia dos acordos de acionistas. *Novos ensaios e pareceres de direito empresarial*. Rio de Janeiro: Forense, 1981, p. 79-80).

10. "Atualmente, conforme relata António Menezes Cordeiro, analisando-se diversos ordenamentos jurídicos, é possível verificar certa constante na função socioeconômica atribuída aos direitos de preferência previstos pelo legislador: solucionar conflitos de direitos reais, particularmente de direito de propriedade, extinguindo situações de oneração ou de comunhão desse direito. (...) Há, ainda, direitos de preferência que, ao lado da função de impedir um fracionamento excessivo da propriedade, funcionam como meio de defesa face à introdução de estranhos, a exemplo da preferência atribuída aos condôminos de bem indivisível. (...) Vê-se, assim, que a preferência é um instituto que pode abarcar motivações e interesses diversos e até contraditórios entre si. O legislador, ao conceber relações de preferência, visa a alcançar finalidades distintas, de modo que cada direito de preferência poderá ter uma função própria. Por outras palavras, mediante o direito de prelação, é possível realizar uma pluralidade de funções, sem que isso ponha em xeque a sua arquitetura fundamental" (LGOW, op. cit., p. 23-27).

11. "Implementação de políticas públicas: ocorre com a outorga do direito de preempção ao Poder Público, como nos casos de venda de bens do patrimônio cultural e de compra de imóveis para cumprimento do Plano Diretor no âmbito do Estatuto da Cidade" (WAISBERG, op. cit., p. 66).

A função econômica da preferência, apesar de também poder ser identificada naquelas de origem legal,[12] ganha relevo nas prelações consensuais. Sendo opção das partes a sua contratação, é certo que elas se voltam à proteção de direitos disponíveis dos contratantes, que são eminentemente de natureza patrimonial.

Por fim, vale comentar a respeito da interpretação da prelação.

A interpretação da preferência dependerá da forma da sua constituição. Se for legal, ela deverá ser interpretada restritivamente, pois implica uma limitação do direito de contratar.[13] Sendo convencional, a interpretação da preferência deverá ser feita de acordo com o objetivo almejado pelas partes com a celebração do negócio jurídico.[14-15]

2.1 A distinção do direito de preferência em relação a outros negócios jurídicos

Como dito, a finalidade da prelação é garantir ao outorgado a possibilidade de celebrar com o outorgante, em condições de igualdade e substituindo o terceiro, um eventual contrato futuro definitivo.

As preferências que envolvem a transferência de propriedade de bens, por guardarem semelhanças com alguns outros negócios jurídicos, especialmente a opção de compra, o direito de primeira oferta e os contratos preliminares bilaterais, são por vezes confundidas com estes. Assim, importante apontar os principais elementos que os distinguem.

---

12. Assim como também as preferências consensuais podem apresentar finalidade sociais.
13. "Apesar de a instituição de uma relação legal de preferência não atribuir ao titular do direito a faculdade de exigir do sujeito passivo a celebração do contrato antes de este decidir contratar em certos termos, conforme projeto do contrato ajustado com terceiros, não há dúvidas de que as preferências legais restringem a liberdade contratual do sujeito passivo, ao menos no tocante à sua liberdade quanto à escolha do outro contraente. Por essa razão, a relação de preferência instituída em lei deve ser interpretada, se não restritivamente, ao menos com bastante cautela, tendo em vista se tratar de norma de que, excepcionalmente, limitam a liberdade contratual" (LGOW, op. cit., p. 29).
14. "Segunda regra: "Quando huma clausula he susceptivel de dous sentidos, deve entender-se naquele, em que ella póde ter effeito; e não naquele, em que não teria effeito algum".
    Se as partes não contratam pelo prazer de contratar, como assinalou Chiovenda, o contrato deve ser concebido de acordo com uma função [= função econômica = causa] e a interpretação da avença deve levar à sua consecução. Caso contrário, atirar-se-ia o contrato à inutilidade – decisão incompatível com a lógica do sistema. Em suma: se as partes contrataram, seu escopo era atingir determinada função econômica, porque o negócio não pode ser racionalmente entendido como atividade de deleite. Deve-se atender à função econômica, porque esse o destino dos contratos no sistema jurídico. Negar-lhe a função típica [ou querida pelas partes] é negar seu pressuposto de existência" (FORGIONI, Paula A. *Contratos empresariais* – Teoria geral e aplicação. 3 ed. São Paulo: Thomson Reuters Brasil, 2018, p. 246).
15. "Assim, enquanto, no caso das preferências legais, o hermeneuta deverá presumir, ao menos em princípio, que a letra da lei reflete o equilíbrio dos interesses que o legislador entendeu adequado para a relação jurídica prelatícia – o que significa dizer que não devem ser presumidos deveres adicionais a cargo do sujeito passivo, mas sim que se deve impor a ele o mínimo sacrifício necessário ao atendimento dos objetivos perseguidos pela norma –, o trabalho do hermeneuta, nas preferências convencionais, será buscar, à luz da cláusula geral de boa-fé objetiva, o alcance do direito pretendido pelas partes ao pactuá-lo, abrindo-se maiores caminhos para interpretação analógica" (LGOW, op. cit., p. 29).

Por meio da opção de compra, o sujeito passivo se compromete, desde a celebração do negócio, a alienar ao sujeito ativo o bem objeto do pacto ajustado, bastando a simples manifestação de vontade da parte beneficiária. Trata-se de um direito potestativo, ao qual o outorgante fica sujeito, sem a possibilidade de enjeitar a celebração do contrato final com o outorgado.

Os direitos potestativos são aqueles que conferem ao seu titular o poder de, apenas com a sua manifestação de vontade, criar, modificar ou extinguir relações jurídicas, atuando diretamente sobre a parte devedora, sem que essa possa se insurgir contra.[16-17]

É, pois, elemento essencial da opção de compra que o outorgante se encontre em posição de sujeição em relação ao outorgado desde o momento da sua contratação. A decisão pela celebração do contrato futuro cabe única e exclusivamente ao sujeito ativo.

Nesse aspecto, portanto, a opção de compra se distingue da prelação, pois, nesta se exige a manifestação prévia de vontade do outorgante em celebrar o contrato futuro por meio do qual ele alienará o bem e que deverá ser oferecido ao outorgado, nas

---

16. "Segundo Chiovenda (*Instituições*, 1-35 et seq.), os direitos subjetivos se dividem em duas grandes categorias: A primeira compreende aquêles direitos que têm por finalidade um bem da vida a conseguir-se mediante uma *prestação*, positiva ou negativa, de outrem, isto é, do sujeito passivo. Recebem êles, de Chiovenda, a denominação de "um direito a uma prestação", e como exemplos poderíamos citar todos aquêles que compõem as duas numerosas classes dos direitos reais e pessoais. Nessas duas classes há sempre um sujeito passivo obrigado a uma *prestação*, seja positiva (dar ou fazer), como nos direitos de crédito, seja negativa (abster-se), como nos direitos de propriedade. A segunda grande categoria é a dos denominados *direitos potestativos*, e compreende aquêles podêres que a lei confere a determinadas pessoas de influírem, com uma declaração de vontade, sôbre situações jurídicas de outras, sem o concurso da vontade destas. Desenvolvendo a conceituação dos direitos potestativos, diz Chiovenda:
"Êsses podêres (que não se devem confundir com as simples manifestações de capacidade jurídica, como a faculdade de testar, de contratar e semelhantes, a que não corresponde nenhuma sujeição alheia), se exercitam e atuam mediante simples declaração de vontade, mas, em alguns casos, com a necessária intervenção do juiz. Têm tôdas de comum tender à produção de um efeito jurídico a favor de um sujeito e a carto de outro, o qual nada deve fazer, mas nem por isso pode esquivar-se àquele efeito, permanecendo sujeito à sua produção. A sujeição é um estado jurídico que dispensa o concurso da vontade do sujeito, ou qualquer atitude dêle. São podêres puramente ideais, criados e concebidos pela lei...; e, pois, que se apresentam como um bem, não há excluí-los de entre os direitos, como realmente não os exclui o senso comum e o uso jurídico. É mera petição de princípio afirmar que não se pode imaginar um direito a que não corresponda uma obrigação" (*Instituições*, trad. port. 1/41-42). (...) Da exposição feita acima se verifica facilmente que uma das principais características dos direitos potestativos é o estado de *sujeição* que o seu exercício cria para outra ou outras pessoas, independentemente da vontade destas últimas, ou mesmo contra sua vontade. (...) Outras características dos direitos potestativos: são insuscetíveis de violação e a êles não corresponde uma prestação" (AMORIM FILHO, Agnelo. Critério científico para distinguir a prescrição da decadência e para identificar as ações imprescritíveis. *Revista dos Tribunais*, v. 744 (outubro 1997), p. 728).

17. "Por outro lado, como vimos acima, os direitos potestativos são poderes de produzir uma modificação jurídica, traduzida na constituição, modificação ou extinção de uma relação jurídica, sem que ninguém se possa opor a essa alteração, uma vez que, em princípio, ela se produz por mero efeito de uma declaração do titular do direito. A contraparte do titular de um direito potestativo está assim num estado de sujeição — não pode obstar ao exercício do direito, uma vez que este não necessita, em nenhum momento, da colaboração do sujeito passivo, ao contrário do que acontece com direitos subjectivos propriamente ditos." (GUEDES, Agostinho Cardoso. *A natureza jurídica do direito de preferência*. Porto: Coimbra Editora Lda., 1999, p. 27-30).

mesmas condições pactuadas com o terceiro. Somente a partir daquela manifestação de vontade do sujeito passivo é que ele estará em posição de sujeição em relação ao sujeito ativo. Contudo, se o outorgante jamais decidir pela alienação, o beneficiário da preferência não poderá exigir daquele a celebração do contrato.

Outro elemento distintivo entre os dois negócios jurídicos é que da opção de compra já constam, desde a sua conclusão, as condições a serem observadas pelas partes para a celebração do futuro contrato, ao passo que na preferência, as condições somente serão conhecidas após o outorgante decidir pela alienação e ter pactuado os seus termos com o terceiro, dando, então, conhecimento deles ao outorgado (*denuntiatio*).

Por sua vez, o direito de primeira oferta corresponde ao dever do outorgante negociar, inicialmente, com o outorgado, após decidir pela alienação do bem. Não chegando as partes a bom termo quanto às condições para a celebração do contrato definitivo, o sujeito passivo estará livre para negociar e alienar o bem para terceiro.

Contudo, as condições que vierem a ser entabuladas entre o outorgante e o terceiro não poderão ser menos custosas do que aqueles que haviam sido anteriormente negociadas com o outorgado.

Observa-se, no direito de primeira oferta, que as tratativas entre o sujeito passivo e o sujeito ativo pautarão, para a hipótese de não se celebrar o contrato de alienação do bem, as negociações que o outorgante vier a entabular com terceiro. Na preferência, contudo, são as condições acordadas pelo sujeito passivo com o terceiro que darão o norte da contratação com o outorgado, para a hipótese deste decidir pelo exercício do seu direito.

No campo da alienação de participação acionária, especificamente, a distinção entre a opção de compra e a preferência ganha especiais contornos, seja com relação à finalidade, seja com relação aos possíveis efeitos.

Na prelação, confere-se ao outorgado, sendo este já acionista, a possibilidade de, sabedor de quem é o terceiro pretendente à compra das ações, impedir o seu ingresso na sociedade. Isso não ocorre, obviamente, no direito de primeira oferta, considerando a sequência de eventos inerentes à sua dinâmica própria.

Para além disso, ainda nos casos de aquisição de participação acionária, pode-se distinguir a preferência do direito de primeira oferta quanto ao potencial impacto sobre a liquidez do bem a ser vendido.

Por raciocínio lógico, a preferência tem o potencial de reduzir a liquidez das ações a serem alienadas. Afinal, o terceiro interessado incorre em custos para negociar com o sujeito passivo, ao mesmo tempo em que está ciente do risco do negócio final não ser concretizado, no caso do outorgado exercer o seu direito. Em outras palavras, o terceiro assume o risco de desembolsar valores e não ter, ao fim do processo, o seu interesse satisfeito.

Obviamente que essa característica da prelação pode afastar terceiros interessados na aquisição da participação acionária que o outorgante decidiu vender,

A AQUISIÇÃO DE PARTICIPAÇÕES ACIONÁRIAS PELA PREFERÊNCIA: BREVES CONSIDERAÇÕES **207**

reduzindo, potencialmente, a quantidade de quem esteja disposto a adquiri-las. [18] Como efeito de uma demanda potencialmente menor, tem-se uma possível redução do preço que o terceiro estaria disposto a pagar.

Por outro lado, o direito de primeira oferta não apresenta, para o terceiro, o risco da sua expectativa restar frustrada ao final das negociações com o outorgante, pois já sabe, de antemão, que não haverá quem o preferirá na contratação. Consequentemente, esse tipo de negócio jurídico tenderia a atrair um número maior de interessados na aquisição da participação acionária do sujeito passivo, impactando, positivamente, na sua liquidez.

Apesar disso, não se pode concluir, de largada, que o direito de primeira oferta é mais benéfico para o outorgante do que a preferência, aos menos quando o que está em jogo são ações de emissão de uma companhia.

Usualmente, as partes envolvidas nesses tipos de negócios são sofisticadas e, não raras vezes, estão assistidas por assessores jurídicos e financeiros.[19] Por conta disso, elas tendem a melhor compreender os riscos dos negócios entabulados, alocando-os de forma satisfatória na estrutura contratada.

Assim, é possível, para não se dizer provável, que o sujeito passivo, quando optou por conferir a preferência ao sujeito ativo na aquisição de sua participação acionária, já tenha, de alguma forma, se não eliminado, ao menos mitigado o risco e, principalmente, os efeitos da possível redução da liquidez das suas ações.

Por fim, a prelação também não se confunde com o contrato preliminar bilateral, apesar de ambos serem preparatórios de um contrato definitivo futuro.

O contrato preliminar bilateral objetiva a celebração do contrato definitivo entre as partes originais do negócio, já trazendo ele todos os elementos essenciais para a futura contratação. É, inclusive, o que estabelece o art. 462 do Código Civil.

Diversamente da preferência, ambas as partes do contrato preliminar bilateral estão em situação de sujeição uma em relação à outra. Afinal, desde a sua celebração, surge para as partes a obrigação de firmar o contrato definitivo, podendo qualquer uma delas exigir a sua celebração.

---

18. "Do ponto de vista econômico, especialmente no caso societário de alienação de ações, as duas operações [preferência e primeira oferta] são distintas. A primeira oferta tem menos impacto na liquidez das ações do que a preferência. Isso porque, no caso da preferência, o terceiro que negociará as ações tem um risco na transação, que se traduz em um eventual custo, geralmente elevado, de proceder a todo o processo negocial, despender dinheiro com assessores, além de tempo, para, ao final, poder ver o preferente assumir o seu lugar no contrato, tendo maior custo de transação. Este risco muitas vezes afasta interessados." (WAISBERG, op. cit., p. 49).

19. Deve-se lembrar que o presente artigo trata da preferência na alienação de participações em sociedade anônimas, especificamente. Por mais que a realidade brasileira tenha possibilitado a alteração da natureza original das sociedades anônimas de reunião pura de capitais (*intuitu pecuniae*), para admitir a reunião de pessoas (*intuitu personae*), não se pode perder de vista que a estrutura delas, independentemente do seu traço marcante, é originalmente mais complexa do que os outros tipos societários admitidos. Tal complexidade, por si só, permite concluir que quem aceita contratar neste tipo de sociedade tende a ser mais sofisticado. Mas isso, evidentemente, não afasta a possibilidade das partes de outros tipos societários serem tão ou mais sofisticadas.

A prelação, por sua vez, não gera de imediato a obrigação de se celebrar o contrato futuro. Ela dependerá da decisão do outorgante de contratar e da oportuna decisão do outorgado de preferir ao terceiro com que aquele negociou.[20]

Além disso, ao contrário do contrato preliminar, a preferência não traz as condições a serem contempladas pelos sujeitos passivo e ativo no contrato definitivo. As condições serão traçadas a partir das negociações entabuladas entre o outorgante e terceiro, cabendo ao outorgado aceita-las, firmando o contrato definitivo em preferência, ou, rejeitando-as, renunciar ao seu direito.

Estabelecidas as principais características que distinguem a preferência daqueles outros negócios jurídicos, passa-se a examinar a natureza jurídica da prelação.

2.2 Natureza jurídica da preferência

A natureza jurídica da preferência sempre gerou, e ainda gera, divergências, não havendo consenso. São representativas do dissenso, mas não exaustivas,[21] as correntes que veem a prelação como uma espécie de direito real, como um direito de crédito condicionado, como uma obrigação de não fazer ou como um direito potestativo.

Para os defensores de que a prelação seria uma espécie de direito real, isso decorreria da oponibilidade a terceiros reconhecida como característica dos direitos de preferência dotados de eficácia real.

A primeira crítica a esse entendimento corresponde ao fato de que, no sistema legal brasileiro, os direitos reais são aqueles indicados em lei de forma exaustiva (*numerus clausus*). A criação de direitos reais, portanto, está fora do campo da autonomia privada das partes contratantes, dependendo de previsão em lei.

Além disso, a possibilidade de a preferência ser dotada de eficácia real não tem o condão de transmudar a natureza do direito pessoal em real.

Na preferência, a prestação exigível do sujeito passivo é a de firmar o contrato definitivo. A obrigação de contratar continua existindo, para os casos em que se

---

20. "(...) diversamente do que ocorre nos compromissos de compra e venda, assim como nos contratos preliminares bilaterais em geral, em que as partes obrigam-se a, no futuro, celebrar o contrato definitivo, o sujeito passivo da preferência não tem a obrigação de alienar, mas sim a obrigação de, se decidir alienar, conferir preferência ao sujeito ativo, nas mesmas condições em que celebraria o negócio com o terceiro. O preferente, por sua vez, também não tem a obrigação de adquiri o bem, como ocorre com o promissário comprador, mas sim um direito de fazê-lo, se quiser" (LGOW, op. cit., p. 16).

21. Agostinho Cardoso Guedes, em célebre obra sobre a natureza jurídica do direito de preferência, enumera e critica as seguintes correntes: como direito de crédito, (a) a preferência como promessa unilateral sujeita a condição suspensiva, (b) a preferência como obrigação de preferir (dar prioridade ao) promissário sujeita a condição suspensiva, (c) a preferência como obrigação de escolher o promissário para contratante, (d) a preferência como obrigação de preferir (dar prioridade ao) promissário e (e) a preferência como obrigação de conteúdo negativo; como direito potestativo, (a) o direito de preferir como direito de substituição, que seria a posição majoritária na doutrina portuguesa, (b) o direito de preferir como direito a constituir o contrato projetado, que seria a posição majoritária da doutrina alemã e (c) o direito de preferir como direito a constituir um dever de contratar. Ao fim, o autor sugere o direito de preferência como direito potestativo constitutivo da obrigação de celebrar o contrato futuro (GUEDES, op. cit.).

constata a eficácia real, mesmo quando o outorgante tenha celebrado o contrato definitivo com terceiro em afronta ao direito de preferência.

A título ilustrativo, e para conferir maior concretude ao que se diz, tome-se, como exemplo, as preferências envolvendo a alienação de propriedade, tal como a venda de participação acionária ou do bem locado, quando oponíveis a terceiros.

Ainda que o outorgante celebre o contrato definitivo com o terceiro, o direito do outorgado não será sobre a coisa alienada propriamente dita, mas de exigir o seu ingresso na avença final, substituindo o então adquirente. A substituição efetivada terá como consequência, aí sim, a transferência da titularidade do bem para o sujeito ativo.

Evidentemente que o atributo da preferência, quando dotada de eficácia real, ser oponível a terceiros acaba por afastá-la de um direito pessoal comum. No entanto, isso não permite afirmar que se estaria diante de um direito real.

Por sua vez, a doutrina que enxerga a prelação como um direito de crédito condicionado parte da análise do evento inicial que desencadeia o possível exercício do direito pelo outorgado. Como só haverá preferência se o sujeito passivo decidir celebrar o contrato definitivo, o que caracterizaria um evento futuro e incerto, ela entende haver, aí, uma condição suspensiva que, verificada, conferiria eficácia ao direito do sujeito ativo, colocando-o, a partir de então, em efetiva posição de credor.

A crítica inicial a essa corrente decorre do fato de, admitindo-se a manifestação de vontade do outorgado como condição do direito de preferência, estar-se-ia diante de um negócio jurídico cujos efeitos estariam sujeitos ao exclusivo arbítrio de uma das partes (sujeito passivo), caracterizando uma condição puramente potestativa, o que é vedado (art. 122 do Código Civil) e conduziria à invalidade do negócio jurídico em que tenha sido pactuada (art. 123, II, do Código Civil). A consequência, portanto, seria a invalidação da própria preferência.

Contudo, não nos parece que esse seja o motivo para se desacreditar tal posicionamento. A bem da verdade, o outorgante precisa negociar e acordar com o terceiro as condições do contrato definitivo. Haveria, portanto, um elemento externo ao sujeito passivo (o terceiro), o que afastaria o caráter de puro arbítrio do sujeito passivo.

Há quem entenda que, na verdade, o direito de preferência estaria sujeito a duas condições suspensivas. A primeira seria aquela a que nos referimos nas linhas acima, enquanto a segunda seria a aceitação do sujeito ativo quanto às condições pactuadas entre o sujeito passivo e o terceiro.

Ora, tomar a aceitação do outorgado como implementação de uma condição e, ao mesmo tempo, como exercício de um direito não parece fazer sentido.

Reforçando as críticas a esse entendimento está o fato de que condição é, por essência, um evento futuro e incerto, extrínseco ao negócio jurídico em que ela foi acordada. E a manifestação de vontade das partes contratantes de uma preferência não é elemento estranho ao negócio jurídico, mas da sua própria estrutura.[22]

---

22. LGOW, op. cit., p. 54.

Por fim, pelo teor do art. 130 do Código Civil, confere-se ao titular do direito eventual, nos casos de condição suspensiva ou resolutiva, a possibilidade de praticar os atos destinados a conservá-lo.

Na prelação, contudo, enquanto não exercida a preferência, ao sujeito ativo não é permitida a prática de qualquer ato de ingerência na esfera jurídica do sujeito passivo.

Quanto ao entendimento de que a preferência seria uma obrigação de não fazer do sujeito passivo, ela encontrara lastro no racional de que o outorgante estaria impedido de contratar com o terceiro, sem antes oferecer a preferência ao sujeito ativo.

No entanto, esse posicionamento não se sustenta. Isso porque, se fosse um simples dever de não fazer, o sujeito ativo teria o seu interesse plenamente satisfeito pela não celebração do contrato definitivo, inclusive com ele mesmo, o que não é razoável. O outorgado, evidentemente, só estará satisfeito quando celebrar o contrato definitivo com o outorgante.

Por sua vez, a corrente que defende a preferência como um direito potestativo sustenta se tratar de um direito do sujeito ativo de substituir o terceiro no contrato definitivo que este já tenha celebrado com o sujeito passivo.[23]

A primeira questão que se coloca para se contrapor a esse entendimento está na constatação de que, admitindo-se a preferência apenas como a possibilidade de substituição do terceiro no contrato definitivo, o direito do sujeito ativo se originaria com o inadimplemento do sujeito passivo.

Para além disso, se fosse o caso de prevalecer esse entendimento, a prelação só existiria para as hipóteses em que ela é dotada de eficácia real, o que não faz sentido, pois não se nega a existência de preferências dotadas apenas de eficácia obrigacional, como mencionado.

Por fim, mas não menos relevante, não nos parece correto analisar o direito de preferência apenas sob o aspecto específico da possibilidade do outorgado se opor ao contrato definitivo firmado entre o outorgante e o terceiro e substituir este último no negócio. Esse é tão somente um dos possíveis efeitos do exercício do direito de preferência em si, mas não contempla a totalidade da dinâmica do negócio.

Os posicionamentos acima mencionados, apesar contribuírem para o entendimento da natureza jurídica do direito de preferência, não respondem satisfatoriamente a questão.

A prelação, como uma relação jurídica complexa que é, envolve o sequenciamento de atos diversos que culminam na possibilidade de o sujeito ativo exigir do sujeito passivo a celebração do contrato definitivo.

Para tanto, e recapitulando, o outorgante precisa decidir contratar, entabular negociações com um terceiro e ajustar com este as condições definitivas do negócio.

---

23. LGOW, op. cit., p. 57.

A AQUISIÇÃO DE PARTICIPAÇÕES ACIONÁRIAS PELA PREFERÊNCIA: BREVES CONSIDERAÇÕES **211**

Feito isso, o sujeito passivo deverá cumprir o seu dever de comunicar o sujeito ativo,[24] para que este manifeste a sua vontade, observando a paridade de condições. A partir deste momento, o outorgante se encontra em posição de sujeição em relação ao outorgado, cabendo-lhe aguardar o pronunciamento final deste.

Como cabe apenas ao sujeito ativo decidir pela aceitação ou recusa, está-se diante de um direito potestativo, pois, exercido de forma afirmativa (pela aceitação), terá o condão de gerar para ele o direito de exigir (um direito de crédito) do sujeito passivo o cumprimento de uma prestação, consistente na celebração do contrato.

Esse, a nosso ver, parece ser o entendimento mais adequado para a natureza jurídica da prelação.

3. A PREFERÊNCIA NA AQUISIÇÃO DE PARTICIPAÇÃO ACIONÁRIA

Não há dúvidas de que a Lei 6.404/76 permite a criação de preferências para a aquisição de participações acionárias. É o que se depreende do art. 36, que autoriza o estatuto das companhias de capital fechado estabelecerem, desde que de forma detalhada, limitações à circulação de ações, e do art. 118, que permite que os sócios, por meio de acordo de acionistas, criem regras sobre a compra e venda de ações ou preferência para adquiri-las.[25]

A preferência na aquisição de participação acionária, assim como em qualquer outra prelação, é um direito potestativo criativo de um direito de crédito: o sujeito ativo, sabedor da decisão do sujeito passivo de alienar as suas ações e das condições por este negociadas com terceiro, pode constituir a seu favor o direito de exigir do outorgante a prestação consistente na celebração do contrato definitivo. Não se desconhece entendimentos diversos quanto à natureza jurídica da preferência nos casos envolvendo venda de participações acionárias,[26] mas as críticas anteriormente formuladas obviamente que também se aplicam a tais posicionamentos.

---

24. Como já dito, a *denuntiatio* não é requisito para a constituição do direito de preferência, apesar de ser um dever do outorgante.

25. Enquanto por expressa previsão legal a preferência instituída no estatuto é aplicável apenas às companhias de capital fechado, a prelação estabelecida em acordo de acionistas pode vale tanto para as sociedades de capital fechado, quanto as de capital aberto: "Todas essas modalidades de acordo têm validade seja nas companhias abertas ou nas fechadas, dada a dicção do art. 188, § 4°, da Lei das Sociedades Anônimas, que impede a negociação em bolsa ou no mercado de balcão das ações objeto de acordo averbado" (ABBUD, André de Albuquerque Cavalcanti. *Execução específica dos acordos de acionistas*. São Paulo: Quartier Latin, 2006, p. 123).

26. José Alexandre Tavares Guerreiro já manifestou entendimento de que a preferência envolvendo a compra e venda de ações seria um contrato preliminar: "No tocante à compra e venda de ações, bem como à preferência para adquiri-las, o acordo de reveste, ou acordo pode se revestir, da natureza peculiar de contrato preliminar de venda, por meio do qual as partes se obrigam a concluir, sob determinadas condições, contrato definitivo, tendo por objeto a alienação de ações" (GUERREIRO, José Alexandre Tavares. *Execução Específica do Acordo de Acionistas*, Revista de Direito Mercantil, v. 45,). Essa também é a posição de Mariana Martins-Costa Ferreira e André de Albuquerque Cavalcanti Abbud: "Assim, parece-nos que a melhor interpretação quanto à natureza jurídica dos acordos de preferência seria aquela que os define como contratos definitivos unilaterais condicionados ao surgimento da intenção do outorgante de retirar-se da sociedade, pois será somente

Interpretando-se a Lei 6.404/76, conclui-se que a preferência instituída no estatuto de companhias de capital fechado ou em acordos de acionistas registrados e averbados nos termos lá estabelecidos (art. 40 e 118, § 1º), em razão da publicidade a ela conferida, serão oponíveis a terceiros.[27] O outorgado poderá, assim, opor a sua preferência a quem não é parte na contratação original, sub-rogando-se na posição contratual de adquirente das ações.[28]

Quanto às funções da preferência identificáveis nos negócios envolvendo a aquisição de participações acionárias, elas podem ser organizacionais ou econômicas.

---

a partir desse momento que surgirá na esfera do outorgante a obrigação de fazer oferta firme de venda de suas ações. O beneficiário terá o direito de aceitar a proposta do ofertante no momento em que a condição ocorrer, mas não estará obrigado a aceitá-la, por isso se trata de contrato unilateral, na medida em que cria obrigação apenas ao outorgante de fazer a oferta. A celebração do contrato de compra e venda somente se tornará obrigatória após a aceitação da oferta pelo beneficiário da preferência (FERREIRA, Mariana Martins-Costa. Reflexões sobre o regime do acordo de acionistas e seus mecanismos de cumprimento forçado. In: YARSHELL, Flávio Luiz, PEREIRA, Guilherme Setoguti J. (Coord.) *Processo Societário II* – Adaptado ao Novo CPC – Lei 13.105/2015. São Paulo: Quartier Latin. 2015, p. 518).

"Em todas as hipóteses, o negócio jurídico que instrumentaliza o acordo de bloqueio é o contrato preliminar (*pactum de contrahendo*). Na clássica definição de um dos mais célebres monografistas que se ocuparam do tema, o italiano Leonardo Coviello, trata-se de *"un contratto che ha per oggetto un futuro contratto obbligatorio"*. Um pouco mais detalhado é o conceito de Gabrielli, para quem se cuida de *"il contratto mediante cui le parti si obbligano a concludere in futuro un ulteriore contratto già interamente determinato nei suoi elementi essenziali"* (ABBUD, op. cit., p. 123).

27. "Tal oponibilidade configura, quanto a terceiros, aquilo que Santoro Passarelli denominou de eficácia reflexa dos negócios jurídicos, no sentido de possibilitar que o negócio jurídico unilateral, bilateral ou plurilateral, possa atingir a esfera jurídica de sujeitos estranhos ao mesmo negócio. Tal eficácia reflexa decorre do regime de publicidade dos negócios jurídicos em questão, que, no caso em estudo, se estabelece por meio da averbação das obrigações constantes no acordo de acionistas em livros societários, em relação aos quais qualquer pessoa pode pedir certidão, ainda que não acionista (art. 100, § 1º, da Lei 6.404) e também por meio da respectiva averbação nos próprios certificados das ações. Dessa forma, o terceiro adquirente de ações sujeitas a um contrato preliminar de compra e venda cujas obrigações se tenham feito averbar nos competentes livros societários e nos próprios certificados das ações, tem presumida ciência do vínculo que recai sobre ditas ações, não podendo portanto ser considerado terceiro de boa-fé, na hipótese de sofrer busca e apreensão das ações em decorrência da execução específica do acordo de acionistas violado pelo vendedor das ações" (GUERREIRO, op. cit., p. 59).

28. "No caso em tela, a única sanção possível para cessão de ações em desrespeito ao direito de preferência assegurado pelo estatuto social da companhia seria a ineficácia relativa do respectivo negócio jurídico. (...) Como se vê, o direito potestativo do autor seria o de exercer a preferência que lhe foi subtraída pelo alienante, mas não o de invalidar a alienação feita para terceiro. Uma vez que o demandante ajuizou ação anulatória do contrato de venda de ações celebrado entre os réus, imperioso o reconhecimento da inadequação da via eleita para a formulação do pedido, o que permitiria, por si só, a extinção do feito sem julgamento do mérito por falta de interesse de agir. (...) A falta de previsão convencional de prazo para o exercício do direito de preferência impõe que se busque no ordenamento jurídico em vigor uma regra para suprir tal lacuna. A imperfeição do estatuto não significa conferir ao sócio direito perpétuo à preferência, pena de quebra à segurança das relações negociais. Neste sentido, parece acertada a aplicação, por analogia, dos prazos para o exercício do direito de preferência entre condôminos, e entre locatário e locador. (...) Mais uma vez repito que o direito potestativo que a lei confere ao autor não é o de pedir a nulidade do negócio, mas sim o de exercer o direito que lhe foi subtraído, qual seja, de preferência tanto por tanto em relação ao preço ofertado por terceiro." (BRASIL. Tribunal de Justiça do Estado de São Paulo. Apelação 0163143-79.2011.8.26.0100. Apelante: Stanislau Ronaldo Paolucci e outro. Apelado: Abelardo Paolucci. Relator: Desembargador Francisco Loureiro. São Paulo, 12.09.2013).

A função organizacional, voltada a atender primordialmente os interesses do sujeito ativo, evita o ingresso de terceiros estranhos no quadro acionário, preservando, se for o caso, a *affectio societatis* existente,[29] ou a alteração da administração e da condução dos negócios.[30-31]

A função econômica, por sua vez, satisfaz os interesses tanto do outorgante, quanto do outorgado. Ao sujeito passivo se confere a possibilidade de alienar as suas ações a preço de mercado, enquanto que ao sujeito ativo se concede uma oportunidade de investimento, aumentando a sua participação acionária.[32]

A interpretação da prelação instituída sobre ações é questão que pode, por vezes, gerar discussões quanto à sua abrangência.

Como apontado, nos termos da Lei 6.404/76, a preferência pode estar no estatuto das companhias de capital fechado ou em acordos de acionistas. As duas hipóteses se referem a preferências convencionais, pois, apesar de autorizadas em lei, não são obrigatórias.

Partindo-se daí, entendemos que a interpretação restritiva aplicável às preferências legais não se aplica às prelações para a aquisição de ações. Deverá se buscar, na análise do caso concreto, a efetiva finalidade pretendida pelas partes quando da celebração do negócio jurídico, de modo que ela possa ser atingida.[33] E, por vezes, apenas uma interpretação extensiva da preferência possibilitará que se atinja a finalidade para a qual ela foi concebida.

Uma intepretação ampliada da preferência na aquisição de participações acionárias ganha especial relevância para os casos de venda indireta de ações. Isso porque

---

29. Não nos parece que a existência de pacto de preferência na aquisição de ações autorize se concluir automaticamente pela existência de *affectio societatis* entre os acionistas. Tal conclusão só é possível analisando-se o caso concreto e todos os elementos que levaram as partes a contratar tal negócio jurídico.

30. "Visam os acionistas pactuantes, com o ajuste, inibir, o quanto possível, a mobilidade e a cessibilidade do patrimônio acionário para fora do âmbito dos acionistas contratantes, notadamente se integrarem o pacto de preferência, de um acordo de controle" (CARVALHOSA, op. cit., p. 291).

31. "A finalidade do pacto de bloqueio é a manutenção ou o aumento das proporcionalidades acionárias dos signatários, evitando que a negociação irrestrita de ações modifique a participação dos contratantes ou permita o livre ingresso de terceiros na sociedade" (BARBI FILHO, Celso. Acordo de acionistas: panorama atual do instituto no direito brasileiro e propostas para a reforma de sua disciplina legal. *Revista de Informação Legislativa*, v. 152 (out/dez 2001), p. 255).

32. Ivo Waisberg sugere as mesmas funções para o direito de preferência na aquisição de participações acionárias, mas observando a seguinte nomenclatura: "Concluímos, então, que a preferência para a aquisição de ações tem função econômica tanto de proteção do investimento como de oportunidade de investimento. Em resumo, as funções econômicas societárias listadas pela doutrina poderiam ser inseridas dentro da classificação proposta: a) Proteção do investimento: manutenção da administração, manutenção do controle, restrição ao ingresso de terceiro e proteção à *affectio societatis*; b) Oportunidade de investimento: aumento da participação acionária, assunção do controle e aquisição a preço balizado pelo mercado" (Op. cit., p. 69).

33. "a) Não se aplica, via de regra, a máxima hermenêutica da interpretação restritiva para os casos de preempção para a aquisição de ações, pois (i) não há propriamente restrição para as ações circularem, mas somente em relação a com quem contratar e (ii) a restrição não vem da lei, mas foi livremente pactuada como condição do negócio" (WAISBERG, op. cit., p. 135).

a alienação, nessas situações, não envolve o bem que é objeto diretamente do pacto de prelação.

Para as hipóteses de venda indireta em que há previsão de que será garantido ao outorgado a prelação, a questão não apresenta dificuldades.

Contudo, para os casos em que tal previsão não existe, a interpretação ampliada pode, a princípio, ser a solução mais adequada.[34-35]

Antes de mais nada, importante distinguir duas situações de vendas indiretas de participações acionárias.

A primeira se refere à alienação da sociedade controladora pura, cujo único ativo é a participação em sociedade que detém as ações que são objeto do pacto de preferência. É a situação clássica de *holdings* puras.

O segundo caso corresponde às situações em que a controladora, além de deter a participação na sociedade titular das ações atingidas pela preferência, conta com outros ativos.

Para as hipóteses de venda de *holdings* puras, parece-nos que a conclusão será por uma interpretação extensiva, de modo que a preferência deverá ser observada. Afinal, o objetivo do adquirente não é, evidentemente, a aquisição da *holding* pura, mas sim as ações por ela detidas. O motivo único do negócio, deve-se concluir, é

---

34. Há quem defenda não haver, a princípio, direito de preferência na venda indireta de participações acionárias: "A princípio, ressalvada as peculiaridades do caso concreto e diante do silêncio do acordo de acionistas a esse respeito, "não se pode estender o direito de preferência às denominadas alienações indiretas de ações". De fato, tratando-se de preferência convencional, é razoável interpretar que, se os acionistas ("A", "B" e "C") se limitaram a prever a preferência para o caso de alienação para o caso de alienação de ações de emissão da companhia objeto do acordo ("X"), "e não para as hipóteses de eventuais transferências de ações de emissão das sociedades que são suas acionistas (especialmente a 'holding' controladora) ["D"] é porque, em regra, essa era a sua intenção"" (LGOW, op. cit., p. 195).

35. Em um caso concreto, o Tribunal de Justiça do Estado do Rio de Janeiro decidiu pela impossibilidade de se estender a preferência para a venda indireta de ações. Contudo, ao que parece, a operação analisada no caso concreto não se envolvia uma *holding* pura, mas uma sociedade com diversos ativos, o que, a nosso ver, pode ter sido o motivo para a solução adotada: "Os aludidos acionistas celebraram acordo, que previu a preferência pela MPE Gestão Empresarial LTDA para a compra das ações da Empresa Brasileira de Solda Elétrica. Alga o agravante que o Banco do Estado do Rio de Janeiro realizou a alienação da totalidade de suas ações e isso implicará a transferência das ações da Empresa Brasileira de Solda Elétrica ao novo controlador do banco, sem que se observasse o direito de preferência do recorrente. Postas tais considerações, não assiste razão ao agravante. Em verdade, o que se verifica na hipótese não é a venda de ações da Empresa Brasileira de Solda Elétrica pelo Banco do Estado do Rio de Janeiro, mas a alienação do controle acionário que o Estado do Rio de Janeiro tem no Banco do Estado do Rio de Janeiro. Frise-se, é a pessoa jurídica de direito público Estado do Rio de janeiro quem está realizando a alienação das ações do Banco do Estado do Rio de janeiro que lhe pertencem. Assim, não há falar em direito de preferência em face deste ente porquanto não figurou como contratante do acordo invocado pelo agravante. Outrossim, como bem ressaltado pelo Ministério Público, a composição da sociedade EBSE não será alterada uma vez que o Banco do Estado do Rio de Janeiro continuará a existir. A propósito, esta é uma das características essenciais da companhia, consistente no fato de os sócios poderem retirar-se a qualquer tempo da sociedade, fazendo-se substituir por outros, mediante alienação de ações, sem que isso implique modificação do contrato social" (BRASIL. Tribunal de Justiça do Estado do Rio de Janeiro. Agravo de instrumento 0023695-95.2011.8.19.0000. Agravante: Banco do Estado do Rio de Janeiro S.A. – em liquidação. Agravada: MPE Gestão Empresaria. Relator: Desembargador Edson Vasconcelos. Rio de Janeiro, 22.06.2011).

a aquisição das ações que são objeto do direito de preferência. Razoável, portanto, que a função atribuída pelas partes ao celebrarem o pacto de preferência também se aplique nesse caso[36-37]

Aliás, esse foi o entendimento do Tribunal de Justiça do Estado de São Paulo ao julgar o famoso caso Schincariol, em que o Grupo Japonês Kirin adquiriu, indiretamente, o controle acionário do Grupo Schincariol. O entendimento foi pela necessidade de se prestigiar o direito de preferência previsto no estatuto social da companhia, pois o objetivo não era a aquisição das cotas da sociedade limitada detentora das ações, mas as próprias ações.[38]

---

36. "Tome-se, por exemplo, o espinhoso caso da alienação indireta de ações (da empresa *A*) através da alienação de controle da *holding* (empresa *B*), que detém as referidas ações. Nessa hipótese, coloca-se tradicional questão em presença de cláusula de preferência: a alienação de controle de *B* representa alienação (indireta) de ações de *A*, a criar direitos de preferência para os demais acionistas de *A*? Em seguida, põe-se a pergunta: em caso de resposta positiva à questão anterior, qual o valor pelo qual deve ser exercida a preferência?

    Ambas as dúvidas, analisadas sob o ponto de vista contratual, são de alta indagação e de difícil resposta, mesmo que se tenha em conta o caráter específico do contrato sob análise (plurilateral, associativo).

    Analisando sob o prisma contratual, sobre a primeira questão sempre haverá a discussão da intenção das partes ao definirem a referida cláusula e dos dados objetivos que permitem presumir essa intenção. Discussões tópicas de direito privado que em muito dificultam a aplicação da cláusula.

    Visto como integrante da estrutura societária, mesmo sem modificá-la, é preciso determinar a característica societária do acordo. Criando verdadeira comunhão de objetivos, sociedade de fato entre os acordantes, é forte a probabilidade de imprimir caráter personalista à relação, o que leva à busca da identidade última dos sócios. Note-se que, em se tratando de pessoa jurídica, essa identidade pode ser descoberta apenas através de identificação da orientação do grupo empresarial ao qual pertence o detentor das ações. É, portanto, necessário garantir a identidade empresarial do detentor das ações, pois é este que orienta a formação de uma sociedade personalista de fato dentro da pessoa jurídica. A identificação de alienações indiretas de ações para fins de aplicação da disciplina da preferência ganha assim em força e coerência" (SALOMÃO FILHO, Calixto, *O novo direito societário*. 4. ed. São Paulo: Melhoramentos, 2011, p. 133-134).

37. Relevante precedente do Superior Tribunal de Justiça em que se reconheceu violação de direito de preferência em razão de simulação em negócio que teve como partes quem não era signatário de acordo de acionistas em que se estipulou direito de preferência para a alienação de participação acionária: "No caso vertente, conforme já relatado, diante da impossibilidade de aquisição das ações de DORI diretamente por EDGARD, considerando que a acionista Euro Bristol S.A., por si ou por qualquer de seus sucessores, se comprometera a conceder o direito de preferência a Laila e Raul, operou-se o negócio jurídico por intermédio de Christian, filho de Edgard. (...) Do conteúdo das lições supracitadas, devidamente transportadas para a situação fática delineada pelas instâncias ordinárias, chega-se à conclusão de que, a princípio, até se poderia admitir que Doris Saigh Lati procedesse à venda de suas ações sem observar os termos do acordo de acionistas do qual ela não é signatária, desde que a venda não fosse efetuada a quem se obrigou a respeitar a avença. Diante dessa premissa, impõe-se analisar a operação de compra e venda de ações realizada entre Doris e Christian sob o ponto de vista da alegada simulação." (BRASIL. Superior Tribunal de Justiça. Recurso especial 1.620.702/SP. Recorrente: Bens de Raiz Participações Ltda. Recorrido: Richard Saigh Indústria e Comércio S.A. e outros. Relator: Ministro Ricardo Villas Bôas Cueva. Brasília, 22.11.2016).

38. O que importa, nessa fase crucial do litígio, é analisar a finalidade da negociação e, sem dúvida alguma, pretendeu a sociedade estrangeira adquirir o controle da sociedade anônima e não as cotas da sociedade que detém a maioria do capital. Como afirmou Orlando Gomes "a alienação ou cessão do controle acionário é um negócio jurídico translativo do poder de comando de uma sociedade anônima, do governo de uma empresa, que, embora tenha por objeto algo de qualificação jurídica indecisa, contém o sinalagma característico dos contratos desse gênero, isto é, o pagamento de preço correlato à transferência da propriedade da coisa" ("Alienação do controle acionário", in Novíssimas Questões de Direito Civil, Saraiva, 1984, p. 59). (...) Portanto e nessa fase preliminar, pensar em excluir o direito de preferência pelo subterfúgio empregado nas razões, seria o mesmo que reconhecer, de pronto, a legalidade de um artifício que teria sido engendrado para frustrar propósito comum e vinculativo, em nítida ofensa ao dever de conduta leal dos sócios. Descarta-se

Situação mais complicada é a que envolve a venda de *holdings* que têm outros ativos que não apenas as ações objeto de direito de preferência.

Para esses casos, entendemos que, a princípio, o direito de preferência não se aplica. Afinal, o objeto da alienação, ainda que indiretamente, não é apenas as ações que deveriam ser oferecidas ao outorgado, mas outros bens também. É de se presumir que a celebração do negócio não foi motivada tão somente pelas ações que são objeto da prelação, mas pela totalidade dos ativos envolvidos. Não havendo, portanto, correspondência entre os bens alienados e a preferência, esta não deve ser observada, cabendo ao proprietário, ante os princípios da liberdade contratual e da livre disposição dos seus bens, decidir com quem contratar.

Contudo, não se pode excluir totalmente a possibilidade de a preferência atingir operações de alienação envolvendo *holdings* com ativos além das ações objeto do pacto de prelação.

Imagine-se o caso em que tal operação foi utilizada para justamente frustrar a finalidade da preferência convencionada. Para essas situações, que não são fáceis de serem identificadas, a solução deve ser a observância da preferência, por meio de uma interpretação ampliada do negócio jurídico entabulado entre o outorgante e o outorgado.

Em sendo esse o caminho, abre-se discussão a respeito de qual o preço a ser pago pelo sujeito ativo. Afinal, o negócio que lhe é apresentado envolve ativos diversos, sendo as ações apenas alguns deles.

Não havendo individualização do valor atribuível à participação acionária no contrato firmado, uma forma de se solucionar o problema seria a adoção dos parâmetros de avaliação constantes da própria Lei 6.404/76, conforme sugerido por Calixto Salomão Filho.[39] A falta de parâmetros convencionados não pode impedir o exercício do direito de preferência, o que atrairia os parâmetros legais para solução ao problema.

---

tal possibilidade, competindo o tema ser retomado quando do julgamento final" (BRASIL. Tribunal de Justiça do Estado de São Paulo. Agravo de instrumento 0217635-30.2011.8.26.000. Agravante: Alexandre Schincariol. Agravada: Jadangil Participações e Representações Ltda., Relator: Desembargador Enio Zuliani. São Paulo, 11.10.2011).

39. "O mesmo ocorre, talvez com mais força, na avaliação do preço pelo qual deve ser exercida a preferência. O problema aí é mais sério, pois o acordo de acionistas via de regra não fornece parâmetros para a referida avaliação. Imagine-se novamente o caso complexo de alienação indireta de ações através da alienação do controle da *holding* mista. Como avaliar o valor das ações da empresa *A*, indiretamente alienada, se *B* tinha vários outros ativos? Como impedir que o adquirente em conluio com o vendedor fixe preço artificialmente alto por tal aquisição, atribuindo valor maior aos ativos em que há direito de preferência, para frustrar o seu exercício? A resposta está novamente na correta integração e aplicação das regras societárias. A saída de acionista da sociedade de fato constituída pelo acordo de acionistas tem efeitos sobre a sociedade anônima (porque aquele integra a estrutura desta).

Devem-se, portanto, aplicar as regras gerais de avaliação de participação em companhias previstas no artigo 170 da lei societária" (SALOMÃO FILHO, op. cit., p. 134-135).

Entendemos, assim, que para os casos de preferência envolvendo alienação de participação acionária, a finalidade almejada pelas partes contratantes é o critério mais adequado para se interpretar o negócio, devendo se socorrer das disposições da Lei 6.404/76 para suprir lacunas que possam surgir.

4. CONCLUSÃO

A preferência ainda gera debates intensos, seja quanto à sua natureza, seja quanto a outros negócios que a ela se assemelham, seja quanto a quem está sujeito aos seus efeitos.

No campo societário, a relevância da prelação para a aquisição de participações acionárias ganha especial destaque, considerando as suas funções organizacional e econômica e como elas podem impactar os interesses de todos os envolvidos.

A preferência acomoda os interesses do sócio que se retira, que, a nosso ver, são puramente econômicos. O preço que receberá, seja do terceiro, seja do outorgado, é aquele que o mercado está disposto a pagar. Também atende os interesses do sócio ou grupo de sócios detentor do direito, seja por evitar o ingresso de terceiros, seja por manter a estrutura de administração e condução dos negócios, seja por possibilitar um aumento do investimento.

Por se tratar de um negócio convencional, a interpretação da preferência na venda de ações deve, a nosso ver, ser pautada pelas finalidades almejadas pelas partes quando da sua celebração. Isso impede um exame restritivo do que foi convencionado, devendo o intérprete, ao se deparar com o caso, buscar entender os motivos que levaram as partes a contratar a prelação e conferir-lhes efetividade. É certo que ao assim proceder, ele estará contribuindo para um ambiente juridicamente mais seguro para as relações societárias como um todo, pois lhes confere maior previsibilidade.

5. REFERÊNCIAS

ABBUD, André de Albuquerque Cavalcanti. *Execução Específica dos acordos de acionistas*. São Paulo: Quartier Latin, 2006.

AMORIM FILHO, Agnelo. Critério científico para distinguir a prescrição da decadência e para identificar as ações imprescritíveis. *Revista dos Tribunais*, v. 744 (outubro 1997).

BARBI FILHO, Celso. Acordo de acionistas: panorama atual do instituto no direito brasileiro e propostas para a reforma de sua disciplina legal. *Revista de Informação Legislativa*, v. 152 (out/dez 2001).

CARVALHOSA, Modesto. *Acordo de acionistas*. São Paulo: Saraiva, 2011.

COMPARATO, Fábio Konder. Eficácia dos acordos de acionistas. *Novos ensaios e pareceres de direito empresarial*. Rio de Janeiro: Forense, 1981.

FERREIRA, Mariana Martins-Costa. Reflexões sobre o regime do acordo de acionistas e seus mecanismos de cumprimento forçado. In: YARSHELL, Flávio Luiz, PEREIRA, Guilherme Setoguti J. (Coord.). Processo Societário II – adaptado ao novo CPC – Lei 13.105/2015. São Paulo: Quartier Latin. 2015.

FORGIONI, Paula A. *Contratos empresariais – Teoria geral e aplicação*. 3 ed. São Paulo: Thomson Reuters Brasil, 2018.

GUEDES, Agostinho Cardoso. *A natureza jurídica do direito de preferência*. Porto: Coimbra Editora Lda., 1999.

GUERREIRO, José Alexandre Tavares. Execução Específica do Acordo de Acionistas. *Revista de Direito Mercantil*, v. 41.

LGOW, Carla Wainer Chalréo. *Direito de preferência*. São Paulo: Atlas, 2013.

LOBO, Carlos Augusto da Silveira. In: LAMY FILHO, Alfredo, PEDREIRA, José Luiz Bulhões (Coord.). *Direito das Companhias*. 2. ed. Rio de Janeiro: Forense, 2017.

MARTINS, Fábio Floriano Melo. *A interferência lesiva de terceiro na relação obrigacional*. São Paulo: Almedina, 2017.

SALOMÃO FILHO, Calixto, *O novo direito societário*. 4. ed. São Paulo: Melhoramentos, 2011.

WAISBERG, Ivo. *Direito de preferência para a aquisição de ações* – Conceito, natureza jurídica e interpretação. São Paulo: Quartier Latin, 2016.

A RELAÇÃO DE PODER E AS AÇÕES DE RESPONSABILIDADE DO CONTROLADOR NAS SOCIEDADES ANÔNIMAS

Thales Janguiê Silva Diniz

Mestrando em Direito Comercial pela Pontifícia Universidade Católica de São Paulo – PUC-SP. Pós-graduado em Direito Societário pelo Insper. Advogado.

Sumário: 1. Introdução – 2. O poder de controle na sociedade anônima (separação entre a propriedade e controle nas companhias); 2.1 Controle interno e externo; 2.2 Controle societário e empresarial; 2.2.1 Controle totalitário; 2.2.2 Controle majoritário e minoritário; 2.3 Controle gerencial – 3. O controlador; 3.1 Os deveres e responsabilidades do controlador; 3.2 As ações de reponsabilidade do controlador – 4. Análise de caso envolvendo o abuso do poder de controle na companhia – 5. Conclusão – 6. Referências

1. INTRODUÇÃO

O tema das relações de poder de controle nas sociedades anônimas é de inegável relevância, não só jurídica, mas também social e econômica,[1] para o Direito Societário pátrio e para o mundo empresarial como um todo. Sua discussão vem desde a apresentação da obra "O poder de controle na sociedade anônima" de Fábio Konder Comparato, onde foi apresentado os tipos de poder de controle nas companhias.

Não obstante este tema ser de muita importância e relevância para os estudiosos do Direito Societário e para as sociedades empresárias, algumas discussões sobre a responsabilidade do acionista controlador e suas ações de responsabilização continuam em debate, devido ao relevante número de ações envolvendo a responsabilidade do acionista controlador e questões de abuso de poder de controle. Além disso, é notório o grande número de companhias nacionais que ainda possuem um acionista controlador, que é presente na operação empresarial, o que faz que essas empresas dependam quase inteiramente das decisões deste tipo de acionista.

Isto posto, o presente estudo tem como objetivo analisar as relações de poder de controle nas sociedades anônimas e os deveres e responsabilidades do acionista controlador, bem como as ações de responsabilização deste tipo de acionista presentes na Lei n. 6.404/1976 ("Lei das S.A."). Serão demonstrados os tipos de poder controle na sociedade anônima e sua relação com o acionista controlador, de que forma se dá a responsabilização deste tipo de acionista e os tipos de ações de responsabilidade, tal como a ação por abuso de poder de controle. Conclui-se com a análise de um caso

---

1. CASTRO, Rodrigo Rocha Monteiro de. *Controle gerencial*. São Paulo: Quartier Latin, 2010. p. 28.

em que se discutiu a responsabilidade do acionista controlador por possível abuso do poder de controle.

O método utilizado foi o indutivo e empírico, através da análise da doutrina e da legislação societária, obras de comentários à lei, obras sobre o poder de controle nas companhias e da coleta e análise de casos em que o ocorreu a responsabilização do acionista controlador ou abuso do poder de controle.

2. O PODER DE CONTROLE NA SOCIEDADE ANÔNIMA (SEPARAÇÃO ENTRE A PROPRIEDADE E CONTROLE NAS COMPANHIAS)

A questão do controle nas sociedades anônimas ainda se apresenta como um tema de vital importância para a vida societária devido às relações de autoridade que o acionista controlador, detentor do poder social, impõe nas companhias, o que faz com que os acionistas minoritários sofram os efeitos das decisões deste tipo de sócio.

Para se valer deste poder na companhia, o acionista, ou grupo de acionistas controladores, fazem valer suas decisões na assembleia geral, órgão imediato da corporação e de última instância decisória.[2] Apesar da assembleia ser um órgão que há possibilidade de participarem não só os acionistas, como também terceiros como administradores ou auditores independentes, se houver (Lei n. 6.404/1976, art. 134, § 1°), é apenas o acionista que possui o direito de votar nas decisões da sociedade,[3] o que faz com o que o controlador exerça seu poder através deste órgão.

Esta relação de poder pode ser explicada através de diferentes perspectivas como, por exemplo, através da quantidade de ações que um acionista possui ou através de imposições que um grupo de acionistas minoritários, que exercem o controle[4] através de um instrumento como um acordo de sócios, fazem valer na companhia. Apesar destes tipos de controle serem os mais conhecidos outros merecem o devido exame.

A característica do poder de controle na empresa moderna foi abordada primeiramente na obra *"The Modern Corporation and Private Property"*, dos economistas Adolf A. Berle e Gardiner C. Means,[5] onde foi separada a propriedade do controle da sociedade[6] e identificado cinco tipos de poder de controle possíveis numa sociedade: o

---

2. COMPARATO, Fábio Konder; SALOMÃO FILHO, Calixto. *O poder de controle na sociedade anônima*. 6. ed. Rio de Janeiro: Forense, 2014. p. 43.
3. COMPARATO, Fábio Konder; SALOMÃO FILHO, Calixto. *O poder de controle na sociedade anônima*. cit., p. 43.
4. Rodrigo Rocha Monteiro de Castro citando Alfredo Lamy Filho e José Luiz Bulhões Pedreira explica que a principal característica do controle é: "tratar-se de um poder de fato, no que se distingue do poder jurídico, pois este 'é conferido ou assegurado por sistemas jurídicos, e seu titular pode obter a tutela do Estado para fazer com que o outro sujeito da relação de poder a ele se submeta'" (CASTRO, Rodrigo Rocha Monteiro de. O controlador. In: COELHO, Fábio Ulhoa Coelho (Coord.). *Tratado de direito comercial*. São Paulo: Saraiva, 2015. p. 22. v. 4: relações societárias e mercado de capitais).
5. BERTOLDI, Marcelo M. O poder de controle na sociedade anônima – alguns aspectos. *Revista da faculdade de Direito da UEL* – Scientia Iuris, v. 7. 2003/2004. p. 53.
6. Calixto Salomão Filho argumenta que "É conclusão pacífica da investigação societária moderna a dissociação operada pela economia capitalista entre propriedade e controle. Na medida em que a organização

controle fundado na posse da quase totalidade de ações da companhia; aquele controle fundado na posse da maioria dessas ações; o obtido por meio de expedientes legais; o minoritário e controle gerencial ou administrativo.[7] Fábio Konder Comparato em sua célebre obra "O poder de controle na sociedade anônima" reduziu estas espécies a quatro: o controle totalitário, majoritário, minoritário e gerencial[8] e também classificou o poder de controle a partir das relações internas e externas da companhia, que se tornou a clássica concepção de controle interno e externo. Deter-nos-emos a estas classificações expostas adiante.

2.1 Controle interno e externo

A clássica concepção de controle interno e externo foi exposta na aludida obra de Comparato. Para o autor, pode-se definir o controle interno, à primeira vista, como aquele que se funda, unicamente, na propriedade acionária dependendo sua legitimidade e intensidade no número de ações ou votos de que se é titular, proporcionalmente à totalidade dos sufrágios possíveis.[9]

Dessa noção, podemos concluir que o controle interno tem relação direta com a propriedade de participação societária. Não obstante esta relação, Comparato também alerta sobre a dissociação entre propriedade acionária e o poder de comando empresarial no controle interno. Na lição do referido autor:

> (...) um dos fenômenos básicos da sociedade -anônima moderna, já anunciado *ante litteram* por Karl Marx e largamente demonstrado, pela primeira vez, na célebre obra de Berle e Means no Estados Unidos, com base em dados estatísticos de 1929, é a possibilidade de dissociação entre propriedade acionária e poder de comando empresarial, fenômeno que constituirá um tema recorrente desta nossa exposição. Foi, justamente, à luz dessa realidade fundamental que aqueles autores americanos propuseram uma classificação de controle interno em cinco espécies, que nos parece um valioso ponto de partida para a nossa discussão.[10]

Desta passagem, podemos concluir que a classificação dos quatro tipos de poder de controle de Comparato são tipos de poder controle interno.

No que se refere ao controle externo, o referido autor o define como uma "influência dominante" exercida de forma diversa do voto social.[11] O controlador, no

---

societária torna-se mais complexa e profissional, tanto menor torna-se a influência do acionista individual, transformando em mero investidor, nas decisões societárias" (SALOMÃO FILHO, Calixto. *O novo direito societário*. 4. ed. São Paulo: Malheiros Editores, 2011. p. 141).

7. BERTOLDI, Marcelo M. *O poder de controle na sociedade anônima* – alguns aspectos, cit., p. 54.
8. BERTOLDI, Marcelo M. *O poder de controle na sociedade anônima* – alguns aspectos, cit., p. 54.
9. COMPARATO, Fábio Konder; SALOMÃO FILHO, Calixto. *O poder de controle na sociedade anônima*, cit., p. 43.
10. COMPARATO, Fábio Konder; SALOMÃO FILHO, Calixto. *O poder de controle na sociedade anônima*, cit., p. 44.
11. COMPARATO, Fábio Konder; SALOMÃO FILHO, Calixto. *O poder de controle na sociedade anônima*. cit., p. 76.

caso, não é necessariamente membro de qualquer órgão social, mas exerce um poder de dominação *ab extra*.[12]

Marcelo Bertoldi, em artigo sobre os aspectos do poder de controle na sociedade anônima, explica como se dá o controle externo:

A doutrina aponta várias hipóteses em que se dá o controle externo. É o caso da existência de contratos firmados entre a companhia e terceiros que acabem por reduzir significativamente o seu âmbito de atuação, conforme ocorre nos contratos de "franchising", em que os franqueados são compelidos a aderirem a cláusulas rígidas quanto a sua atuação. O mesmo ocorre em relação ao contrato de "know-how", onde se verifica em muitos casos a grande dependência entre o fornecedor da tecnologia e a sociedade. Hoje não é raro que a sociedade esteja de tal forma comprometida economicamente que acabe por submeter-se às exigências de seus credores, especialmente bancos, que geralmente condicionam manutenção do relacionamento creditício à uma série de providências de natureza administrativa e organizacional, exercendo um verdadeiro controle administrativo e financeiro sobre a companhia.[13]

Da passagem supracitada conclui-se então, que o controle externo é aquele exercido não pelos acionistas ou administradores da companhia, mas sim por terceiros estranhos ao capital social. Podemos verificar também a grande influência externa do Estado, compreendendo os diversos entes da Federação (União, Estados e Municípios), bem como suas autarquias como, por exemplo, o Conselho Administrativo de Defesa Econômica ("CADE") responsável por prevenir e combater as infrações à ordem econômica ou também as agências reguladoras como a Agência Nacional de Telecomunicações ("ANATEL"), responsável por regular e fiscalizar o setor de telecomunicações, o que influencia companhias do ramo de telecomunicações.[14-15]

2.2   Controle societário e empresarial

Analisadas as devidas definições sobre o controle interno e externo passemos para o exame dos tipos de poder de controle interno.

A princípio, se faz mister repensar a tradicional classificação, pois para alguns estudiosos do poder de controle a clássica classificação de Berle e Means é pouco criteriosa no que se trata a quem exerce o poder de controle e "como" ele é exercido.[16] Na lição de Rodrigo R. Monteiro de Castro podemos compreender esta posição:

---

12. COMPARATO, Fábio Konder; SALOMÃO FILHO, Calixto. *O poder de controle na sociedade anônima.* cit., p. 76.
13. BERTOLDI, Marcelo M. *O poder de controle na sociedade anônima – alguns aspectos,* cit., p. 56.
14. BERTOLDI, Marcelo M. *O poder de controle na sociedade anônima – alguns aspectos,* cit., p. 57.
15. O professor Waldírio Bulgarelli já nos alertava que no Brasil uma série de controles foram criados, independentemente de ser restrito à ordem organizacional da sociedade quanto estrutura de atuação da empresa. Para ele, os casos de fiscalização governamental não seriam um poder de controle, mas sim um "controle de poder", sendo uma forma velada de se manter as sociedades sob o domínio do Estado. (BULGARELLI, Waldírio. *O conselho fiscal nas companhias brasileiras.* São Paulo: Ed. RT, 1988. p. 49 a 52).
16. CASTRO, Rodrigo Rocha Monteiro de. *Controle Gerencial,* cit., p. 72 e 73.

A RELAÇÃO DE PODER E AS AÇÕES DE RESPONSABILIDADE DO CONTROLADOR NAS S.A.

Trilhando esta linha de raciocínio, parece que os autores norte-americanos (Adolf A. Berle e Gardiner C. Means) são poucos criteriosos ao listar o que, na opinião deles, consistia nas únicas formas pelas quais o poder pudesse se manifestar. Ao reunirem situações que indiquem quem exercer o poder com outras que revelam o "como" é exercido, confundem controle societário e controle empresarial, situações fáticas inegavelmente distintas. Aquele tem origem na propriedade, na probabilidade de domínio da empresa. Sugere-se, assim, que o controle societário seja classificado e analisado segundo critério de causalidade entre sujeito e objeto, ou sejam controlador e "coisa" controlada: a sociedade.[17]

Da leitura do trecho acima percebemos a necessidade de se diferenciar o controle societário do empresarial.

O controle societário,[18] ou da sociedade, é uma situação privativa do acionista que atua direta ou indiretamente na sociedade e pode ser compreendida através da definição de acionista controlador contida no artigo 116 da Lei n. 6.404/1976 manifestando-se em três formas distintas: totalitária, majoritária ou minoritariamente.[19] Já o controle empresarial,[20] não se trata de uma manifestação do poder societário, mas refere-se à dominação da empresa deslocando-se as decisões do âmbito dos sócios para o dos órgãos, negando àqueles a dominação (formal) da empresa.[21] Não obstante serem formalmente os controles societário e empresarial tipos de poder de controle diferentes, em algumas situações eles irão se confundir quando, por exemplo, o acionista controlador exerce uma função administrativa na companhia o que faz ele atuar em âmbitos distintos.[22]

Feitas as devidas considerações sobre o controle societário e empresarial analisaremos adiante os tipos de poder controle societário.

2.2.1 Controle totalitário

A primeira espécie de controle societário interno, identificado por Berle e Means, refere-se ao controle totalitário,[23] que, para estes autores, pode ser caracterizado

---

17. CASTRO, Rodrigo Rocha Monteiro de. *Controle gerencial*, cit., p. 72 e 73.
18. Para Pedro Lavacchini Ramunno o controle societário é "um poder do sócio e que envolve as atribuições descritas no artigo 116, *caput*, da Lei 6404/1976, sujeitando seu titular aos deveres (art. 116, parágrafo único da LSA) e às responsabilidades (art. 11 da LSA) atinentes ao acionista controlador" (RAMUNNO, Pedro Alves Lavacchini. *Controle societário e controle empresarial: uma análise da influenciação sobre o controle empresarial pelo Estado brasileiro*. São Paulo: Almedina, 2017. p. 31).
19. CASTRO, Rodrigo Rocha Monteiro de. *Controle gerencial*, cit., p. 73.
20. Pedro Lavacchini Ramunno define o controle empresarial como "um poder de titularidade da companhia e que encerra o poder de destinação (em sentido amplo) dos bens e direitos de sua titularidade, os quais normalmente integram o estabelecimento comercial (ou empresarial). Essa concepção relaciona-se à própria separação, ao menos formal, entre os interesses da companhia e os individuais de seus sócios, guardando relação com as matérias relacionadas à gestão da companhia" (RAMUNNO, Pedro Alves Lavacchini. *Controle societário e controle empresarial*: uma análise da influenciação sobre o controle empresarial pelo Estado brasileiro, cit., p. 34 e 35).
21. CASTRO, Rodrigo Rocha Monteiro de. *Controle gerencial*, cit., p. 75.
22. CASTRO, Rodrigo Rocha Monteiro de. *Controle gerencial*, cit., p. 75.
23. Para Marcelo Bertoldi o controle totalitário é aquele em que "nenhum acionista é excluído do poder de dominação na sociedade". (BERTOLDI, Marcelo M. *O poder de controle na sociedade anônima* – alguns aspectos, cit., p. 54).

como o controle exercido por um sócio ou um pequeno grupo de sócios detentores de todas as ações emitidas.[24] Não obstante esta classificação ser perceptível para todos, ela carece de precisão pois os referidos autores confundem o controle totalitário do quase totalitário.[25]

Pode-se classificar o controle totalitário como aquele que é identificado pela própria propriedade absoluta (seja ela singular ou conjunta) do controle acionário de uma companhia. Este controle acionário compreende todas as ações da sociedade, independentemente de espécie ou classe, podendo ser sem direito a voto.[26]

No Direito Societário pátrio, o controle totalitário pode ser identificado com a sociedade unipessoal, onde é admitido em duas raras hipóteses: (i) quando ocorre de modo permanente a sociedade subsidiária integral (Lei n. 6.404/1976, art. 251), ou (ii) de modo temporário, pela unipessoalidade superveniente, onde há a necessidade de consolidação de todas as ações ou quotas em único sócio, que deverá, dentro de prazo determinado, reconstituir a pluralidade de sócios (Lei n. 6.404/1976, art. 206, I, "d" e Código Civil, art. 1.033, IV).[27-28]

Já o controle quase totalitário ocorre na hipótese do sócio remanescente, no caso de unipessoalidade superveniente, encontrar um novo sócio para adquirir uma ação ou quota do capital social da sociedade para não ocorrer a dissolução prevista em lei. Este sócio, que "empresta" seu nome para a sociedade, quando pratica certos atos exerce um poder "quase totalitário".[29]

Apesar destas hipóteses de poder de controle totalitário não ocorrem demasiadamente elas merecem também a devida análise em virtude de seus aspectos práticos.

2.2.2   Controle majoritário e minoritário

Os controles majoritário e minoritário são as espécies de controle mais comum nas companhias.

O controle majoritário é o tipo de poder de controle que mais aparece em nosso país, devido à grande quantidade de companhias familiares que possuem um fundador que é sócio majoritário ou aos descendentes deste tipo sócio ganharem o controle

---

24. CASTRO, Rodrigo Rocha Monteiro de. *Controle Gerencial*, cit., p. 76.
25. CASTRO, Rodrigo Rocha Monteiro de. *Controle Gerencial*, cit., p. 76.
26. CASTRO, Rodrigo Rocha Monteiro de. *O controlador*. cit., p. 27.
27. CASTRO, Rodrigo Rocha Monteiro de. *O controlador*. cit., p. 27.
28. Rodrigo Rocha Monteiro de Castro esclarece a diferença da subsidiária integral e da unipessoalidade superveniente em sua obra sobre o controle gerencial. Para o autor: "(...) enquanto a subsidiária integral traduz uma técnica de organização societária e empresarial, mediante a qual se agregaram atividades e responsabilidades – facilitando, inclusive, atos de fusão e incorporação, e que permite ao sócio único decidir, solidariamente, todas as matérias de interesse da sociedade e, inevitavelmente, da empresa –, a unipessoalidade superveniente, por outro lado, gera consequências muitas vezes não desejadas pelo sócio remanescente, que se vê, inclusive, obrigado a aceitar o ingresso de novo sócio mesmo que inexista, entre eles, a chamada *affectio societatis* (CASTRO, Rodrigo Rocha Monteiro de. *Controle Gerencial*, cit., p. 77).
29. CASTRO, Rodrigo Rocha Monteiro de. *Controle Gerencial*. cit., p. 77.

A RELAÇÃO DE PODER E AS AÇÕES DE RESPONSABILIDADE DO CONTROLADOR NAS S.A. **225**

devido à sucessão familiar. Não obstante, também encontramos várias companhias abertas com esta característica, o que demonstra como o nosso mercado de capitais não é tão desenvolvido em comparação a outros ordenamentos.

Isto posto, podemos classificar o controle majoritário como aquele que é exercido por um acionista que é titular de, pelo menos, metade, mais uma, das ações com direito a voto até a totalidade das ações votantes, menos uma.[30] Qualquer quantidade que se encontre neste intervalo configurará este tipo de controle que será mais ou menos estável em função da maior ou menor possibilidade de resistência dos demais acionistas ou tenderá a certa instabilidade quanto mais a participação se aproximar do extremo inferior.[31]

Apesar da possibilidade de maior estabilidade, na hipótese em que apenas uma ação não integrar seu patrimônio, não poderá o controlador votar em certas matérias em que está impedido por lei, como, por exemplo, no caso de deliberação de assembleia-geral que trata sobre o laudo de avaliação dos bens em que ele concorrer para a formação de capital social da companhia (Lei n. 6.404/1976, art. 115, §1º, primeira parte).[32]

Já o controle minoritário[33] pode ser classificado como aquele que se exerce com a metade, menos uma das ações votantes, podendo cair até uma ação votante, sendo qualquer número deste intervalo considerado este tipo de poder de controle.[34] Nesta espécie de poder é comum o uso de acordo de sócios para o exercício do controle.

Analisando a obra de Fábio Konder Comparato podemos entender como se dá o controle minoritário na assembleia, que, como já se disse alhures, é o órgão onde é exercido o poder de controle:

A existência de um controle minoritário está implicitamente reconhecida na lei, ao fixar regras de *quórum* e maioria no funcionamento da assembleia geral. A norma geral é que a reunião se instala, em primeira convocação, com a presença de acionistas que representem no mínimo um quarto do capital social com direito de voto – que normalmente pode constituir apenas metade do capital total (Lei 6.404, art. 15, §2º), salvo exceções – e, em segunda convocação, com qualquer número (art. 125).[35]

Também se faz mister diferenciar como o controle minoritário pode surgir nas grandes companhias, podendo ele ser espontâneo ou induzido. Considera-se o controle minoritário como espontâneo quando não se cria mecanismo artificial para que nenhum acionista detenha mais da metade das ações com direito a voto,

---

30. CASTRO, Rodrigo Rocha Monteiro de. *O controlador*. cit., p. 28.
31. CASTRO, Rodrigo Rocha Monteiro de. *O controlador*. cit., p. 28.
32. CASTRO, Rodrigo Rocha Monteiro de. *O controlador*. cit., p. 28.
33. Para Marcelo Bertoldi o controle o minoritário é aquele que "está nas mãos de alguém que detém menos da metade das ações com direito a voto, tendo em vista a grande dispersão acionária" (BERTOLDI, Marcelo M. *O poder de controle na sociedade anônima* – alguns aspectos, cit., p. 54).
34. CASTRO, Rodrigo Rocha Monteiro de. *O controlador*, cit., p. 28.
35. COMPARATO, Fábio Konder; SALOMÃO FILHO, Calixto. *O poder de controle na sociedade anônima*, cit., p. 55.

como, por exemplo, através de um acordo de sócios.[36] Já o controle minoritário é induzido quando se impuser limitações ao exercício do voto, ou quando se exigir que o acionista que acumula certo percentual de ações com direito a voto faça uma oferta pública para adquirir as demais ações em circulação da companhia.[37]

2.3 Controle gerencial

O controle gerencial ou administrativo, última espécie de poder controle da classificação de Berle e Means, é o tipo de poder que não se funda na participação acionária, mas unicamente nas prerrogativas da diretoria da companhia.[38] Segundo Comparato, é um tipo de poder de controle interno totalmente desligado da titularidade das ações em que se divide o capital social, pois, devido à grande dispersão acionária, os administradores assumem o controle empresarial, transformando-se num órgão social que se autoperpetua por cooptação.[39]

Este tipo de poder de controle, por ser empresarial, não se insere na modalidade de controle societário por não ser exercido através da assembleia geral, mas sim fora dela, inexistindo qualquer relação com a titularidade de ações.[40]

Na lição de Rodrigo R. Monteiro de Castro podemos compreender esta característica do controle gerencial:

Em outras palavras, a concentração da propriedade acionária conduz à identidade dos controles societário e empresarial, em decorrência da participação direta ou indireta do acionista controlador na atividade empresarial, enquanto a diluição reforça a natureza de ambos os controles, propiciando o surgimento do controle gerencial (ou outras formas de domínio da empresa). Ou seja, o controle gerencial resulta, normalmente, da dominação da formação volitiva da sociedade, a partir dos órgãos da administração.[41]

Pode-se então considerar o controle gerencial como aquele onde ocorre a dominação da empresa pelos administradores, sem resistência por parte dos acionistas.[42] Este tipo de poder de controle é muito comum em ordenamentos, onde o capital social das companhias é muito pulverizado como o mercado de capitais americano.

3. O CONTROLADOR

Apreciados sucintamente nos itens anteriores as espécies de poder de controle nas sociedades anônimas, passemos agora para a análise da responsabilidade do acionista controlador e suas ações correlatas.

---

36. CASTRO, Rodrigo Rocha Monteiro de. *O controlador*, cit., p. 95.
37. CASTRO, Rodrigo Rocha Monteiro de. *O controlador*, cit., p. 96.
38. COMPARATO, Fábio Konder; SALOMÃO FILHO, Calixto. *O poder de controle na sociedade anônima*, cit., p. 60.
39. COMPARATO, Fábio Konder; SALOMÃO FILHO, Calixto. *O poder de controle na sociedade anônima*, cit., p. 60.
40. CASTRO, Rodrigo Rocha Monteiro de. *O controlador*, cit., p. 31.
41. CASTRO, Rodrigo Rocha Monteiro de. *O controlador*, cit., p. 33.
42. CASTRO, Rodrigo Rocha Monteiro de. *O controlador*, cit., p. 31.

De início, se faz mister trazer a definição dogmática de acionista controlador presente no artigo 116 de nossa lei societária:

Art. 116. Entende-se por acionista controlador a pessoa, natural ou jurídica, ou o grupo de pessoas vinculadas por acordo de voto, ou sob controle comum, que:

a) é titular de direitos de sócio que lhe assegurem, de modo permanente, a maioria dos votos nas deliberações da assembleia geral e o poder de eleger a maioria dos administradores da companhia; e

b) usa efetivamente seu poder para dirigir as atividades sociais e orientar o funcionamento dos órgãos da companhia.

Parágrafo único. O acionista controlador deve usar o poder com o fim de fazer a companhia realizar o seu objeto e cumprir sua função social, e tem deveres e responsabilidades para com os demais acionistas da empresa, os que nela trabalham e para com a comunidade em que atua, cujos direitos e interesses deve lealmente respeitar e atender.

Diante do artigo supracitado, podemos concluir que o acionista controlador em nosso Direito Societário é aquele que, cumulativamente possui os 3 requisitos de: (i) maioria de votos nas deliberações sociais; (ii) poder de eleger a maioria dos administradores da companhia e (iii) uso efetivo do poder de controle para dirigir as atividades sociais e orientar o funcionamento dos órgãos da companhia.[43]

Como visto no presente estudo, o controle também pode ser "externo", que é um tipo de controle não acionário, exercido mediante uma influência dominante, o qual não está previsto em nossa lei societária. Dessarte, o controle externo não decorre do direito de voto, mas de fatores exógenos, como, por exemplo, relações contratuais.[44]

Não obstante, não pode ser caraterizado como controlador, para efeitos da lei, a pessoa que, embora possua uma quantidade de ações que lhe assegure a maioria de votos em assembleia geral, não utiliza tal poder para impor sua vontade na condução dos negócios da companhia e na eleição dos administradores.[45] Diante disso, será considerado controlador apenas quem exercer cumulativamente os 3 requisitos do artigo 116 da Lei das S.A., podendo ser caracterizado como este tipo de acionista quem exercer os tipos de poder de controle conforme os analisados no presente estudo.

3.1 Os deveres e responsabilidades do controlador

O acionista controlador quando exerce a soberania societária através da assembleia geral exerce o poder de forma lícita e legítima e, com isso, expressa a vontade da companhia.[46] Apesar desta expressão de vontade da sociedade ser

---

43. EIZIRIK, Nelson. *A Lei das S/A comentada*. 2. ed. São Paulo: Quartier Latin, 2015. v. II, p. 223.
44. EIZIRIK, Nelson. *A Lei das S/A comentada*, cit., p. 224.
45. EIZIRIK, Nelson. *A Lei das S/A comentada*, cit., p. 226 e 227.
46. EIZIRIK, Nelson. *A Lei das S/A Comentada*, cit., p. 238.

exercida muitas vezes pelo acionista controlador, algumas considerações devem ser analisadas.

Incialmente, é essencial esclarecer que o poder de controle na sociedade anônima é atribuído ao seu titular para consecução de determinadas finalidades, como, por exemplo, do interesse social[47] da companhia, constituindo assim um "direito--função".[48] Dessarte, não há um poder absoluto, pois o legislador ao elaborar a lei societária procurou estabelecer determinadas regras visando prevenir e reprimir eventuais abusos que o controlador possa cometer no exercício do poder.[49] Este tipo de regra pode ser encontrada, por exemplo, no parágrafo único do artigo 116 da Lei das S.A., que é enfático ao estabelecer que o controlador "deve usar o poder com o fim de fazer a companhia realizar o seu objeto e cumprir sua função social, e tem deveres e responsabilidades para com os demais acionistas da empresa".[50]

Não só com a empresa o acionista controlador possui responsabilidades, pois não se pode reduzir o interesse social ao interesse dos acionistas, mas sim ao seu interesse comum de realização do escopo social[51] e função social da empresa[52].

Nelson Eizirik, em sua obra sobre a lei societária, explica como se dá esta relação da empresa e sua função social.

A empresa, como unidade de produção, não congrega apenas os interesses dos sócios da companhia, mas também os dos fornecedores, empregados, consumidores e de toda a comunidade na qual exerce as suas atividades. A função social implica, portanto, em um poder-dever do acionista controlador de dirigir a empresa para a realização dos interesses coletivos.[53]

---

47. Calixto Salomão Filho esclarece o que é o interesse social a partir da teoria do "contrato-organização". Para o autor: "Identificando-se o interesse social ao interesse à melhor organização possível do feixe de relações envolvidas pela sociedade, esse jamais poderá ser identificado com interesse à maximização dos lucros ou com interesse à preservação da empresa. Distingue-se, portanto, do contratualismo e institucionalismo clássico, mas aproxima-se do institucionalismo integracionista, que tem nítido caráter organizativo" (SALOMÃO FILHO, Calixto. *O novo direito societário*, cit., p. 45).
48. EIZIRIK, Nelson. *A Lei das S/A Comentada*, cit., p. 239.
49. EIZIRIK, Nelson. *A Lei das S/A Comentada*, cit., p. 239.
50. EIZIRIK, Nelson. *A Lei das S/A Comentada*, cit., p. 239.
51. EIZIRIK, Nelson. *A Lei das S/A Comentada*, cit., p. 240.
52. Ana Frazão em obra sobre a função social da empresa esclarece como se dá este princípio em relação aos demais princípios constitucionais da ordem econômica. Para a autora: "Consequentemente, a função social da empresa, embora não se dissocie dos demais princípios da ordem econômica, não se restringe ao menos, diante do compromisso maior e mais amplo que assume com a justiça social. Não é sem razão que o próprio *caput* do art. 170 da Constituição, deixa claro que a ordem econômica tem por objetivo '*assegurar a todos uma existência digna, conforme os ditames da justiça social*'. A função social não tem, como foi dito, a finalidade de aniquilar as liberdades e os direitos dos empresários nem de tornar a empresa um simples meio para os fins sociais. Afinal, os direitos e liberdades têm uma função social, mas não se reduzem a ela. O objetivo da função social é, sem desconsiderar a autonomia privada, reinserir a solidariedade social na atividade econômica, tal como já entendeu o Supremo Tribunal Federal" (FRAZÃO, Ana. *Função social da empresa: repercussões sobre a responsabilidade civil de controladores e administradores de S/as*. Rio de Janeiro: Renovar, 2011. p. 199 e 200).
53. EIZIRIK, Nelson. *A Lei das S/A comentada*, cit., p. 240.

A RELAÇÃO DE PODER E AS AÇÕES DE RESPONSABILIDADE DO CONTROLADOR NAS S.A.

Isto posto, caso seja caracterizado que o acionista controlador utilizou de seu poder na companhia para atender a fins pessoais ou qualquer interesse que não seja o da companhia ou demais interesses que ele tem o dever de preservar, como o de atingir sua função social, será configurado o abuso do poder de controle.[54]

3.2   As ações de reponsabilidade do controlador

Como visto, o poder de controle na sociedade anônima por ser tratar de um "direito--função" é atribuído ao seu titular para a consecução de determinadas finalidades e, sendo assim, não se trata de um poder absoluto, pois a própria lei traz mecanismos para prevenir e reprimir possíveis desvios de poder e abusos do controlador.[55] Para Comparato, este desvio pode ser entendido como "uma via direta que deixou de ser seguida, para se atingir um alvo ou se chegar a um resultado", e que "consiste, assim, num afastamento não da forma mas do espírito da lei, representando ato típico de *fraus legi*, e não *contra legem*".[56]

Dessarte, além do parágrafo único do artigo 116 da Lei das S.A. que determina expressamente que o controlador deve usar seu o poder com o fim de fazer a companhia realizar o seu objeto e cumprir sua função social e possui deveres e responsabilidades para com os demais acionistas da empresa, os que nela trabalham e para com a comunidade, a lei societária traz em seu artigo 117[57] as hipóteses de abuso do poder controle que irão ensejar em ação de responsabilidade do acionista controlador.

Apesar do poder controle ser exercido através da assembleia, os atos elencados no parágrafo primeiro do artigo 117, que ensejam as ações de responsabilidade do controlador, podem ser realizados fora desta reunião acionária, como, por exemplo,

---

54. EIZIRIK, Nelson. *A Lei das S/A comentada*, cit., p. 241.
55. EIZIRIK, Nelson. *A Lei das S/A comentada*, cit., p. 245.
56. COMPARATO, Fábio Konder; SALOMÃO FILHO, Calixto. *O poder de controle na sociedade anônima*, cit., p. 316.
57. Lei 6.404/1976, Art. 117. O acionista controlador responde pelos danos causados por atos praticados com abuso de poder. § 1º São modalidades de exercício abusivo de poder: a) orientar a companhia para fim estranho ao objeto social ou lesivo ao interesse nacional, ou levá-la a favorecer outra sociedade, brasileira ou estrangeira, em prejuízo da participação dos acionistas minoritários nos lucros ou no acervo da companhia, ou da economia nacional; b) promover a liquidação de companhia próspera, ou a transformação, incorporação, fusão ou cisão da companhia, com o fim de obter, para si ou para outrem, vantagem indevida, em prejuízo dos demais acionistas, dos que trabalham na empresa ou dos investidores em valores mobiliários emitidos pela companhia; c) promover alteração estatutária, emissão de valores mobiliários ou adoção de políticas ou decisões que não tenham por fim o interesse da companhia e visem a causar prejuízo a acionistas minoritários, aos que trabalham na empresa ou aos investidores em valores mobiliários emitidos pela companhia; d) eleger administrador ou fiscal que sabe inapto, moral ou tecnicamente; e) induzir, ou tentar induzir, administrador ou fiscal a praticar ato ilegal, ou, descumprindo seus deveres definidos nesta Lei e no estatuto, promover, contra o interesse da companhia, sua ratificação pela assembleia geral; f) contratar com a companhia, diretamente ou através de outrem, ou de sociedade na qual tenha interesse, em condições de favorecimento ou não equitativas; g) aprovar ou fazer aprovar contas irregulares de administradores, por favorecimento pessoal, ou deixar de apurar denúncia que saiba ou devesse saber procedente, ou que justifique fundada suspeita de irregularidade. h) subscrever ações, para os fins do disposto no art. 170, com a realização em bens estranhos ao objeto social da companhia. § 2º No caso da alínea e do § 1º, o administrador ou fiscal que praticar o ato ilegal responde solidariamente com o acionista controlador. § 3º O acionista controlador que exerce cargo de administrador ou fiscal tem também os deveres e responsabilidades próprios do cargo.

através de orientações informais ao conselho de administração ou diretoria.[58] Isto posto, se o controlador exercer seu poder através de orientações para membros do conselho de administração ou da diretoria que se desviem do objeto da sociedade ou seu interesse social comete abuso do poder de controle.

Não obstante os atos que ensejam abuso por parte do controlador estarem elencados no artigo 117 da Lei das S.A., entendemos que outras práticas podem configurar também tal ilegalidade, pois o parágrafo primeiro do *caput* do referido artigo fala em "modalidades de exercício abusivo de poder" e não que "são" exercícios abusivos de poder.[59] Diante disso, algumas dessas expressões podem trazer dificuldades ao julgador para reconhecer tal abuso em possíveis casos em que esteja envolvido a responsabilidade do acionista controlador, pois, de acordo com Marcelo Bertoldi: "quando verificamos estes standards de comportamento mencionados pelo legislador estamos diante dos chamados conceitos vagos, que devem ser preenchidos pelo aplicador da norma levando em conta o senso comum".[60]

Este tipo de confusão para se configurar o abuso do poder de controle no caso concreto deve ser solucionado de acordo com a discricionariedade e bom senso do julgador. Novamente na lição de Marcelo Bertoldi podemos compreender como se dá esta forma de solução do conflito societário:

Quando é levado ao Poder Judiciário, por exemplo, um fato cometido pelo controlador tido como desleal, o juiz não está diante de duas ou mais soluções, todas válidas, como pode ocorrer em relação a atuação do administrador, mas sim, está ele incumbido de interpretar a lei abstratamente posta e subsumi-la ao caso concreto de forma a subtrair desta atividade apenas uma solução, a justa, a melhor, pois "por meio da função jurisdicional expressa-se assim podemos dizer – a "verdade legal", a "verdade jurídica" no caso concreto. Não há espaço para duas "verdades do direito" em uma mesma lide, tanto mais quando antinômicas.[61]

Em relação aos legitimados para a ação de responsabilização, a própria lei societária é expressa. No polo passivo, serão legitimados para responder à providência jurisdicional tanto o acionista controlador pessoa física (artigo 117 da Lei das S.A.), quanto a pessoa jurídica que controla a companhia (artigos 238 e 246 da Lei das S.A.).[62] Em relação a legitimidade ativa, o parágrafo primeiro, alíneas "a" e "b" do artigo 246[63] da lei societária, que trata do controlador pessoa jurídica, estabelece

---

58. BERTOLDI, Marcelo M. *O poder de controle na sociedade anônima – alguns aspectos*, cit., p. 59.
59. "Tanto a Lei das S.A. como a regulação expedida pela Comissão de Valores Mobiliários estabelecem o princípio básico de que constitui abuso de poder de controle qualquer decisão que não tenha por finalidade o interesse social, mas que vise a beneficiar exclusivamente o acionista controlador, em detrimento da sociedade, dos acionistas minoritários e de terceiros" (EIZIRIK, Nelson. *A Lei das S/A comentada*, cit., p. 245).
60. BERTOLDI, Marcelo M. *O poder de controle na sociedade anônima – alguns aspectos*, cit., p. 59.
61. BERTOLDI, Marcelo M. *O poder de controle na sociedade anônima – alguns aspectos*, cit., p. 59 e 60.
62. BERTOLDI, Marcelo M. *O poder de controle na sociedade anônima – alguns aspectos*, cit., p. 61.
63. Lei 6.404/1976, Art. 246, § 1º: A ação para haver reparação cabe: a) a acionistas que representem 5% (cinco por cento) ou mais do capital social; b) a qualquer acionista, desde que preste caução pelas custas e honorários de advogado devidos no caso de vir a ação ser julgada improcedente.

que podem entrar com ação os acionistas não detentores do poder de controle, ou seja, são os acionistas minoritários que entram com a ação de reparação de danos como representantes da própria companhia e, sendo assim, no caso de condenação do controlador a indenização será para a sociedade, o que beneficiará indiretamente os acionistas não controladores.[64]

A legitimação dos acionistas não detentores do poder de controle para a ação de responsabilização do controlador independe de autorização prévia de qualquer órgão da companhia, pois não se trata de legitimação extraordinária ou substituição processual, mas sim de ação que a própria companhia ingressa em nome próprio através de seus acionistas minoritários.[65] Também os minoritários podem ingressar com a ação de reparação através dos parágrafos terceiro e quarto do artigo 159 da Lei da S.A., que traz as hipóteses de responsabilização dos administradores da companhia. Esta ação não exclui o direito do acionista individualmente vir a pleitear contra o controlador.[66]

Caso o controlador não seja outra sociedade, mas sim pessoa física, não incidirão as regras alíneas "a" e "b" do artigo 246, mas sim a regra geral do artigo 117 e, nesse caso, qualquer acionista não controlador terá condições de ingressar com a ação de responsabilização.[67]

Também se faz mister realçar que como o parágrafo único do artigo 116 da lei societária estabelece que o controlador possui responsabilidades não só com os demais acionistas não controladores, mas também perante detentores de valores mobiliários, funcionários e a comunidade, estes também são legitimados para propor medida judicial em face do acionista controlador, sendo os funcionários representados por meio de sindicatos de classe e a comunidade através dos entes da federação como a União, Estados e Municípios.[68]

4. ANÁLISE DE CASO ENVOLVENDO O ABUSO DO PODER DE CONTROLE NA COMPANHIA

Feitas as devidas considerações e análises sobre o poder de controle nas sociedades anônimas, os deveres e responsabilidades do controlador e suas ações correlatas, será analisado um caso em que foi discutida a responsabilidade do acionista controlador por possível abuso de poder.

O caso, "Caso Sudameris", (Resp. 1.337.265 – SP, terceira turma do Superior Tribunal de Justiça) tratou-se de uma ação em que os acionistas minoritários do antigo Banco Sudameris Brasil S.A. entraram contra o controlador do banco, o Banque Sudameris S/A, outra sociedade empresária e estrangeira, por possível abuso de

---

64. BERTOLDI, Marcelo M. *O poder de controle na sociedade anônima* – alguns aspectos, cit., p. 62.
65. BERTOLDI, Marcelo M. *O poder de controle na sociedade anônima* – alguns aspectos, cit., p. 63.
66. BERTOLDI, Marcelo M. *O poder de controle na sociedade anônima* – alguns aspectos, cit., p. 63.
67. BERTOLDI, Marcelo M. *O poder de controle na sociedade anônima* – alguns aspectos, cit., p. 63.
68. BERTOLDI, Marcelo M. *O poder de controle na sociedade anônima* – alguns aspectos, cit., p. 64.

poder de controle. Os minoritários, com menos de cinco por cento do capital social da companhia, alegaram que o controlador agiu com abuso do poder de controle (246, § 1º, alínea "b" da Lei 6.404/1976) quando adquiriu outra instituição financeira. Na fundamentação, argumentaram que a empresa de auditoria contratada pelo controlador usou de situações contábeis hipotéticas para "maquiar" o real estado do passivo da instituição que viria a ser adquirida, que o controlador não informou ao mercado nem os acionistas minoritários a verdadeira data de apuração do patrimônio da instituição e que a aquisição ocorreu através de uma subsidiária do banco, uma sociedade de capital fechado, apenas para não haver a apresentação de fato relevante ao mercado. Este abuso de poder, afirmaram os autores, teria o único intuito de diluí-los no capital social do banco.

O réu, acionista controlador, rebateu as alegações dos autores com o argumento que agiu em conformidade com o interesse e estratégia empresarial da companhia, pois a aquisição de outra instituição financeira era de vital importância estratégica na época. Alegaram que desconheciam o fato de que a instituição adquirida estava passando por dificuldades financeiras na época da aquisição e que por isso houve os diversos ajustes patrimoniais que levaram à diluição dos minoritários. Também informaram que o próprio governo federal impôs que a condição para aberturas de novas agências do Banco Sudameris Brasil seria através da aquisição da instituição financeira ora adquirida.

No decorrer da ação, os autores perderam em todas as instâncias judiciais, do primeiro grau até o Superior Tribunal de Justiça, tendo as decisões acatado o argumento do controlador de que a aquisição da instituição financeira foi de acordo com o interesse e estratégia empresarial da companhia e que a diluição dos minoritários foi justificada por tal interesse social, o que não configurava o abuso do poder de controle.

Deste caso, podemos concluir que para a configuração do abuso do poder de controle é necessário que seja realmente demonstrado o desvio de poder para se atender a fins próprios ou para não consecução do interesse social, pois, de acordo com a autonomia da decisão empresarial, não compete ao Poder Judiciário adentrar no mérito das decisões tomadas por acionista controlador nas conduções dos negócios da companhia.[69]

5. CONCLUSÃO

O poder de controle e as responsabilidades do acionista controlador continuarão em voga, na medida em que o mercado de capitais e a economia nacional se desenvolvem e mais companhias, tanto abertas como fechadas, aparecem. Diante disso, é notório que as ações de responsabilização por abuso de acionista controlador continuarão a ocorrer.

---

69. STJ. Resp. 1.337.265 – SP. Disponível em: www.stj.jus.br. Acesso em: 23 out. 2020.

Não obstante os muitos avanços que a lei societária trouxe, é necessário que ela evolua para acompanhar o direito empresarial atual. Artigos como o 116 e o 117 podem ser aperfeiçoados para uma melhor interpretação dos operadores do direito, evitando assim disputas societárias longas e desnecessárias.

Em conclusão, através do presente estudo, pode-se compreender a utilidade e importância de uma boa legislação societária no que ser refere às garantias e prerrogativas do poder de controle nas companhias e os direitos dos acionistas minoritários.

6. REFERÊNCIAS

BERTOLDI, Marcelo M. O poder de controle na sociedade anônima – alguns aspectos. *Revista da faculdade de Direito da UEL* – Scientia Iuris, v. 7. 2003/2004.

BULGARELLI, Waldírio. *O conselho fiscal nas companhias brasileiras*. São Paulo: Ed. RT, 1988.

CASTRO, Rodrigo Rocha Monteiro de. *Controle gerencial*. São Paulo: Quartier Latin, 2010.

CASTRO, Rodrigo Rocha Monteiro de. O controlador. In: COELHO, Fábio Ulhoa Coelho (Coord.). *Tratado de direito comercial*. São Paulo: Saraiva, 2015. v. 4: relações societárias e mercado de capitais.

COMPARATO, Fábio Konder; SALOMÃO FILHO, Calixto. *O poder de controle na sociedade anônima*. 6. ed. Rio de Janeiro: Forense, 2014.

EIZIRIK, Nelson. *A Lei das S/A comentada*. 2. ed. São Paulo: Quartier Latin, 2015. v. II.

FRAZÃO, Ana. *Função social da empresa*: repercussões sobre a responsabilidade civil de controladores e administradores de S/as. Rio de Janeiro: Renovar, 2011.

RAMUNNO, Pedro Alves Lavacchini. *Controle societário e controle empresarial*: uma análise da influenciação sobre o controle empresarial pelo Estado brasileiro. São Paulo: Almedina, 2017.

SALOMÃO FILHO, Calixto. *O novo direito societário*. 4. ed. São Paulo: Malheiros Editores, 2011.

STJ. Resp. 1.337.265 – SP. Disponível em: www.stj.jus.br. Acesso em: 23 out. 2020.

OS FUNDOS "QUANT" E A RESPONSABILIDADE CIVIL DO GESTOR DE RECURSOS

Lucila Prazeres da Silva

Mestranda em Direito na Pontifícia Universidade Católica de São Paulo. Advogada atuante no mercado financeiro e de capitais desde 2002. Responsável pelo jurídico da Constellation Investimentos e Participações Ltda.

Sumário: 1. Introdução e substrato fático; 1.1 Automatização do investimento, algoritmos, inteligência artificial e *machine learning*; 1.2 O "robô-advisor" – 2. Fundos quantitativos na prática; 2.1 As diferentes classes de fundos de investimento e a necessidade de informações específicas para os investidores de fundos quantitativos; 2.2 Regulamentação norte-americana do gestor quantitativo; 2.3 Regulamentação brasileira aplicável ao gestor quantitativo – 3. Riscos específicos aos fundos quantitativos – 4. Responsabilidade civil dos prestadores de serviço do fundo quantitativo: o gestor e os seus matemáticos; 4.1 A relação entre gestor e cotistas: características e aplicação do Código de Defesa do Consumidor; 4.2 Responsabilidade objetiva do gestor de recursos e "*caveats*" criados pela jurisprudência do STJ; 4.3 Gestor quantitativo e seus matemáticos: "*ubi commoda ibi incommoda*" – 5. De "lege ferenda" – 6. Referências

1. INTRODUÇÃO E SUBSTRATO FÁTICO

O Brasil possui 663 gestoras de recursos responsáveis pela gestão de R$ 5,2 trilhões, distribuídos em 20.537 fundos de investimento, conforme dados divulgados pela Associação Brasileira das Entidades dos Mercados Financeiro e de Capitais – Anbima – referentes a Junho de 2020[1]. Para se ter uma ideia da relevância da indústria de fundos de investimento, vale mencionar que os recursos detidos pelos fundos de investimento equivalem a 71,2% do PIB brasileiro[2].

Não há na legislação, na regulamentação da Comissão de Valores Mobiliários e nem nos Códigos elaborados pela Anbima um conceito de fundo quantitativo ou de gestão quantitativa. Por isso mesmo, partiremos de uma análise empírica para então chegar ao conceito jurídico.

Os fundos quantitativos seguem um processo de investimento baseado principalmente em recomendações quantitativas geradas por modelos matemático-computacionais que usam regras previamente fixadas para analisar um grande volume de dados, e "agir". Para separar a gestão quantitativa da discricionária, aquela con-

---

1. Aliás, o crescimento da indústria de fundos de investimento no Brasil permitiu que esses veículos passassem a exercer papel relevante no financiamento da dívida pública. O Relatório Mensal da Dívida Pública Federal referente a junho de 2020, elaborado pela Secretaria do Tesouro Nacional, mostra que os fundos de investimento detinham em suas carteiras R$ 1.070,50 bilhões em títulos públicos federais, equivalente a 25% do total de títulos emitidos. Disponível em: https://sisweb.tesouro.gov.br/apex/f?p=2501:9::::9:P9_ID_PU-BLICACAO:33769. Acesso em: 15 ago. 2020.
2. Segundo dados divulgados pelo IBGE, o Produto Interno Bruto do Brasil em 2019 foi de R$ 7,3 trilhões. Disponível em: https://www.ibge.gov.br/explica/pib.php. Acesso em: 14 ago. 2020.

centra suas decisões no trabalho de uma equipe que pesquisa e elabora a estratégia de investimento para então construir os modelos matemático-computacionais que ou executarão as ordens conforme o modelo/algoritmo ou criarão e manterão a carteira do fundo de investimento[3], ao passo que esta normalmente passa pela figura do *Chief Investment Officer*.

Para não incorrer no vício de tautologia, segundo Narang a gestão quantitativa se diferencia das outras técnicas de gestão pelo modo como a estratégia de investimento é formulada e implementada[4]: isso significa que a composição da carteira não diferencia se um fundo de investimento é *fundo quant*[5]: mas sim o modo como é conduzida a gestão da carteira.

Da formulação à implementação da gestão quantitativa, temos diferentes fases que podem ser assim resumidas: (i) a equipe de gestão cria uma hipótese a respeito de uma estratégia de investimento e operação no mercado; (ii) a equipe responsável pela engenharia de dados busca todas as informações necessárias para testar a estratégia; (iii) o time de programadores (que pode incluir matemáticos) elabora o algoritmo com base nos parâmetros fixados pela equipe de gestão (uma espécie de "árvore de decisões"); (iv) o algoritmo passa por validações quantitativas (análise da rentabilidade, risco, testes de stress) e qualitativas (verificação das características do algoritmo e de que forma ele complementa os algoritmos que já são utilizados na gestão do fundo); (v) uma vez aprovado em todas essas fases, o algoritmo é implementado na gestão do fundo e a equipe de gestão efetua o monitoramento e aperfeiçoamento do algoritmo implementado.[6]

A partir da implementação do algoritmo que reflete a estratégia de gestão, entra em cena o sistema de operações do fundo quantitativo que, segundo Narang, possui três modelos[7] como pilares[8]: (i) modelo de alpha (previsão do comportamento dos ativos que o fundo deverá adquirir para gerar resultado positivo); (ii) modelo de risco (limitação da exposição aos fatores que provavelmente não produzirão retornos

---

3. NARANG, R. K. *Inside the black box*: a simple guide to quantitative and high-frequency trading. 2. ed. Hoboken, New Jersey: John Wiley & Sons, 2013, p. 14.
4. Ibidem, p. 14.
5. Este artigo utiliza os termos "fundo quantitativo" e "fundo quant" como sinônimos.
6. Cf. "Fundos quant: tudo o que você precisa saber para começar!", elaborado pela Panhora Investimentos Ltda. Disponível em: https://blog.pandhora.com/wp-content/uploads/2020/06/e- book-Fundos-Quant_-tudo-o-que-voc%C3%AA-precisa-saber.pdf. Acesso em: 29 ago. 2020.
7. De acordo com Pittman, o modelo é um conjunto de fórmulas matemáticas criadas para testar uma teoria ou para executar uma função. Geralmente o modelo é desenvolvido e implementado por um programa de computador. In. PITTMAN, E. L. Quantitative investment models, errors, and the federal securities laws. *New York University Journal of Law & Business*, v. 13, n. 3, p. 637-773, New York: Spring 2017, p. 645.
8. Narang explica que essa estrutura não é universal. Muitas estratégias podem ser executadas sem o modelo de custo de transações ou o modelo de construção de portfolios. Alguns gestores preferem integrar fatores de risco no modelo de alpha. De qualquer maneira, essa estruturação é didática e ajuda a entender melhor o funcionamento do sistema de operações do fundo quantitativo. NARANG, op. cit., p. 18.

positivos, mas podem gerar perdas ao fundo); e (iii) modelo do custo de transação (o custo de cada operação no mercado necessário para construir a carteira do fundo)[9].

Com essas rápidas palavras podemos definir o portfólio ideal, o sistema compara o portfólio atual ao portfólio ideal e aponta as operações que devem ser feitas em mercado para chegar à carteira desejada, executadas pelo algoritmo de execução de ordens. Esse algoritmo considera as ordens que devem ser executadas e pondera os demais "*inputs*", como o tempo para execução das ordens, liquidez e o volume financeiro de negociação para executar de maneira eficiente e no menor custo possível.

O prazo do fundo de investimento de um fundo quantitativo pode ser de curto prazo (ex: nanosegundos) como o que é empregado pelos operadores de alta frequência ("high frequency trading"[10]) ou de longo prazo, como é o caso de fundos quantitativos passivos com estratégias que refletem determinado índice de referência, que sofrem ajustes anualmente ou a cada semestre (ex: fundos que seguem o índice americano Russell 1000 Value Index). E de acordo com cada estratégia, como o fundo onde o gestor pode operar intraday, diariamente, semanalmente, mensalmente ou em qualquer outro período de tempo.

Podemos então afirmar que o fundo de investimento quantitativo é aquele cujo gestor utiliza ferramentas quantitativas de modo sistemático informatizadas ou sistêmicas, especialmente com o suporte de programas de computador e modelos matemáticos, que automatizam a pesquisa, os inputs, as decisões de investimento e as de desinvestimento.

A automatização das decisões de investimento não significa, necessariamente, que a gestão será implementada por programas de computador, sem qualquer interferência humana. Um fundo quantitativo não deixa de ser caracterizado como tal se a sua gestão for implementada por humanos – desde que de forma sistemática, claro.

Eventuais intervenções manuais, dentro dos parâmetros do algoritmo, não descaracterizam o fundo como quantitativo, pois há momentos mercadológicos

---

9. Ibidem, p. 16 e 18.
10. A Securities and Exchange Commission (SEC) publicou um "Concept Release" que define o termo "high frequency trading" da seguinte forma: "It typically is used to refer to professional traders acting in a proprietary capacity that engage in strategies that generate a large number of trades on a daily basis. These traders could be organized in a variety of ways, including as a proprietary trading firm (which may or may not be a registered broker-dealer and member of FINRA), as the proprietary trading desk of a multi- service broker-dealer, or as a hedge fund.". Outras características elencadas pela SEC que geralmente são atribuídas ao *high frequency trading*: "(1) The use of extraordinarily high-speed and sophisticated computer programs for generating, routing, and executing orders; (2) use of co-location services and individual data feeds offered by exchanges and others to minimize network and other types of latencies; (3) very short time-frames for establishing and liquidating positions; (4) the submission of numerous orders that are cancelled shortly after submission; and (5) ending the trading day in as close to a flat position as possible (that is, not carrying significant, unhedged positions over- night)". Cf. Securities and exchange commission. Concept Release on Equity Market Structure. File n: S7-02-10. Release 34-61358. Washington, 14 Jan. 2010. Ver também: COSTA, Isac Silveira da. *High frequency trading (HFT) em câmera lenta*: compreender para regular. Dissertação (Dissertação em Direito dos Negócios e Desenvolvimento Econômico e Social) – Escola de Direito de São Paulo da Fundação Getulio Vargas. São Paulo, 2018.

imprevisíveis – vide-se Pandemia de Covid-19 e Março de 2020 – onde o algoritmo informa o gestor que o comportamento errático do Mercado demanda interferência humana.

Entre a gestão humana[11] e a puramente *quant* existe uma ampla gama de estratégias "*quasi-quant*", que ora utilizam ferramentas da gestão quantitativa, ora a abordagem sistemática, merecendo destaque a gestão "quantamental"[12], que não abordaremos neste momento.[13]

1.1 Automatização do investimento, algoritmos, inteligência artificial e *machine learning*

É possível ligar o piloto automático na administração dos próprios investimentos de algumas formas diferentes, como pela aquisição de cotas de fundos de investimento puramente quantitativos, pela utilização de robôs de ordens que otimizam as transações em mercado, pela utilização de robôs advisors que atuam como consultores de valores mobiliários, dentre outras possibilidades, mas o que torna automatizada

---

11. Gestores que empregam uma análise fundamentalista na gestão da carteira do fundo são aqueles que fazem investimentos de longo prazo com base no valor intrínseco do ativo financeiro. Segundo Richard G. Walter: "O objetivo da análise fundamentalista é identificar os títulos que estão sendo vendidos a preços abaixo de seus preços de equilíbrio. Ao comprar estes títulos e mantê-los à medida que seus preços se elevam, até o equilíbrio, o comprador realizará um ganho de capital que aumentará seu retorno proveniente da retenção desse título. A primeira premissa de qualquer indivíduo que empregue a análise fundamentalista, deve ser a de que ele pode encontrar títulos que estão sendo vendidos a preços tão abaixo de seus preços de equilíbrio, de tal maneira que o retorno mais elevado obtido em reter esses títulos, à medida que seus preços se aproximem dos preços de equilíbrio, é maior do que os custos de identificar tais títulos." In. WALTER, R. G. Análise fundamentalista e avaliação de títulos: aspectos teóricos. *Revista de Administração de Empresas*, v. 14, n. 1, p. 15-32, Rio de Janeiro, jan.-fev. 1974. Disponível em: https://doi.org/10.1590/S0034-75901974000100002. Acesso em: 04 set. 2020.

12. Para ilustrar melhor o método utilizado por uma gestora quantamental, vale trazer a declaração do Sr. Brett Gallagher, Presidente da SGA – Strategic Global Advisors, gestora norte-americana com pouco mais de US$ 5 bilhões sob gestão, divulgada pela *Business Insider*: "Brett Gallagher, SGA's president, told Business Insider the firm's strategy starts with a quantitative model built based on 15 factors. The suggested portfolio is then analyzed by fundamental analysts who have the option to kick stocks out – they typically reject 10-20% – but can't add any in. That's followed by portfolio construction, which is then given a final look by the portfolio managers to make the last tweaks. Adjustments made by humans to the model are tracked and analyzed to recognize commonalities that could be plugged back into the model to improve it. "I think having the fundamental overlay – we call them the gatekeepers – is really important to what we do," Gallagher said. "Even moreso in this time of craziness where there are a lot of things that may make the quantitative model look a little bit wonky on certain aspects. We have the analysts there who can scoot out the issues." In. DEFRANCESCO, D.; SAACKS, B. 'I'd rather turn them into robo cops': Execs from Man Group, Bridgewater, and Schonfeld explain how they're trying to blend humans and machines. Business Insider, 06/08 2020. Disponível em: https://www.businessinsider.com/man-group-bridgwater-schonfeld--explain- quantamental-and-how-it-works-2020-5. Acesso em: 04 set. 2020.

13. Citando Thaler e Mullainathan, Daniel Yabe Milanez explica: "a Economia Comportamental estuda como a combinação de conceitos econômicos, sociológicos e psicológicos pode explicar o que acontece na vida econômica real, em que os agentes econômicos apresentam limitações ao exercício da plena racionalidade". In. MILANEZ, D. Y. *Finanças Comportamentais no Brasil*. 2003. 53 p. Dissertação (Economia das Instituições e do Desenvolvimento) – Universidade do Estado de São Paulo. Disponível em: https://teses.usp.br/teses/disponiveis/12/12140/tde-09022004- 130012/publico/Financas_Comportamentais_no_Brasil.pdf. Acesso em: 04 set. 2020.

a prestação de serviços relacionada a investimentos? A utilização de robôs, ou seja, o uso de processos automatizados, sem a influência humana, que utilizam algoritmos para embasar as decisões de investimento[14]. O algoritmo está na base da inteligência artificial – considerada a *"ciência de tornar as máquinas inteligentes"*[15]. Utilizaremos o termo "robô" como uma entidade física ou um sistema que utiliza "inteligência artificial"[16] para facilitar a escrita.

Segundo Thomas Cormen, um algoritmo é "um conjunto de etapas para executar uma tarefa descrita com precisão suficiente para que um computador possa executá-la"[17], complementado por Pedro Domingos: *"os computadores são compostos por bilhões de minúsculas chaves chamadas transistores, e os algoritmos ligam e desligam essas chaves bilhões de vezes por segundo"*[18]. Esse comportamento dos transistores de ligar e desligar em resposta a outros transistores foi identificado como raciocínio por Claude Shannon, a primeira pessoa a entender esse comportamento e que o descreveu em sua tese de mestrado no MIT[19]. A "inteligência" do robô é observada quando ele segue os algoritmos.

Independentemente de sua complexidade, todo algoritmo possui uma entrada e uma saída: os dados são inseridos no computador e o algoritmo os utiliza para realizar o seu trabalho e produzir um resultado. O *machine learning* é a evolução da inteligência artificial tradicional: entram os dados de input e o sistema (algoritmo) interpreta-os para que um novo algoritmo seja produzido.

A utilização de inteligência artificial e *machine learning* pela indústria de investimento têm alterado os modelos de negócio dos agentes de mercado, gerando benefícios e melhorando a eficiência dos serviços prestados bem como criando ou aumentado certos riscos, que podem impactar na eficiência e no funcionamento do mercado financeiro. Por esse motivo, o tema tem sido o foco de diversos órgãos reguladores do mundo inteiro e foi designado como prioridade da International Organization of Securities Commissions – IOSCO[20].

E a previsão feita pela área de consultoria da Deloitte é que os robôs de investimento passem a ter um patrimônio sob gestão acima de US$ 16 trilhões em todo o mundo[21].

---

14. MOULLIET, D. et al. *The expansion of Robo-Advisory in Wealth Management*. 08 2016. Disponível em: https://www2.deloitte.com/content/dam/Deloitte/de/Documents/financial-services/Deloitte-Robo-safe.pdf. Acesso em: 19 set. 2020, p. 2.
15. LEMLEY, M. A.; CASEY, B. *Remedies for Robots*. Stanford Law and Economics Olin Working Paper, n. 523, 2019. Disponível em: https://ssrn.com/abstract=3223621. Acesso em: 19 set. 2020, p. 12.
16. TURNER, J. *Robot rules*: Regulating artificial intelligence. Cham: Palgrave Macmillan, 2018, p. 24.
17. DOMINGOS, P. *O algoritmo mestre*: Como a busca pelo algoritmo de machine learning definitivo recriará nosso mundo. São Paulo: Novatec, 2017, cap. 1.
18. Ibidem, cap. 01.
19. Ibidem, cap. 01.
20. The board of the international organization of securities commissions. The use of artificial intelligence and machine learning by market intermediaries and asset managers. Consultation Report, June, 2020. Disponível em: https://www.iosco.org/library/pubdocs/pdf/IOSCOPD658.pdf. Acesso em: 19 set. 2020, p. 01.
21. MOULLIET et al., op. cit., p. 01.

1.2 O "robô-advisor"

Uma breve análise semântica do termo "robô-advisor" é o caminho mais fácil para introduzir o conceito. O termo robô foi popularizado no século XX pelo escritor tcheco Karel C˘apek, autor da peça teatral "Rossumovi Univerzální Roboti" ("roboti" pode ser traduzido como "escravos")[22]. Especificamente no caso de "robô-advisor", podemos considerar que o termo "robô" significa um processo automatizado, que opera sem a necessidade de intervenção humana, com base em algoritmos que indicam as decisões de investimento.

Já a tradução do termo *"advisor"* para o português é mais desafiadora porque pode significar diferentes funções reguladas pela Comissão de Valores Mobiliários. Se o traduzirmos como assessor, podemos nos referir ao agente autônomo ou ao assessor de investimento que tem relação de trabalho com determinada instituição financeira (por exemplo, um assessor *private* de um banco comercial[23]). Da mesma forma, a tradução como consultor ou gestor também trariam consequências regulatórias completamente diferentes.

Na legislação norte-americana, o termo *advisor* ganha um contorno diferenciado se o analisarmos sob a ótica do *investment advisor* regulado pela Securities and Exchange Comission, que foi definido pela section 202(a)(11) do *Investment Advisers Act* da seguinte forma:

> any person who, for compensation, engages in the business of advising others, either directly or through publications or writings, as to the value of securities or as to the advisability of investing in, purchasing, or selling securities, or who, for compensation and as part of a regular business, issues or promulgates analyses or reports concerning securities.[24]

Em fevereiro de 2017, a Securities and Exchange Commission (SEC) publicou um guia sobre "robô-advisor", que traz a seguinte definição (tradução livre):

> Robo-advisers, que geralmente são registrados como gestores de recursos, utilizam tecnologias inovadoras para prestar serviços de gestão de recursos discricionária para os seus clientes através de programas baseados em algoritmos disponibilizados pela internet. Um cliente que deseja utilizar um robô-adviser insere suas informações pessoais e outros dados em uma plataforma digital interativa (por exemplo, uma página de internet ou um aplicativo de telefone celular). Com base nessas informações, o robô-adviser gera um portfólio para o cliente e, subsequentemente, administra sua carteira (Robo-Advisers, IM Guidance Update n. 2017-02, Fevereiro, 2017. Disponível em: https://www.sec.gov/investment/im-guidance-2017-02.pdf).[25]

---

22. TURNER, op. cit., p. 197.
23. Definido no artigo 1º da Instrução CVM n. 497.
24. Ao analisar a definição de "investment advisor" do Investment Advisers Act, verificamos que não há uma correspondência direta com a regulamentação brasileira. Este artigo não pretende explorar todas as nuances das atividades descritas na definição de "investment adviser" pela SEC e compará-las com as diferentes atividades reguladas no mercado de capitais brasileiro. O que importa observar nesta oportunidade é que o anglicismo é plenamente justificável diante da falta de correlação entre os tratamentos conferidos nas diferentes jurisdições.
25. No idioma original: "Robo-advisers, which are typically registered investment advisers, use innovative technologies to provide discretionary asset management services to their clients through online algorithmi-

No contexto brasileiro, a Comissão de Valores Mobiliários utiliza o termo "robô-adviser" de uma maneira diferente da SEC. A CVM não tratou do tema em um ato normativo e nem o apresentou de forma técnica, apenas divulgou informações em um portal na 'internet' para educação de investidores (Portal do Investidor)[26]. Nesta página, a CVM expõe que os serviços que utilizam algoritmos para realizar o *"suitability "* do cliente e gerir o seu patrimônio, recomendar uma carteira de ativos ou o melhor momento para adquirir ou vender um ativo financeiro, inclusive a operacionalização de envio de cancelamento de ordens em bolsa, são denominados "robôs de investimento". Para a CVM, o termo "robô de investimento" é composto por duas categorias: robô-advisor e robô-trader (ou robôs de ordens)[27].

Observando o que foi divulgado pela CVM e pela SEC a respeito de "robô- adviser", podemos afirmar que as características que definem um gestor como quantitativo também o qualificam como um "robô-advisor"[28].

2. FUNDOS QUANTITATIVOS NA PRÁTICA

Não há uma categoria específica para fundos quantitativos na regulamentação da Comissão de Valores Mobiliários e nem tampouco no código de autorregulação de administração de recursos de terceiros elaborado pela Associação Brasileira das Entidades dos Mercados Financeiro e de Capitais – Anbima. Ambas basearam a classificação dos fundos de investimento na composição de suas carteiras. Como anteriormente explanado, a identificação de um fundo quantitativo não depende da análise de sua carteira, mas das ferramentas de gestão empregadas pelo administrador de carteira, que como vimos NÃO diferencia um fundo quantitativo. Nesta seção serão analisadas a atual regulamentação no Brasil e no exterior e como os fundos quantitativos têm sido divulgados ao público.

2.1 As diferentes classes de fundos de investimento e a necessidade de informações específicas para os investidores de fundos quantitativos

Os fundos de investimento são veículos de investimento coletivos administrados por uma instituição financeira (ou instituição assemelhada, nos termos da

---

c-based programs. A client that wishes to utilize a robo-adviser enters personal information and other data into an interactive, digital platform (e.g., a website and/or mobile application). Based on such information, the robo-adviser generates a portfolio for the client and subsequently manages the client's account". Cf. Robo-Advisers, IM Guidance Update n. 2017-02, Fevereiro, 2017. Disponível em: https://www.se c.gov/investment/im-guidance-2017-02.pdf. Acesso em: 22 set. 2020.

26. Acessível pelo seguinte endereço: www.investidor.gov.br.

27. Essa diferenciação é a mesma feita entre pessoas físicas ou jurídicas que atuam como gestores de recursos sujeitos à Instrução CVM n. 558 e consultores de valores mobiliários sujeitos à Instrução CVM n. 592.

28. Atualmente, a maior parte dos robô-advisors que atuam no mercado mundial ainda utilizam algoritmos simples. Mesmo aqueles que utilizam algoritmos de "machine learning" para prestar serviços de assessoria de investimento possuem processos de intervenção humana. Os sistemas automatizados geralmente são limitados a recomendar investimento ou alocação de ativos financeiros que são utilizados pelo gestor para assessorar o cliente. IOSCO, op. cit., p. 07.

lei 4.595, de 31 de dezembro de 1964) e amparados por prestadores de serviços especializados com o objetivo de reunir os recursos dos investidores e aplicá-los em ativos financeiros.

Ou, nos termos do art. 1368-C do Código Civil, o fundo de investimento é "uma comunhão de recursos, constituído sob a forma de condomínio de natureza especial, destinado à aplicação em ativos financeiros, bens e direitos de qualquer natureza".

Como objetivamos analisar os fundos *quant*, que não estão na legislação, faremos brevíssima referência aos normativos sobre fundos de investimentos para facilitar o pesquisador que nos lê, mas não entraremos em detalhes desta matéria, neste momento.

A regra macro para disciplinar todos esses fundos de investimentos e sua regular constituição e funcionamento está prevista na Instrução CVM n. 555, de 17 de dezembro de 2014, da Comissão de Valores Mobiliários, apreendendo-se que os fundos, conforme a composição de sua carteira, de acordo com o art. 108 da Instrução CVM n. 555, podem ser: (i) fundo de renda fixa; (ii) fundo de ações; (iii) fundo multimercado; e (iv) fundo cambial. Essa classificação indica a política de investimento e o principal fator de risco da carteira do fundo de investimento.

A Anbima desenvolveu classificação própria dos fundos de investimento geridos ou administrados por seus associados ou instituições aderentes ao Código Anbima de Regulação e Melhores Práticas para Administração de Recursos de Terceiros. Sua relevância é confirmada pelo seguinte dado: mais de 95% dos participantes do mercado aderiram ao referido Código[29].

O "tipo Anbima", ou seja, a classificação do fundo de investimento nos termos das "Regras e Procedimentos Anbima para classificação dos Fundos 555 n. 07, de 23 de maio de 2019, com as alterações introduzidas pela Regra e Procedimento Anbima n. 12/19" constante do Código Anbima de Regulação e Melhores Práticas para Administração de Recursos de Terceiros, foi estruturado com base nas espécies previstas na regulamentação da CVM e criou diversas outras subcategorias conforme o objetivo e política de investimento de cada fundo.

A despeito da escassa produção acadêmica[30] e falta de regras específicas, foram analisados os regulamentos e os sites de gestoras de fundos quantitativos listados em pesquisa feita por Vitor Ceciliano[31] e gestoras representadas em evento promovido

---

29. Para uma análise mais detalhadas da classificação dos fundos de investimento: PAVIA, E. C. *Fundos de investimento*: estrutura jurídica e agentes de mercado como proteção do investimento. São Paulo: Quartier Latin, 2016., p. 98-103, 105, nota de rodapé n. 138.

30. Busca eletrônica nas bibliotecas da USP, PUC-SP, FGV-SP e UFRJ não trouxe resultados para os termos "fundos quantitativos" nos campos de pesquisa.

31. CECILIANO, V. *Avaliação de desempenho de fundos quant no Brasil*. 2017. 54 p. Monografia (Departamento de Ciências Econômicas) – Pontifícia Universidade Católica do Rio de Janeiro. Disponível em: http://ftp. econ.puc-rio.br/uploads/adm/ trabalhos/files/Vitor_Alves_Ceciliano.pdf. Acesso em: 26 sest. 2020, p. 10.

pelo Banco BTG Pactual sobre o mercado de fundos quantitativos realizado em 17 de abril de 2019[32]-[33].

Após a delimitação da amostra, foram analisados os regulamentos dos fundos quânticos. Lembramos que o regulamento é o conjunto de normas que rege o funcionamento do fundo de investimento. Seu conteúdo mínimo é disciplinado pelo art. 44 da Instrução CVM n. 555. Podemos comparar o regulamento de um fundo, por todas as suas características, ao estatuto social da sociedade anônima, socorrendo-nos do ensinamento de Comparato, ainda que discorrendo sobre os estatutos sociais:

> Como tive ocasião de expor alhures, 'os estatutos sociais apresentam-se, assim, como um ato-regra, para retomarmos a expressão dos institucionalistas franceses, sem embargo de sua adoção como conteúdo do negócio jurídico plurilateral de criação da sociedade. Eles representam o papel desempenhado pela constituição política no plano estatal, assinalando as finalidades da instituição, a sua organização e o modo de designação dos respectivos órgãos, o seu funcionamento e os seus poderes. Reconhece-se, pois, nos estatutos sociais, a natureza de direito objetivo, de *jus positum* no âmbito corporativo, embora de validade sempre dependente da positividade da ordenação estatal, à qual se subordinam.'

> Daí por que, tal como a lei o estatuto vale para um número indeterminado de pessoas, e não como, no caso do contrato, apenas para os que nele foram partes; vale, da mesma forma, para um número indeterminado de casos, apenas abstratamente considerados como hipótese de incidência normativa, e não para uma situação de fato concretamente definida[34].

A análise dos regulamentos dos fundos de investimento da amostra nos levou a uma constatação: *as políticas de investimento não informam que o fundo é quantitativo.* Aliás, com exceção de dois regulamentos que fazem uma breve citação nos fatores

---

32. As seguintes gestoras de fundos de investimento quantitativos estavam representadas no evento: Pandhora Investimentos LTDA., Vinci Gestora De Recursos Ltda, Claritas Administração de Recursos Ltda., Constancia Investimentos Ltda., Murano Investimentos Gestão de Recursos Ltda, Quantco Investimentos (não foi encontrado registro dessa empresa na CVM), Kadima Gestão de Investimentos Ltda. e Giant Steps Capital (Zeitgeist Tech Investimentos Ltda.). Para a análise dos regulamentos de um fundo quantitativo de cada gestora representada no evento, foi excluída a gestora que não identificou qualquer fundo quantitativo sob sua gestão em sua página na internet (Vinci Gestora de Recursos) e aquela gestora com representante no evento mas que não foram encontradas informações sobre o fundo sob sua gestão e os dados da empresa no website da CVM (Quantco). *Quant Day Conheça Mais Sobre A Indústria dos fundos quant*, Rio de Janeiro. Evento promovido pelo BTG Pactual Digital. Disponível em: https://youtu.be/j4kOR-onKTw. Acesso em: 26 set. 2020.
33. Lista de fundos de investimento que compõem a amostra: (i) Bozano Quant FIM, inscrito no CNPJ n. 12.475.061/0001-94, Fundo Azul Quantitativo FIM, inscrito no CNPJ n. 11.690.100/0001-03, Kadima Master FIM, inscrito no CNPJ n. 09.412.694/0001-49, Kinea Sistemático FIM, inscrito no CNPJ n. 08.817.605/0001-81, More Attraction FIM LP, inscrito no CNPJ n. 20.383.569/0001-90, Murano FIC FIM, inscrito no CNPJ n. 09.586.692/0001-76, Smartquant Hiprob FIM, inscrito no CNPJ n. 12.284.306/0001-04, Giant Zarathustra Master FIM, inscrito no CNPJ n. 22.099.965/0001-16, XP Unique Quant Master FIM, inscrito no CNPJ n. 18.446.396/0001-60, Pandhora Essencial FIC de FIM, inscrito no CNPJ n. 24.140.265/0001-53, Claritas Quant FIC FIM, inscrito no CNPJ n. 31.416.575/0001-13 e Constância Fundamento FIA, inscrito no CNPJ n. 11.182.064/0001-77. Desta lista, os fundos de investimento XP Unique Quant Master FIM, More Attraction FIM LP, Kinea Sistemático FIM, Fundo Azul Quantitativo FIM e Bozano Quant FIM foram extintos, conforme consta no CNPJ disponibilizado pelo site da Receita Federal: www.receita.fazenda.gov.br. Acesso em: 26 set. 2020.
34. COMPARATO, 1981, p. 221-222.

de risco[35], os regulamentos analisados não informam que o gestor utiliza método ou ferramenta quantitativa na administração da carteira, valendo citar esta honrosa exceção:

> Art. 11. Antes de tomar uma decisão de investimento no Fundo, os potenciais investidores devem considerar cuidadosamente, à luz de sua própria situação financeira e de seus objetivos de investimento, todas as informações disponíveis neste Regulamento, no Formulário de Informações Complementares e, em particular, avaliar os fatores de risco descritos a seguir:
>
> (...)
>
> IX. Risco de Utilização de Trading Quantitativo e/ou Automatizado: o Fundo utiliza intensamente técnicas de gestão quantitativas, onde modelos matemáticos e estatísticos procuram identificar situações onde o Fundo poderia obter uma expectativa de retorno positiva. Contudo, não há qualquer garantia de que tais modelos sejam de fato bem-sucedidos quando em operação. Em adição a isso, uma vez que tais modelos geralmente possuem sua execução automatizada, isso implica em riscos adicionais provenientes de erros de programação, falhas de comunicação e/ou eventos inesperados por parte da Gestora ou outros prestadores de serviço do fundo. Nessas situações, podem ocorrer casos em que operações sejam executadas fora dos parâmetros de preço, lote e/ou quantidade de ordens originalmente desejados, o que possivelmente acarretará perdas substanciais para o Fundo.[36-37]

A informação a respeito da automatização dos investimentos e da utilização de ferramentas quantitativas, ainda que o fundo não seja puramente quantitativo, é fundamental para que o investidor tome uma *decisão refletida e informada* antes de investir no fundo. Por essa razão, essa informação deve constar no regulamento do fundo de forma clara e objetiva. Mas ... em defesa dos Fundos, seus gestores e administradores, *não* há legislação específica no Brasil.

Mas essa não é a única informação relevante que deve constar no regulamento de um fundo quantitativo. Também devem ser disponibilizadas informações suficientes para que o investidor possa aferir se esse tipo de fundo está *adequado* ao seu objetivo de investimento (nos termos da Instrução CVM n. 539, de 13 de novembro de 2013).

O gestor deve prestar declaração a respeito da adequação e suficiência dos dados que suportam a implementação da estratégia de gestão com *machine learning* além, claro, de precisão em fatores de risco e profissionais relevantes.[38] Pelas características dos modelos criados e pelos algoritmos desenvolvidos para implementar as estratégias de gestão, tanto a garantia de que os algoritmos estão operando em conformidade com o que foi divulgado ao público, como a proteção da propriedade intelectual, ganham especial relevância e precisam ser divulgadas aos investidores.

---

35. Os regulamentos dos fundos Kadima Master Fundo de Investimento Multimercado e Murano Fundo de Investimento em Cotas de Fundo de Investimento Multimercado.
36. Trecho extraído do regulamento do fundo Kadima Master FIM, disponível na página de internet mantida pela Comissão de Valores Mobiliários no seguinte endereço: www.cvm.gov.br.
37. Verificar o artigo 38, parágrafo quarto do regulamento do Murano Fundo de Investimento em Cotas de Fundo de Investimento Multimercado, inscrito no CNPJ sob o n. 09.573.796/0001-46, disponível na página de internet mantida pela Comissão de Valores Mobiliários no seguinte endereço: www.cvm.gov.br.
38. Especialmente para evitar vieses e uma boa aplicação da inteligência artificial e "machine learning".

2.2 Regulamentação norte-americana do gestor quantitativo

Grande parte dos gestores de recursos nos Estados Unidos organizam suas operações através de uma espécie de sociedade com responsabilidade limitada (*limited liability company*) que atua como o *general partner*, *managing member* ou *investment manager* dos fundos sob sua gestão. Ao administrar a carteira do fundo de investimento o gestor passa a ser considerado *investment adviser* nos termos da "section 202(a)(11)" do "Investment Advisers Act", de 1940[39].

O *Investment Advisers Act* não estabelece um extenso regime regulatório aos gestores, mas impõe um dever fiduciário amplo para que os gestores atuem no melhor interesse dos seus clientes[40].

Em geral, o gestor somente é responsabilizado no caso de conduta negligente ou imprudente. Se o gestor de recursos falhar em atingir o objetivo de investimento do cliente, isso não significa, em um primeiro momento, uma violação do dever de fidúcia atribuído ao gestor. Fiduciários que são razoavelmente diligentes não serão responsabilizados por erros de julgamento, decisões tomadas em boa-fé ou pelo resultado do investimento.[41]

Um gestor tradicional ou quantitativo também se submete à *section* 206 do "*Investment Advisers Act*", que dispõe sobre fraudes contra clientes. Conforme entendimento da Suprema Corte dos Estados Unidos, os gestores são agentes fiduciários para os seus clientes e a eles lhes deve "*an affirmative duty of utmost good faith and full and fair disclosure of all material facts*", assim como a obrigação de diligência para não enganar os seus clientes. Segundo a SEC, "*when an adviser fails to disclose information regarding potential conflicts of interest, clients are unable to make informed decisions about entering into or continuing the advisory relationship*".[42]

A SEC já possui alguns precedentes a respeito de ilicitudes cometidas por gestores quânticos. Alongar-nos-emos aqui pela relevância do tema. No caso da Chariot Advisers LLC (Advisers Act Release n. 3872, 109 SEC Docket 1231 de 03 de julho de 2014), o gestor foi acusado de prestar declarações falsas e por omissões relacionadas à criação de uma nova estratégia de investimentos para operar moedas via algoritmos para o "Board of Directors" do fundo de investimento. O representante do gestor que já possuía algoritmos ou modelos computacionais capazes de efetuar operações com moedas. Para encerrar o processo administrativo, os acusados celebraram um termo de compromisso com a SEC. Outro caso refere-se à acusação da GMB Cap. Mgmt.

---

39. LEDERMAN, S. J. *Hedge Fund Regulation*. New York: Practising Law Institute, 2012.
40. Para uma visão geral dos deveres atribuídos aos gestores sujeitos ao "Investment Advisers Act": Estados Unidos. *Regulation of Investment Advisers by the U.S. Securities and Exchange Commission*. Outline and Staff Views, Março 2013.
41. PITTMAN, op. cit., p. 684.
42. Ver PUGLIESE, D. Investment Adviser Trading Desk Activities. In: KIRSCH, C. E. (Ed.). *Investment Adviser Regulation*: A step-by-step guide to compliance and the law. 3. ed. New York: Practising Law Institute, 2013. v. 1, cap. 20; PITTMAN, op. cit., p. 688.

LLC (Advisers Act n. 3399, 103 SEC Docket 997, de 28 de agosto de 2002) que divulgou aos clientes que utilizava modelos de precificação quantitativa para aplicar em fundos de investimento ("hedge funds"), sendo que as decisões de investimento eram feitas sem um modelo.[43]

Já o caso das empresas Transamerica ganhou notoriedade pelo valor da multa paga pelos acusados para encerrar o processo administrativo. O gestor foi acusado de divulgar ao público que as decisões de investimento seriam tomadas com base em modelo quantitativo interno. A SEC descobriu que um analista júnior e inexperiente era responsável pelos modelos, que continham diversos erros e não funcionava como prometido aos investidores. Para encerrar esse processo, as empresas acusadas concordaram em pagar o total de US$ 97 milhões, que deveriam ser distribuídos aos investidores prejudicados.[44]

Outro caso emblemático que merece maior atenção foi a condenação das empresas do grupo AXA Rosenberg e do Dr Rosenberg. Em 03 de fevereiro de 2011, a SEC condenou 3 empresas do grupo AXA Rosenberg por fraude devido à ocultação de um *erro relevante no código computacional* no modelo de investimento quantitativo utilizado para administrar os ativos dos clientes.[45]

Segundo a SEC, o modelo continha 3 componentes principais: um modelo Alpha que buscava ações mal precificadas, um modelo de risco, que examinava o risco específico das ações e fatores comuns de risco e um "Optmizer", que ponderava as sugestões geradas pelos dois componentes, controlava riscos e recomendava uma carteira baseada no benchmark do cliente. Esse modelo foi revisado pela empresa em 2007 para assegurar que funcionava como planejado (mediante pesquisa, "back-testing" e simulações). Entre 2007 e 2009, a rentabilidade do fundo ficou abaixo do *"benchmark"* (índice de referência) e, por conta disso, muitos clientes reclamaram dos resultados.

Os modelos foram criados pela California Research Group e licenciados para o grupo AXA Rosenberg. Em junho de 2009, um empregado da California Research Group descobriu *erros de escala no processo de codificação* utilizado nas últimas revisões pelos quais o componente "Optimizer" não detectava alguns fatores de risco, incapacitando o modelo. Esse funcionário alertou o seu superior a respeito do erro encontrado e outras pessoas do California Research Group, mas o líder da empresa determinou que a correção do erro fosse postergada para que fosse possível implementar algumas mudanças no código, em consonância com as revisões anteriormente planejadas. Esse líder também instruiu seus empregados a não notificar o grupo AXA Rosenberg. Depois de três meses após descobrir o erro, em setembro de 2009,

---

43. PITTMAN, op. cit., p. 690.
44. Conforme publicado na página de internet da SEC, no seguinte endereço: https://www.sec.gov/news/press-release/2018-167. Acesso em: 26 set. 2020.
45. Conforme divulgado pela SEC em 03 de fevereiro de 2011, no seguinte endereço eletrônico: https://www.sec.gov/ news/press/2011/2011-37.htm. Acesso em: 26 set. 2020.

a California Research Group corrigiu alguns erros e, em novembro de 2009, todos os erros foram corrigidos. Os representantes do AXA Rosenberg somente souberam do erro em novembro de 2009, mas os clientes não foram informados. Em março de 2010, antes da fiscalização programada pela SEC na empresa do grupo AXA Rosenberg, a empresa informou a SEC a respeito do erro no modelo. Tanto a empresa do grupo AXA Rosenberg quanto a California Research Group eram registradas como *investment adviser* perante a SEC.

Dentre as acusações, a controladora do grupo AXA Rosenberg foi acusada de violar a lei pela declaração falsa a respeito de controles internos, por não ter controles que prevenissem erros, por levar os investidores a erro ao não informar que parte dos prejuízos do fundo decorreram de erros no modelo quantitativo, por não conduzir uma análise adequada do erro no momento em que ele foi descoberto e por não o corrigir imediatamente. Para encerrar o processo administrativo, o grupo AXA Rosenberg se comprometeu a pagar US 217 milhões – valor do prejuízo causado aos investidores, conforme avaliado pela consultoria contratada pela empresa.

A respeito desse caso do grupo AXA Rosenberg, a SEC divulgou o seguinte:

> To protect trade secrets, quantitative investment managers often isolate their complex computer models from the firm's compliance and risk management functions and leave oversight to a few sophisticated programmers, said Robert Khuzami, Director of the SEC's Division of Enforcement. *"The secretive structure and lack of oversight of quantitative investment models, as this case demonstrates, cannot be used to conceal errors and betray investors"*.[46]

A decisão da SEC repercutiu no mercado.[47] A identificação e a mitigação de riscos relacionados aos modelos quantitativos precisam integrar as políticas escritas das gestoras.

Como uma forma de tornar mais claras as obrigações dos gestores e robô-advisers a respeito das informações aos clientes, a SEC publicou um guia denominado *"Investment Management Guidance Update n. 2017-02"*[48], onde a SEC sugere as seguintes informações para instruir e informar adequadamente os investidores a respeito do serviço prestado por "robô-advisers" (a citação é longa, mas vale à pena):

> • A statement that an algorithm is used to manage individual client accounts;

---

46. Securities and exchange commission. SEC Charges AXA Rosenberg Entities for Concealing Error in Quantitative Investment Model. Press Release, Washington, 03/02 2011. Disponível em: https://www.sec.gov/news/press/2011/2011-37.htm. Acesso em: 26 set. 2020.
47. PITTMAN, op. cit., p. 707.
48. Esse guia traz algumas recomendações relativas ao cumprimento dos deveres de informar previstos no Investment Advisers Act para os robo advisers. Mais especificamente, o guia orienta sobre as informações que devem ser disponibilizadas aos clientes e aquelas devem ser fornecidas para o cumprimento das obrigações de "suitability". O guia também recomenda a adoção de programa de *compliance* destinado a prevenir problemas específicos de recomendação automatizada. Securities and exchange commission. IM Guidance Update, Washignton, n. 2017-02, Fev 2017. Disponível em: https://www.sec.gov/investment/im-guidance-2017-02.pdf. Acesso em: 26 set. 2020.

• A description of the algorithmic functions used to manage client accounts (e.g., that the algorithm generates recommended portfolios; that individual client accounts are invested and rebalanced by the algorithm);

• A description of the assumptions and limitations of the algorithm used to manage client accounts (e.g., if the algorithm is based on modern portfolio theory, a description of the assumptions behind and the limitations of that theory);

• A description of the particular risks inherent in the use of an algorithm to manage client accounts (e.g. that the algorithm might rebalance client accounts without regard to market conditions or on a more frequent basis than the client might expect; that the algorithm may not address prolonged changes in market conditions);

• A description of any circumstances that might cause the robo-adviser to override the algorithm used to manage client accounts (e.g., that the robo- adviser might halt trading or take other temporary defensive measures in stressed market conditions);

• A description of any involvement by a third party in the development, management, or ownership of the algorithm used to manage client accounts, including an explanation of any conflicts of interest such an arrangement may create (e.g., if the third party offers the algorithm to the robo-adviser at a discount, but the algorithm directs clients into products from which the third party earns a fee);

• An explanation of any fees the client will be charged directly by the robo- adviser, and of any other costs that the client may bear either directly or indirectly (e.g., fees or expenses clients may pay in connection with the advisory services provided, such as custodian or mutual fund expenses; brokerage and other transaction costs);

• An explanation of the degree of human involvement in the oversight and management of individual client accounts (e.g., that investment advisory personnel oversee the algorithm but may not monitor each client's account);

• A description of how the robo-adviser uses the information gathered from a client to generate a recommended portfolio and any limitations (e.g., if a questionnaire is used, that the responses to the questionnaire may be the sole basis for the robo-adviser's advice; if the robo-adviser has access to other client information or accounts, whether, and if so, how, that information is used in generating investment advice); and

• An explanation of how and when a client should update information he or she has provided to the robo-adviser (ESTados Unidos, 2017).

Por fim, a SEC recomenda que os "robô-advisers" considerem os seguintes aspectos na elaboração do programa de *compliance*:

• The development, testing, and backtesting of the algorithmic code and the post-implementation monitoring of its performance (e.g., to ensure that the code is adequately tested before, and periodically after, it is integrated into the roboadvisers' platform; the code performs as represented; and any modifications to the code would not adversely affect client accounts);

• The questionnaire eliciting sufficient information to allow the robo-adviser to conclude that its initial recommendations and ongoing investment advice are suitable and appropriate for that client based on his or her financial situation and investment objectives;

• The disclosure to clients of changes to the algorithmic code that may mate- rially affect their portfolios;

• The appropriate oversight of any third party that develops, owns, or manages the algorithmic code or software modules utilized by the robo-adviser;

• The prevention and detection of, and response to, cybersecurity threats;

OS FUNDOS "QUANT" E A RESPONSABILIDADE CIVIL DO GESTOR DE RECURSOS **249**

- The use of social and other forms of electronic media in connection with the marketing of advisory services (e.g., websites; Twitter; compensation of blog- gers to publicize services; "refer-a-friend" programs); and
- The protection of client accounts and key advisory systems"[49].

2.3 Regulamentação brasileira aplicável ao gestor quantitativo

Tendo lastro no art. 192 da Constituição Federal, Eros Grau define os mercados como instituições jurídicas que para operar com segurança e previsibilidade do sistema jurídico para estabelecer e reproduzir as relações de produção que lhes são próprias, e para viabilizar o seu funcionamento com normas jurídicas que os regulam, limitam e conformam[50]-[51]:

"Como o mercado é instituição jurídica, constituída pelo direito posto pelo Estado, deste se reclama, a um tempo só, que garanta a liberdade econômica e, concomitantemente, opere a sua regulamentação [= regulação]. Sendo atividade, as regras do mercado consubstanciam o seu substrato.[52]

A Lei 4.595/64 deu aos gestores de recursos a posição de integrantes do sistema financeiro nacional (art. 17). E a lei 6385/76 estabeleceu que o exercício profissional da gestão de recursos depende de autorização prévia da CVM (art. 23, § 1º). Essa mesma lei conferiu à CVM competência para regulamentar a atividade de gestão de recursos e a submeteu à fiscalização da autarquia (arts. 8º, inciso I, 15, inciso III e § 1º e 23), consubstanciadas na Instrução CVM n. 558/2015.

De acordo com o art. 1º dessa instrução, a gestão de recursos é uma das categorias da atividade de administração de carteiras.66 Concedida a autorização, o gestor de recursos deve (art. 16):

I – (...) boa fé, transparência, diligência e lealdade (...); II – desempenhar suas atribuições de modo a: buscar atender aos objetivos de investimento (...); e b) evitar práticas que possam ferir a relação fiduciária mantida com seus clientes; III – cumprir fielmente o regulamento ... dentre as quais se incluem: a política de investimentos a ser adotada; b) descrição detalhada da remuneração cobrada pelos serviços; c) os riscos inerentes aos diversos tipos de operações com valores mobiliários (...); d) o conteúdo e a periodicidade das informações a serem prestadas ao cliente; e e) informações sobre outras atividades que o administrador exerça no mercado e os potenciais conflitos de interesse existentes entre tais atividades e a administração da carteira administrada; (...); VI – transferir à carteira qualquer benefício ou vantagem que possa alcançar (...); VII – (...); VIII – informar à CVM sempre que verifique, no exercício das suas atribuições, a ocorrência ou indícios de violação da legislação que incumbe à CVM fiscalizar (...); e IX – no caso de administrador, pessoa jurídica,

---

49. Securities and exchange commission. IM Guidance Update, Washignton, n. 2017-02, Fev 2017
50. A respeito das diretrizes constitucionais para o mercado, vale trazer o seguinte trecho da ementa do julgamento da ADI 1950 que, dentre outros temas, tratou de livre iniciativa, ordem econômica e mercado: "Mais do que simples instrumento de governo, a nossa Constituição enuncia diretrizes, programas e fins a serem realizados pelo Estado e pela sociedade. Postula um plano de ação global normativo para o Estado e para a sociedade, informado pelos preceitos veiculados pelos seus artigos 1º, 3º e 170."
51. Ver também: PISTOR, op. cit., p. 315 e 317; GRAU, E. R. A *ordem econômica na Constituição de 1988*. 14. ed. São Paulo: Malheiros, 2010, p. 30.
52. GRAU, 2010, p. 44.

estabelecer política relacionada à negociação de valores mobiliários por parte de administradores, empregados, colaboradores, sócios controladores e pela própria empresa.

Relativamente aos gestores quânticos, destacamos o art. 16-A da Instrução:

Art. 16-A. A prestação de serviço de administração de carteira de valores mobiliários com a utilização de sistemas automatizados ou algoritmos está sujeita às obrigações e regras previstas na presente Instrução e não mitiga as responsabilidades do administrador.

Parágrafo único. O código-fonte do sistema automatizado ou o algoritmo deve estar disponível para a inspeção da "CVM na sede da empresa em versão não compilada.

Ou seja, a CVM reconheceu que a gestão de recursos não está limitada à atuação humana, mas não regulamentou de forma clara a precisa os deveres e responsabilidades dos gestores quânticos, exigindo apenas que o código-fonte ou o algoritmo fique disponível para inspeção em versão não compilada. Além do risco de discricionariedade na aplicação da norma, algo que sempre deve ser evitado, essa não parece a melhor abordagem regulatória, principalmente diante dos riscos específicos que os fundos quânticos representam para os investidores, conforme será demonstrado a seguir.

3. RISCOS ESPECÍFICOS AOS FUNDOS QUANTITATIVOS

A automatização dos investimentos nos fundos quantitativos apresenta, basicamente, quatro grandes benefícios: (i) menor custo, (ii) segurança, (iii) imparcialidade, e (iv) diversificação.

O uso intensivo de tecnologia permite que o gestor otimize o trabalho necessário para a gestão de recursos e diminua significativamente o custo da operação. O gestor tradicional usualmente contrata analistas de investimento, economistas, operadores (*traders*), analistas de risco e *controllers* para coletar dados, analisá-los, propor uma carteira para o fundo, negociar os ativos financeiros (observando os fatores de risco criados pelo gestor e aqueles estipulados no regulamento do fundo) e balancear a carteira conforme os movimentos do mercado. Já o gestor quântico consegue condensar grande parte das atividades conduzidas pelos profissionais de mercado em modelos compostos por algoritmos, que atuam de maneira muito mais rápida e eficaz. O custo fixo e o custo com pessoal diminuem drasticamente com a implementação dos robôs na condução dos investimentos.

A segurança do fundo quantitativo pode ser observada em diversos aspectos de sua gestão: (i) disciplina para a realização dos investimentos, com repetibilidade, (ii) utilização de tecnologia de ponta, (iii) rigor científico para uma execução rápida e certeira em conformidade com o que foi programado para ser executado pelos robôs de investimento (ou seja, teoricamente, sem erros operacionais), e (iv) exatidão dos robôs no monitoramento dos mercados para escolher os ativos e o melhor momento de investir. Já a isenção decorre da confiança do investidor na imparcialidade do robô na condução dos investimentos do fundo e na prestação de serviços de administração de carteira. Além disso, o investidor também é preservado do viés natural do gestor tradicional e que pode ser um obstáculo para a escolha do ativo e do melhor momento para negociá-lo. Um robô não tem medo e nem viés na execução daquilo que ele foi programado para fazer.[53]

Por fim, a diversificação decorre do comportamento dos fundos quantitativos. Enquanto os grandes fundos tradicionais costumam apresentar uma correlação alta, os fundos quantitativos possuem baixa correlação com os fundos tradicionais e entre si. Isso significa que eles representam uma opção de diversificação para proteger a rentabilidade da carteira de investimentos do cliente.

Alguns riscos[54] dos fundos quantitativos são verificados em qualquer modalidade de gestão. No entanto, há riscos específicos do gestor quantitativo que carecem de maior investigação. Narang especifica e classifica alguns riscos específicos dos fundos quantitativos da seguinte forma: (i) riscos do modelo, (ii) riscos de mudança de conjuntura, (iii) riscos de terceiros (exógenos), e (iv) riscos de mercado "*crowded*" (contágio).[55]

O primeiro risco refere-se ao erro na montagem do modelo de investimento (software construído pelo gestor quantitativo ou terceiro contratado). Se o gestor fizer um trabalho ruim ou inadequado ao criar um modelo para determinado fenômeno, a estratégia de investimento pode causar prejuízos para o fundo quântico. Esse risco também é verificado em erros na especificação ou na engenharia de software, inaplicabilidade da modelagem e erros na implementação.

Outro risco dos gestores quânticos está na mudança de conjuntura (*regime change risks*). Considerando que a grande maioria dos modelos quantitativos utilizam dados históricos, uma mudança drástica da conjuntura pode afetar negativamente o fundo quântico pois seu modelo depende de um comportamento historicamente observado e que não se repetiu devido à mudança de conjuntura.

Um terceiro risco foi identificado por Narang como *exogenous risk*, que traduzimos para riscos externos. Trata-se de um choque externo decorrente de informações fora do mercado, como ataques terroristas, guerra ou intervenção governamental. Esses eventos afetam diretamente os preços praticados no mercado e não costumam ser capturados pelos modelos quânticos na formulação de suas estratégias.

Há também o risco de contágio, que não está ligado à estratégia de investimento, mas à utilização da mesma estratégia pelos outros investidores. Esse risco pode ser dividido em duas partes. A primeira parte está relacionada à quantidade de investidores utilizando a mesma estratégia e a segunda parte diz respeito aos ativos

---

53. Não negamos a possibilidade de algoritmos gerarem resultados que possam ser considerados enviesados ou preconceituosos. Podemos citar o caso da Professora Latana Sweeney, da Universidade de Harvard, que verificou que pesquisas no Google de nomes afro-americanos geravam recomendações de empresas que prestavam serviços de checagem de antecedentes criminais. O programador pode, de alguma forma, inserir comandos que denotam seu próprio preconceito e viés.

54. IOSCO, op. cit., p. 01.

55. NARANG, op. cit., cap. 10.

detidos por esses mesmos investidores que os forçariam a abandonar a estratégia quantitativa em pânico.[56]

A exatidão do algoritmo e a compreensão das ferramentas utilizadas na gestão quantitativa devem ser asseguradas aos órgãos reguladores, clientes e participantes do mercado – ainda que de maneira confidencial (é natural que o órgão regulador necessite ter acesso a mais detalhes do que os clientes), evidenciando assim a diferença gritante entre fundos quantitativos e outros fundos.

Não se quer com isso um fundo que sempre acerte e performe positivamente acima do *benchmark*, pois como não se exige do gestor tradicional uma gestão livre de erros, o mesmo também não se pode exigir do gestor quantitativo. Pittman vai além:

> There is no justification for imposing a heightened standard of care on quantitative managers versus traditional managers. A quantitative manager's decision to delay correcting an error in a model is an investment decision, no different than an enhancement to a model, that should be subject to the same disclosure and fiduciary standards applied to traditional managers with respect to their research and investment decision-making responsibilities. For this reason, the SEC should not challenge the reasonable, good faith investment decisions of qualified quantitative managers (including the resolution of model errors), except to the extent that it would question analogous research or investment decisions made by qualified traditional managers.

Ora, se a atratividade do fundo quantitativo está atrelada ao custo, segurança (com repetibilidade), isenção e diversificação, qualquer ameaça a um desses fatores requer do gestor a imediata divulgação de informações ao público (aliás, o regulamento já deveria prever), por uma questão de moralidade, probidade, boa-fé e em respeito ao que é exigido pelo Código de Defesa do Consumidor e regulamentação da CVM (notadamente o disposto na Instrução CVM 555).[57]

O uso de algoritmos e ou ferramentas quantitativas deve ser identificado no regulamento E na propaganda, sem se olvidar que os riscos relacionados à segurança

---

56. Para outros riscos, confira-se: IOSCO – The board of the international organization of securities commissions, op. cit., p. 01.

57. O regulamento do fundo norte-americano TFA Quantittive Fund fasfaz essa divulgação de uma forma bem didática: "The Adviser delegates the day-to-day management of the Fund's portfolio to the Sub-Adviser. The Sub-Adviser's model generates signals based on a quantitative analysis, which is then used to determine in which of the Underlying Funds to invest. The model's buy, sell, or hold signals are generated by the model's algorithmic, rules-based system. The Sub-Adviser's model is predicated on whether the model anticipates a market advance, correction, or decline. Final allocations among the Underlying Funds and/or cash is determined by short-term technical analysis and momentum indicators that track recent price changes in the Underlying Funds. The Sub-Adviser's model utilizes a proprietary quantitative process that aggregates over thirty different trading systems into one algorithm to identify buy, sell, and short signals, based on historic and raw stock market data, including major and secondary market indexes, interest rate data, internal market data such as technical indicators that measure market indices movements, new highs and lows, volume and volatility measures and seasonality and sentiment data. The Sub-Adviser's model incorporates seasonality and sentiment data to identify patterns in the time of year to determine stock market advances or declines and consumer sentiment about markets or the economy. The Fund may hold significant cash or fixed income positions during unfavorable market conditions and may be fully invested in the Underlying Funds when favorable conditions warrant. The factors used to determine the Fund's allocations are *based upon the strength of sub-adviser's trading signals. In managing the Fund's portfolio, the Fund.*

cibernética ganham especial relevo nos fundos quantitativos, para evitar ataques de hackers ou invasões do algoritmo ou do sistema.

4. RESPONSABILIDADE CIVIL DOS PRESTADORES DE SERVIÇO DO FUNDO QUANTITATIVO: O GESTOR E OS SEUS MATEMÁTICOS

Fixadas as operações de fundo quantitativa e a ausência de marco regulatório específico, vamos examinar a relação fiduciária entre gestor e cotistas, os deveres legais dos gestores, a aplicação do Código de Defesa do Consumidor aos fundos de investimento, a caracterização da responsabilidade objetiva do gestor e os *caveats* criados pela jurisprudência do Superior Tribunal de Justiça e, por fim, as peculiaridades da responsabilidade civil do gestor quantitativo e seus matemáticos.

4.1 A relação entre gestor e cotistas: características e aplicação do Código de Defesa do Consumidor

O gestor deve administrar a carteira do fundo com o mesmo cuidado e diligência que empregaria na gestão dos seus próprios recursos, tendo como lastro a antiga definição de relação fiduciária de Pontes de Miranda:

> O fiduciante fia-se no fiduciário. Não há negócio ou ato jurídico aparente; há negócio jurídico, que é. Por ele, cria-se relação jurídica de fidúcia, que obriga o fiduciário a destinar o bem fiduciário ao fim da fidúcia.[58]

Na prática, adquirir cotas de um fundo de investimento significa entregar certa quantia de dinheiro pertencente ao cotista (fiduciante) ao gestor (fiduciário), que se obriga a administrar os recursos captados e a adquirir ativos financeiros, com o objetivo de obter ganhos, devendo o fiduciário restituir o capital investido e seus rendimentos conforme o valor da cota no momento do pedido de resgate (sujeito aos termos do regulamento). Essa dinâmica foi classificada por Chalhub como negócio fiduciário para administração[59].

O aperfeiçoamento do contrato entre o cotista e o gestor se dá pelo termo de adesão e ciência de risco firmado pelo cotista ao ingressar no fundo. Dentre os mais de 20 mil fundos de investimento disponíveis atualmente para aplicação no mercado brasileiro, o investidor escolhe o gestor que ele conhece (ou foi recomendado) e o fundo que estiver convergente com o seu interesse e objetivo de investimento, sempre assistido pela instituição financeira que disponibiliza o produto (o *suitability* obrigatório).[60]

Pela forma como nasce a obrigação do gestor perante o fundo e seus cotistas, entendemos que a obrigação de fazer atribuída ao gestor é personalíssima: afinal, o

---

58. MIRANDA, F. C. P. de. *Tratado de Direito Privado*. 2. ed. Rio de Janeiro: Borsoi, 1954. t. IV, p. 377-378.
59. CHALHUB, M. N. *Alienação fiduciária*: negócio fiduciário. Rio de Janeiro: Forense, 2019, p. 45.
60. Cf. art. 92, inciso I, da Instrução CVM n. 555/2015.

devedor da obrigação é escolhido conforme as suas *"qualidades, que lhe são próprias, à sua perícia"*, como explica Clovis Bevilaqua.[61]

Mas nem a lei e nem o contrato podem exigir do gestor garantia de rentabilidade positiva por todo o período de funcionamento do fundo. Aplicar em fundo de investimento, independente do grau de risco que lhe for atribuído, implica em possibilidade de perdas financeiras. E, dependendo do tipo de fundo, as perdas podem ser superiores ao capital aplicado, obrigando o cotista a fazer aportes de recursos adicionais para cobrir o prejuízo do fundo.

Isso quer dizer que o cotista não pode esperar que o gestor seja uma espécie de "vidente" e "acerte" todas as decisões de investimento. O gestor não assume uma obrigação de resultado, "mas obrigação de meio, de bem gerir o investimento, visando à tentativa máxima de obtenção de lucro", conforme entendimento do Ministro Raul Araújo no julgamento do Recurso Especial Nº 799.241 – RJ.[62]

Orlando Gomes ensina que a obrigação de meio corresponde a uma atividade concreta do devedor, que faz o possível para cumpri-la, enquanto que a obrigação de resultado somente é verificada quando atingido o resultado[63].

Para entender melhor essa diferenciação, vale trazer o ensinamento de Comparato:

> Toda prestação compreende normalmente dois elementos: um elemento objetivo, que corresponde ao bem ou resultado (que não é forçosamente material) a ser produzido em benefício do credor, e um elemento objetivo[64], consistente ao comportamento do devedor em vista deste resultado. Algumas vezes, porém esse resultado final não pode entrar no vínculo, pelo fato de depender normalmente, segundo o critério do id quod plerumque accidit, de fatores estranhos à vontade do devedor. A prestação então compreenderá tão só um comportamento diligente e honesto do devedor em vista da obtenção desse resultado.[65]

Olhar a classificação conferida à obrigação do gestor de recursos é relevante para entender a sua responsabilidade perante os cotistas (REsp 799.241/RJ, Quarta Turma, DJe 26.02.2013). Sendo uma obrigação de meio, o gestor somente responderá *"na* medida em que se provar não a falta de resultado (que não entra no âmbito da relação), mas a total ausência do comportamento exigido, ou um comportamento pouco diligente e leal", conforme nos ensina Comparato.[66]

Sobre a diligência e lealdade no comportamento do devedor, o renomado jurista explica que a primeira equivale à boa-fé e a segunda refere-se à perícia ou habilidade

---

61. BEVILAQUA, C. *Direito das obrigações*: revista e atualizada por Achilles Bevilaqua. 8. ed. Rio de Janeiro: Francisco Alves, 1954., p. 58-59.
62. REsp 799.241/RJ, Quarta Turma, Rel. Min. Raul Araújo, DJe de 25.02.2013.
63. GOMES, O. *Obrigações*. Rio de Janeiro: Forense, 2019 p. 40.
64. COMPARATO, F. K. *Ensaios e pareceres de direito empresarial*. Rio de Janeiro: Forense, 1978, p. 534-535.
65. Sobre o segundo elemento objetivo citado neste trecho, parece-nos que houve um erro da editora e que o intuito foi fazer referência ao elemento subjetivo da prestação, pois trata do comportamento do devedor.
66. COMPARATO, op. cit., p. 538.

técnica relativamente ao resultado, que é a causa do negócio jurídico. Logo, a obrigação do gestor de fundo de investimento é atuar com diligência (boa-fé) e lealdade (perícia) perante os cotistas do fundo na condução de suas atividades.[67]

Comparato não nos deixa de surpreender. Mesmo que ignoremos, por um breve instante, a aplicação das regras do Código de Defesa do Consumidor ao cotista de fundos de investimento e a inversão do ônus da prova, o renomado jurista nos ensina que os deveres de diligência e lealdade (boa-fé e perícia) são aplicáveis nas obrigações de meio.

Lastreados nas lições de Comparato, agregando-as à análise da responsabilidade civil do gestor de fundo quantitativo, debruçar-nos-emos sobre a caracterização da relação de consumo entre cotista e gestor e em precedentes importantes do STJ a respeito do tema, com base no CDC, art. 3º:

> § 2º Serviço é qualquer atividade fornecida no mercado de consumo, mediante remuneração, inclusive as de *natureza bancária, financeira*, de crédito e securitária, salvo as decorrentes das relações de caráter trabalhista (g.n.).

Referido parágrafo foi objeto de Ação Direta de Inconstitucionalidade (ADI n. 2591-1) que pretendia a declaração de inconstitucionalidade da expressão "inclusive as de natureza bancária, financeira, de crédito e securitária"[68]. Essa ADI foi julgada improcedente pelo plenário do Supremo Tribunal Federal. E, no decorrer dos anos, a jurisprudência do STJ assentou o entendimento de que é aplicável o Código de Defesa do Consumidor nas aplicações feitas por investidores em fundos de investimento.[69]

4.2 Responsabilidade objetiva do gestor de recursos e *"caveats"* criados pela jurisprudência do STJ

A jurisprudência assentou entendimento a respeito da consideração do cotista do fundo de investimento como consumidor.[70] No entanto, esse entendimento tem recebido *"caveats"* importantes do Superior Tribunal de Justiça. Os

> prejuízos decorrentes de aplicações malsucedidas somente comprometem as instituições financeiras que os recomendam como forma de investimento se não forem adotadas *cautelas mínimas necessárias à elucidação da álea natural do negócio jurídico*, sobretudo daqueles em que o elevado grau de risco é perfeitamente identificável segundo a compreensão do homem médio, justamente por se tratar de obrigação de meio, e não de resultado (REsp 1606775/SP).

---

67. Eduardo Salomão denomina a relação estabelecida entre gestor e cotistas como uma relação fiduciária. In: SALOMÃO, E. *O trust e o direito brasileiro*. São Paulo: Trevisan, 2016, p. 48.
68. DUFLOTH, R. *A proteção do investidor em fundos de investimento*. Rio de Janeiro: Lumen Juris, 2017, p. 95.
69. DUFLOTH, citando levantamento feito pela Clínica de Mercado de Capitais da FGV a respeito do tratamento do cotista de fundos de investimento como consumidor mostra que, das 89 decisões encontradas a respeito do tema nos últimos 10 anos nos tribunais estaduais e no STJ, 76 delas aplicaram o CDC. Ibidem, p. 96.
70. A aplicação do Código de Defesa do Consumidor aos contratos de aplicação financeira celebrados entre clientes e instituições financeiras (administradores de fundos de investimento devem ser necessariamente instituições financeiras) foi pacificada com a publicação do Enunciado n. 297 da Súmula do STJ.

Sobre a obrigação de meio e eventuais perdas financeiras sofridas pelo cotista que não são indenizáveis, vale trazer o entendimento da Ministra Nancy Andrighi na relatoria do REsp 1.724.722- RJ: "não basta a ocorrência de uma perda, uma redução do patrimônio, mas esse prejuízo deve ser precedido de um fato *antijurídico* que constitua a sua causa" em consonância com a visão do STJ de que a aplicação em fundo de investimento representa um risco previsível de possíveis perdas financeiras:

> Consagrou-se, assim, a presunção de conhecimento pelo homem-médio (consumidor-padrão) acerca dos riscos normais e previsíveis ínsitos aos fundos de investimento, os quais, em outro precedente desta Corte (REsp 747.149/RJ, Quarta Turma, DJ 05/12/2005), foram denominados de "variações que acontecem, que são próprias do mercado", como de fato foi o episódio ocorrido em 1999, em decorrência da alteração da política cambial, implementada pelo governo como estratégia de contenção à perda de reservas (trecho do voto da Ministra Nancy Andrighi na relatoria do REsp 1.724.722-RJ: Terceira Turma, DJe 20.11.2019).

Assim, para que nasça o dever de indenizar, deve ficar caracterizada a má-gestão (não confundir com má-fé) do fundo de investimento, materializada nas operações arriscadas e temerárias:

> A má-gestão, consubstanciada pelas arriscadas e temerárias operações com o capital do investidor, como na hipótese em exame, ultrapassa a razoabilidade prevista no art. 14, § 1°, II, do CDC, a justificar a excludente do nexo de causalidade, ainda que se trate de aplicações de risco. (REsp 1164235/RJ, Terceira Turma, DJe 29.02.2012).[71]

Outro *caveat* muito importante que pode ser extraído dos precedentes do STJ diz respeito à diferenciação entre investidor profissional e investidor de varejo. A seguir, trecho do voto do Ministro. Luis Felipe Salomão, no julgamento do REsp 1.187.365/RO:

> Por óbvio que não se está a afirmar que todo e qualquer investidor é consumidor, porque há, no mercado de capitais, investidores profissionais que movimentam elevada soma de forma habitual e institucionalizada, não lhes remanescendo nenhum resquício da hipossuficiência necessária à caracterização da figura do consumidor. Segundo penso, há de se garantir a incidência do Código de Defesa do Consumidor ao investidor *não* profissional, de regra pessoa física, que vê a possibilidade de aporte em fundos de investimento como apenas mais um serviço oferecido pela instituição bancária, como qualquer outro investimento congênere.

Ainda nesse sentido, mas referente ao investimento em fundos que operam derivativos, o seguinte trecho da ementa do REsp 1.003.893/RJ julgado pela Terceira Turma do STJ:

> No investimento em fundos derivativos, principalmente os vinculados ao dólar americano, é ínsito o alto grau de risco, tanto para grandes ganhos, como para perdas consideráveis. *Aqueles que se encorajam a investir em fundos arrojados, estão cientes dos riscos do negócio* (REsp 1.003.893/ RJ, Terceira Turma, Rel. Ministro Massami Uyeda, DJe de 08.09.2010).

---

71. Nesse mesmo sentido: "existe a responsabilidade civil no caso de práticas gerenciais indevidas, pois essas são diversas do mero "risco de mercado", ínsito à aplicação financeira em debate" (AgInt no AREsp 1312916 / SC).

A diferenciação dos investidores com base no conhecimento e experiência de atuação no mercado financeiro, bem como no volume de recursos aplicados ou disponíveis para aplicação, foi regulamentada pela Instrução CVM n. 539/13. Para a CVM, os investidores devem ser divididos em três grupos: investidores profissionais, investidores qualificados e os demais investidores (comumente denominados investidores de varejo).[72]

A jurisprudência do STJ mostra que existe um impacto do público-alvo na responsabilidade do gestor. A possível vulnerabilidade presumida do investidor de varejo o coloca na posição de consumidor que carece da proteção rigorosa da CVM e do judiciário. Já o investidor qualificado ou o profissional gozam da presunção de conhecimento e capacidade de dispender uma análise qualificada dos produtos financeiros complexos que lhes forem oferecidos, especialmente fundos de investimento para perfis agressivos.

O traslado dessa constatação para o universo dos fundos quantitativos não oferece uma resposta conclusiva. O fundo de investimento não é considerado quantitativo com base na composição de sua carteira, mas pelas ferramentas quantitativas utilizadas por seu gestor. Por outro lado, todo o procedimento de *suitability* (adequação do fundo ao perfil do investidor) foi construído no risco que a carteira de cada fundo de investimento representa para o investidor. Assim, a proibição de determinados fundos de investimento para investidores de varejo não envolve os diferentes tipos de gestão – e, no nosso entendimento, nem deveria envolver. Isso não quer dizer que ignoramos os riscos peculiares aos fundos quantitativos, mas que tais riscos não devem obstar os investidores de varejo a investir nesse tipo de produto, desde que o gestor informe a respeito dos riscos peculiares a esse tipo de gestão, conforme anteriormente detalhado. O investimento em fundos quantitativos pode ser uma ótima alternativa para os investidores em geral, sempre que alertado corretamente – e supletivamente, como abaixo sugerido – pelo art. 11 da Instrução CVM 558.

Em suma, o que se verifica nesse breve passeio pela jurisprudência do STJ é que, apesar de entender que existe relação de consumo entre cotista e gestor de recursos, a obrigação de meio não restou descaracterizada pelos julgados, mas foi particularizada pelo reconhecimento de que: (i) nem todos os investidores se enquadram no

---

72. A CVM dividiu os investidores em três grupos: investidores profissionais, investidores qualificados e os demais investidores (comumente denominados investidores de varejo). Além dos investidores institucionais (previstos nos incisos do art. 9º-A, com exceção do inciso IV, da Instrução CVM 539/13), são considerados investidores profissionais aquelas pessoas naturais ou jurídicas que possuam investimentos financeiros em valor superior a R$ 10.000.000,00 (dez milhões de reais), conforme declaração por escrito nos termos da referida instrução. Já os investidores qualificados são os investidores profissionais, pessoas naturais ou jurídicas que possuam investimentos financeiros em valor superior a R$ 1.000.000,00 (um milhão de reais), pessoas naturais que tenham sido aprovadas em exames de qualificação técnica ou possuam certificações aprovadas pela CVM como requisitos para o registro de agentes autônomos de investimento, administradores de carteira, analistas e consultores de valores mobiliários, em relação a seus recursos próprios; e clubes de investimento, desde que tenham a carteira gerida por um ou mais cotistas, que sejam investidores qualificados (art. 9º-B, da Instrução CVM 539/13).

conceito de consumidor, (ii) o investimento em fundos guarda um risco diferenciado, e (iii) a mera perda financeira sofrida pelo cotista do fundo de investimento não é suficiente para gerar o dever de indenizar, devendo ficar comprovada a má-gestão ou a falha no dever de informar.

4.3 Gestor quantitativo e seus matemáticos: *"ubi commoda ibi incommoda"*

Agora vamos nos deter nas peculiaridades do gestor quantitativo e analisar se essas peculiaridades atraem uma responsabilidade igual, menor ou maior que a responsabilidade do gestor de recursos "tradicional".

Buscaremos em lição consolidada a base legal para a responsabilização diferenciada e solidária tanto do gestor de fundo quantitativo (E) quanto de seus matemáticos ou criadores do algoritmo, que não deveria escapar dos princípios imutáveis que permeiam a responsabilidade civil, como nos ensina José de Aguiar Dias:

> As alterações, por vezes surpreendentes, das condições da vida material, tornam indispensável a criação, diríamos melhor, a retificação das normas jurídicas. Mas há princípios que permanecem imutáveis: os que ordenam a boa-fé, a fidelidade e a lealdade nos negócios jurídicos; os que proíbem o dolo, a fraude e a torpeza. A ideia da responsabilidade não podia fugir a essa contingência. Sua transformação é resultado das mudanças sociais, notadamente do grande desenvolvimento da indústria. Da responsabilidade assente na culpa se passa rapidamente às presunções juris tantum, e daí à responsabilidade legal.[73]

A promessa de uso extensivo de alta tecnologia, isenta do viés comportamental do gestor humano, pode atrair ou repelir possíveis investidores.

Assumindo que atraia, na trilogia fato, valor e norma, baixemos agora aos fatos. O primeiro aspecto peculiar do fundo quantitativo é a dependência dos recursos tecnológicos que constroem as ferramentas quantitativas para automatizar as decisões de investimento. É fundamental para a gestão o funcionamento adequado dos algoritmos criados. Imperfeições nos dados ou no sistema e erros operacionais na criação e implementação do sistema de *portfolio* e modelos quantitativos podem impedir ou atrapalhar a busca por investimentos lucrativos ou uma administração de riscos adequada, podendo causar prejuízos aos cotistas e resultados negativos para o fundo de investimento.

Seriam os erros nos algoritmos algo absolutamente normal ou algo que eventualmente pode acontecer? Existe obrigação de meio em fórmulas matemáticas?

Como explicado anteriormente[74], o processo de criação de modelos, tradução em algoritmos e implementação da estratégia de gestão é composto por uma parte subjetiva (como em qualquer processo tradicional de gestão) e uma parte lógica, que é puramente matemática. Enquanto explora os padrões de comportamento dos

---

73. DIAS, J. de A. *Da responsabilidade civil*. Rio de Janeiro: Forense, 1944, v. 1, p. 20.
74. Ver item 2.

ativos no mercado, o gestor conta com uma análise automatizada dos dados. Nesse passo, um dos principais riscos é a confiabilidade e consistência dos dados utilizados. Depois disso, a equipe de gestão formula estratégias com base em suas convicções e cria os algoritmos que seguirão os parâmetros previamente definidos. Os parâmetros podem ser subjetivos, mas o funcionamento dos algoritmos não.

Como qualquer atividade executada por humanos, a criação e desenvolvimento de algoritmos está – eventualmente – sujeita a erros, assim como a própria atividade de gestão de recursos realizada sem automatização.

Sobre a responsabilidade pelo fato da coisa, apontamos o artigo 1.384 do Código francês que, segundo Silvio Venosa, é uma referência sobre o tema: "é responsável pelo dano não somente quem lhe deu causa por fato próprio, mas ainda aquele que o causou pelo fato de pessoas por quem deve responder ou *pelas coisas que tem sob sua guarda*".[75]

Venosa ensina que a teoria da responsabilidade da guarda da coisa é um avanço em relação ao princípio da responsabilidade objetiva. Nesse sentido, o ilustre jurista explica que é presumida a responsabilidade do dono da coisa pelos danos por ela ocasionada a terceiros. Essa responsabilidade somente poderia ser elidida se comprovada a culpa exclusiva da vítima ou o fato fortuito.[76]

E ainda há responsabilização diferenciada pelo princípio *"Ubi commoda ibi incommoda"*: tanto pela forma como opera e atua quanto especialmente pela propaganda do fundo quantitativo e a captação de clientes com base nos benefícios decorrentes de uma gestão automatizada, coloca o gestor em posição de responsabilidade diferenciada por defeitos nas ferramentas quantitativas de gestão que causarem dano ao investidor. Se tem o cômodo de ter a ferramenta que ele desenvolveu, mais a facilidade de vender a confiabilidade e repetibilidade e segurança, deve ele arcar com o incômodo da falha (STJ no Recurso Especial 1.724.722 – RJ, que trata da responsabilidade civil de gestor de recursos):

> O princípio da boa-fé e seus deveres anexos devem ser aplicados na proteção do investidor-consumidor que utiliza os serviços de fornecedores de serviços bancários, o que implica a exigência, por parte desses, de informações adequadas, suficientes e específicas sobre o serviço que está sendo prestado com o patrimônio daquele que o escolheu como parceiro.

Sobre a atuação negligente do gestor ou no caso de fraudes (ambas hipóteses de má-gestão), o STJ firmou o seguinte entendimento:

> 6. Para a configuração da responsabilidade civil, não basta a ocorrência de uma perda, de uma redução do patrimônio, mas esse prejuízo deve ser precedido de um fato antijurídico que constitua a sua causa.
>
> a) O administrador de fundo de investimento não se compromete a entregar ao investidor uma rentabilidade contratada, mas apenas de empregar os melhores esforços – portanto, uma obriga-

---

75. VENOSA, S. de S. *Direito civil*: obrigações e responsabilidade civil. 20. ed. São Paulo: Atlas, 2020, cap. 17.
76. Ibidem.

ção de meio – no sentido de obter os melhores ganhos possíveis frente a outras possibilidades de investimento existentes no mercado.

a) No entanto, o Superior Tribunal de Justiça afirma que a má-gestão, consubstanciada pelas arriscadas e temerárias operações com o capital do investidor, ou a existência de fraudes torna o administrador responsável por eventuais prejuízos.

b) Na hipótese em julgamento, o Tribunal de origem afirma, com fundamento em laudo pericial, que houve uma "troca inoportuna" dos títulos naquele momento conflagrado do mercado financeiro, o que é uma avaliação de mérito sobre a qualidade do serviço de administração de fundos de investimento, não uma afirmação de falha do serviço, nos termos do CDC, originada de possível má-gestão ou de negligência ou imperícia (REsp 1.724.722 – RJ, Terceira Turma, DJe 29.08.2019).

A jurisprudência do STJ a respeito da responsabilidade do gestor de recursos nos permite avançar no tema da responsabilidade do gestor quantitativo e diferenciar as consequências relativas ao erro na modelagem feita pelo gestor (e todos os momentos em que o gestor toma uma decisão ou cria uma suposição) do erro na fórmula matemática que compõe o algoritmo ou um problema de funcionamento do robô de investimento (que pode ser algum problema técnico ou falha do sistema computacional).

Tudo aquilo que for referente a uma decisão humana a respeito da tese de investimento ou que compõe os parâmetros para a criação dos algoritmos deve sujeitar-se ao mesmo tipo de responsabilidade que um gestor tradicional em sua atuação discricionária na atividade de gestão do fundo de investimento. Se agiu com boa-fé, de forma diligente, transparente e leal, sem qualquer prática de ato ilícito, o gestor não responderá por uma performance ruim da carteira do fundo de investimento e tem apenas uma obrigação de meio perante o cotista do fundo.

Por outro lado, os erros e falhas, mesmo os decorrentes de culpa leve, de algoritmos ou qualquer sistema automatizado criado para efetuar a gestão do fundo quantitativo não contam com a mesma subjetividade humana verificada na gestão tradicional, dependendo de uma atuação diligente do gestor de recursos e da equipe de profissionais responsáveis por sua criação, implementação e manutenção. Isso quer dizer que o gestor deve assegurar que o algoritmo foi escrito corretamente, monitorá-lo para garantir que ele responde aos parâmetros estipulados pela equipe de gestão e que o sistema automatizado funciona regularmente. *Há um resultado certo e esperado do algoritmo escrito*, do sistema implantado e do funcionamento do algoritmo. Não se trata de envidar os melhores esforços para garantir que o algoritmo foi escrito corretamente. *Não há subjetivismo em linguagem de programação* nem na matemática.

A responsabilidade do gestor perante os cotistas do fundo quântico em relação aos erros cometidos pelos matemáticos e criadores dos algoritmos que regem a gestão da carteira pode ser equiparada aos perigos decorrentes da coisa comprada ensinada por José de Aguiar Dias (sempre usando a experiência daqueles mais experientes para decidir casos onde a ciência regulatória ainda não chegou) ao analisar a obra de Lawrence H. Eldredge:

Lawrence H. Eldredge faz cuidadosa análise da responsabilidade do vendedor por erros que acarretam danos, salvo o conhecimento por parte do comprador. Refere-se especialmente aos perigos derivados da coisa comprada, que podem resultar de atributo normal ou de defeitos existentes, isto é, à compra e venda de coisa constitucionalmente perigosa e à de coisa eventualmente perigosa. A responsabilidade do vendedor se funda na garantia expressa ou implícita que dá ao comprador...[77]

O risco de volatilidade de mercado ou mesmo do acerto da tese de investimento formulada pelo gestor são previsíveis pelo investidor médio e por ele assumidos ao investir em fundos de investimento.[78] Contudo, a falha ou o funcionamento diferente do previsto na criação do algoritmo não é algo que o cotista razoavelmente espera que ocorra.

O fundo quantitativo depende do funcionamento das ferramentas quantitativas empregadas na sua gestão. É da essência desse tipo de fundo o funcionamento da automatização da gestão – caso contrário, estaríamos diante de um fundo de gestão tradicional. *Não há, portanto, obrigação de meio em algoritmos.* Ou o gestor quantitativo possui algoritmos que funcionem adequadamente, ou ele está em falha com os cotistas do fundo. *O algoritmo tem de ter o resultado esperado: a obrigação, neste item específico, é de resultado.*

E o que acontece quando o dano causado não decorre de erro na construção do algoritmo ou falha no sistema, mas por um fato decorrente da inteligência artificial empregada na gestão automatizada?

Paulo Victor Alfeu Reis defende que os algoritmos são bens móveis semoventes e, portanto, a responsabilidade de seu dono é objetiva:

> Diante disto, em clara subsunção legal, podemos caracterizar os algoritmos como bens ou coisas, passíveis de figurarem como objetos de direitos em relações jurídicas, mas, que em exata medida promovem a dúvida, que de pronto pode ser formulada: o algoritmo como bem é, portanto, um bem móvel ou semovente? Em sendo semovente, merece ou está equiparado ao mesmo tratamento jurídico dado aos animais de estimação ou não? Isto é, são estes dotados ou não de "movimento próprio", como descrito no artigo 82 do Código Civil? Certo é que, os algoritmos e os programas e máquinas formados por eles, em estrita subsunção legal serão sempre considerados bens ou coisas e, pelo menos no ordenamento jurídico atual, em sendo classificados como semoventes, se causarem danos (lesões contratuais, extracontratuais ou descumprimento legais à pessoa diversa de seu programador ou empresa financiadora, sujeitá-los-ão ao regime de responsabilidade civil patrimonial ou moral.[79]

Em contrapartida, observamos que os robôs utilizados pelos gestores quânticos têm capacidade para representar a empresa e celebrar negócios jurídicos – afinal,

---

77. DIAS, op. cit., p. 369.
78. A respeito dos riscos que devem ser assumidos pelo cotista de fundos de investimento, o Min. Luis Felipe Salomão afirma o seguinte: "o investidor em fundos deve assumir os riscos de um retorno financeiro não tão rentável ou mesmo de prejuízos decorrentes da natural flutuação do mercado de valores mobiliários, cuja sustentação depende de inúmeros fatores de ordem econômica, nacionais e internacionais" (REsp. 1.187.365/RO), Rel. Min. Luis Felipe Salomão).
79. REIS, 2020, p. 185.

executam ordens de compra e venda de ativos financeiros que vinculam a gestora e, por conseguinte, o fundo de investimento. Sendo assim, como que esse algoritmo poderia ser considerado um bem ou um semovente? Daí, com o devido respeito, não concordarmos com a tese da objetividade.

Deixando para outro momento a tentativa de explorar ou pacificar a polêmica a respeito da natureza jurídica do algoritmo, entendemos que o gestor responde pelo dano causado por erro, defeito, falha ou assemelhado do algoritmo, como obrigação de resultado, conjunta e solidariamente com seus matemáticos e ou economistas e ou programadores (não adentraremos, neste momento, em aspecto de processo civil da responsabilização). Conforme ensinamento de Pontes de Miranda sobre o dever de atividade (ou seja, de não se omitir): "Quem criou o perigo, ainda sem culpa, tem o dever de eliminá-lo. Responde pelo risco quem dêle foi causa, porque lhe nasce o dever de evitar o dano"[80]. Trata-se, antes de tudo, de dever de boa-fé do gestor perante o cotista, decorrente de norma de ordem pública (arts. 113, 187 e 422 do Código Civil e art. 4 do CDC), sempre lembrando Judith Martins Costa:

> Diferentemente, o sintagma, quando adjetivado como "objetiva" ou "obrigacional", aponta a um modelo ou instituto jurídico indicativo de (i) uma estrutura normativa dotada de prescritividade, (ii) um cânone de interpretação dos contratos e (iii) um standard comportamental.
>
> (...)
>
> Conquanto impossível – tecnicamente – definir a boa-fé objetiva, pode-se, contudo, indicar, relacionalmente, as condutas que lhe são conformes (valendo então a expressão como forma metonímica de variados modelos de comportamento exigíveis na relação obrigacional), bem como discernir funcionalmente a sua atuação e eficácia como (i) fonte geradora de deveres jurídicos de cooperação, informação, proteção e consideração às legítimas expectativas do alter, copartícipe da relação obrigacional; (ii) baliza do modo de exercício de posições jurídicas, servindo como via de correção do conteúdo contratual, em certos casos, e como correção do próprio exercício contratual; e (iii) como cânone hermenêutico dos negócios jurídicos obrigacionais.[81]

Aqueles que se inspirarem pelo diálogo das fontes ensinado por Claudia Lima Marques e Bruno Miragem[82], poderiam vislumbrar a aplicação da responsabilidade objetiva ao gestor quântico por danos causados pela inteligência artificial e *machine learning* na gestão automatizada do fundo de investimento tendo como suporte normativo o dever de agir com probidade e boa-fé (art. 422), a função social do contrato entre fundo de investimento e gestor (art. 421 do Código Civil) e a responsabilidade objetiva imposta pelo Código de Defesa do Consumidor na hipótese de vícios de qualidade nos serviços prestados, ainda que não tenha conhecimento a respeito desses vícios (arts. 20 e 23), mas preferimos nos manter com a responsabilidade pelo resultado do algoritmo, que nos parece a mais adequada.

---

80. PONTES DE MIRANDA, *Tratado de direito privado*. 2. ed. Rio de Janeiro: Borsoi, 1958. t. 22, p. 194.
81. MARTINS-COSTA, 2018.
82. Cf. MARQUES; MIRAGEM, 2020, p. 21.

5. DE "LEGE FERENDA"

Tendo fixado que a responsabilidade dos criadores dos algoritmos é solidária com a do gestor e tem já base legal no resultado e ou no fato da coisa, pelo menos desde os ensinamentos de Dias em 1944, no direito brasileiro, ainda que possa ser melhorada e aprimorada, surge o momento de nos aventurarmos, com acatamento e respeito, no aprimoramento das regras de mercado de capitais que identifiquem isoladamente o que é e como funciona um fundo *quant*, seus agentes, e regras de moralidade, transparência e boa-fé para os regulamentos.

O gestor de recursos Marco Aurelio Freire, ao ser perguntado sobre como ele montou a mesa de gestão quantitativa, afirmou que:

> Sempre questionamos o nosso diferencial competitivo. Onde podemos agregar valor e competir no mercado de fundos. Quem está na fronteira do conhecimento quantitativo, investindo mais recursos e esforço, tem vantagem sobre você.[83]

A utilização de inteligência artificial e *machine learning* na gestão de fundos de investimento deixou de ser novidade para muitas gestoras de recursos. Os vinte maiores fundos de investimento do mundo na atualidade são quantitativos.[84] E a tendência é que esse tipo de fundo de investimento cresça consideravelmente no mercado brasileiro.

Apesar da relação entre cotistas (reunidos em um fundo quantitativo) e gestor sujeitar-se a normas de ordem pública, como as cláusulas gerais de boa-fé e função social do contrato previstas nos arts. 113, 187, 421 e 422 do Código Civil que exigem das partes um comportamento correto e leal, entendemos que a regulamentação ainda precisa evoluir nesse assunto.

Tem de evoluir para precisar responsabilidades adicionais na "cadeia" de valores do fundo *quant*, a saber do ou dos matemáticos ou pessoas de informática ou economistas que desenham o algoritmo de acordo com a hipótese de investimento do gestor, do ou dos responsáveis pelo monitoramento de sua reprodutividade e eventuais desenquadramentos e dos gestores em conjunto com eles.

A lição de Willis Santiago Guerra Filho nos ajuda a focar no lugar certo:

> Da mesma forma, não se mostra satisfatória a dogmática jurídica tradicionalmente praticada, a qual volta a atenção predominantemente para os textos legais, para, a partir deles, reconstruir autorizadamente o sentido normativo. O objeto da ciência jurídica não seria propriamente normas, mas sim os problemas que a elas cabe viabilizar a solução.

Tanto os investidores quanto os gestores se beneficiariam de uma regulamentação específica para padronizar os documentos relativos à oferta e distribuição de fundos quantitativos. Da mesma forma, os gestores desse tipo de fundo precisam

---

83. FULDA, M. Assimetria: *Gestores de fundos multimercado contam segredos sobre investimentos e risco*. [S.l.]: Edição Kindle, 2020, p. 116.
84. Ibidem, p. 71.

conhecer – urgentemente e previamente – o posicionamento da CVM a respeito do assunto para que o ônus regulatório decorrente desse tipo de fundo de investimento não crie desequilíbrio entre os investidores e nem crie custos adicionais conforme a interpretação que cada um tem a respeito das normas, fatores que inviabilizariam ou desestimulariam a oferta desse produto ao público investidor.

Segundo Alvino Lima:

> É preciso vencer o dano, o inimigo comum, fator de desperdício e de insegurança, lançando mão de todos os meios preventivos e reparatórios sugeridos pela experiência, sem desmantelar e desencorajar as atividades úteis. Para tal conseguir, não nos devemos acastelar dentro de princípios abstratos ou de preceitos envelhecidos para nossa época só por amor à lógica dos homens, à vaidade das concepções ou à dos moralistas de gabinete.[85]

Destarte e de *lege ferenda*, propomos que a regulamentação da CVM a respeito de fundos quantitativos estabeleça critérios claros a respeito das informações que devem ser divulgadas pelo gestor e pelo administrador do fundo, bem como relativas ao algoritmo e seus "criadores", bem como os controles internos que precisam ser criados pelos gestores para atenderem, de maneira uniforme, as cláusulas gerais que lhes são aplicáveis, garantindo responsabilidade solidária e conjunta de todos eles em caso de erro ou defeito do algoritmo ou do fundo *quant*.

Nesse sentido, sugerimos que as Instruções CVM 555 e 558 sejam alteradas para prever que o gestor quantitativo assegure, mediante governança específica e controles internos adequados que: (i) os investidores serão regularmente informados a respeito dos principais riscos dos fundos quantitativos, (ii) possui governança adequada para endereçar os principais riscos de "*compliance*" das ferramentas quantitativas e eventuais conflitos de interesses, (iii) os profissionais responsáveis pelos algoritmos serão identificados no formulário de referência (Anexo 15-II da Instrução CVM 558), inclusive no caso de terceirização, e podem ser responsabilizados (mas com regras de sigilo para proteger o "segredo comercial" da fórmula e as pessoas ali indicadas), (iv) foram implementados procedimentos de testes e monitoramento constante dos algoritmos para assegurar que estão operando conforme planejado e divulgado aos clientes[86], (v) a consistência dos dados utilizados para munir a estratégia de gestão e funcionamento dos algoritmos, *machine learning* e inteligência artificial empregadas.

6. REFERÊNCIAS

BEVILAQUA, C. *Direito das obrigações*: revista e atualizada por Achilles Bevilaqua. 8. ed. Rio de Janeiro: Francisco Alves, 1954.

BRASIL. Comissão de Valores Mobiliários. Robôs de Investimento. Portal do Investidor, Rio de Janeiro, 2019. Disponível em: https://investidor.cvm.gov.br/menu/ Menu_Investidor/prestadores_de_servicos/robos_investimento.html. Acesso em: 11 set. 2020.

---

85. LIMA, A. *Da culpa ao risco*. São Paulo: Ed. RT, 1938. p. 227-228.

86. Aliás, é recomendável manter as versões dos modelos criados quando houver mudanças, para garantir o controle adequado das operações dos fundos.

CECILIANO, V. *Avaliação de desempenho de fundos Quant no Brasil*. 2017. 54 p. Monografia (Departamento de Ciências Econômicas) – Pontifícia Universidade Católica do Rio de Janeiro. Disponível em: http://ftp.econ.puc-rio.br/uploads/adm/trabalhos/files/Vitor_Alves_Ceciliano.pdf. Acesso em: 26 set. 2020.

COMPARATO, F. K. *Ensaios e pareceres de direito empresarial*. Rio de Janeiro: Forense, 1978.

COMPARATO, F. K. *Novos ensaios e pareceres de direito empresarial*. Rio de Janeiro: Forense, 1981.

CORMEN, T. H. *Desmistificando algoritmos*. Rio de Janeiro: Elsevier, 2014.

DEFRANCESCO, D.; SAACKS, B. *I'd rather turn them into robo cops*: Execs from Man Group, Bridgewater, and Schonfeld explain how they're trying to blend humans and machines. Business Insider, 06/08 2020. Disponível em: https://www.businessinsider.com/man-group-bridgwater-schonfeld-explain-quantamental-and-how-it-works-2020-5. Acesso em: 04 set. 2020.

DIAS, J. de A. *Da responsabilidade civil*. Rio de Janeiro: forense, 1944. v. 1.

DOMINGOS, P. *O algoritmo mestre*: como a busca pelo algoritmo de *machine learning* definitivo recriará nosso mundo. São Paulo: Novatec, 2017.

DUFLOTH, R. *A proteção do investidor em fundos de investimento*. Rio de Janeiro: Lumen Juris, 2017.

FULDA, M. *Assimetria*: gestores de fundos multimercado contam segredos sobre investimentos e risco. [S.l.]: Edição Kindle, 2020.

GOMES, O. *Obrigações*. Rio de Janeiro: Forense, 2019.

GRAU, E. R. *A ordem econômica na Constituição de 1988*. 14. ed. São Paulo: Malheiros, 2010.

GUERRA FILHO, Willis S. *A dimensão processual dos direitos fundamentais e da Constituição*. Brasília, a. 35, n. 137, p. 13 – 22, jan-mar. 1998. Disponível em: https://www2.senado.leg.br/bdsf/bitstream/handle/id/327/r137-02.pdf?sequence=4. Acesso em: 29 out. 2020.

IOSCO – *The board of the international organization of securities commissions*. The use of artificial intelligence and machine learning by market intermediaries and asset managers. Consultation Report, June, 2020. Disponível em: https://www.iosco.org/library/pubdocs/pdf/IOSCOPD658.pdf. Acesso em: 19 set. 2020.

LEDERMAN, S. J. *Hedge Fund Regulation*. New York: Practising Law Institute, 2012.

LEMLEY, M. A.; CASEY, B. *Remedies for Robots*. Stanford Law and Economics Olin Working Paper, n. 523, 2019. Disponível em: https://ssrn.com/abstract=3223621. Acesso em: 19 set. 2020.

LIMA, A. Da culpa ao risco. São Paulo: *Revista do Tribunais*, 1938. Disponível em: http://www.stf.jus.br/bibliotecadigital/DominioPublico/43165/pdf/43165.pdf. Acesso em: 28 out. 2020.

MARQUES, C. L.; MIRAGEM, B. Serviços simbióticos ou inteligentes e proteção do consumidor no novo mercado digital: homenagem aos 30 anos do Código de Defesa do Consumidor. *Revista do Advogado*, AASP, São Paulo, n. 147, p. 14-29, Set. 2020.

MARTINS-COSTA, J. *A boa-fé no direito privado*. 2. ed. São Paulo: Saraiva Educação, 2018.

MILANEZ, D. Y. *Finanças comportamentais no Brasil*. 2003. 53 p. Dissertação (Economia das Instituições e do Desenvolvimento) – Universidade do Estado de São Paulo. Disponível em: https://teses.usp.br/teses/disponiveis/12/12140/tde-09022004-130012/publico/Financas_Comportamentais_no_Brasil.pdf. Acesso em: 04 set. 2020.

MOULLIET, D. et al. *The expansion of Robo-Advisory in Wealth Management*. 08 2016. Disponível em: https://www2.deloitte.com/content/dam/Deloitte/de/Documents/ financial-services/Deloitte-Robo-safe.pdf. Acesso em: 19 set. 2020.

NARANG, R. K. *Inside the black box*: a simple guide to quantitative and high-frequency trading. 2. ed. Hoboken, New Jersey: John Wiley & Sons, 2013.

PARANÁ, E. *A finança digitalizada: informatização a serviço da globalização financeira*. Nova Economia, v. 28, n. 1, 2018. Disponível em: https://revistas.face.ufmg.br/ index.php/novaeconomia/article/view/3362. Acesso em: 19 set. 2020.

PAVIA, E. C. *Fundos de Investimento: estrutura jurídica e agentes de mercado como proteção do investimento*. São Paulo: Quartier Latin, 2016.

PISTOR, K. *A legal theory of finance. Journal of Comparative Economics*, New York, v. 41, n. 2, p. 315-330, Maio 2013. Disponível em: https://doi.org/10.1016/j.jce.2013.03.003. Acesso em: 25 out. 2020.

PITTMAN*, E. L. Quantitative investment models, errors, and the federal securities laws. *New York University Journal of Law & Business*, v. 13, n. 3, p. 637-773, New York, Spring 2017.

PONTES DE MIRANDA, F. C. *Tratado de direito privado*. 2. ed. Rio de Janeiro: Borsoi, 1958. t. 22.

PONTES DE MIRANDA, F. C. *Tratado de Direito Privado*. 2. ed. Rio de Janeiro: Borsoi, 1954. t. IV.

PUGLIESE, D. Investment Adviser Trading Desk Activities. In: KIRSCH, C. E. (Ed.). *Investment Adviser Regulation*: A step-by-step guide to compliance and the law. 3. ed. New York: Practising Law Institute, 2013. v. 1, cap. 20.

QUANT DAY CONHEÇA MAIS SOBRE A INDÚSTRIA DOS FUNDOS QUANT, 17/04/2019, Rio de Janeiro. Evento promovido pelo BTG Pactual Digital. Disponível em: https://youtu.be/j4kOR-onKTw. Acesso em: 26 set. 2020.

REIS, P. V. A. *Algoritmos e o direito*. São Paulo: Almedina, 2020.

SALOMÃO, E. *O trust e o direito brasileiro*. São Paulo: Trevisan, 2016.

SECURITIES AND EXCHANGE COMMISSION. SEC Charges AXA Rosenberg Entities for Concealing Error in Quantitative Investment Model. Press Release, Washington, 03/02 2011. Disponível em: https://www.sec.gov/news/press/2011/2011-37.htm. Acesso em: 26 set. 2020.

SECURITIES AND EXCHANGE COMMISSION. Regulation of Investment Advisers by the U.S. Securities and Exchange Commission. Outline and Staff Views, Março 2013.

SECURITIES AND EXCHANGE COMMISSION. IM Guidance Update, Washignton, n. 2017-02, Fev 2017. Disponível em: https://www.sec.gov/investment/im-guidance-2017-02.pdf. Acesso em: 26 set. 2020.

TURNER, J. *Robot rules*: Regulating artificial intelligence. Cham: Palgrave Macmillan, 2018.

VENOSA, S. de S. *Direito civil*: obrigações e responsabilidade Civil. 20. ed. São Paulo: Atlas, 2020.

WALTER, R. G. Análise fundamentalista e avaliação de títulos: aspectos teóricos. *Revista de Administração de Empresas*, v. 14, n. 1, p. 15-32, Rio de Janeiro, jan-fev 1974. Disponível em: https://doi.org/10.1590/S0034-75901974000100002. Acesso em: 04 set. 2020.

OBRIGATORIEDADE (OU NÃO) DE PUBLICAÇÃO DE DEMONSTRAÇÕES FINANCEIRAS DE SOCIEDADES LIMITADAS DE GRANDE PORTE

Felipe Frota de Almeida Koury

Mestre em Direito Comercial pela Pontifícia Universidade Católica de São Paulo – PUC/SP. Advogado.

Sumário: 1. Introdução – 2. Demonstrações financeiras – LSA (alterada pela Lei 11.638/07) – 3. Artigo 3º da Lei 11.638/07; 3.1 Argumentos a favor da publicação; 3.2 Argumentos contrários à publicação – 4. Estudo empírico – 5. Conclusão – 6. Referências

1. INTRODUÇÃO

O presente trabalho terá como foco principal, a abordagem sobre a obrigatoriedade ou não de publicação de demonstrações financeiras de sociedades limitadas de grande porte com o advento da Lei 11.638/2007 e da Deliberação 2 de 2015 da Junta Comercial de São Paulo.

Desde o trâmite do Projeto de Lei 3.741/2000 elaborado pela Comissão de Valores Mobiliários, que deu origem à Lei 11.638/2007, houve intenso debate sobre a obrigatoriedade ou não de publicação das demonstrações financeiras das sociedades limitadas de grande porte[1].

O debate acerca deste fato foi tanto, que o referido projeto de lei sofreu diversas e relevantes alterações durante a sua tramitação na Câmara dos Deputados[2]. Após o intenso debate e relevantes modificações havidas no projeto de lei original, foi promulgada a Lei 11.638/2007 que disponha, em seu artigo 3º o seguinte: "Aplicam-se às sociedades de grande porte, ainda que não constituídas sob a forma de sociedades

---

1. Sobre sociedades limitadas de grande porte, o parágrafo único do art. 3º da Lei 11.638/07 estabeleceu o que seriam essas sociedades:

   "(...)

   Parágrafo único. Considera-se de grande porte, para os fins exclusivos desta Lei, a sociedade ou conjunto de sociedades sob controle comum que tiver, no exercício social anterior, ativo total superior a R$ 240.000.000,00 (duzentos e quarenta milhões de reais) ou receita bruta anual superior a R$ 300.000.000,00 (trezentos milhões de reais)" (BRASIL, 2007).

   Também: "Considera-se de grande porte, para os fins exclusivos da LSA, a sociedade ou conjunto de sociedades sob controle comum que tiver, no exercício social anterior, ativo total superior a R$ 240.000.000,00 (duzentos e quarenta milhões de reais) ou receita bruta anual superior a R$ 300.000.000,00 (trezentos milhões de reais)" (SILVA, 2019).

2. Vide tópico 3.2.2, página 74 da dissertação de mestrado do Carlos Henrique Batista da Faculdade Getúlio Vargas de São Paulo no ano de 2018.

por ações, as disposições da Lei 6.404, de 15 de dezembro de 1976, sobre escrituração e elaboração de demonstrações financeiras e a obrigatoriedade de auditoria independente por auditor registrado na Comissão de Valores Mobiliários[3]."

A partir da promulgação desta lei, houve intenso debate também na doutrina especializada sobre a obrigatoriedade ou não das sociedades limitadas de grande porte terem que publicar as suas demonstrações financeiras, assim como ocorre com as sociedades anônimas de capital aberto.

Não há um consenso na doutrina sobre tal fato, havendo duas correntes sobre interpretações diversas do referido dispositivo da lei, encabeçadas pelos juristas Modesto Carvalhosa e Fábio Ulhoa Coelho[4]. O primeiro possui o entendimento da obrigatoriedade das sociedades limitadas de grande porte de publicarem as suas demonstrações financeiras, enquanto, o segundo, possui entendimento da não obrigatoriedade por ausência de disposição legislativa obrigando a tal fato.

Para apimentar a discussão, no qual focaremos na limitação geográfica do estado de São Paulo, a Junta Comercial deste estado editou a Deliberação 2 no ano de 2015 que obrigava as sociedades limitadas de grande porte de publicarem as suas demonstrações financeiras, sob pena de serem impedidas de arquivamento de seus atos societários[5].

Posta a problemática, realizamos o seguinte questionário: a) Afinal, as sociedades limitadas de grande porte devem ou não publicar as suas demonstrações financeiras? b) Quais são os argumentos contra e a favor da publicação? c) Toda a discussão teórica faz sentido na prática? d) Como as limitadas de grande porte sediadas em São Paulo estão se comportando após a lei e a deliberação Jucesp? e) Qual é o entendimento da jurisprudência sobre as disposições havidas no ordenamento jurídico sobre o tema?

Para chegarmos às respostas das perguntas, cumpriremos algumas etapas que entendemos serem imprescindíveis para a exposição dos argumentos conclusivos.

Num primeiro momento, abordaremos o que dispõem as Leis 6.404/76 e 11.638/07 sobre demonstrações financeiras e a obrigatoriedade das sociedades de forma geral para com eles em relação à sociedade e economia. Demonstraremos o que dispõe a seção II do Capítulo XV da Lei de SA sobre demonstrações financeiras, bem como a lei 11.638/07 que alterou alguns dispositivos daquela seção.

---

3. (BRASIL, 2007).
4. "Vários artigos foram escritos, uns defendendo a obrigatoriedade da publicação, outros alegando não haver obrigatoriedade, tendo a Junta Comercial do Estado de São Paulo, com o objetivo de bem esclarecer os usuários e todos os interessados, promovido palestras sobre o tema, tendo convidado os renomados jurisconsultos e autores, Modesto Carvalhosa e Fabio Ulhoa Coelho, o primeiro defendendo a publicação e o segundo alegando não haver obrigatoriedade para as limitadas, ainda que de grande porte, de publicar suas demonstrações financeiras" (FILHO, 2009).
5. "Dispõe acerca da publicação das demonstrações financeiras de sociedades empresárias e cooperativas de grande porte no Diário Oficial do Estado e em jornal de grande circulação e do arquivamento das publicações dessas demonstrações e da ata que as aprova" (JUCESP, 2015).

OBRIGATORIEDADE (OU NÃO) DE PUBLICAÇÃO DE DEMONSTRAÇÕES FINANCEIRAS **269**

Num segundo momento, demonstraremos os argumentos doutrinários divergentes sobre ao que dispõe o artigo 3º da Lei 11.638/07. Será demonstrado que, ao argumento a favor, prevalece o que já ocorre internacionalmente com relação à transparência das sociedades, bem como ao atendimento a função social da empresa. No argumento contra a publicação das demonstrações financeiras, será demonstrado a interpretação positivista de qual não há em nenhum lugar no ordenamento jurídico brasileiro qualquer obrigação para a publicação.

Num terceiro momento, demonstraremos o que dispõe a Deliberação 2 de 2015 da Junta Comercial do Estado de São Paulo e qual foi o tratamento que o Tribunal Regional Federal da 3ª Região dispôs sobre o conteúdo desta norma.

Num quarto momento, será demonstrada a pesquisa empírica respondendo às perguntas "d" e "e" acima.

Por fim, chegaremos à conclusão expondo todos os argumentos necessários para sustentar o entendimento do tema proposto.

2. DEMONSTRAÇÕES FINANCEIRAS – LSA (ALTERADA PELA LEI 11.638/07)

A Lei 11.638, de 28 de dezembro de 2007, alterou, revogou e introduziu dispositivos da Lei 6.404, de 15 de dezembro de 1976. As alterações ocorridas pela referida lei de 2007 ocorreram na seção II da Lei de Sociedade Anônimas (6.404/76) que dispõe sobre demonstrações financeiras de uma sociedade, no qual, em seu artigo 176[6], determina o que seriam demonstrações financeiras. E o que significa e para que servem essas demonstrações financeiras? Modesto Carvalhosa dispõe que as demonstrações servem para a sociedade como um todo verificarem o faturamento da sociedade ou do conjunto de sociedades sobre controle comum do exercício social do ano anterior[7].

Com detalhes, Armando Luiz Rovai dispõe que as demonstrações financeiras são representações estruturadas da posição financeira e do desempenho financeiro de uma determinada entidade. Acrescenta dizendo que, analisando as demonstrações financeiras de determinada sociedade, é possível a tomada de decisão na gestão das

---

6. Art. 176. Ao fim de cada exercício social, a diretoria fará elaborar, com base na escrituração mercantil da companhia, as seguintes demonstrações financeiras, que deverão exprimir com clareza a situação do patrimônio da companhia e as mutações ocorridas no exercício:
   I – balanço patrimonial;
   II – demonstração dos lucros ou prejuízos acumulados;
   III – demonstração do resultado do exercício; e
   IV – demonstração das origens e aplicações de recursos.
   IV – demonstração dos fluxos de caixa; e
   V – se companhia aberta, demonstração do valor adicionado" (BRASIL, 1976).
7. CARVALHOSA, 2008.

empresas, podendo-se organizar o orçamento e realizar a apuração dos impostos, controlando o fluxo de caixa[8].

Portanto, demonstrações financeiras são informações e dados que as empresas oferecem ao fim de cada exercício, com a finalidade de demonstrar a quem interessar, o que ocorreu na empresa durante o período anterior[9].

3. ARTIGO 3º DA LEI 11.638/07

Realizada a breve conceituação do que seria demonstração financeira, passaremos a expor sobre o que o artigo 3º da Lei 11.638/07 trouxe à realidade das sociedades limitadas de grande porte e quais são as interpretações doutrinárias que existem com relação a este dispositivo.

Conforme mencionamos na introdução deste trabalho, a Lei 11.638/07 foi oriunda do Projeto de Lei 3.741/2000 elaborado pela Comissão de Valores Mobiliários que tramitou por 7 anos até ter promulgado.

Os fundamentos e as finalidades deste projeto referem-se à extensão às sociedades limitadas de grande porte as disposições relativas à elaboração e publicação de demonstrações contábeis aplicáveis às companhias abertas. Entendeu-se que as empresas que possuem importância no cenário econômico e social devem ter o mesmo nível de abertura de informações que as companhias abertas. Tem-se, assim, a finalidade de modernizar e harmonizar as disposições da lei societária em vigor com os princípios fundamentais e melhores práticas contábeis internacionais[10], o que

---

8. ROVAI, 2018.

   O mesmo autor ainda expõe quais seriam as principais demonstrações financeiras de uma sociedade: "Citemos, pois, os mais comuns e usuais: Balanço Patrimonial – representa o patrimônio da empresa. Nele se verifica o valor do ativo, do passivo e do capital próprio. Trata-se da principal demonstração financeira na atividade empresarial, sendo comum que sua divulgação seja no final do ano. Sua estrutura é dividida em duas colunas: ativo (direitos que geram valor para a empresa, exemplo: estoque) e passivo (obrigações que representam os valores a pagar, exemplo: serviços de fornecedores). Cumpre esclarecer que o resultado da diferença entre o passivo e o ativo é o chamado patrimônio líquido. Demonstração de Resultados do Exercício (DRE) – informativo acerca da situação financeira da empresa, mostrando o resultado do exercício líquido, ou seja, lucro ou o prejuízo. Fluxo de Caixa – relatório sobre a posição financeira dentro de um período (diário, semanal, mensal ou anual). Através do fluxo de caixa pode-se saber o quanto entrou e saiu em determinado período específico. Demonstração do Valor Adicionado (DVA) – indica as riquezas obtidas em determinado período."

9. ROVAI, 2018.

10. Também Modesto Carvalhosa: "Tal anteprojeto, transformado no Projeto de Lei n. 3.741/2000, tramitou por mais de 7 anos, tendo contado, desde o início, com o apoio dos profissionais de contabilidade e auditoria, conscientes da necessidade de tornar as demonstrações financeiras das empresas brasileiras compatíveis com aquelas elaboradas na maioria dos países, tornando-as inteligíveis também pelos investidores estrangeiros" (CARVALHOSA, 2014).

   Também, o mesmo autor: "Isto posto, os organismos internacionais, os governos nacionais e suas agências regulatórias, agentes econômicos em geral e os principais mercados financeiros do mundo passaram a exigir que as empresas de grande porte, qualquer que seja o tipo societário que ostentem, tenham visibilidade nos países onde atuam. Assim é que os organismos multilaterais, como a Organização das Nações Unidas - ONU, a United Nations Conference on Trade Development – UNCTAD e outros vêm insistindo sobre a necessidade de que seja tornada pública a posição patrimonial e os resultados econômicos colhidos por

OBRIGATORIEDADE (OU NÃO) DE PUBLICAÇÃO DE DEMONSTRAÇÕES FINANCEIRAS

constitui medida inadiável para uma inserção eficiente do Brasil no atual contexto de globalização econômica[11].

Tais finalidades permitem identificar um propósito duplo de transparência no projeto de lei. O primeiro seria a qualidade das informações contábeis, enquanto a segunda seria o aumento da publicidade dessas informações, ou seja, importa tanto a elaboração quanto a divulgação das informações contábeis[12].

Assim, o legislador, inicialmente, pretendia muito mais do que simplesmente exigir a mera elaboração de demonstrações financeiras pelas sociedades de grande porte. O legislador[13] pretendia também a publicação e a auditoria das contas da atividade negocial das sociedades como cumprimento do princípio da função social da empresa[14].

Em que pese todo o esforço da CVM[15] no lobby para aprovação, o projeto de lei sofreu diversas e significativas alterações, como emendas para retirar, principalmente, o trecho do projeto que determinava a publicação das demonstrações financeiras.

Assim, um dos argumentos para a retirada do trecho sobre a publicação das demonstrações financeiras das sociedades de grande porte era de que não haveria nenhum apelo relacionado ao interesse público. O interesse pela publicação das demonstrações financeiras atenderia unicamente aos interesses das agências de *rating* e dos grandes fundos de investimento, preocupados em avaliar, sob a ótica especulativa, o desempenho da economia brasileira[16].

Fora este argumento, alguns deputados expuseram que os negócios de uma limitada interessariam exclusivamente aos seus cotistas, reunidos em torno dela pela *affectio societatis*. O fisco e os credores da sociedade já teriam, na medida do necessário, acesso às contas e resultados da empresa. Além disso, a inclusão da publicação

---

entidades empresariais que eles denominam 'accountables', ou seja, que tenham uma influência tal no afazer econômico e na vida das comunidades nacionais em que atuam, que se faz necessário que a sociedade civil, as autoridades públicas como um todo e as regulatórias, as registrárias, e o mercado econômico e financeiro tenham efetivo conhecimento universal (publicidade) e poder de vigilância sobre elas. Insista-se que se trata de medida de ordem pública cuja relevância é notória, como referido" (CARVALHOSA, 2008).

11. BATISTA, 2018.
12. BATISTA, 2018.
13. Modesto Carvalhosa: "O legislador brasileiro acolheu uma tendência verificada nos principais mercados financeiros e de capitais do mundo, de exigir das sociedades de grande porte uma maior visibilidade perante as comunidades onde atuam, obrigando-as, assim, a elaborar suas demonstrações financeiras de acordo com os princípios de contabilidade aceitos internacionalmente, submetê-las a auditores independentes registrados na CVM e, em seguida, publicá-las em jornais de grande circulação e no Diário Oficial do Estado onde se encontra localizada a sua sede (art. 289)" (CARVALHOSA, 2014).
14. BATISTA, 2018.
15. "A CVM, com isso, visou trazer para o regime jurídico de ampla publicidade também as grandes corporações que atualmente se refugiam sob a forma de sociedades limitadas para, assim, ficarem desobrigadas do regime de publicidade dos seus balanços e demais documentos que compõem suas demonstrações financeiras. Como se vê, o que a CVM objetivou foi um aperfeiçoamento na elaboração das demonstrações financeiras e a obrigação das limitadas de grande porte de publicarem seus balanços. Trata-se, com efeito, de matéria de ordem pública de inquestionável relevância" (CARVALHOSA, 2008).
16. BATISTA, 2018.

contribuiria para o aumento do "custo Brasil", em detrimento da competitividade empresarial[17].

Tal entendimento contrário foi o vencedor, retirando-se do dispositivo de lei a palavra publicação. No entanto, diante do objetivo do projeto de lei, das normas internacionais e da prática das sociedades limitadas no Brasil, instaura-se um intenso debate doutrinário sobre a obrigatoriedade ou não de publicação das demonstrações financeiras das sociedades de grande porte.

3.1 Argumentos a favor da publicação

O principal jurista que defende e levanta a bandeira pela obrigatoriedade de publicação das demonstrações financeiras pelas sociedades de grande porte é Modesto Carvalhosa. Entende o referido autor que as empresas de grande porte, independentemente do tipo societário, pela sua relevância pública no âmbito econômico e social, devem ter o mesmo nível de transparência de informações que companhias abertas[18].

Como um dos argumentos utilizados por Modesto Carvalhosa, a exigência de adequação das sociedades limitadas de grande porte às normas de elaboração das suas demonstrações financeiras rigorosamente de acordo com a lei societária vigente (art. 176 da Lei 6.404/76 e ss.) visou sanar uma anomalia trazida pelas empresas multinacionais. Algumas delas foram já constituídas como limitadas e, a partir dos anos 80, quase todas convertidas em limitadas, a despeito da enorme dimensão que ostentam, simplesmente para dispensarem-se da publicação de seus balanços e, assim, evitarem a transparência de suas atividades empresariais no Brasil[19].

Acrescenta argumentando que, a Lei 11.638/07 atende ao inquestionável interesse público e elimina a constrangedora situação exigindo que as sociedades limitadas de grande porte, ou em outras palavras, as multinacionais dominantes ou relevantes

---

17. BATISTA, 2018.
18. CARVALHOSA, 2008.
19. CARVALHOSA, 2008.

Carvalhosa acrescenta ainda: "A constituição e a conversão em limitadas pelas grandes multinacionais sediadas no Brasil, como se fossem padarias de esquina, lanchonetes, papelarias e outros pequenos negócios familiares, tornou-se uma enorme distorção que colocava o nosso país em situação vexaminosa por possuir duas classes de grandes empresas: as nacionais que publicavam, como sociedades anônimas, seus balanços e as multinacionais que na sua absoluta maioria refugia-se na forma de limitadas para impedir, dessa forma, a transparência dos setores que dominam, notadamente o automobilístico, o farmacêutico além das grandes distribuidoras de bebidas e outras áreas industriais relevantes da economia brasileira."; e

"Sobre essas multinacionais de grande porte, protegidas pelo tipo limitada, não se tem qualquer informação sobre (i) lucro líquido e (ii) sua variação, sobre (iii) margem líquida, (iv) rentabilidade do patrimônio líquido, (v) lucro da atividade (operacional), (vi) lucro financeiro, (vii) lucro não operacional, (viii) ebitda, (ix) ativo total, (x) patrimônio líquido, (xi) endividamento oneroso, (xii) nível de endividamento geral, (xiii) liquidez corrente e (xiv) crescimento sustentável. Mesmo a sua receita líquida é sonegada, sendo o seu valor precariamente estimado pelas revistas especializadas, sem qualquer informação das próprias multinacionais limitadas. O assunto afeta questão de soberania nacional, pois grandes multinacionais sediadas no Brasil reportam sua situação financeira unicamente às suas matrizes e ainda por via da consolidação de balanço do grupo, sem que no Brasil se tenha a menor ideia da situação refletida nas suas demonstrações, guardadas a sete chaves" (CARVALHOSA, 2008).

nos diversos setores produtivos do país, passem a publicar os seus balanços, devendo seguir as mesmas regras contábeis determinadas pelo International Financial Reporting Standards – IFRS para as companhias abertas[20].

Além disso, Carvalhosa argumenta que o artigo 3º e parágrafo único da Lei 11.638/07 referem-se expressamente ao regime jurídico das demonstrações financeiras imposto pela Lei de S.A. Em que pese não haver expressa referência da publicação dessas demonstrações para sociedades limitadas de grande porte, podendo-se aferir que elas não estariam obrigadas a publicar suas demonstrações financeiras, entende que tal interpretação e conclusão não possuem qualquer tecnicalidade normativa[21].

Além da interpretação equivocada, Carvalhosa entende que não haveria a necessidade de trazer expressa disposição de obrigatoriedade de publicação das demonstrações financeiras de empresas de grande porte, visto que já há no referido art. 176, § 1º, da Lei 6.404/76 essa determinação, sendo, assim, desnecessária a sua repetição no contexto do art. 3º da lei 11.638/07[22].

Por fim, argumenta que não pode restar qualquer dúvida sobre a obrigatoriedade de publicação das demonstrações financeiras das limitadas de grande porte tanto no Diário Oficial como em um jornal de grande circulação para que, assim, cumpra-se o determinado na referida Lei 11.638/2007 que, por feliz iniciativa da Comissão de Valores Mobiliários, procurou estabelecer a necessária transparência dos balanços daquelas companhias multinacionais de relevante importância para a nossa economia e que adotam a forma de sociedades limitadas[23].

---

20. CARVALHOSA, 2008.
21. CARVALHOSA, 2008.
   Acrescenta: "Daí resulta que, sendo o Direito ciência essencialmente finalística, sua interpretação deverá necessariamente levar em consideração o elemento teleológico, isto é, o fim da lei (e não da norma isoladamente) e as exigências econômicas e sociais a que visa satisfazer, ou seja, sua utilidade social. Essa foi a linha a que se filiou a nossa Lei de Introdução ao Código Civil, em seu art. 5º: 'Na aplicação da lei, o juiz atenderá aos fins sociais a que ela se dirige às exigências do bem comum'" (CARVALHOSA, 2008).
22. CARVALHOSA, 2008.
   Acrescenta: "Por outro lado, a nova Lei 11.638/2007 não alterou ou excepcionou o art. 176, § 1º, da Lei 6.404/76 como o fez com o art. 176, § 6º, IV e V, da Lei 6.404/76 ao incluir as limitadas de grande porte no regime jurídico das demonstrações financeiras ali instituído. Entende-se como regime jurídico um sistema, ou seja, um conjunto de imposições legais que regem um instituto, uma matéria, um assunto. No caso em estudo, designa o conjunto de normas que regem as demonstrações financeiras, estabelecido no seu art. 176 da Lei 6.404/76 e seguintes, com as alterações da Lei 11.638/2007" (CARVALHOSA, 2008).
23. CARVALHOSA, 2008.
   Acrescenta: "Isto posto, conclui-se que não teria nenhum sentido manter no anonimato as demonstrações financeiras que serão elaboradas pelas limitadas de grande porte conforme a Lei das Sociedades Anônimas e devidamente auditadas, sem que houvesse a publicação desses documentos contábeis na forma prevista nos citados arts. 176, § 1º, e 289 da Lei 6.404/76. Em outras palavras: não haveria nenhum sentido, ou seja, a Lei 11.638/2007 (LGL\2007\2819) seria inútil e inócua se a obediência ao regime jurídico das demonstrações financeiras pelas limitadas de grande porte não incluísse a publicação, doravante, de seus balanços auditados. Não teria a nova lei nenhuma utilidade social, que é a própria razão de sua inserção no ordenamento jurídico. Se assim fosse possível, todo o cumprimento das novas regras contábeis e respectiva certificação pelos auditores independentes levaria a nada, pois continuariam as limitadas de grande porte a engavetar os seus balanços. Não teria a lei nenhuma função, o que é inadmissível."

Armando Luiz Rovai também corrobora o entendimento de Carvalhosa, quando argumenta que é evidente que o legislador buscou obrigar que as sociedades limitadas, desde que enquadradas no montante contábil estipulado, tivessem o mesmo tratamento das sociedades anônimas, ou seja, efetuassem elaboração e divulgação das demonstrações financeiras[24].

Rovai finaliza expondo que, todas as limitadas que se enquadrem como grande porte, devem, sem sombras de dúvidas, efetuar as elaborações e divulgações de suas demonstrações financeiras, pois, em caso contrário, inviabilizaria a acessibilidade à formação das convicções daquilo que deve ser conhecido, afrontando o princípio constitucional da publicidade e seria antagônico ao intuito de dar garantia e impedir fraudes a terceiros nos negócios empresariais, ficando, evidente, portanto, a obrigatoriedade das publicações das demonstrações financeiras das sociedades do tipo limitadas enquadradas como de grande porte[25].

3.2   Argumentos contrários à publicação

O principal argumento contrário à obrigatoriedade de publicação das demonstrações financeiras pauta-se em uma interpretação totalmente positivista e que possui como o seu principal defensor, Fabio Ulhoa Coelho. Para Fabio Ulhoa, a lei não exige, em nenhuma passagem, a extensão às sociedades de grande porte da obrigatoriedade de publicação das demonstrações financeiras. Finaliza argumentando que não há nenhum preceito legal sujeitando as demais sociedades anônimas fechadas e as limitadas à obrigatoriedade de publicação das demonstrações financeiras, e esta é a simples razão pela qual inexiste a obrigatoriedade mesmo para as sociedades de grande porte[26].

Assim, levando-se em consideração a independência entre os atos de escrituração, elaboração e publicação das demonstrações financeiras, incluindo-se a independência com a qual são tratados na própria lei das S.A. que reserva seção separada para tratar da publicação, não deveria haver obrigatoriedade de publicação das demonstrações financeiras das sociedades limitadas[27].

Conclui: "De todo o exposto, a leitura sistemática, funcional e teleológica da Lei 11.638/2007 (LGL\2007\2819), a partir de sua ementa e dos arts. 176, § 1º, e 177, § 2º, II, da Lei 6.404/76 com as alterações trazidas pela Lei 11.638/2007, leva à conclusão que todas as sociedades de grande porte, independentemente de seu tipo societário, deverão elaborar e publicar as suas demonstrações financeiras na forma e para os efeitos estabelecidos na lei societária (art. 289) e arquivá-las no Registro do Comércio, conforme a lei registrária respectiva" (CARVALHOSA, 2008).

24. ROVAI, 2018.

Acrescenta: "Não vislumbrar a evidente obrigatoriedade de divulgar suas demonstrações financeiras, seria o mesmo que incentivar o sigilo das operações societárias que interessam demasiadamente aos sócios (quotistas ou acionistas) ou a terceiros interessados – credores ou não" (ROVAI, 2018).

25. ROVAI, 2018.
26. COELHO, 2016.
27. COUTO, 2017.

4. ESTUDO EMPÍRICO

Realizado todo o arcabouço teórico acerca da problemática posta para discussão deste presente artigo, responderemos as perguntas "d" e "e"[28] contidas na introdução, com base na pesquisa empírica realizada por Carlos Henrique Batista em sua dissertação de mestrado em direito da Faculdade Getúlio Vargas de São Paulo no ano de 2018.

Antes de iniciarmos as respostas às perguntas, necessário expor quais foram os parâmetros de pesquisa realizada pelo pesquisador, bem como qual foi o banco de dados utilizado por ele.

O banco de dados utilizados pelo pesquisador abarcou as empresas contidas no ranking[29] do Valor 1000 elaborado pelo jornal Valor Econômico em parceria com a Serasa Experian e o Centro de Estudo em Finanças da FGV.

Deste banco de dados, o pesquisador realizou um procedimento metodológico chegando ao resultado de 82 sociedades limitadas de grande porte com sede no Estado de São Paulo.

O banco de dados utilizado pelo pesquisador se pautou em outras fontes também, sendo uma delas, o Diário Oficial do Estado de São Paulo (D.O.E.) em que o pesquisador conseguiu extrair quais foram as empresas (dentro aquelas 82 encontradas) que publicaram os seus balanços antes de 2015[30] e nos anos de 2015, 2016 e 2017.

Com esta pesquisa, chegou-se a resultado de que, das 82 empresas pesquisadas, 44 não apresentaram publicações de balanços no D.O.E., e 38 apresentaram publicações no D.O.E., obtendo um percentual de 54% e 46%, respectivamente[31].

Estas foram as pesquisas realizadas pelo pesquisador no âmbito administrativo ou extrajudicial.

Passando, agora, para uma pesquisa judicial, o pesquisador, dentro daquelas 44 empresas mencionadas acima que não apresentaram balanço no D.O.E, apurou que

---

28. "(...) d) Como as limitadas de grande porte sediadas em São Paulo estão se comportando após a lei e a deliberação JUCESP? e) Qual é o entendimento da jurisprudência sobre as disposições havidas no ordenamento jurídico sobre o tema?"
29. Ranking de 2016.
30. O corte foi o ano de 2015 em razão da Deliberação 2 de 2015 da Jucesp que dispõe o seguinte: "Dispõe acerca da publicação das demonstrações financeiras de sociedades empresárias e cooperativas de grande porte no Diário Oficial do Estado e em jornal de grande circulação e do arquivamento das publicações dessas demonstrações e da ata que as aprova."
    "Art. 1º As sociedades empresárias e cooperativas consideradas de grande porte, nos termos da Lei 11.638/2007, deverão publicar o Balanço Anual e as Demonstrações Financeiras do último exercício, em jornal de grande circulação no local da sede da sociedade e no Diário Oficial do Estado" (JUCESP, 2015).
31. "Observa-se também um aumento substancial no número de empresas que publicaram seus balanços no Diário Oficial do Estado, a partir da entrada em vigor da Deliberação Jucesp n. 2/2015. Com efeito, das 82 sociedades pesquisadas, apenas 6 (ou 7%) possuíam publicações em períodos anteriores a 2015; nesse ano, o número de empresas com publicações no D.O.E. subiu para 25 (ou 30%), atingindo o seu cume em 2016 (31 [38%]), e tendendo a uma leve diminuição em 2017 (26 [32%]) (...)" (BATISTA, 2018).

28 empresas (ou 63% delas) impetraram Mandados de Segurança relativos à questão da publicação de seus balanços.

Observou, após a análise dos processos judiciais, que 27 das 28 empresas, ou seja, 96% delas foram beneficiadas com ordem judicial para que a Junta Comercial do Estado de São Paulo – Jucesp se abstivesse de exigir a publicação de suas demonstrações financeiras no D.O.E. Concluiu, então, que a maioria das sociedades que não cumpriram a exigência da Deliberação 2 de 2015 da Jucesp estavam aparadas por decisões judiciais.

De forma resumida, após toda a pesquisa realizada, o pesquisador apresentou o quadro abaixo:

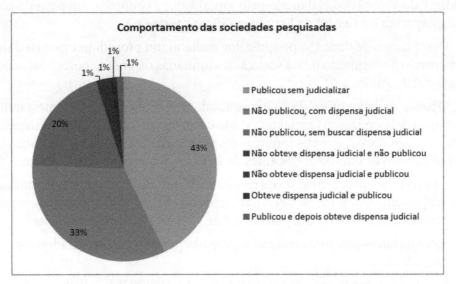

Dividiu o quadro acima em três principais categorias, com base no comportamento da grande maioria das sociedades analisadas (96%): a) as que simplesmente cumpriram a Deliberação 2/2015 da Jucesp (43%); b) as que simplesmente não cumpriram a norma (20%) e; as que não a cumpriram, com respaldo de uma decisão judicial (33%).

Mais algumas informações são relevantes para conseguirmos responder as perguntas realizadas. Sobre a informação da origem do capital, se é nacional ou multinacional, o pesquisador chegou à conclusão de que 37 (45%) das 82 sociedades pesquisadas possuem capital exclusivamente nacional e 45 (55%) contam com capital estrangeiro. E o comportamento dessas empresas se deu da seguinte forma:

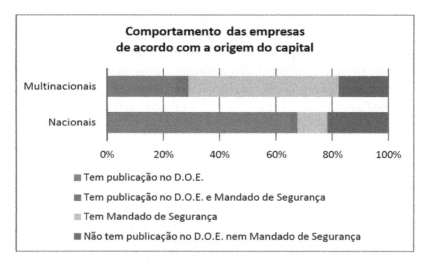

Sobre o comportamento das empresas de acordo com a receita, há o seguinte:

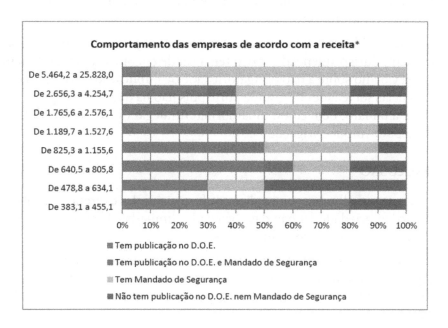

Com base nestes dados empíricos, já entendemos ser possível responder as perguntas realizadas e que nos propusemos responder neste artigo. Com relação a como às sociedades limitadas de grande porte sediadas em São Paulo estão se comportando após a lei e a deliberação JUCESP, conseguimos extrair, de acordo com a pesquisa realizada, que mais da metade das sociedades pesquisadas (54% delas) não publicaram os seus balanços mesmo após a Lei 11.638/07 e a Deliberação 2/2015 da Jucesp, seja por conta de obtenção de decisão favorável na Justiça Federal sobre a não obrigatoriedade (33%), seja por simplesmente se absterem de suposta obrigatoriedade (20%).

Os motivos para que tal fato ocorra talvez esteja presente nos dois últimos gráficos que nos mostram quais são as empresas que mais se abstiveram de publicar seus balanços e a receita delas, o que corrobora o entendimento de Modesto Carvalhosa, já exposto neste presente trabalho, das multinacionais virem ao Brasil e o Governo Brasileiro não possuir qualquer informação sobre a situação financeira delas, afetando, nas palavras de Carvalhosa, a soberania nacional do Brasil.

Assim, mais da metade das empresas pesquisadas (54%) mostraram-se indiferentes à Lei 11.638/07 e à Deliberação 2/2015 da Jucesp ou, movimentaram o judiciário para que se eximissem de publicar as suas demonstrações financeiras, principalmente, o balanço patrimonial.

Sobre a segunda pergunta de qual é o entendimento da jurisprudência sobre as disposições havidas no ordenamento jurídico sobre o tema, com a pesquisa realizada, fica extremamente fácil responder a esta pergunta.

Conforme o pesquisador, do banco de dados utilizados, 96% das empresas que judicializaram buscando a manifestação do judiciário para que não publicassem os seus balanços tiveram sucesso.

Assim, fica evidente, pelo menos na área geográfica proposta para a análise, que o entendimento jurisprudencial sobre o tema vai de encontro ao entendimento de Fabio Ulhoa Coelho sobre a não obrigatoriedade de publicação das demonstrações financeiras pelas sociedades de grande porte pois não há qualquer dispositivo legal que obrigue a tal fato, bem como uma norma infralegal (a Deliberação 2/2015 da Jucesp) não pode impor obrigações[32].

5. CONCLUSÃO

O presente trabalho buscou explicar de forma simples e direta, a problemática acerca da obrigatoriedade ou não das sociedades limitadas de grande porte de publicarem as suas demonstrações financeiras.

Expomos o que seriam as demonstrações financeiras, demonstramos quais são os argumentos doutrinários existentes acerca desta problemática e, por fim, expusemos o estudo empírico já realizado para responder as perguntas realizadas na introdução deste artigo.

Respondidas as perguntas com base no estudo empírico que trouxemos para discussão, resta claro uma forte resistência por parte das sociedades limitadas, na pesquisa com limitação geográfica, que se enquadram como grande porte às normas que buscaram obrigá-las a publicar as suas demonstrações financeiras. A resistência é maior nas sociedades multinacionais, corroborando os argumentos de Modesto Carvalhosa sobre elas.

---

32. BATISTA, 2018.

Por outro lado, ou melhor, no mesmo sentido das atitudes da maioria das sociedades que não publicaram seus balanços (54% delas) está o entendimento do judiciário de que não há, no ordenamento jurídico pátrio, qualquer obrigação para que estas limitadas de grande porte publiquem seus balanços.

Percebe-se um impasse muito grande. Entende-se que as sociedades limitadas de grande porte devem publicar seus balanços para que haja transparência para com a sociedade de modo geral e para atendimento às normas internacionais sobre o tema, no entanto, também necessário destacar que, pelo que há no ordenamento jurídico atual do Brasil, não há qualquer obrigação neste sentido para as sociedades de grande porte.

Necessário, portanto, que o Poder Legislativo se movimente no sentido de elaborar norma que obrigue de forma expressa que as limitadas de grande porte publiquem seus balanços com base em princípios nacionais e internacionais. Talvez, somente com uma norma expressa, esta problemática possa ser resolvida para que a sociedade brasileira se beneficie com a maior transparência das sociedades sediadas no país.

6. REFERÊNCIAS

BATISTA, Carlos Henrique. *A publicação de demonstrações financeiras pelas sociedades limitadas de grande porte e a efetividade da lei federal n. 11.638/2007 e da deliberação n. 2 da junta comercial do estado de São Paulo.* Disponível em: https://bibliotecadigital.fgv.br/dspace/bitstream/handle/10438/20488/Carlos%20Henrique%20Batista%20-%20Mestrado.pdf?sequence=1&isAllowed=y. Acesso em: 08 set. 2019.

BRASIL, Lei n. 6.404, de 15 de dezembro de 1976. Dispõe sobre as Sociedades Anônimas. Diário Oficial da União. Brasília, DF, 17 dez. 1976. Disponível em: http://www.planalto.gov.br/ccivil_03/leis/l6404consol.htm.

CARVALHOSA, Modesto. Parte geral estudo a respeito de aspectos societários da nova lei 11.638/07, no que respeita às principais alterações nela contidas sobre a publicação de demonstrativos financeiros pelas limitadas de grande porte. *Revista de direito bancário e de mercado de capitais.* vol. 41/2008 p. 275 - 286. 2008.

CARVALHOSA, Modesto. *Comentários à lei de sociedades anônimas.* 6. ed. São Paulo: Saraiva, 2014. v. 3.

COELHO, F. U. *Curso de direito comercial.* 20 ed. São Paulo: Ed. RT, 2016. v. 2: direito de empresa.

COUTO, V. C. Sociedades limitadas e a publicação do balanço anual: Aspectos controversos da lei 11.638/07. *Migalhas de peso.* 28.07.2017.

FILHO, C. P. G. Sociedades limitadas de grande porte – Publicação das demonstrações financeiras e a posição da junta comercial. *Migalhas de peso.* 09.02.2009.

ROVAI, Armando Luiz. Demonstrações financeiras. In: CAMPILONGO, Celso Fernandes; GONZAGA, Alvaro de Azevedo e FREIRE, André Luiz (Coord.). *Enciclopédia jurídica da PUC-SP.* Tomo: Direito Comercial. Fábio Ulhoa Coelho, Marcus Elidius Michelli de Almeida (coord. de tomo). São Paulo: Pontifícia Universidade Católica de São Paulo, 2017. Disponível em: https://enciclopediajuridica.pucsp.br/verbete/230/edicao-1/demonstracoes-financeiras-

SILVA, A. A. *Estrutura, análise e interpretação das demonstrações contábeis.* 5 ed. São Paulo: Atlas, 2019.

EXCLUSÃO DE ACIONISTAS E SANÇÕES ALTERNATIVAS PARA QUOTISTAS

Melina Martins Merlo Fernandes

Mestranda em Direito Comercial pela Pontifícia Universidade Católica de São Paulo. Especialista em Direito Processual Civil pela Pontifícia Universidade Católica de São Paulo (COGEAE). Graduada em Direito pela Universidade Presbiteriana Mackenzie. Advogada.

Sumário: 1. Introdução – 2. Exclusão de acionistas – 3. Sanções alternativas para quotistas – 4. Conclusão – 5. Referências

1. INTRODUÇÃO

A doutrina clássica divide as sociedades mercantis em dois grandes grupos: de um lado, estão as sociedades de pessoas (*intuitu personae*) – essencialmente contratuais – e de outro, se encontram as sociedades de capital (*intuitu pecuniae*) – intrinsecamente institucionais[1]. Estas últimas, por sua vez, dividem-se em outras duas modalidades: companhia aberta e companhia fechada.

Como bem esclarece Priscila M. P. Corrêa da Fonseca:

"Na primeira delas, a *aberta* tal como bem fez anotar Fábio Konder Comparato –, 'predomina o caráter institucional, marcado por disposições de ordem pública, não derrogáveis por deliberações dos acionistas, porque tendentes a proteger o interesse coletivo dos investidores no mercado de capitais'. Já na segunda, a *fechada*, 'prevalece o aspecto contratual conferindo-se ampla liberdade de estipulação às partes para regular o funcionamento do mecanismo societário de acordo com seus interesses particulares'"[2].

Em razão da natureza contratual, as sociedades limitadas conceitualmente têm como característica preponderante de constituição a *affectio societatis*. Já as sociedades anônimas, de natureza institucional, caracterizam-se predominantemente pela contribuição pecuniária de cada acionista para a formação do capital social, sendo de pouca relevância o relacionamento pessoal dos participantes.

---

1. Conforme ensina Fábio Ulhoa Coelho, "As sociedades de pessoas são aquelas em que a realização do objeto social depende mais dos atributos individuais dos sócios que da contribuição material que eles dão. As de capital são as sociedades em que essa contribuição material é mais importante que as características subjetivas dos sócios" (*Curso de direito comercial*. 16. ed. São Paulo: Saraiva, 2012, v. 1: direito de empresa, p. 80).
2. A dissolução parcial inversa nas sociedades anônimas fechadas, *Revista do Advogado* n. 96, AASP, p. 107-114.

A partir da escolha por um dos tipos societários, os sócios passam a titular determinados direitos. Nas sociedades limitadas, a regra é a da *instabilidade* do vínculo entre os quotistas, do que decorre inclusive um amplo direito de exclusão (CC, arts. 1.004, 1.026, 1.030, 1.058 e 1.085)[3]. Nas sociedades anônimas, por sua vez, a regra é a da *estabilidade* do vínculo entre os acionistas, de modo que apenas excepcionalmente se admite a exclusão (LSA, art. 107, inc. II)[4], sendo prevalecente a utilização de mecanismos próprios para lidar com o descumprimento dos deveres societários[5].

Enquanto nas sociedades limitadas a dissolução parcial pode ter como causa a morte, exclusão ou exercício do direito de retirada pelo sócio (CC, arts. 1.028, 1.030, 1.058, 1.085), nas sociedades anônimas, tem cabimento como regra somente o exercício de retirada, por meio do qual o acionista livremente negocia suas ações (LSA, arts. 109, inc. V, e 137)[6].

---

3. "Art. 1.004. Os sócios são obrigados, na forma e prazo previstos, às contribuições estabelecidas no contrato social, e aquele que deixar de fazê-lo, nos trinta dias seguintes ao da notificação pela sociedade, responderá perante esta pelo dano emergente da mora.

    Parágrafo único. Verificada a mora, poderá a maioria dos demais sócios preferir, à indenização, a exclusão do sócio remisso, ou reduzir-lhe a quota ao montante já realizado, aplicando-se, em ambos os casos, o disposto no § 1º do art. 1.031".

    "Art. 1.026. O credor particular de sócio pode, na insuficiência de outros bens do devedor, fazer recair a execução sobre o que a este couber nos lucros da sociedade, ou na parte que lhe tocar em liquidação.

    Parágrafo único. Se a sociedade não estiver dissolvida, pode o credor requerer a liquidação da quota do devedor, cujo valor, apurado na forma do art. 1.031, será depositado em dinheiro, no juízo da execução, até noventa dias após aquela liquidação".

    "Art. 1.030. Ressalvado o disposto no art. 1.004 e seu parágrafo único, pode o sócio ser excluído judicialmente, mediante iniciativa da maioria dos demais sócios, por falta grave no cumprimento de suas obrigações, ou, ainda, por incapacidade superveniente.

    Parágrafo único. Será de pleno direito excluído da sociedade o sócio declarado falido, ou aquele cuja quota tenha sido liquidada nos termos do parágrafo único do art. 1.026".

    "Art. 1.058. Não integralizada a quota de sócio remisso, os outros sócios podem, sem prejuízo do disposto no art. 1.004 e seu parágrafo único, tomá-la para si ou transferi-la a terceiros, excluindo o primitivo titular e devolvendo-lhe o que houver pago, deduzidos os juros da mora, as prestações estabelecidas no contrato mais as despesas".

    "Art. 1.085. Ressalvado o disposto no art. 1.030, quando a maioria dos sócios, representativa de mais da metade do capital social, entender que um ou mais sócios estão pondo em risco a continuidade da empresa, em virtude de atos de inegável gravidade, poderá excluí-los da sociedade, mediante alteração do contrato social, desde que prevista neste a exclusão por justa causa.

    Parágrafo único. Ressalvado o caso em que haja apenas dois sócios na sociedade, a exclusão de um sócio somente poderá ser determinada em reunião ou assembleia especialmente convocada para esse fim, ciente o acusado em tempo hábil para permitir seu comparecimento e o exercício do direito de defesa".

4. "Art. 107. Verificada a mora do acionista, a companhia pode, à sua escolha:

    (...)

    II – mandar vender as ações em bolsa de valores, por conta e risco do acionista".

5. COELHO, Fábio Ulhoa. A dissolução parcial das sociedades anônimas - Da jurisprudência do STJ ao CPC. *Revista do Advogado* n. 141, AASP.

6. "Art. 109. Nem o estatuto social nem a assembleia-geral poderão privar o acionista dos direitos de:

    (...)

    V – retirar-se da sociedade nos casos previstos nesta Lei.

    (...)".

EXCLUSÃO DE ACIONISTAS E SANÇÕES ALTERNATIVAS PARA QUOTISTAS | **283**

Contudo, pela pluralidade e complexidade das relações negociais atuais, essa concepção clássica tem sido flexibilizada pela doutrina[7] e jurisprudência.

Afinal, muitas das sociedades 'circunstancialmente' limitadas em verdade são constituídas *intuitu pecuniae*, tendo pouca ou nenhuma relevância considerações de ordem pessoal em relação aos seus sócios, ao passo que sociedades 'circunstancialmente' anônimas são constituídas *intuitu personae*, com prevalência do relacionamento dos sócios e da confiança em suas qualificações pessoais[8].

Diante das lacunas legislativas para situações como estas, buscar-se-á por meio deste artigo entender de que maneira o exercício do direito de exclusão se aplica às sociedades anônimas, quais são as situações que a autorizam e quais as suas consequências. De igual forma, buscar-se-á entender se sanções alternativas mostram-se suficientes para salvaguardar uma sociedade limitada, sem que haja necessidade de exclusão de quotista que tenha agido contra os interesses sociais, quais seriam essas sanções alternativas e qual a sua eficácia prática.

2. EXCLUSÃO DE ACIONISTAS

No que tange às sociedades anônimas, como adiantado no item introdutório, não há mandamento legal específico quanto à exclusão forçada de acionista em decorrência do entendimento de que sua obrigação fundamental e irretratável, imposta por lei, é a de pagar integralmente o preço de emissão das ações que subscreveu ou adquiriu, uma vez que o capital social é sobretudo a garantia dos demais acionistas e de terceiros que venham a se relacionar com a companhia[9].

"Art. 137. A aprovação das matérias previstas nos incisos I a VI e IX do art. 136 dá ao acionista dissidente o direito de retirar-se da companhia, mediante reembolso do valor das suas ações (art. 45), observadas as seguintes normas:

(...)".

7. Como consignado por Marcelo Vieira Von Adamek, "desde quando se reconheceu a existência de deveres de lealdade nas sociedades limitadas e nas anônimas, a doutrina e, ao depois, *as diversas legislações orientaram-se precisamente no sentido de ampliar as hipóteses de afastamento compulsório*, de modo a poder superar, de maneira eficaz, as mais diversas condutas sociodestrutivas denegatórias da essência da relação jurídica de cooperação e fim comum, como é a societária. (...) E tal reconhecimento se deu justamente porque, *de per si*, a tutela ressarcitória (através das ações de indenização e mecanismos congêneres) não é suficiente e não se presta a adequadamente superar muitas das situações de impasse, de veto abusivo ou de bloqueio contrastantes com o dever societário de lealdade. Seja por conta das ineficiências próprias do regime de responsabilidade civil. Seja pela demora na sua efetivação – donde se nos afigurar equivocadíssimo argumentar que, por prever a lei acionária hipóteses de dever de indenizar (LSA, arts. 115, § 3°, 117 e 246), afastada estaria a exclusão. Não está, não; são remédios paralelos, e não repelentes – tanto assim que o Código Civil também os consagra, de forma simultânea (CC, arts. 1.010, § 3°, de um lado, e 1.030 e 1.085, de outro)" (Exclusão de acionista em sociedade anônima fechada. In: VENÂNCIO FILHO, Alberto; LOBO, Carlos Augusto da Silveira; ROSMAN, Luiz Alberto Colonna (Org.). *Lei das S/A em seus 40 anos*. Rio de Janeiro: Forense, 2017, p. 251-252).

8. Em situações como estas – em que há como bem conceitua Marcelo Guedes Nunes uma 'sociedade heterotípica' –, admite-se que os conflitos societários sejam resolvidos por modo diverso do previsto para o tipo societário correspondente.

9. STJ, 4ª Turma, REsp n. 917.531-RS, rel. Min. Luis Felipe Salomão, j. 17.11.11, v.u.

Todavia, considerando-se que o descumprimento de deveres legais ou contratuais pode ensejar a resolução por inadimplemento de qualquer contrato (CC, art. 475)[10] e que a própria Constituição Federal assegura que ninguém será compelido a associar-se ou manter-se associado, garantindo, ainda, o direito à livre iniciativa (arts. 1º, inc. IV, 5º, inc. XX e 170, *caput*)[11], não há razão para se negar a possibilidade de exclusão de acionista em caso de falta grave.

Nesse sentido, consigna Marcelo Vieira Von Adamek:

> De acordo com a mais moderna concepção de direito societário, a exclusão por justa causa é inerente ao fenômeno societário, como parte integrante necessária de toda relação jurídica pessoal de duração e colaboração; é medida de matriz principiológica que, portanto, prescinde de expressa previsão legal – muito embora, no direito brasileiro, esta fonte normativa possa ser encontrada na aplicação supletiva do art. 1.030 do CC às sociedades anônimas de pessoas, *ex vi* do disposto no art. 1.089 do mesmo código. A exclusão de acionistas, por esse modo, é medida legítima sempre que, pela posição jurídica que ocupa o excluendo, não houver mecanismo eficaz e hábil a superar a situação de conflito verificada na organização societária; tal será mais recorrente em sociedades anônimas 'de pessoas' (mas sem afastar o excepcional cabimento desta medida em outras estruturas acionárias, porquanto, em última análise, o que determina o cabimento da medida é a intensidade dos deveres de lealdade resultantes da posição jurídica concretamente ocupada pelo seu membro)[12].

De fato, o direito de exclusão de sócios é hoje uma conquista do direito societário, com a finalidade precípua de preservar sempre que possível as sociedades comerciais, sua função social e estimular a atividade econômica, além de evitar que os demais sócios adimplentes fiquem reféns do inadimplemento.

Justamente por esse motivo, atentando-se ainda ao princípio da preservação da empresa, passou a se admitir a necessidade de adequação da tradição romanística da dissolução total diante do inadimplemento de apenas um sócio e a possibilidade de sua exclusão do quadro social, ao invés da dissolução total da companhia.

---

10. "Art. 475. A parte lesada pelo inadimplemento pode pedir a resolução do contrato, se não preferir exigir-lhe o cumprimento, cabendo, em qualquer dos casos, indenização por perdas e danos".

11. "Art. 1º A República Federativa do Brasil, formada pela união indissolúvel dos Estados e Municípios e do Distrito Federal, constitui-se em Estado Democrático de Direito e tem como fundamentos:

    (...)

    IV – os valores sociais do trabalho e da livre iniciativa; (...)".

    "Art. 5º. Todos são iguais perante a lei, sem distinção de qualquer natureza, garantindo-se aos brasileiros e aos estrangeiros residentes no País a inviolabilidade do direito à vida, à liberdade, à igualdade, à segurança e à propriedade, nos termos seguintes:

    (...)

    XX – ninguém poderá ser compelido a associar-se ou a permanecer associado; (...)".

    "Art. 170. A ordem econômica, fundada na valorização do trabalho humano e na livre iniciativa, tem por fim assegurar a todos existência digna, conforme os ditames da justiça social, observados os seguintes princípios:

    (...)".

12. Exclusão de acionista em sociedade anônima fechada. In: VENÂNCIO FILHO, Alberto; LOBO, Carlos Augusto da Silveira; ROSMAN, Luiz Alberto Colonna (Org.). *Lei das S/A em seus 40 anos*. Rio de Janeiro: Forense, 2017, p. 270-271.

Não à toa, a 2ª Seção do Superior Tribunal de Justiça, em 2006, proferiu a decisão que se tornou o *leading case* sobre a possibilidade de dissolução parcial de sociedades por ações fechadas de natureza *intuitu personae* com os seguintes fundamentos:

> É inquestionável que as sociedades anônimas são sociedades de capital (*intuito pecuniae*), próprio às grandes empresas, em que a pessoa do sócio não tem papel preponderante. Contudo, a realidade da economia brasileira revela a existência, em sua grande maioria, de sociedades anônimas de médio e pequeno porte, em regra, de capital fechado, que concentram na pessoa de seus sócios um de seus elementos preponderantes, como sói acontecer com as sociedades ditas familiares, cujas ações circulam entre os seus membros, e que são, por isso, constituídas *intuito personae*. Nelas, o fator dominante em sua formação é a afinidade e identificação pessoal entre os acionistas, marcadas pela confiança mútua. Em tais circunstâncias, muitas vezes, o que se tem, na prática, é uma sociedade limitada travestida de sociedade anônima, sendo, por conseguinte, equivocado querer generalizar as sociedades anônimas em um único grupo, com características rígidas e bem definidas.

> Em casos que tais, porquanto reconhecida a existência da *affectio societatis* como fator preponderante na constituição da empresa, não pode tal circunstância ser desconsiderada por ocasião de sua dissolução. Do contrário, e de que é exemplo a hipótese em tela, a ruptura da *affectio societatis* representa verdadeiro impedimento a que a companhia continue a realizar o seu fim, com a obtenção de lucros e distribuição de dividendos, em consonância com o artigo 206, II, 'b', da Lei n. 6.404/76, já que dificilmente pode prosperar uma sociedade em que a confiança, a harmonia, a fidelidade e o respeito mútuo entre os seus sócios tenham sido rompidos.

> A regra da dissolução total, nessas hipóteses, em nada aproveitaria aos valores sociais envolvidos, no que diz respeito à preservação de empregos, arrecadação de tributos e desenvolvimento econômico do país. À luz de tais razões, o rigorismo legislativo deve ceder lugar ao princípio da preservação da empresa, preocupação, inclusive, da nova Lei de Falências – Lei n. 11.101/05, que substituiu o Decreto-lei n. 7.661/45, então vigente, devendo-se permitir, pois, a dissolução parcial, com a retirada dos sócios dissidentes, após a apuração de seus haveres em função do valor real do ativo e passivo. A solução é a que melhor concilia o interesse individual dos acionistas retirantes com o princípio da preservação da sociedade e sua utilidade social, para evitar a descontinuidade da empresa, que poderá prosseguir com os sócios remanescentes[13].

A exclusão de sócios, definida como "o afastamento compulsório do sócio descumpridor de suas obrigações sociais"[14] – uma das modalidades de dissolução parcial de sociedade –, foi especificamente analisada, em 2011, pela 4ª Turma do Superior Tribunal de Justiça:

> É bem de ver que a dissolução parcial e a exclusão de sócio são fenômenos diversos, cabendo destacar, no caso vertente, o seguinte aspecto: na primeira, pretende o sócio dissidente a sua retirada da sociedade, bastando-lhe a comprovação da quebra da '*affectio societatis*'; na segunda, a pretensão é de excluir outros sócios, em decorrência de grave inadimplemento dos deveres essenciais, colocando em risco a continuidade da própria atividade social.

> Em outras palavras, a exclusão é medida extrema que visa à eficiência da atividade empresarial, para o que se torna necessário expurgar o sócio que gera prejuízo ou a possibilidade de prejuízo grave ao exercício da empresa, sendo imprescindível a comprovação do justo motivo.

---

13. STJ, 2ª Seção, EREsp n. 111.294-PR, rel. Min. Castro Filho, j. 28.6.06, m.v.
14. FONSECA, Priscila M. P. Corrêa da *Dissolução parcial, retirada e exclusão de sócio*. 5. ed. São Paulo: Atlas, 2012, p. 21.

(...)

Caracterizada a sociedade anônima como fechada e personalista, o que tem o condão de propiciar a sua dissolução parcial – fenômeno até recentemente vinculado às sociedades de pessoas –, é de se entender também pela possibilidade de aplicação das regras atinentes à exclusão de sócios das sociedades regidas pelo Código Civil, máxime diante da previsão contida no art. 1.089 do CC: 'A sociedade anônima rege-se por lei especial, aplicando-se-lhe, nos casos omissos, as disposições deste Código'[15].

No caso analisado pelo Superior Tribunal de Justiça, os acionistas que foram excluídos praticaram diversos atos admitidos como falta grave e que impossibilitavam o bom andamento e o atingimento do fim social. Dentre eles, destacam-se, a obstacularização do exercício do cargo de diretor pelo sócio eleito em Assembleia Geral, o exercício da diretoria de forma ilegítima pelos excluendos, o percebimento de recebimentos mensais unicamente por eles e a não distribuição de dividendos aos demais sócios.

Note-se que a quebra da *affectio societatis* por si só não é suficiente a justificar a exclusão do acionista, afirmação que pode ser corroborada com a análise dos enunciados 67 da I Jornada de Direito Civil do Conselho da Justiça Federal[16] e 23 da Jornada Paulista de Direito Comercial[17], datados de 2012 e 2013, respectivamente. É necessário que haja grave inadimplemento dos deveres essenciais, colocando em risco a consecução do fim social[18].

Como pontuado por Erasmo Valladão Azevedo e Novaes França e Marcelo Vieira Von Adamek:

> Na realidade, a quebra de *affectio societatis* jamais pode ser considerada causa de exclusão. Pelo contrário, a quebra de *affectio societatis* é, quando muito, consequência de determinado evento, e tal evento, sim, desde que configure quebra grave dos deveres sociais imputável ao excluendo, poderá, como última *ratio*, fundamentar o pedido de exclusão de sócio. Em todo caso,

---

15. STJ, 4ª Turma, REsp n. 917.531-RS, rel. Min. Luis Felipe Salomão, j. 17.11.2011, v.u. No mesmo sentido, Haroldo Malheiros Duclerc Verçosa, ao tratar especificamente da exclusão de sócio, explica que: "há um fundamento econômico para a exclusão, que está na necessidade de se conceder à sociedade um mecanismo de defesa contra o sócio que esteja agindo na contramão dos interesses sociais, de um ponto de vista imediato e contra os interesses dos próprios sócios, sob um ângulo mediato. Estes poderão ser prejudicados em relação ao objetivo último da busca de lucros, como resultado da ação nefasta de algum sócio. A ação deletéria deste poderá, em certos casos, até mesmo acarretar a quebra da sociedade" (*Curso de direito comercial*. 2. ed. São Paulo: Malheiros, v. 2, p. 158).

16. A quebra do *affectio societatis* não é causa para a exclusão do sócio minoritário, mas apenas para dissolução (parcial) da sociedade.

17. O desaparecimento da *affectio societatis*, por si só, não é fundamento para a exclusão de sócio.

18. Nesse sentido, TJSP, 1ª Câmara Reservada de Direito Empresarial, Apel. n. 1084284-56.2016.8.26.0100, rel. Des. Hamid Bdine, j. 22.5.19, v.u., assim ementado "conjunto probatório suficiente para demonstrar que a companhia não é fundada na relação pessoal mantida entre os sócios (*intuitu personae*). Natureza familiar não demonstrada. Ausência de qualquer restrição à livre circulação das ações em suas cláusulas estatutárias. Companhia de grande porte que atua em diversos segmentos mercadológicos, sendo detentora de diversas marcas de renome. Inaplicabilidade do instituto da dissolução parcial no caso concreto. Exclusão de acionista minoritária que dependeria, ainda, da efetiva demonstração da justa causa. Fatos imputados que não colocaram em risco a execução do objeto social da companhia. Quebra da *affectio societatis* entre o sócio remanescente e as herdeiras do falecido que não justifica o pedido de exclusão. Recurso improvido".

será indispensável demonstrar o motivo desta quebra da *affectio societatis*, e não apenas alegar a consequência, sem demonstrar sua origem e o inadimplemento de dever de sócio que aí possa estar. A quebra de *affectio societatis*, insista-se, não é causa de exclusão de sócio; o que pode eventualmente justificar a exclusão de sócios é a violação dos deveres de lealdade e de colaboração[19].

O Superior Tribunal de Justiça vem, portanto, já há algum tempo, firmando sólido entendimento no sentido de que a possiblidade jurídica do pedido de dissolução parcial de sociedade anônima deverá ser examinada sob o prisma da essência de sua constituição, a fim de se verificar se se trata de uma sociedade de capital, com características institucionais, ou de uma sociedade de pessoas, eminentemente contratual.

E o Código de Processo Civil em vigor consolidou a possibilidade de a sociedade anônima ser objeto de ação de dissolução parcial. O mencionado diploma processual, em seu art. 599, §2º, determinou expressamente que a ação de dissolução parcial de sociedade pode ter por objeto a sociedade anônima de capital fechado, desde que demonstrado por acionistas, que representem no mínimo 5% (cinco por cento) do capital social, que aquela não pode preencher o seu fim[20].

Mas em que pese a exclusão de sócio seja um instituto típico das sociedades limitadas e admitido em sociedades anônimas de capital fechado em que prepondera a *affectio societatis*, há quem entenda que uma aproximação entre o regime das sociedades limitadas e das sociedades anônimas a fim de aplicar-lhes o mesmo fundamento legal seria absolutamente desnecessário[21].

Isso porque, considerando que os deveres societários existem também nas sociedades de capital, decorreria da própria Lei n. 6.404/76 o fundamento material e processual para a exclusão. E deste modo, a natureza *intuitu personae* ou *intuitu pecuniae* da sociedade anônima acabaria sendo irrelevante.

---

19. *Affectio Societatis*: um conceito jurídico superado no moderno direito societário pelo conceito de fim social. In Revista de Direito Mercantil. São Paulo: Malheiros Editores, n. 149/150, 2008, p. 125. No mesmo sentido: SPINELLI, Luis e FADANELLI, Vinicius. *Exclusão de acionista por falta* grave. Disponível em: https://www.soutocorrea.com.br/publicacoes/exclusao-de-acionista-por-falta-grave/ e STJ, 3ª Turma, REsp n. 1.129.222-PR, rel. Min. Nancy Andrighi, j. 28.6.11, v.u.

20. "Art. 599. A ação de dissolução parcial de sociedade pode ter por objeto:

    I – a resolução da sociedade empresária contratual ou simples em relação ao sócio *falecido, excluído* ou que exerceu o *direito de retirada ou recesso*; e

    II – a apuração dos haveres do sócio *falecido, excluído* ou que exerceu o *direito de retirada ou recesso*; ou

    III – somente a *resolução* ou a *apuração de haveres*.

    (...) § 2º. A ação de dissolução parcial de sociedade pode ter também por objeto a *sociedade anônima de capital fechado* quando demonstrado, por acionista ou acionistas que representem *cinco por cento ou mais do capital social*, que *não pode preencher o seu fim*".

    Note-se que a previsão legal não contempla as hipóteses de dissolução parcial da sociedade anônima fundadas na morte ou exclusão do acionista, fatos jurídicos inoponíveis à estabilização do vínculo acionário. Aqui há apenas uma ampliação do direito de retirada do acionista e a revogação tácita do art. 206, inc. II, *b*, da LSA, fazendo com que o não preenchimento do fim social deixe de ser causa de dissolução total.

21. Nesse sentido: ALMEIDA PRADO, Maria da Glória Ferraz de. *Admissibilidade e conveniência da exclusão de controlador em S.A.* São Paulo: Faculdade de Direito, Universidade de São Paulo. Tese de Doutorado em Direito Comercial: orientadora Priscila M. P. Corrêa da Fonseca, 2015.

Nas companhias fechadas, o adimplemento dos deveres de colaboração e lealdade torna-se tão imprescindível quanto o adimplemento do dever de conferimento para o alcance do escopo comum. Em decorrência desse raciocínio, há quem entenda que a exclusão do acionista deve ser admissível na ocorrência de inadimplemento de qualquer dever social que inviabilize, real ou potencialmente, o preenchimento do fim social. A identificação de eventual *affectio societatis* entre os acionistas – que nas sociedades de cunho personalista, inviabilizaria o preenchimento do fim social –, para ele, em verdade, passaria a não ter importância.

E sob essa ótica, o fundamento capaz de viabilizar a exclusão de sócio deveria ser o descumprimento de deveres sociais, independentemente da relação ou da proximidade entre os sócios ou, ainda, do valor que se dê a elas. Não por outra razão, o próprio Código Civil não condiciona a exclusão de sócio à sua maior ou menor influência na vida social ou ao fato de a sociedade ser considerada de pessoas.

E é justamente por esta razão que, em teoria, seria possível a exclusão de acionista para além da companhia fechada de cunho familiar.

Diz-se, em teoria, porque em sociedades anônimas de capital aberto, em que se pressupõe o profissionalismo dos envolvidos e o claro intuito de aferimento de riquezas, o argumento parece estar descolado da realidade.

Não parece crível admitir que o acionista que tenha alguma ingerência sobre a companhia possa agir de modo a prejudicá-la, em última análise, reduzindo o valor de suas próprias ações. Ainda que as ações estejam valendo mais do que o valor pago por este acionista (o que sustentaria o argumento de que ele estaria auferindo lucro), se o valor das ações fosse ainda superior, ela estaria em situação melhor (o que significa dizer que ele estaria deixando de estar em uma posição mais favorável por uma atitude sua).

Contudo, essa questão deve ser objeto de uma análise mais completa e detalhada, o que não condiz com o objetivo do presente artigo.

Enfim, do que se pode verificar, a fundamentação dogmático-jurídica da hipótese de exclusão será sempre o grave inadimplemento de um dever social, não bastando a mera quebra da *affectio societatis* para justificá-la. O que variará será somente a extensão dos deveres exigidos em cada tipo societário – e, consequentemente, a gravidade suficiente do inadimplemento para fundamentar a exclusão.

Mas em todas as hipóteses, a possibilidade de exclusão deve se dar de forma cuidadosa e restritiva, sob pena de insegurança jurídica e desnaturação desmedida do tipo societário livre e originalmente escolhido. A exclusão do acionista inadimplente deve ser admissível como forma de tutelar excepcionalmente os direitos dos demais sócios adimplentes, dada a situação de vulnerabilidade a que estariam expostos em decorrência do inadimplemento, que pode comprometer a própria sobrevivência da companhia.

Frise-se, a exclusão de sócio deve ser admitida na hipótese de comprometimento da estrutura social. Isso porque, na medida do possível, deve ser assegurado ao sócio o direito de manter seu *status socii*.

3. SANÇÕES ALTERNATIVAS PARA QUOTISTAS

Traçando agora um contraponto à ideia da exclusão, amplamente admitida e expressamente prevista nas sociedades limitadas, propõem-se uma reflexão a respeito da possibilidade de aplicação de sanções alternativas, comuns e previstas na lei das sociedades anônimas, como forma de salvaguardar os interesses sociais.

A Lei n. 6.404/76 prevê mecanismos auxiliares para sancionar infrações de acionistas, dentre eles, a suspensão de direitos societários (LSA, art. 120)[22] e o pagamento de perdas e danos (LSA, art. 117)[23].

Novamente com amparo no princípio da preservação da empresa, seria louvável que as vicissitudes pessoais entre os quotistas pudessem ser superadas e resolvidas com a mera aplicação dessas sanções às condutas abusivas.

Mas, infelizmente, até a data de entrega deste artigo, não foram localizadas decisões a respeito de sua aplicabilidade prática. E a razão de ser parece simples, a reparação mediante perdas e danos é, a um só tempo, demorada e complexa, faltando-lhe a devida agilidade que permita sua frequente utilização. De igual modo, a anulação de deliberação assemblear baseada em voto abusivo é medida que, se frequente, atravanca de modo irremediável o andamento das atividades sociais[24].

Com o inadimplemento das obrigações sociais, viola-se a boa-fé contratual, ferindo a fidelidade e a confiança entre os sócios, que de antemão já veem sua legítima expectativa frustrada em razão do comportamento contraditório do inadimplente. E deste modo, o estabelecimento de sanções alternativas é esperadamente incomum, já que em regra restam dilaceradas as expectativas de execução do fim social e aberta a porta da exclusão do sócio.

Mário Engler Pinto Junior corrobora essa concepção afirmando que:

É forçoso se reconhecer que a conduta antijurídica do acionista, no mais das vezes, pode ser satisfatoriamente corrigida pelo sucedâneo reparatório, ou por outros meios alternativos, v.g., a anulação do ato abusivo, ou a convalidação de ato, embora sem a sua colaboração ativa considerada indispensável. Em outras palavras, as violações ao dever de cooperação, omissivo ou comissivo, imposto ao sócio da sociedade anônima, normalmente não provoca um impedimento juridicamente insuperável à realização do objeto social. Dessa forma, a exclusão torna-se irrelevante, podendo até redundar em prejuízo à própria companhia, pelo desfalque patrimonial decorrente do reembolso de capital devido ao acionista excluído.

---

22. "Art. 120. A assembleia-geral poderá suspender o exercício dos direitos do acionista que deixar de cumprir obrigação imposta pela lei ou pelo estatuto, cessando a suspensão logo que cumprida a obrigação".
23. "Art. 117. O acionista controlador responde pelos danos causados por atos praticados com abuso de poder".
24. PIMENTA, Eduardo Goulart. *Exclusão e retirada de sócios*. Belo Horizonte: Decálogo Livraria e Editora, 2004, p. 133-135.

Todavia, é perfeitamente possível se vislumbrar determinadas situações, onde a permanência do acionista na companhia venha a pôr em risco a sua sobrevivência como um todo, bem como a continuação da atividade empresarial. Esta ameaça pode ter origem num comportamento ilícito, cuja reparação não possa ser alcançada por nenhum dos mecanismos protetivos previstos na lei societária, ainda, ser resultado de fatores alheios à própria vontade do acionista[25].

Por estas sintetizadas razões, na prática, parece não haver espaço para que, em sociedades limitadas de pequeno e médio portes, ao invés de se excluir o quotista que atue contra os interesses sociais, se apliquem a ele sanções alternativas.

Inclusive, através de um estudo observacional e descritivo em que se analisou, entre 24 de outubro e 19 de novembro de 2019, a configuração societária de 162 sociedades limitadas no Estado de São Paulo com mais de dez sócios, cujos atos constitutivos estavam disponíveis no sítio eletrônico da Junta Comercial, foi possível se constatar que em 46% dos casos havia previsão de exclusão de sócios e em apenas 1% havia registro de aplicação de alguma penalidade alternativa.

A sintetização dos referidos dados deu origem aos seguintes gráficos:

Previsão de Exclusão dos Sócios

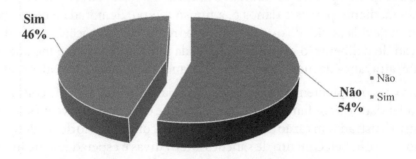

Previsão de Sanção Alternativa à Exclusão

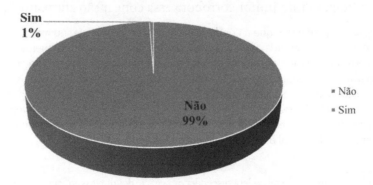

---

25. Exclusão de acionista. *Revista de Direito Mercantil*. n. 54, São Paulo: Ed. RT, 1983, p. 88.

Contudo, não se pode perder de vista que há sociedades limitadas com ativos ou receita bruta superiores à grande parte das sociedades anônimas – são as chamadas sociedades limitadas de grande porte[26] ou sociedades 'circunstancialmente' limitadas, em que o *intuitu pecuniae* é sua grande força motriz – e nelas talvez possa fazer sentido a aplicação de sanções alternativas, tais como, aplicação de multa, suspensão de direito não essencial, objetivando-se a maximização da utilidade do tipo societário.

Assim, em alguns casos, o quotista que se pretende excluir poderia, alternativamente, ter sua conduta readequada pela utilização de mecanismos alternativos específicos, pautados nos deveres de cooperação, lealdade, informação, dentre outros, sem que isso importe em sua exclusão, que poderia comprometer os investimentos da sociedade.

4. CONCLUSÃO

Com o presente artigo, se pretendeu demonstrar que, em razão da evolução do direito societário e da pluralidade e complexidade das relações negociais atuais, foi deixada de lado a concepção clássica e estanque de que, em sociedades anônimas não seria possível a exclusão de acionista, ao passo que, em sociedades limitadas não se admitiria a aplicação de sanções alternativas.

Há um grande número de sociedades anônimas que, embora constituídas sob referido tipo, marcado pela mera contribuição material, são em verdade sociedades de pessoas, onde a *affectio societatis* e a vontade dos sócios é o que mantém a união ativa e garante o efetivo exercício das atividades sociais. Uma vez que, nestas sociedades, a confiança é quebrada, os sócios acabam por adotar condutas que vão de encontro com os interesses sociais, comprometendo, muitas vezes, a própria existência da sociedade e da atividade empresária.

Diante deste contexto, o Superior Tribunal de Justiça, acertadamente, vem decidindo pela possibilidade de se excluir acionistas de sociedades anônimas caracterizadas pela pessoalidade e de cunho familiar, por meio da dissolução parcial.

E com a reforma de lei processual civil, esta possibilidade se consolidou, com a introdução de normas que autorizam expressamente a dissolução parcial de sociedades anônimas fechadas.

Não obstante o advento do mencionado diploma processual ter representado verdadeira evolução quanto à matéria, a possibilidade efetiva de exclusão de sócios das sociedades anônimas ainda gera alguma dúvida, notadamente no que tange às hipóteses em que tal medida pode ser adotada.

---

26. Nos termos do art. 3º, parágrafo único, da Lei n. 11.638/07, são consideradas de grande porte a sociedade ou conjunto de sociedades sob controle comum, que tiver, no exercício social anterior, ativo total superior a R$ 240.000.000,00 ou receita bruta anual superior a R$ 300.000.000,00.

Nesse sentido, o presente artigo buscou demonstrar a possibilidade de exclusão de sócios da sociedade anônima, tanto em decorrência do comprometimento do alcance da finalidade social, quanto por aplicação das normas concernentes às sociedades simples e limitadas, previstas no Código Civil.

De igual forma, buscou-se demonstrar que, embora muito pouco utilizada na prática, a aplicação de sanções alternativas como meio de maximização da utilidade do tipo societário, pode ser uma boa opção à exclusão de sócio que pratique falta não grave em sociedade limitada de grande porte.

5. REFERÊNCIAS

ADAMEK, Marcelo Vieira von. Exclusão de acionista em sociedade anônima fechada. In: VENÂNCIO FILHO, Alberto; LOBO, Carlos Augusto da Silveira; ROSMAN, Luiz Alberto Colonna (Org.). *Lei das S/A em seus 40 anos*. Rio de Janeiro: Forense, 2017.

ALMEIDA PRADO, Maria da Glória Ferraz de. *Admissibilidade e conveniência da exclusão de controlador em S.A.* São Paulo: Faculdade de Direito, Universidade de São Paulo. Tese de Doutorado em Direito Comercial: orientadora Priscila M. P. Corrêa da Fonseca, 2015.

COELHO, Fábio Ulhoa. A dissolução parcial das sociedades anônimas – Da jurisprudência do STJ ao CPC. *Revista do Advogado* n. 141, AASP.

COELHO, Fábio Ulhoa. *Curso de direito comercial*. 16. ed. São Paulo: Saraiva, 2012. v. 1: direito de empresa

CORRÊA DA FONSECA, Priscila M. P. *Dissolução parcial, retirada e exclusão de sócio*. 5. ed. São Paulo: Atlas, 2012.

CORRÊA DA FONSECA, Priscila M. P. A dissolução parcial inversa nas sociedades anônimas fechadas. *Revista do Advogado* n. 96, AASP.

NOVAES FRANÇA, Erasmo Valladão Azevedo. ADAMEK, Marcelo Vieira Von Adamek. *Affectio Societatis*: um conceito jurídico superado no moderno direito societário pelo conceito de fim social. *Revista de Direito Mercantil*. São Paulo: Malheiros Editores, n. 149/150, 2008.

PIMENTA, Eduardo Goulart. *Exclusão e retirada de sócios*. Belo Horizonte: Mandamentos, 2004.

PINTO JÚNIOR, Mario Engler. *Exclusão de acionista*. São Paulo: Revista de Direito Mercantil n. 54, 1983.

RIBEIRO, Renato Ventura. *Exclusão de sócios nas sociedades anônimas*. São Paulo: Quartier Latin, 2005.

SPINELLI, Luis. FADANELLI, Vinicius. *Exclusão de acionista por falta* grave. Disponível em: https://www.soutocorrea.com.br/publicacoes/exclusao-de-acionista-por-falta-grave. Acesso em: 06 set. 2019.

VERÇOSA, Haroldo Malheiros Duclerc. *Curso de direito comercial*. 2. ed. São Paulo: Malheiros. v. 2.

EVOLUÇÃO HISTÓRICA DA APURAÇÃO DE HAVERES – DO VALOR CONTÁBIL AO VALOR ECONÔMICO

Tatiana Adoglio

Vice-Presidente da Comissão das Sociedades de Advogados da OAB/SP. Membra da lista de árbitros da Câmara de Conciliação, Mediação e Arbitragem da OAB/SP. Advogada.

Sumário: 1. Introdução – 2. Da dissolução parcial da sociedade – breve evolução histórica – 3. Da apuração de haveres – valor contábil x valor econômico – 4. Dos direitos econômicos do sócio durante a apuração dos haveres – 5. Da alteração dos critérios x coisa julgada – 6. Conclusão – 7. Referências

1. INTRODUÇÃO

A análise sistemática dos regramentos aplicáveis aos tipos societários revela que, quanto mais restrita a circulação das participações societárias dos sócios de uma sociedade, mais ampla é a possibilidade de sua retirada.

Com relação à sociedade simples, por exemplo, o artigo 1.029 do Código Civil[1] dispõe que qualquer sócio pode se retirar da sociedade de prazo indeterminado, não exigindo condição específica para o exercício deste direito potestativo, justamente porque a circulação das quotas sociais é deveras restrita, já que a condição pessoal dos sócios, chamada de *intuito personae,* é um atributo importante deste tipo societário.

Na sociedade limitada, por sua vez, que pode ter um caráter mais *intuitu pecuniae*, onde a figura pessoal do sócio pode não ser tão importante, o direito de retirada sofre uma pequena restrição, conforme se depreende do artigo 1.077 do Código Civil[2], que condiciona as hipóteses de retirada a certos eventos ali descritos.

Já na sociedade anônima, onde comumente há livre circulação e transferência das ações, o direito de retirada sofre significativa limitação, estando restrito às condi-

---

1. Art. 1.029. Além dos casos previstos na lei ou no contrato, qualquer sócio pode retirar-se da sociedade; se de prazo indeterminado, mediante notificação aos demais sócios, com antecedência mínima de sessenta dias; se de prazo determinado, provando judicialmente justa causa.
2. Art. 1.077. Quando houver modificação do contrato, fusão da sociedade, incorporação de outra, ou dela por outra, terá o sócio que dissentiu o direito de retirar-se da sociedade, nos trinta dias subsequentes à reunião, aplicando-se, no silêncio do contrato social antes vigente, o disposto no art. 1.031.

ções dos artigos 136-A[3] e 137[4] da Lei 6.404/76 (Lei das S.A), apesar das exceções em que são aplicadas as regras das demais sociedades a este tipo, quando heterotípicas[5].

A retirada do sócio da sociedade, na maior parte das vezes, causa a sua dissolução parcial, com a redução de seu capital ou a aquisição, pelos demais sócios, da participação societária de propriedade do sócio retirante, mantendo-se a atividade da sociedade.

O presente artigo pretende fazer uma breve análise das consequências patrimoniais da retirada do sócio, cotejando-se a avaliação contábil e o valor de mercado da sociedade; os direitos econômicos do sócio durante a apuração dos haveres e a alteração do critério de apuração durante eventual litígio de liquidação deste valor.

2. DA DISSOLUÇÃO PARCIAL DA SOCIEDADE – BREVE EVOLUÇÃO HISTÓRICA

A possibilidade da dissolução parcial da sociedade, com a retirada de um sócio, foi uma construção doutrinária e jurisprudencial, já que o Código Comercial de 1850[6], previa apenas a possibilidade de dissolução total das sociedades, ao fundamento de que o afastamento de um sócio culminava com o seu término, em razão do caráter pessoal que permeava a relação entre eles.

A dissolução total da sociedade causa o "rompimento, cessação, extinção de um pacto ou contrato"[7], instaurando-se procedimento típico de liquidação[8], conduzindo ao fim da personalidade jurídica da sociedade contratual[9].

Segundo Alfredo de Assis Gonçalves Neto, "na liquidação, a sociedade continua existindo e mantêm sua personalidade jurídica para dar continuidade às atividades necessárias à sua extinção.[10]"

---

3. Art. 136-A. A aprovação da inserção de convenção de arbitragem no estatuto social, observado o quórum do art. 136, obriga a todos os acionistas, assegurado ao acionista dissidente o direito de retirar-se da companhia mediante o reembolso do valor de suas ações, nos termos do art. 45.

4. Art. 137. A aprovação das matérias previstas nos incisos I a VI e IX do art. 136 dá ao acionista dissidente o direito de retirar-se da companhia, mediante reembolso do valor das suas ações (art. 45), observadas as seguintes normas.

5. Segundo Fábio Ulhoa Coelho, "Marcelo Guedes Nunes propôs o conceito de "sociedade heterotípica", no contexto da discussão sobre os fundamentos para se resolverem conflitos societários de modo diverso do previsto para o correspondente tipo.", propondo que a sociedade anônima heterotípica de verdade, seja caracterizada por dois requisitos: "a) classificação como fechada; e b) ter o acionista adquirido suas ações por sucessão *mortis causa* ou em decorrência desta (como o caso das bonificações)" (A *dissolução parcial das sociedades anônimas* – Da jurisprudência do STJ ao CPC – 24 de maio de 2019 – https://www.migalhas.com.br/depeso/302945/a-dissolucao-parcial-das-sociedades-anonimas-da-jurisprudencia-do-stj-ao-cpc).

6. BRASIL. Lei 556, de 25 de junho de 1850 – Código Comercial.

7. ALMEIDA, Amador Paes de. *Manual das Sociedades Comerciais* (direito de empresa). p. 98.

8. PENTEADO, Mauro Rodrigues. *Dissolução e liquidação de sociedades*. 2. ed. São Paulo: Saraiva, 2000. p. 62.

9. SCHLINTWEIN, Déborah; MENEGHETTI, Tarcísio Vilton. A dissolução total da sociedade empresária. *Revista Eletrônica de Iniciação Científica*. Itajaí, Centro de Ciências Sociais e Jurídicas da Univali. v. 5, n. 1, p. 219-236, 1º Trimestre de 2014. Disponível em: www.univali.br/ricc – ISSN 2236-5044.

10. GONÇALVES NETO, Alfredo de Assis. *Direito de empresa*. Comentários aos artigos 966 a 1.195 do Código Civil. 8. ed. rev., atual e ampl. São Paulo. Ed. RT, 2018. p. 333.

EVOLUÇÃO HISTÓRICA DA APURAÇÃO DE HAVERES – DO VALOR CONTÁBIL AO VALOR ECONÔMICO 295

A disciplina centenária da dissolução total não trazia qualquer benefício à sociedade, mas apenas solucionava uma questão jurídica e econômica havida entre os sócios que dela faziam parte. Não havia qualquer interesse público ou de terceiros naquela relação jurídica privada, tampouco no seu encerramento.

Da mesma forma, o Código Civil de 1916 cuidava tão somente da dissolução total[11].

Este procedimento de dissolução total foi mantido pelo Código de Processo Civil de 1939[12], que permaneceu expressamente em vigor no Código de Processo Civil de 1973[13].

No entanto, a doutrina[14] e a jurisprudência[15] já vinham admitindo a dissolução parcial, que se fortaleceu com base no princípio implícito no artigo 170 da Constituição Federal de 1988[16], que implantou uma ordem econômica constituída na livre iniciativa e na valorização do trabalho humano, demonstrando quão importante é a manutenção da empresa[17].

A partir do fortalecimento deste princípio, bem como do princípio da função social da empresa, através do reconhecimento de que ela gera riquezas e precisa ter sua integridade preservada[18], princípio já insculpido na Lei das Sociedades Anônimas[19], o Poder Judiciário passou a sofrer uma queda expressiva nos pedidos de dissolução

---

11. BRASIL. Lei 3.071/16, de 1º de janeiro de 1916 – Código Civil dos Estados Unidos do Brasil – Artigos 1.399 a 1.409.
12. BRASIL. Decreto-Lei 1.608, de 18 de setembro de 1939 – Código de Processo Civil.
13. Art. 1.218. Continuam em vigor até serem incorporados nas leis especiais os procedimentos regulados pelo Decreto-lei nº 1.608, de 18 de setembro de 1939, concernentes: VII – à dissolução e liquidação das sociedades (arts. 655 a 674).
14. Entre outros: ESTRELLA, Hernani. *Apuração dos haveres de sócio*. 3. ed. atual. por Roberto Papini. Rio de Janeiro: Forense, 2001.
15. RE 89464 / SP – São Paulo – Recurso Extraordinário – Relator(a): Min. Cordeiro Guerra – Redator(a) do acórdão: Min. Décio Miranda – Julgamento: 12.12.1978 – Publicação: 04.05.1979 – Órgão julgador: Segunda Turma. Disponível em: https://jurisprudencia.stf.jus.br/pages/search/sjur119562/false.
16. Art. 170. A ordem econômica, fundada na valorização do trabalho humano e na livre iniciativa, tem por fim assegurar a todos existência digna, conforme os ditames da justiça social, observados os seguintes princípios: I – soberania nacional; II – propriedade privada; III – função social da propriedade; IV – livre concorrência; V – defesa do consumidor; VI – defesa do meio ambiente; VI – defesa do meio ambiente, inclusive mediante tratamento diferenciado conforme o impacto ambiental dos produtos e serviços e de seus processos de elaboração e prestação; VII – redução das desigualdades regionais e sociais; VIII – busca do pleno emprego; IX – tratamento favorecido para as empresas brasileiras de capital nacional de pequeno porte ; IX – tratamento favorecido para as empresas de pequeno porte constituídas sob as leis brasileiras e que tenham sua sede e administração no País. Parágrafo único. É assegurado a todos o livre exercício de qualquer atividade econômica, independentemente de autorização de órgãos públicos, salvo nos casos previstos em lei.
17. DALSENTER, Thiago. *Breves considerações acerca do princípio da preservação da empresa como limitação ao poder de tributar e seus reflexos na legislação tributária*. 6 de setembro de 2011. Disponível em: https://www.migalhas.com.br/depeso/140719/breves-consideracoes-acerca-do-principio-da-preservacao-da-empresa--como-limitacao-ao-poder-de-tributar-e-seus-reflexos-na-legislacao-tributaria.
18. BROGLIA MENDES, Rodrigo Octávio. Apuração de haveres na retirada do sócio e fundo de comércio (aviamento). In: YARSHELL, Flávio Luiz e PEREIRA, Guilherme Setoguti J. (Coord.). *Processo societário*. Quartier Latin do Brasil, 2012.
19. BRASIL. Lei 6.404/76, de 15 de dezembro de 1976 – Lei das Sociedades Anônimas.

total de sociedades, dando-se preferência à continuidade da sociedade, sob qualquer prisma, através da sua dissolução parcial.

Nesta toada, o Código Civil de 2002 finalmente positivou a possibilidade da dissolução parcial da sociedade, reconhecendo-se o benefício de sua manutenção, ainda que tenha mantido a disciplina da dissolução total nas disposições do artigo 1.033[20].

A partir desta evolução e do fortalecimento do princípio da preservação da empresa, o Judiciário passou a perceber uma queda expressiva no procedimento judicial de dissolução total de sociedades, dando-se preferência à continuidade da sociedade, sob qualquer prisma.

Neste sentido, segundo análises do trabalho desenvolvido pelo Professor Marcelo Guedes Nunes, apresentado em sua tese de doutorado, através da utilização de métodos empíricos quantitativos no estudo do Direito, entre os anos de 1997 a 2007 e 2008 a 2011, foi detectado um decréscimo de 46,8% para 40,7% nas ações de dissolução total de sociedades[21], com tendência a uma queda mais significativa nos próximos anos.

Conforme explica em outra ocasião, "Esse esvaziamento da dissolução total foi também observado em uma análise exploratória recente realizada nas câmaras empresariais de São Paulo, em preparação dos trabalhos do Observatório Societário da Associação Brasileira de Jurimetria[22] (...)."

Esta queda passou a ocorrer, primeiramente, por ocasião do reconhecimento, pela própria Jurisprudência, da desnecessidade de se dissolver totalmente a sociedade pela saída de um dos sócios, se houver algum interessado em mantê-la em funcionamento e, portanto, gerando riquezas.

A sociedade em pleno funcionamento gera empregos, afeta positivamente o ambiente em que atua e gera renda ao governo, através do pagamento de impostos, o que redunda em benefícios à toda população.

Segundo Daniel Bushatsky, "O princípio da preservação da empresa protege o núcleo da atividade econômica e, portanto, da fonte produtora de serviços ou mercadorias, da sociedade empresária, refletindo diretamente em seu objeto social e direcionando-a, sempre, na busca do lucro[23]."

---

20. Junqueira de Azevedo, Antonio e de Souza Barros Carvalhosa, Modesto. Comentários ao Código Civil V. 13. Saraiva Educação S.A., 6 de out. de 2017.

Art. 1.033 C.C. Dissolve-se a sociedade quando ocorrer: I – o vencimento do prazo de duração, salvo se, vencido este e sem oposição de sócio, não entrar a sociedade em liquidação, caso em que se prorrogará por tempo indeterminado; II – o consenso unânime dos sócios; III – a deliberação dos sócios, por maioria absoluta, na sociedade de prazo indeterminado; IV – a falta de pluralidade de sócios, não reconstituída no prazo de cento e oitenta dias; V – a extinção, na forma da lei, de autorização para funcionar.

21. NUNES, Marcelo Guedes, op. cit., p. 3.

22. NUNES, Marcelo Guedes. Sobre a revogação do procedimento de dissolução total de sociedades pelo CPC. 16.10.2019. Disponível em: https://www.jota.info/opiniao-e-analise/artigos/sobre-a-revogacao-do-procedimento-de-dissolucao-total-de-sociedades-pelo-cpc-16102019.

23. BUSHATSKY, Daniel. Princípio da preservação da empresa. Enciclopédia jurídica da PUC-SP. In: CAMPILONGO, Celso Fernandes; GONZAGA, Alvaro de Azevedo e FREIRE, André Luiz (Coord.). Tomo: Direito Comercial. Fábio Ulhoa Coelho, Marcus Elidius Michelli de Almeida (coord. de tomo). 1. ed. São Paulo:

Reconhecido o benefício da manutenção das sociedades pelo legislador, através da edição do Código Civil de 2002, que positivou os preceitos já praticados pela jurisprudência, passou-se a ser reconhecida expressamente a dissolução parcial da sociedade, com a extinção do vínculo societário apenas do sócio que dela se retirasse, nas hipóteses legais de falecimento[24], retirada[25], recesso[26] ou exclusão[27].

Sua aplicação culmina, quase que obrigatoriamente, na apuração dos haveres do sócio retirante, que nada mais é do que a parcela financeira da sua participação no acervo patrimonial da sociedade.

Para o efetivo pagamento desta parcela, no entanto, deve-se levar em consideração vários princípios do direito societário, sendo que o mais importante é a vedação ao enriquecimento injustificado, quer da sociedade, quer do sócio que dela está se retirando.

Além disso, o pagamento dos haveres do sócio deve ser compatível com a proteção do patrimônio da sociedade, para o regular o exercício da sua atividade e a proteção aos interesses dos credores[28], outras funções importantes do direito societário.

Ocorre que o regramento de direito material que trata sobre a dissolução parcial das sociedades, previsto no artigo 1.031 do Código Civil de 2002, é incerto e obscuro, ao determinar que a apuração de haveres do sócio que se retirou, deve se dar "com base na situação patrimonial da sociedade, à data da resolução, verificada em balanço especialmente levantado"[29].

Pontifícia Universidade Católica de São Paulo, 2017. Disponível em: https://enciclopediajuridica.pucsp. br/verbete/220/edicao-1/principio-da-preservacao-da-empresa.

24. Art. 1.028 CC. No caso de morte de sócio, liquidar-se-á sua quota, salvo:

I – se o contrato dispuser diferentemente;

II – se os sócios remanescentes optarem pela dissolução da sociedade;

III – se, por acordo com os herdeiros, regular-se a substituição do sócio falecido.

25. Art. 1.029 CC. Além dos casos previstos na lei ou no contrato, qualquer sócio pode retirar-se da sociedade; se de prazo indeterminado, mediante notificação aos demais sócios, com antecedência mínima de sessenta dias; se de prazo determinado, provando judicialmente justa causa.

26. Art. 1.077 CC. Quando houver modificação do contrato, fusão da sociedade, incorporação de outra, ou dela por outra, terá o sócio que dissentiu o direito de retirar-se da sociedade, nos trinta dias subsequentes à reunião, aplicando-se, no silêncio do contrato social antes vigente, o disposto no art. 1.031.

27. Art. 1.058 CC. Não integralizada a quota de sócio remisso, os outros sócios podem, sem prejuízo do disposto no art. 1.004 e seu parágrafo único, tomá-la para si ou transferi-la a terceiros, excluindo o primitivo titular e devolvendo-lhe o que houver pago, deduzidos os juros da mora, as prestações estabelecidas no contrato mais as despesas.

Art. 1.030 CC. Ressalvado o disposto no art. 1.004 e seu parágrafo único, pode o sócio ser excluído judicialmente, mediante iniciativa da maioria dos demais sócios, por falta grave no cumprimento de suas obrigações, ou, ainda, por incapacidade superveniente.

Parágrafo único. Será de pleno direito excluído da sociedade o sócio declarado falido, ou aquele cuja quota tenha sido liquidada nos termos do parágrafo único do art. 1.026.

Art. 1.085. Ressalvado o disposto no art. 1.030 , quando a maioria dos sócios, representativa de mais da metade do capital social, entender que um ou mais sócios estão pondo em risco a continuidade da empresa, em virtude de atos de inegável gravidade, poderá excluí-los da sociedade, mediante alteração do contrato social, desde que prevista neste a exclusão por justa causa.

28. MENDES, Rodrigo Octávio Broglia, op. cit., p. 6.

29. Art. 1.031. Nos casos em que a sociedade se resolver em relação a um sócio, o valor da sua quota, considerada pelo montante efetivamente realizado, liquidar-se-á, salvo disposição contratual em contrário, com base na situação patrimonial da sociedade, à data da resolução, verificada em balanço especialmente levantado.

Esta forma de apuração, portanto, resultou em um cenário não uníssono, protagonizado pelo Poder Judiciário, que passou a fixar diferentes critérios para sua definição, ou simplesmente deixou de fixá-los, em razão da generalidade disposta na norma legal.

Neste sentido, o mesmo estudo produzido pelo Professor Marcelo Guedes Nunes[30], concluiu que mais de 60% das sentenças analisadas naquele período (1997 a 2007 e 2008 a 2011), simplesmente não indicavam nenhum critério para a avaliação da sociedade, para fins da apuração de haveres.

Este percentual pode trazer inúmeras conclusões, mas é forçoso reconhecer que o Judiciário vinha interpretando o artigo 1.031 do Código Civil de diferentes formas, dependendo de inúmeras variáveis, não se detendo a critérios objetivos ou semelhantes para encontrar o valor da sociedade e, consequentemente, o valor da parcela patrimonial a que o sócio tinha direito. Caso assim não fosse, seria possível verificar algum critério fixado nas decisões judiciais, quiçá semelhanças e diferenças entre estas.

Não havendo fixação expressa de critério para a apuração dos haveres do sócio retirante, é provável que o perito judicial era quem concluía por um valor a partir de um critério subjetivo e pessoalmente escolhido, enquanto deveria apenas realizar mero cálculo aritmético, baseado em critérios prévios fixados pelo Juiz.

Por conta deste cenário, os professores Fabio Ulhoa Coelho e Marcelo Guedes Nunes, redigiram uma proposta à comissão de juristas responsáveis pelo anteprojeto do novo Código de Processo Civil, que foi parcialmente acolhida, para atualização do procedimento de dissolução parcial de sociedade e respectiva apuração de haveres[31].

De acordo com os professores, "a proposta de emenda buscou regular o processo de conflito empresarial mais frequente e economicamente relevante do Poder Judiciário e colmatar uma lacuna que remonta ao Código de Processo Civil de 1939 (anterior ao atualmente em vigor), que ainda permanece vigente na parte em que trata da ação de dissolução de sociedade."[32]

Nesta esteira, o Código de Processo Civil, promulgado em 2015, trouxe um capítulo dedicado exclusivamente à ação de dissolução parcial de sociedade[33].

As críticas doutrinárias acerca da exclusão ou inexistência do procedimento especial de dissolução total no novo Código de Processo Civil, apesar de não fazerem parte do presente estudo, merecem breve comentário, também embasado na pesquisa

---

30. NUNES, Marcelo Guedes, op. cit., p. 3.
31. COELHO, Fábio Ulhoa. *Dissolução de sociedade e o novo CPC* (LGL\2015\1656). Disponível em: http://supremoemdebate.blogspot.com.br/2010/12/dissolucao-de-sociedade-e-o-novo-cpc.html.
32. COELHO, Fábio Ulhoa; NUNES, Marcelo Guedes. *Carta de apoio ao novo CPC sugere procedimento especial para tratar da dissolução parcial de sociedade*. São Paulo, 22 de novembro de 2012. Disponível em: https://www.migalhas.com.br/quentes/168124/carta-de-apoio-ao-novo-cpc-sugere-procedimento-especial-para--tratar-da-dissolucao-parcial-de-sociedade.
33. Artigos 599 a 609 do Código de Processo Civil (2015).

EVOLUÇÃO HISTÓRICA DA APURAÇÃO DE HAVERES – DO VALOR CONTÁBIL AO VALOR ECONÔMICO **299**

empírica, que aponta que "Nos oito anos de existência das câmaras empresariais do Tribunal de Justiça do Estado de São Paulo (TJSP) foram identificados 657 casos de dissolução societária, dos quais 34 (pouco mais de 5%) diziam respeito à dissolução total"[34].

Este número denota que, na prática, os pedidos de dissolução total de sociedades são verdadeiras "cabeças de bacalhau", como apontou o Professor Marcelo Guedes Nunes no estudo já mencionado[35], motivo pelo qual não parece, pela análise dos dados, que a ausência de um regramento específico de dissolução total atrapalhe efetivamente o ambiente de negócios ou impeça a adequada solução do caso concreto.

3. DA APURAÇÃO DE HAVERES – VALOR CONTÁBIL X VALOR ECONÔMICO

As hipóteses em que os vínculos societários são desfeitos em relação a apenas um ou alguns dos sócios, sem que se encerrem as atividade sociais ou que os demais vínculos societários sejam desfeitos, ou seja, "sem que tal operação conduza à dissolução total, liquidação e extinção da sociedade"[36], como já dito, conduz, na maioria das vezes, à apuração dos "haveres do sócio retirante por meio de um amplo procedimento, que se assemelha à liquidação, de modo a refletir, tão fielmente quanto possível, o valor da sua participação societária"[37].

A extinção do vínculo societário de um sócio com a respectiva apuração dos seus haveres, como já dito, nada mais é do que o pagamento da parcela financeira da sua participação no acervo patrimonial da sociedade, considerando-se os princípios essenciais de vedação ao enriquecimento injustificado, da proteção ao patrimônio da sociedade e da proteção aos interesses dos credores.

Para Alfredo de Assis Gonçalves Neto:

> Com a ruptura do vínculo societário em relação ao sócio retirante, renunciante, excluído, falido, ou incapaz, ele deixa de ser sócio e se torna credor (o mesmo ocorrendo com os herdeiros do sócio falecido) do direito de exigir a apuração dos seus haveres na sociedade para obter o reembolso de seus cabedais, nascendo para a sociedade, em contrapartida, a correlata obrigação de realizar essa prestação, mediante a determinação e a liquidação do correspondente quinhão para sua conversão em dinheiro.[38]

Importante relembrar, como alhures mencionado, que diversos estudos apontam que a dissolução parcial da sociedade, com a respectiva apuração de haveres, costuma ter origem em conflitos internos, não sendo, necessariamente, uma questão

---

34. NUNES, Marcelo Guedes, op. cit., p. 21.
35. NUNES, Marcelo Guedes, op. cit., p. 21.
36. LUCON, Paulo Henrique dos Santos. Dissolução parcial e apuração de haveres. In: KUYVEN, Luiz Fernando Martins (Coord.). *Temas essenciais de direito empresarial*: estudos em homenagem a Modesto Carvalhosa, São Paulo: Saraiva, 2012.
37. Ibidem.
38. *Lições de direito societário*. São Paulo: Juarez de Oliveira, 2002, v. 1, n. 135, p 311.

financeira. Em sendo assim, o instituto pode ser facilmente utilizado como forma de retaliação, trazendo ainda mais controvérsia na forma e nos critérios de sua apuração.

Também por este motivo, a inexistência de critérios objetivos para a correta apuração dos haveres coloca as partes em uma situação de vulnerabilidade, afetando negativamente o ambiente de negócios, além do próprio cenário judicial, pois contribui para o aumento do volume de ações judiciais e para o atraso na entrega da prestação jurisdicional.

Contribuiu para este cenário a desconexão entre a legislação de regência (artigo 1.031 do Código Civil) e a jurisprudência, no que dizia respeito ao critério fixado para a apuração de haveres na dissolução parcial de sociedade[39].

No entanto, com o acolhimento da proposta legislativa que regulou a dissolução parcial de sociedade no novo Código de Processo Civil de 2015, como alhures mencionado, por meio do título específico de *ação de dissolução parcial de sociedade* (artigos 599 a 609), o Juiz passou a contar com a existência de um rito próprio de dispositivos legais, que buscaram melhor auxiliar a forma como uma sociedade deve ser avaliada.

Este novo cenário deve, na medida do possível, tornar a apuração de haveres menos controvertida, mais objetiva, clara e transparente, apoiando as decisões dos empresários nos ambientes de negócios.

Este novo rito dispõe as hipóteses de dissolução parcial[40], sua legitimidade[41] e as formalidades legais para a instauração da relação jurídico processual[42], disciplinando objetivamente a forma como deve ser realizada a avaliação da sociedade.

Neste sentido, o artigo 604[43] prevê que o magistrado, se acolhido o pleito de dissolução parcial, deve, em sentença, (i) fixar a data de resolução da sociedade; (ii) definir o critério de apuração de haveres; e (iii) nomear perito[44].

---

39. BROGLIA MENDES, Rodrigo Octávio. op. cit., p. 6.
40. Art. 599. A ação de dissolução parcial de sociedade pode ter por objeto: I – a resolução da sociedade empresária contratual ou simples em relação ao sócio falecido, excluído ou que exerceu o direito de retirada ou recesso; II – a apuração dos haveres do sócio falecido, excluído ou que exerceu o direito de retirada ou recesso; ou III – somente a resolução ou a apuração de haveres.
41. Art. 600. A ação pode ser proposta: I – pelo espólio do sócio falecido, quando a totalidade dos sucessores não ingressar na sociedade; II – pelos sucessores, após concluída a partilha do sócio falecido; III – pela sociedade, se os sócios sobreviventes não admitirem o ingresso do espólio ou dos sucessores do falecido na sociedade, quando esse direito decorrer do contrato social; IV – pelo sócio que exerceu o direito de retirada ou recesso, se não tiver sido providenciada, pelos demais sócios, a alteração contratual consensual formalizando o desligamento, depois de transcorridos 10 (dez) dias do exercício do direito; V – pela sociedade, nos casos em que a lei não autoriza a exclusão extrajudicial; ou VI – pelo sócio excluído. Parágrafo único. O cônjuge ou companheiro do sócio cujo casamento, união estável ou convivência terminou poderá requerer a apuração de seus haveres na sociedade, que serão pagos à conta da quota social titulada por este sócio.
42. Art. 601. Os sócios e a sociedade serão citados para, no prazo de 15 (quinze) dias, concordar com o pedido ou apresentar contestação. Parágrafo único. A sociedade não será citada se todos os seus sócios o forem, mas ficará sujeita aos efeitos da decisão e à coisa julgada.
43. Art. 604. Para apuração dos haveres, o juiz: I – fixará a data da resolução da sociedade; II – definirá o critério de apuração dos haveres à vista do disposto no contrato social; e III – nomeará o perito.
44. MEDEIROS NETO, Elias Marques de. *Notas sobre a ação de dissolução parcial de sociedade*. 21 de fevereiro de 2019. Disponível em: https://www.migalhas.com.br/coluna/cpc-na-pratica/296689/notas-sobre-a-acao-de-dissolucao-parcial-de-sociedade.

EVOLUÇÃO HISTÓRICA DA APURAÇÃO DE HAVERES – DO VALOR CONTÁBIL AO VALOR ECONÔMICO **301**

A data que deve ser considerada como a resolução da sociedade está taxativamente descrita no artigo 605 do Código de Processo Civil. O "NCPC, neste sentir, é imensamente contributivo: estabelece, de maneira clara e objetiva, quais as datas em que será considerada realizada a resolução da sociedade"[45].

Já o critério de apuração de haveres, a princípio, deve seguir o que dispõe o contrato social, conforme previsão expressa do § 3º do artigo 604[46]:

Segundo a melhor doutrina:

> Em relação aos critérios para a definição dos haveres, estes devem ser os que são fixados pelo contrato social. Todavia, no caso de omissão deste, deve o juiz empregar o valor patrimonial apurado em balanço de determinação, que terá por referência o momento da dissolução parcial, avaliando-se bens e direitos do ativo, tangíveis e intangíveis, a preço de saída, além do passivo também a ser apurado de igual forma.[47]

Sem adentrar aos entendimentos de que, ainda que haja previsão contratual, os haveres devem guardar a mínima relação com o justo e equilibrado, podendo ser afastado o contrato ou acordo de sócios que não reflita uma mínima realidade econômica e financeira da sociedade, fato é que a ausência de previsão contratual atrai para si a aplicação da regra contida no artigo 606 do Código de Processo Civil.

Assim, em não havendo previsão no contrato social, deve-se observar o que dispõe o artigo 606 do Código de Processo Civil[48], calculando-se os haveres através do valor patrimonial, apurado em balanço de determinação, tomando-se por referência a data de resolução da sociedade, e avaliando-se bens e direitos do ativo, tangíveis e intangíveis, a preço de saída, além do passivo a ser apurado de igual forma.

A avaliação deve considerar, concomitantemente, os critérios e forma de correção estabelecidos no artigo 608[49], concluindo critério definitivo a ser observado pelo Juiz.

Fixados os critérios, o Juiz deve nomear perito para a realização dos cálculos, que nos termos do parágrafo único do artigo 606 do Código de Processo Civil, deve ser, preferencialmente, especialista em avaliação de sociedades[50].

---

45. WAMBIER, Teresa Arruda Alvim. CONCEIÇÃO, Maria Lúcia Lins. RIBEIRO, Leonardo Ferres da Silva. TORRES de MELLO, Rogério Licastro. *Primeiros comentários ao novo Código de Processo Civil*. São Paulo: Ed. RT, 2015. p. 961.

46. Artigo 604, § 3º do CPC: Se o contrato social estabelecer o pagamento dos haveres, será observado o que nele se dispôs no depósito judicial da parte incontroversa.

47. MARINONI, Luiz Guilherme; ARENHART, Sérgio Cruz; MITIDIERO, Daniel. *Novo Curso de Processo Civil*. São Paulo: Ed. RT, 2015. v. 3. p. 186.

48. Art. 606 CPC. Em caso de omissão do contrato social, o juiz definirá, como critério de apuração de haveres, o valor patrimonial apurado em balanço de determinação, tomando-se por referência a data da resolução e avaliando-se bens e direitos do ativo, tangíveis e intangíveis, a preço de saída, além do passivo também a ser apurado de igual forma.

49. Art. 608. Até a data da resolução, integram o valor devido ao ex-sócio, ao espólio ou aos sucessores a participação nos lucros ou os juros sobre o capital próprio declarados pela sociedade e, se for o caso, a remuneração como administrador. Parágrafo único. Após a data da resolução, o ex-sócio, o espólio ou os sucessores terão direito apenas à correção monetária dos valores apurados e aos juros contratuais ou legais.

50. Artigo 606, Parágrafo único CPC. Em todos os casos em que seja necessária a realização de perícia, a nomeação do perito recairá preferencialmente sobre especialista em avaliação de sociedades.

Segundo Marcelo Guedes Nunes, o valor patrimonial previsto em lei:

(...) corresponde ao chamado valor patrimonial a preço de mercado, uma figura heterodoxa para a contabilidade, mas de larga utilização no direito. O balanço especial deve apropriar o passivo da sociedade e o ativo. O ativo, no entanto, será apropriado a valor de mercado, considerando não o preço de aquisição dos bens depreciados, mas o valor pelo qual eles seriam vendidos na data da dissolução.[51]

Ainda segundo ele, o artigo 1.031 do Código Civil, ao fazer referência a "balanço especial", veda expressamente a utilização de balanços ordinários anuais para apurar os haveres, pois a expressão "preço de saída" significaria, na verdade, "preço de mercado".

É forçoso reconhecer que as sociedades não costumam refletir, em seus balanços. ordinários, todo o ativo e passivo atualizado e contingenciado, pois a análise e lançamento destes valores significaria um trabalho hercúleo dos profissionais envolvidos, já que a atividade empresarial sofre impactos e modificações diárias na sua realidade econômica e financeira.

Assim, o valor contábil não seria a melhor escolha para encontrar a correta parcela patrimonial de direito do sócio credor.

A melhor escolha, portanto, é o valor econômico, que contempla os intangíveis da sociedade, sua capacidade de gerar riqueza e a precificação de sua perspectiva de rentabilidade futura, lançamentos não refletidos nos balanços ordinários, como já mencionado.

Por estes motivos, o critério econômico é o mais usual para se avaliar uma sociedade. Além disso, este critério faz bastante sentido pela perspectiva empresarial de retorno do capital investido pelo sócio, pois lhe devolve o valor que este investimento produzirá no futuro.

Com relação aos elementos que constituem este balanço econômico, Rodrigo Octávio Broglia Mendes explica que a jurisprudência firmou o entendimento de que, na avaliação patrimonial, também deve ser considerado o "fundo de comércio", cujo entendimento majoritário é de que se trata dos bens intangíveis que compõem o patrimônio social.

Todavia, ele considera que há certa oscilação a respeito da inclusão da perspectiva de geração de lucros futuros na composição deste valor, mas com provável tendência à sua inclusão. Quando esta perspectiva é considerada, passa-se de uma avaliação patrimonial para uma avaliação econômica da sociedade, justificando-se naquela proibição do enriquecimento injustificado, quer dos sócios, quer da sociedade.

No entanto, do ponto de vista dogmático, Rodrigo Octávio Broglia Mendes entende que a avaliação econômica faria sentido caso um terceiro desejasse pagar o

---

51. NUNES, Marcelo Guedes. Dissolução parcial na sociedade limitada. In: COELHO, Fábio Ulhoa (Coord.). *Tratado de direito comercial*. São Paulo: Saraiva, 2015.

EVOLUÇÃO HISTÓRICA DA APURAÇÃO DE HAVERES – DO VALOR CONTÁBIL AO VALOR ECONÔMICO **303**

preço da sociedade, somada à perspectiva de geração futura de lucros, mas não faria sentido, necessariamente, quando a sociedade é obrigada a pagar este preço pela saída de um sócio.[52]

Já Marcelo Von Adamek, segundo Luis Felipe Spinelli, explica que "a regra brasileira é análoga à do direito italiano, onde acabou por prevalecer o entendimento de que o legislador não afastou a aplicação do valor econômico".

No entanto, Luis Felipe Spinelli critica este critério predominante no país, por entender que o modo de cálculo dos ativos imateriais de uma sociedade que está em atividade é diverso do critério aplicado a uma sociedade que será liquidada.

Assim, não haveria lógica em, ao mesmo tempo em que se entende que os haveres devem ser apurados como se dissolução total fosse querer incluir, no cálculo, o valor do fundo de comércio (ou *goodwill),* uma vez que o fundo de comércio, a princípio, se perderia por completo em uma dissolução total.[53]

Marcus Elidius Michelli de Almeida também critica o critério do contexto econômico (inclusão dos bens imateriais, marcas, patentes, *know-how*, clientela, perspectivas de rentabilidade, fundo de comércio), por entender que o sócio não pode receber valor diverso do que receberia na dissolução total, concordando que uma empresa que está em pleno funcionamento não pode ser avaliada como se estivesse sendo liquidada, pois ela gera riquezas e está ativa. Segundo ele, é completamente diferente quando se vende o patrimônio de uma sociedade do seu negócio em pleno funcionamento.

Paulo Henrique dos Santos Lucon também concorda que os haveres devem ser levantados por meio de um procedimento amplo, que se assemelha a liquidação, de modo a refletir, tão fielmente quanto possível, o valor da participação do sócio retirante.[54]

Com relação às normas aplicáveis à apuração dos haveres, Ivo Waisberg e Herbert Morgenstern Kugler, entendem que o art. 606 do novo Código de Processo Civil teria revogado o art. 1.031 do Código Civil, por se tratar de norma de direito material.

Ainda assim, no entanto, entendem que ambos os dispositivos seriam comuns ao determinar o levantamento de balanço de determinação, específico e distinto do ordinário da sociedade para a apuração de haveres.

---

52. MENDES, Rodrigo Otávio Broglia. Apuração de haveres na retirada do sócio e fundo de comércio (aviamento). In: YARSHELL, Flávio Luiz; PEREIRA, Guilherme Setoguti J. (Coord.). *Processo societário*. São Paulo: Quartier Latin, 2012.
53. SPINELLI, Luis Felipe. *Exclusão de sócio por falta grave na sociedade limitada*. São Paulo: Quartier Latin, 2015, p. 479-523.
54. LUCON, Paulo Henrique dos Santos. Dissolução parcial e apuração de haveres. In: KUYVEN, Luiz Fernando Martins (Coord.). *Temas essenciais de direito empresarial*: estudos em homenagem a Modesto Carvalhosa, São Paulo: Saraiva, 2012.

Segundo eles, o balanço ordinário não se presta para apurar os haveres, seja pelo fato de não levar em consideração os ativos intangíveis, seja pelo fato de não exprimir o valor real de mercado da sociedade.

Concluindo, para eles, o balanço de determinação do art. 606 do novo Código de Processo Civil e do art. 1.031 do Código Civil determina que deve ser levado em consideração os ativos tangíveis e intangíveis da sociedade, de tal forma a apresentar um resultado mais para a apuração dos haveres.[55]

Já Sérgio Ricardo Nutti Marangoni entende que a Lei das Sociedades Anônimas[56] se utiliza do conceito de valor patrimonial apenas em certos casos, sendo que em outros se utiliza do conceito de valor econômico.

Para ele, valor patrimonial é o valor da empresa, calculado pela somatória dos bens que constituem seu patrimônio, enquanto o valor econômico seria o valor da empresa calculado em função do seu potencial de geração de resultados futuros. Conclui seu raciocínio afirmando que a avaliação patrimonial é estática, enquanto a avaliação econômica é dinâmica.[57]

Superada a discussão sob este prisma, a forma de apurar os haveres pode considerar o chamado *deemed cost*, que é o justo valor dos ativos e passivos para que reflitam melhor a realidade da sociedade, através de recálculo para redução ou ampliação em comparação à analise anterior, podendo levar o balanço contábil a valor muito próximo do valor de realização para fins de dissolução parcial.

Além disso, é possível avaliar a sociedade através do método do Ebitda[58], sigla em inglês para "lucros antes de juros, impostos, depreciação e amortização" e do fluxo de caixa descontado.

Finalmente, é possível avaliar a sociedade através do fluxo de caixa descontado, que teve a oportunidade de ser amplamente discutido em vários arestos do STJ.

Segundo precedentes da Suprema Corte Brasileira, o balanço de determinação se contrapõe ao (i) balanço ordinário, ao (ii) balanço especial, ao (iii) balanço de cessão e ao (iv) balanço de liquidação, sendo que este último "reflete o valor patrimonial real para fins de encerramento da sociedade, com exclusão de bens intangíveis, que só existem com a empresa em funcionamento."[59]

Para o STJ, o "balanço de determinação utiliza um critério diferenciado de avaliação do ativo, que permite uma apuração fidedigna do patrimônio líquido. Os

---

55. WAISBERG, IVO; KUGLER, Herbert Morgenstern. Apuração de haveres na dissolução parcial envolvendo grupo de sociedades limitadas. In: YARSHELL, Flávio Luiz; PEREIRA, Guilherme Setoguti J. (Coord.). *Processo societário III*. São Paulo: Quartier Latin, 2018.
56. Lei n. 6.404/1976.
57. MARANGONI, Sérgio Ricardo Nutti. *Direito de recesso e valor de reembolso em companhias*. São Paulo: Quartier Latin, 2016.
58. "Earnings before interest, taxes, depreciation and amortization".
59. REsp 1335619 / SP (2011/0266256-3) – Julgamento 27.03.2015 – p. 7.

EVOLUÇÃO HISTÓRICA DA APURAÇÃO DE HAVERES – DO VALOR CONTÁBIL AO VALOR ECONÔMICO

305

demais balanços, tendo em vista os objetivos a que se prestam, induzem distorções que comprometem a exatidão do valor patrimonial."

4. DOS DIREITOS ECONÔMICOS DO SÓCIO DURANTE A APURAÇÃO DOS HAVERES

Segundo Paulo Henrique dos Santos Lucon, quando há concordância dos sócios quanto à dissolução parcial da sociedade, o sócio que se retira não tem mais direito ao recebimento de lucros ou dividendos, pois perde seu *status socii*, passando a ser titular apenas o direito de crédito aos seus haveres.

No entanto, se há divergência quanto à saída do sócio, tornando a pretensão resistida, o sócio só perde a qualidade de sócio e os direitos inerentes a ela com a sentença ou acórdão, tendo direito a receber dividendos até o decreto judicial de dissolução.[60]

Marcelo Guedes Nunes explica que a data da resolução parcial da sociedade marca o momento a partir do qual o sócio passa a ser credor do valor do reembolso e, portanto, não merece mais participar dos resultados.[61]

Com relação à exclusão judicial do sócio, Luis Felipe Spinelli explica que a perda do *status socii* só ocorre com o trânsito em julgado da decisão, de forma que, até lá, o sócio que se pretende excluir ainda é considerado sócio e, portanto, deve receber dividendos.

No entanto, explica que, segundo Fábio Ulhoa Coelho, os dividendos pagos durante a ação judicial podem ser compensados com os haveres a serem pagos, caso o quotista venha a ser eliminado.[62]

5. DA ALTERAÇÃO DOS CRITÉRIOS X COISA JULGADA

O rito especial do novo Código de Processo Civil prevê que a data de resolução da sociedade e o critério fixado para a apuração dos haveres podem ser revistos pelo Juiz, a qualquer tempo, desde que antes de iniciada a perícia[63].

Segundo a alguns doutrinadores:

> estes dois elementos vitais para a correta e justa dissolução parcial da sociedade podem ser fixados pelo juiz, e revistos por iniciativa oficial ou por requerimento da parte, em qualquer momento

---

60. LUCON, Paulo Henrique dos Santos. Dissolução parcial e apuração de haveres. In: KUYVEN, Luiz Fernando Martins (Coord.). *Temas essenciais de direito empresarial*: estudos em homenagem a Modesto Carvalhosa, São Paulo: Saraiva, 2012.

61. NUNES, Marcelo Guedes. Dissolução parcial na sociedade limitada. In: COELHO, Fábio Ulhoa (Coord.). *Tratado de direito comercial*. São Paulo: Saraiva, 2015.

62. SPINELLI, Luis Felipe. *Exclusão de sócio por falta grave na sociedade limitada*. São Paulo: Quartier Latin, 2015, p. 479-523.

63. Art. 607 CPC. A data da resolução e o critério de apuração de haveres podem ser revistos pelo juiz, a pedido da parte, a qualquer tempo antes do início da perícia.

anterior ao início da perícia: iniciada a perícia, estas duas balizas tornam-se preclusas, imutáveis. Há, por assim dizer, uma mensagem bastante clara no dispositivo legal em apreço: a data de resolução e o critério de apuração de haveres, em face de sua essencialidade, não são fixáveis em uma única oportunidade, podendo ser modificados (caso surjam novos elementos de convicção) até o início da perícia, quando, então, se dará a preclusão[64].

Embora a doutrina não tenha se debruçado sobre este assunto, o que se pode depreender, de início, é que o novo CPC se preocupou em fixar regra delimitativa da discricionariedade do Juiz.

Antes, como se via, o Judiciário poderia alterar o critério de apuração de haveres quando bem entendesse, o que não raro acontecia, principalmente porque o valor final fixado, muitas vezes após anos de litígio, podia não mais refletir o valor originário fixado pela decisão judicial liquidada.

Neste sentido, a norma legal que fixou uma data limite para a alteração destes critérios, restringindo sua alteração até antes do início da perícia, tornou mais efetiva a previsibilidade do desfecho do litígio, bem como do valor a ser pago, protegendo os investidores e trazendo mais segurança jurídica aos envolvidos.

6. CONCLUSÃO

Embora a legislação tenha disposto de forma mais objetiva as questões relativas à extinção do vínculo societário nas hipóteses legais de falecimento, retirada, recesso ou exclusão de um sócio, prevalecem inúmeras questões controvertidas, que dependem de um aprofundamento dos aplicadores do direito, a fim de encontrar a melhor solução para o caso concreto.

Neste cenário ainda nebuloso, prevalece a capacidade do empresário de analisar e ponderar previamente os eventos que possam inseri-lo em uma situação controvertida, evitando ficar à mercê de discussões judiciais prolongadas que prejudiquem o adequado retorno dos seus investimentos em determinada sociedade.

Para tanto, da mesma forma em que se utiliza de profissionais para estudar a viabilidade e a lucratividade de um empreendimento em que se pretende realizar determinado investimento, deve-se utilizar de profissionais que auxiliem na elaboração de documentos sociais que torne o mais objetivo possível eventual evento de sua retirada, exclusão ou falecimento, principalmente com relação à forma como a empresa será avaliada nestes eventos, evitando submeter-se a litígios prolongados e com desfechos financeiros incertos, desvalorizando o seu patrimônio.

---

64. WAMBIER, Teresa Arruda Alvim. CONCEIÇÃO, Maria Lúcia Lins. RIBEIRO, Leonardo Ferres da Silva. TORRES de MELLO, Rogério Licastro. *Primeiros comentários ao novo Código de Processo Civil*. São Paulo: Ed. RT, 2015. p. 963.

7. REFERÊNCIAS

ARAÚJO, Rodrigo Mendes de. A ação de dissolução parcial de sociedade no Projeto de Código de Processo Civil. In: JR. DIDIER, Fredie et al. *Novas tendências do processo civil* – Estudos sobre o Projeto do novo Código de Processo Civil. São Paulo: JusPodivm, 2014. v. III.

ALMEIDA, Marcus Elidius Michelli de. Sociedade limitada: causas de dissolução parcial e apuração de haveres. *Revista de Direito Empresarial*. 2015.

CARVALHOSA, Modesto Souza Barros. Comentários ao Código Civil: parte especial: do direito de empresa (artigos 1.052 a 1.195). In: AZEVEDO, Antônio Junqueira de. (Coord.). *Comentários ao Código Civil*. São Paulo: Saraiva, 2003.

GONÇALVES NETO, Alfredo de Assis. *Direito de empresa*. Comentários aos artigos 966 a 1.195 do Código Civil. 8. ed. rev., atual e ampl. São Paulo. Ed. RT, 2018.

LUCON, Paulo Henrique dos Santos. Dissolução parcial e apuração de haveres. In: KUYVEN, Luiz Fernando Martins, coord. *Temas essenciais de direito empresarial*: estudos em homenagem a Modesto Carvalhosa, São Paulo: Saraiva, 2012.

MARANGONI, Sérgio Ricardo Nutti. *Direito de recesso e valor de reembolso em companhias*. São Paulo: Quartier Latin, 2016.

MENDES, Rodrigo Otávio Broglia. Apuração de haveres na retirada do sócio e fundo de comércio (aviamento). In: YARSHELL, Flávio Luiz; PEREIRA, Guilherme Setoguti J., (Coord.). *Processo societário*. São Paulo: Quartier Latin, 2012.

NUNES, Marcelo Guedes. Dissolução parcial na sociedade limitada. In: COELHO, Fábio Ulhoa (Coord.). *Tratado de direito comercial*. São Paulo: Saraiva, 2015.

SPINELLI, Luis Felipe. *Exclusão de sócio por falta grave na sociedade limitada*. São Paulo: Quartier Latin, 2015.

WAISBERG, IVO; KUGLER, Herbert Morgenstern. Apuração de haveres na dissolução parcial envolvendo grupo de sociedades limitadas. In: YARSHELL, Flávio Luiz; PEREIRA, Guilherme Setoguti J. (Coord.). *Processo societário III*. São Paulo: Quartier Latin, 2018.

ANOTAÇÕES